마음이론

마음이론

초판 1쇄 발행 2017년 6월 20일
　　2쇄 발행 2018년 4월 9일
　　3쇄 발행 2018년 9월 27일
　　4쇄 발행 2019년 5월 27일

지은이 김범영
펴낸이 장길수
펴낸곳 지식과감성#
출판등록 제2012-000081호

디자인 이현
편집 이다래, 최예슬
교정 나은비
마케팅 고은빛

주소 서울시 금천구 벚꽃로298 대륭포스트타워6차 1212호
전화 070-4651-3730~4
팩스 070-4325-7006
이메일 ksbookup@naver.com
홈페이지 www.knsbookup.com

ISBN 979-11-5961-699-0(03180)
값 20,000원

ⓒ 김범영 2017 Printed in Korea

잘못된 책은 구입하신 곳에서 바꾸어 드립니다.
이 책의 전부 또는 일부 내용을 재사용하려면 사전에 저작권자와 펴낸곳의 동의를 받으셔야 합니다.

이 도서의 국립중앙도서관 출판예정도서목록(CIP)은 서지정보유통지원시스템
홈페이지(http://seoji.nl.go.kr)와 국가자료공동목록시스템(http://www.nl.go.kr/kolisnet)에서
이용하실 수 있습니다. (CIP제어번호 : CIP2017014026)

홈페이지 바로가기

인간의 마음과 심리가 작용하는 원리

마음이론

김범영 지음

**인간의 마음과 심리가 작용하는
원리와 이치를 규명한 심리이론서!**
심리장애의 치료를 위한 마음교육과 심리치료교육의
근본적인 이론이고, 다양한 분야에 적용할 수 있는 책!

서문

저자는 다양한 심리장애[1]를 연구하고 치료법을 개발하고 있으며, 심리이론도 개발하고 있다. 이 책은 필자가 심리장애를 치료하기 위한 상담과 교육을 근거로 개발한 심리이론서이다. 저자는 심리학, 상담학, 정신의학 비전공자이지만, 오랜 기간 동안 심리장애를 치료하기 위한 심리상담과 심리치료교육을 통하여 마음이론(mimind)[2], 성마음이론(xesmind)[3], 마음유전자이론(migene)[4]을 개발하고 검증했다. 그래서 심리학자와 의학자를 비롯하여 일반 사람들도 다양한 분야에서 연구할 수 있도록 마음이론을 집필하게 되었다. 가능하면 전문용어보다는 일상용어를 사용하였으며, 마음이론에서 새롭게 사용한 용어는 각주로 설명하였다.

---

1 심리장애(心理障碍)는 심리의 문제로 발생하는 심리의 병증으로 인식의 문제로 발생하는 인식장애, 기억의 문제로 발생하는 기억장애, 표현의 문제로 발생하는 표현장애이다. 또한 인식장애, 기억장애, 표현장애 중 2개 이상의 심리장애가 동시에 발생하는 정신병증으로 구분할 수 있다.
2 마음이론(mimind)은 인간의 마음을 중심으로 심리인 인식, 기억, 표현 등이 작용하는 원리를 체계적으로 해석한 심리이론이다. 마음이론은 마음유전자이론(migene)에 의하여 형성된다.
3 성마음이론(xesmind)은 인간의 성마음과 성심리가 작용하는 원리를 체계화한 심리이론이다. 성마음이론은 마음이론(mimind)과 함께 동시에 작용한다. 일반정보는 마음(mimind)으로 작용하고, 성정보는 성마음(xesmind)로 작용한다. 성마음이 신체와 작용할 때, 성정보를 인식하는 것을 성인식이라고 하고, 성정보를 기억하는 것을 성기억이라고 하며, 성정보를 표현하는 것을 성표현이라고 한다. 이때 성행동(섹스, Sex)은 성표현 중에 성적행동을 말한다.
4 마음유전자이론(migene)은 인간의 마음이 형성되는 과정을 체계화한 심리이론으로서 행복유전자(H-migene), 감정유전자(F-migene), 방어유전자(D-migene), 충동유전자(I-migene) 등으로 구성된다.

저자는 이 책을 집필하면서 책의 구성에 대해서도 많이 고민했다. 1장에서는 마음이론의 가설을 설명하였고, 2장에서는 인간의 마음과 심리에 대하여 설명하였다. 3장에서는 인간의 마음과 심리의 기초를 설명하였고, 4장에서는 남자와 여자의 마음이 다르게 작용하는 것을 설명하였다. 5장에서는 습관과 성격을 설명하였고, 6장에서는 성심리를 설명하였다. 7장에서는 대화의 심리를 설명하였고, 8장에서는 행복의 심리를 설명하였다. 9장에서는 트라우마를 설명하였고, 10장에서는 심리장애를 설명하였다.

저자는 심리장애를 인식장애[5], 감정기억장애[6], 표현장애[7] 등으로 구분하였고, 이에 대한 각각의 치료법을 개발한 후 임상을 통하여 치료법을 검증하였다. 심리장애의 원인분석과 치료방법을 연구하면서 인간의 마음과 심리가 작용하는 원리를 새롭게 개발할 필요성을 갖게 되었다. 이에 따라 상담보고서[8]를 분석하여 마음이론, 성마음이론, 마음유전자이론을 개발할 수 있었다.

남자와 여자의 마음과 심리가 작용하는 원리를 분석한 결과에 따르면 남자와 여자는 문제의 인지와 해석의 방법, 스트레스와 상처의 작용, 심리장애가 서로 다르면서도 복합적으로 작용한다는 사실을 발견하였고, 이를 체계적으로 정리한 것이 마음이론이다.

이 책이 출간되기까지 많은 도움을 준 한국심리교육원의 원장인 박비현

---

[5] 인식심리의 인식에 대한 장애로서 공황장애, 불안장애, 공포장애, 강박장애 등으로 나타난다.
[6] 기억심리의 감정기억에 대한 장애로서 우울증이나 조울증으로 나타난다.
[7] 표현심리의 표현에 대한 장애로서 외부표현의 장애는 중독증으로 나타나고 내부표현의 장애는 성격장애로 나타난다.
[8] 저자는 심리장애의 치료를 위한 심리상담을 한 후에는 상담보고서를 작성하여 내담자에게 "심리처방전"으로서 활용할 수 있도록 한다.

님, 저자와 늘 함께해 온 강혜주님과 박영호님, 연구심리포럼의 송윤수님, 김정일님, 고윤희님 그리고 마음이론을 많은 분들에게 알려주고 있는 교육전문가들에게 진심으로 감사드린다. 이분들과 함께 하지 않았다면 마음이론은 개발되기 어려웠을 것이다. 무엇보다 오랜 기간 동안 저자에게 심리장애를 치료하신 분들과 심리치료교육 및 마음교육을 하신 분들에게도 감사드린다. 이분들의 심리치료에 대한 임상이 있었기에 마음이론을 개발할 수 있었다.

  또한 저자가 인간의 마음과 심리가 작용하는 원리를 연구하고 집중할 수 있도록 하고, 실패를 딛고 열정적으로 살 수 있도록 습관을 만들어 준 많은 지인들과 친구들에게 감사드린다.

  마지막으로 저자가 지금까지 어떠한 일을 하더라도 묵묵하게 믿고 응원해 준 가족들에게도 감사한 마음을 전하고 싶다.

2017년 5월
한국심리교육원에서
저자 **김범영**

CONTENTS

서문 5

제1장 　마음이론
　　(1) 마음이론의 연구배경　　17
　　(2) 마음이론의 가설　　20
　　(3) 마음이론의 응용　　28

제2장 　사람과 인간
　　(1) 몸과 마음　　41
　　(2) 인간의 마음　　48
　　(3) 사실과 감정　　59
　　(4) 삶과 인생　　64
　　(5) 심리의 비교　　77

제3장 　마음과 심리
　　(1) 심리체계　　91
　　(2) 심리의 발달과정　　105
　　(3) 인식심리　　114
　　(4) 기억심리　　123
　　(5) 표현심리　　128
　　(6) 이해와 배려　　131
　　(7) 인간관계　　139

제4장 　남자와 여자의 마음
　　(1) 마음의 차이　　162
　　(2) 감정기억의 차이　　171
　　(3) 행복의 차이　　186
　　(4) 감정몰입의 차이　　195
　　(5) 심리의 과유불급　　200

제5장 　습관과 성격
　　(1) 습관의 형성　　208
　　(2) 습관의 변화　　212
　　(3) 심리의 대칭　　227

제6장 성심리
- (1) 성년과 미성년　　　242
- (2) 여자의 성심리　　　246
- (3) 남자의 성심리　　　250
- (4) 자기성결정권　　　254
- (5) 심리순결　　　258
- (6) 성범죄　　　262

제7장 대화의 심리
- (1) 감정과 의견　　　270
- (2) 대화의 인식　　　277
- (3) 감정의 대립　　　282
- (4) 대화의 방법　　　307

제8장 행복의 심리
- (1) 행복의 원리　　　314
- (2) 여자의 행복　　　320
- (3) 남자의 행복　　　327

제9장 트라우마
- (1) 트라우마의 발생　　　333
- (2) 스트레스와 상처　　　338
- (3) 트라우마의 방어기제　　　348

제10장 심리장애
- (1) 인식장애와 감정기억장애　　　392
- (2) 감정기억장애(우울증)　　　397
- (3) 표현장애(중독증)　　　402

제1장

마음이론

마음과 심리가 작용하는 원리

마음이론(mimind)은 새롭게 개발된 심리이론이다. 마음이론은 마음유전자(migene)에 의하여 생성되는 마음과 심리가 작용하는 원리를 규명하였다. 행복유전자(H-migene)[1], 감정유전자(F-migene)[2], 방어유전자(D-migene)[3], 충동유전자(I-migene)[4]의 마음유전자가 마음(의식과 무의식)을 생성하면서 마음과 심리가 어떻게 작용하는지를 체계적으로 정리하였다. 마음이론은 인간의 마음과 심리를 해석하는 기준과 표준이고, 원리와 규칙이다.

마음이론에서의 마음은 마음유전자에 의하여 의식과 무의식을 통제한다. 마음은 인간이 태어날 때 형성되어 죽을 때까지 변하지 않고 작용한다. 이 마음은 심리의 기준이고 표준이며, 심리가 작용하는 원리와 규칙으로써 의식과 무의식이 작용하도록 한다.

따라서 마음이론은 의식과 무의식을 작용하도록 하는 마음이 존재하고 있다는 것, 이 마음은 마음유전자에 의하여 작용한다는 것, 마음은 의식과 무의식을 통제하여 심리가 작용되도록 한다는 것 등을 증명하고 규명한 심리이론이다.

생각이 같은 인간은 없다. 그 이유는 첫 번째, 남자와 여자의 마음이 다

---

1 행복유전자(H-migene)는 외부정보와 기억정보에 대한 행복의 기준을 판정하는 마음유전자이다.
2 감정유전자(F-migene)은 행복유전자에 의하여 행복으로 판정되면 긍정감정으로 판정하고, 이외는 부정감정으로 판정하는 마음유전자이다.
3 방어유전자(D-migene)는 감정유전자에 의하여 판정된 감정에 대하여 방어기제를 작용시키는 마음유전자이다.
4 충동유전자(I-migene)는 마음에너지를 생성하여 마음의 무의식으로 전달하는 마음유전자이다.

르다는 것이다. 그래서 남자와 여자의 심리가 다르게 작용하는 원인이 규명된다. 두 번째는 기억이 단 한 사람도 같지 않다는 것이다. 마음은 남자는 남자들끼리 모두 같고, 여자는 여자들끼리 모두 같게 작용한다. 그러나 의식과 무의식인 습관에 의하여 작용하는 심리는 단 한 사람도 같은 경우가 없다. 인간이 성장하면서 지식과 경험에 의한 기억심리가 다르게 작용하기 때문이다. 일란성 쌍둥이라도 똑같은 것을 보면서 똑같이 생각하고 기억할 수 없기 때문에 의식과 습관의 작용이 다르다. 그러나 모든 여자는 여자의 마음이 작용하고, 모든 남자는 남자의 마음이 작용한다.

마음은 의식과 무의식인 습관을 통제하기 때문에 모든 심리에 작용한다. 남자의 마음과 여자의 마음을 알면 인간의 심리가 작용하는 원리를 알게 된다. 이 마음이 작용하는 것은 심리의 기준이고 표준이며, 원리이고 규칙이기 때문에 심리의 작용을 분석할 수 있다. 이와 같이 심리가 작용하는 원리는 마음에 의하여 결정된다.

동물은 생존본능으로 살지만, 인간은 자아실현의 행복본능으로 산다. 그래서 마음은 동물에게는 없고, 인간에게만 존재한다. 따라서 마음은 인간의 심리에서 가장 핵심이다.

마음은 인간이면 누구든 작용하고 있었지만, 누구도 발견하고 알지 못했던 심리의 원천이다. 이 마음이 의식과 무의식을 통제하며 심리가 작용하는 기준, 표준, 원리, 규칙이라는 것을 규명하였다. 이를 통하여 심리연구, 심리분석, 심리해석, 심리진단, 심리예측, 심리문제의 예방, 심리장애의 치료, 인간의 행복을 알 수 있게 되었다. 그래서 이를 위한 분석기법, 상담기법, 치료기법, 교육기법 등을 새롭게 개발하였다.

또한 인간의 심리를 해석할 수 있게 되어 이제 마음이론을 아는 것만으로도 심리장애를 예방하고 치료할 수 있다. 다양한 심리장애의 치료, 성기능장애의 치료, 청소년과 성인의 전인교육, 심리문제의 해결 등을 위한 마음교육도 개발할 수 있었다.

심리의 구조

심리는 남녀노소를 가릴 것 없이 인간이라면 구조가 동일하다. 인간의 심리는 3가지로 구성된다.

첫 번째는 기억심리이다. 인간의 기억은 사실을 기억하고 동시에 감정도 기억한다. 사실과 감정을 동시에 기억하는 것을 기억심리라고 한다. 이때 사실의 기억은 남자와 여자가 동일하지만, 감정의 기억은 남자와 여자가 다르다. 남자의 마음과 여자의 마음이 다르게 작용하기 때문이다. 남자는 부정기분을 잘 기억하지 못하고 긍정기분을 잘 기억하지만, 여자는 부정감정을 잘 기억하고 긍정감정을 잘 기억하지 못한다.

두 번째는 인식심리이다. 인간은 외부의 사실을 인식한다. 외부의 사실을 신체의 다섯 개 감각기관을 통하여 받아들여 감각으로 전환하고, 이 감각에 대하여 마음유전자가 감정을 판정한 후 느낌으로 전환한다. 이 느낌을 종합하여 외부의 사실에 대한 감정으로 자각한다. 이와 같이 외부의 사실과 감정을 결합하여 생각이 자각하는 일련의 과정을 인식심리라고 한다.

사실의 정보는 외부의 정보와 기억된 정보를 의미하고 이 사실에 대하여 느낌을 자각하는 것이 감정이다. 이때 외부의 정보에 대하여 감정이 자각되는 것을 인식심리라고 하고, 생각의 감정은 의식으로 자각되어 느껴진다. 따라서 인식심리에서는 사실과 감정을 분리해야 하고, 사실보다는 감정이 어떻게 작용하는지 알아야만 인식심리를 정확히 알 수 있다.

사실은 신체의 다섯 개 감각기관을 통해서 받아들인 감각정보를 말한다. 만일 교통사고가 났다고 하면 교통사고는 사실이고, 사실의 순간을 현상이라고 한다. 사실의 최소단위가 현상이다. 또한 감정은 현상의 느낌이 종합되어 사실에 대하여 생각이 자각하고 느끼는 것을 말한다. 이 감정은 외부의 사실에 대하여 생각으로 자각되면서 인식되는 느낌이 종합된 것이다. 결국 감정은 사실에 대하여 생각이 한 번 더 작용하면서 느낀다.

세 번째는 표현심리이다. 표현심리는 감정을 표현할 때 작용하는 심리이다. 정보와 감정을 표현할 때 작용한다. 감정이 외부로 표현되는 과정을 살펴보면 생각으로 자각된 감정을 표현하는 방식과 무의식인 습관이 작용하여 표현되는 방식이 있다. 생각으로 자각된 감정을 표현하는 경우에는 생각으로 자각된 감정을 의식에 의하여 말과 행동과 표정으로 표현하는데, 이때는 생각으로 자각된 감정은 하나만 표현되고, 생각으로 자각하지 못하는 말과 행동과 표정은 무의식인 습관에 의하여 표현된다. 이에 따라서 생각의 감정은 하나만 표현되고 이와 동시에 표현되는 말과 행동과 표정은 무의식으로 작용한다.

또한 사실에 대하여 무의식인 습관이 작용하면서 의식으로 자각되도록 한다. 이때 의식으로 자각되도록 하는 과정이 내부로 표현하는 과정이다.

습관에 의하여 감정을 표현하는 경우는 마음유전자의 작용으로 발생하는 현상이다. 마음유전자는 정보에 대하여 행복유전자에 의하여 행복여부를 판정하고, 감정유전자에 의하여 감정을 판정한 후, 방어유전자와 충동유전자가 작용한다. 방어유전자와 충동유전자가 작용할 때 무의식인 습관으로 처리하는데, 이때 말과 행동과 표정을 통해서 외부로 표현되고, 내부로 표현하면서 의식으로 자각된다. 생각으로 자각된 감정과는 관계없이 마음유전자에 의하여 무의식으로 표현된다.

이와 같이 심리가 3가지로 구성되어 있는 것을 간단히 살펴보았다. 심리에서는 감정과 사실의 기억이 분리된다. 이때 여자는 외부정보에 대한 인식심리로 발생하는 감각정보의 기분보다는 감각정보를 무의식인 습관이 작용하면서 발생하는 감정이 중요하다. 반면 남자는 감각정보의 기분이 감정보다 중요하게 작용한다. 감각정보에 대한 감정은 의식으로 자각하는데, 이때 스트레스가 발생하기 때문에 남자는 감정보다 감각정보의 기분을 중요하게 인식하는 것이다. 그래서 마치 남자가 감정이 없는 것처럼 느끼게 된다.

남자는 의식에서 감정을 느끼면 스트레스가 유발되기 때문에 미래의 행복을 추구할 수 없다. 반면 여자는 의식에서 감정을 자각하는 것을 중요하게 인식한다. 다섯 개의 감각기관으로 들어온 감각의 기분보다는 자신의 무의식인 습관이 작용하면서 만들어지는 감정이 중요하기 때문이다.

심리(心理)는 감정을 인식하고 기억하고 작용하고 처리하고 표현하는 과정을 조절하고 통제하는 것을 말한다. 따라서 인식심리는 외부의 정보를 마음으로 받아들이는 과정이고, 표현심리는 마음을 외부로 표현하거나 의식으로 자각하는 과정이다. 이때 인식심리는 의식이 작용하고, 표현심리는 무의식인 습관이 작용한다.

의식은 생각으로 자각되지만, 습관은 자각되지 못하는 무의식이다. 이로 인하여 인간은 인식한 것은 잘 기억하는데, 표현할 때는 무의식이 작용하기 때문에 잘 기억하지 못한다.

1
마음이론의 연구배경

저자는 지난 17년 동안 외도상담(外道相談)[5]과 심리장애(心理障碍)치료를 위한 상담을 했었다. 현재는 한국심리교육원[6]에서 마음교육[7], 성마음교육[8], 심리치료교육[9], 성심리치료교육[10], 성기능치료교육[11], 외도치료교육[12]

---

5   외도상담(外道相談)은 외도로 발생하는 심리장애를 치료하고 행복하게 살 수 있도록 실시하는 상담이다. 분노의 치료, 상처의 치료, 부부갈등해결, 섹스문제해결, 남편과 아내의 심리장애 치료, 부부행복 등을 위한 상담이 모두 포함된다.
6   한국심리교육원(www.kip.ac)은 마음교육, 성마음교육, 심리치료교육, 성심리치료교육, 성기능치료교육, 외도치료교육 등을 실시하는 교육전문법인이다.
7   마음교육은 마음이론을 체계적으로 학습할 수 있는 교육으로서 인간의 마음과 심리가 작용하는 원리를 알 수 있도록 하여 스스로 심리장애를 예방하고 치료할 수 있도록 한다.
8   성마음교육은 성마음이론을 체계적으로 학습할 수 있는 교육으로서 인간의 성마음과 성심리가 작용하는 원리를 알 수 있도록 하여 스스로 성심리장애를 예방하고 치료할 수 있도록 한다.
9   심리치료교육은 마음이론과 성마음이론을 기초로 하여 심리장애를 치료하는 교육으로서 우울증치료교육, 공황장애치료교육, ADHD치료교육, 불안장애치료교육, 강박장애치료교육, 중독장애치료교육 등이 있다.
10 성심리치료교육은 마음이론과 성마음이론을 기초로 하여 성심리장애를 치료하는 교육으로서 성폭력피해치료교육, 성폭력가해치료교육, 성범죄예방교육, 성범죄치료교육, 성인식장애치료교육, 성기억장애치료교육, 성표현장애치료교육, 성기능장애치료교육 등이 있다.
11 성기능치료교육은 마음이론과 성마음이론을 기초로 하여 남자와 여자의 성기능장애를 치료하는 교육이다.
12 외도치료교육은 배우자의 외도로 발생하는 외상 후 스트레스, 분노와 상처를 치료하는 교육이다.

등을 하고 있다. 외도로 발생하는 심리장애를 분석하였고, 이 과정에서 남자와 여자의 심리가 복잡하게 작용하는 것을 알게 되면서 심리의 근본적인 원리를 연구하였다. 외도로 발생하는 심리장애는 기존의 심리이론으로는 해결이 불가능할 만큼 개별적인 심리장애, 부부갈등, 섹스문제, 가족문제, 사회문제, 경제문제 등이 망라된 다양한 심리가 복합적으로 작용하고 있었다. 그래서 마음과 심리가 작용하는 원리를 알지 못하면 심리장애를 치료할 수 없다는 것을 깨달았다.

마음이론에서는 기존의 심리이론과는 다른 개념을 도입하였다. 기존에 알려진 의식과 무의식을 심리와 분리하였고, 무의식은 습관과 마음에너지로 분리하였다. 마음이론은 행복을 추구하는 마음에 의하여 심리가 작용하는 것으로서 남자와 여자가 서로 다른 행복을 추구하고 있다고 본다.

심리는 마음을 중심으로 인식심리, 기억심리, 표현심리 3가지로 분리하였다. 인식심리에서는 의식이 작용하고, 기억심리는 의식과 무의식이 작용하며, 표현심리는 무의식이 작용하고 있다. 그리고 기존의 방어기제는 습관으로 나타난 결과의 유형이고 인간의 고유한 방어기제가 아니다. 마음이론에서는 인간의 방어기제를 거부방어기제와 수용방어기제로만 분류하였다.

마음이론에서 마음은 3가지의 기준을 갖고 있다. 첫 번째는 「행복추구의 기준」으로서 '남자는 미래의 행복을 추구하고, 여자는 현재의 행복을 추구하는 기준'이다. 정보가 추구하는 행복의 기준에 맞느냐 맞지 않느냐에 따라서 감정이 발생하고 심리가 작용한다.

두 번째는 부정감정과 긍정감정에 대한 방어기제로서 「행복추구의 기준에 의한 방어기제」를 갖고 있다. '남자는 부정기분에 대한 거부방어기제와 긍정기분에 대한 수용방어기제가 작용하고, 여자는 부정감정에 대한 수용방어기제와 긍정감정에 대한 거부방어기제가 작용'한다. 이에 따라서 남자는 부정기분을 기억하지 못하고 긍정기분을 기억지만, 여자는 부정감정을 기억하고 긍정감정을 기억하지 못한다.

세 번째는 「성마음(xesmind)의 기준」으로서 '남자는 열정의 과정에서 성마음이 작용하지만, 여자는 사랑의 과정에서 성마음이 작용'한다. 그래서 남자는 열정의 과정에서 성마음이 작용하여 성행동(sex)을 추구하지만, 여자는 사랑의 과정에서 성마음이 작용하여 성행동(sex)을 사랑으로 인식한다.

이 3가지를 기준으로 마음은 의식과 무의식을 통제하여 모든 감정을 행복을 추구하는 기준에 맞도록 작용한다. 이것이 심리의 기준이고 마음이론의 개념이다.

심리장애는 마음의 기준으로 심리가 작용할 때, 심리가 비정상으로 작용하는 것을 분류한 것이다. 행복과 불행 그리고 치료의 대상으로 분류한 것이 아니기 때문에 심리장애가 발생하였다고 모두가 불행하다는 것은 아니다. 심리장애가 발생하였더라도 자신과 상대, 주변 사람들이 함께 행복할 수 있다면 이는 치료의 대상이 아니며 불행하다고 할 수도 없다. 그러나 심리장애로 인하여 자신 또는 상대와 주변 사람들이 불행하다면, 이는 치료의 대상이다. 따라서 심리장애에 대한 선입견과 편견을 갖지 말아야 한다. 좋은 것이 좋은 것만은 아니고, 나쁜 것이 나쁜 것만은 아니다. 이것이 마음이론의 철학이다.

2
마음이론의 가설

　심리이론은 많다. 심리이론은 상담방법의 이론과 심리치료의 이론으로 분류할 수 있는데, 심리의 기준과 체계를 규명한 이론은 없었다. 심리이론이 되기 위해서는 「인간의 심리를 이해하고 해석할 때 논리적인 모순이 없어야 하고, 체계적이어야 한다. 또한 이론과 현실이 일치해야 하고, 모든 심리의 작용을 몇 개의 변인으로 증명할 수 있어야 하며, 종교적인 해석과 과학적인 검증」이 되어야 한다. 이와 같이 심리이론은 간결하지만 모든 인간의 심리를 해석하고 검증할 수 있어야 한다.
　심리이론이 중요한 것은 인간관계의 분석과 해석, 심리장애의 원인분석과 치료방법을 개발할 수 있는 심리의 기준이 되기 때문이다. 특히 심리이론은 철학, 정치, 경제, 사회, 문화, 예술, 상담 등 다양한 학문에서 인간관계의 심리를 이해하고 해석할 수 있는 기준이 되기 때문에 중요하다.
　인간은 몸(Body)과 마음(Mind)으로 구분할 수 있다. 이를 컴퓨터(Computer)에 비교하면, 몸은 하드웨어(Hardware)로 보고, 마음은 소프트웨어(Software)로 볼 수 있다. 컴퓨터는 하드웨어와 소프트웨어가 분리되어 작용하기 때문에 상호 영향을 주지 않는다. 그러나 인간은 생각하고, 말과 행동을 하는 사회적 동물이기 때문에 몸과 마음이 하나로 작용하면서 상호 영향을 준다. 인간의 몸과 마음을 컴퓨터의 하드웨어와 소프트웨어로 비교하는 것은 문제가 있지만, 마음과 심리의 개념을 이해하고 분석하기 위하여 비교한 것이다.

하드웨어에 해당하는 몸은 신체, 장기, 세포와 DNA로 구성되고, 소프트웨어에 해당하는 마음은 심리를 작용시킨다. 소프트웨어가 없는 하드웨어는 한낱 고철에 불과하여 컴퓨터의 기능을 할 수 없고, 하드웨어가 없으면 소프트웨어는 필요가 없다. 그래서 정상적인 컴퓨터는 하드웨어와 소프트웨어가 함께 작용해야 한다. 이와 마찬가지로 인간의 몸과 마음은 하나로 되어 있기 때문에 별개로 작용하지 않는다. 그래서 몸의 작용을 분석하는 것은 의학과 과학에서 증명해야 하고, 몸과 마음이 함께 작용하는 것을 분석하는 것은 철학, 정신분석학, 심리학에서 논리를 통하여 증명해야 한다.

컴퓨터에서 소프트웨어는 정상이지만 하드웨어가 고장 나면, 컴퓨터의 기능은 중단되고 소프트웨어는 별 소용이 없다. 또한 하드웨어는 정상이지만 소프트웨어가 고장 나면, 컴퓨터는 작동하지만 오류가 발생한다. 이와 같이 심리는 정상이지만 몸에 질병이 생기면 심리는 별 소용이 없고, 몸은 정상이지만 심리에 장애가 생기면 정상적인 활동은 가능하지만 심리장애가 발생한다. 특히 인간은 몸과 마음이 하나로 되어 있기 때문에 몸에 질병이 생기면 마음에 의하여 작용하는 심리에도 문제가 발생하고, 심리에 문제가 생기면 몸에도 질병이 발생한다. 따라서 몸과 마음 중 어느 하나라도 문제가 발생하면 몸과 마음이 모두 문제가 되기 때문에 심리이론은 몸과 마음을 함께 연구해야 한다.

의학과 과학은 신체에 대한 명확한 기준이 있기 때문에 신체의 기준에 의하여 검증한다. 종교는 경전의 기준을 갖고 믿음으로 발전하고 있다. 그러나 철학과 심리학은 심리의 기준이 없기 때문에 발전하지 못하고 있다. 따라서 인간을 알아가는 과정에 세 가지의 기준이 통합되지 못하여 많은 이론과 반론으로 인하여 심리의 연구는 지속되고 있지만 어려움이 많다. 심리의 기준이 설정되면 심리장애의 치료방법이 개발되고, 심리와 신체의 관계성을 분석하면 신체질병의 치료를 연계할 수 있으며, 심리와 종교의 관계성을 분석하면 종교의 믿음을 강화할 수 있다. 이와 같이 마음이 심리의 기준이라는 것을 증명함으로써 철학과 심리학뿐만 아니라 다양한 학문과의 연계가 가능하다. 따라서 심리의 기준인 마음이론의 가설은 중요하다.

　마음이론은 마음에서 의식과 무의식이 작용하고, 마음에 의하여 인식심리, 기억심리, 표현심리가 작용되는 원리를 해석함으로써 심리의 모든 현상을 분석한 심리이론이다. 따라서 심리는 마음에 의하여 작용한다고 할 수 있으며, 마음을 중심으로 인식심리, 기억심리, 표현심리의 작용을 논리적으로 분석하고, 이를 증명하기 위하여 마음이론에 대한 7가지의 가설(假說, Hypotheses)을 설정하여 증명함으로써 심리이론을 개발할 수 있었다.

　마음이론의 7가지의 가설로 심리의 모든 현상을 분석하고 이해할 수 있도록 논리성, 체계성, 일치성에 대한 검증을 위하여 심리장애를 치료하는 임상에 적용하였다.

　마음이론의 7가지 가설을 살펴보면, 먼저「마음의 구성에 대한 가설」로서 인간의 마음은 의식과 무의식으로 이루어져 있다는 가설이다. 두 번째는「마음과 심리가 다르다는 가설」로서 마음의 의식과 무의식이 몸과 연결되어 인식, 기억, 표현 등으로 작용하는 심리로 구분되어야 한다는 가설이다. 세 번째는 「남자와 여자의 차이에 대한 가설」로서 남자와 여자는 마음이 다르게 작용한다는 가설이다. 네 번째는 「감정기억의 차이에 대한 가설」로서 남자는 감정기억을 하지 않고, 여자는 감정기억을 한다는 가설이다. 다섯 번째는 「행복추구의 차이에 대한 가설」로서 남자는 미래행복을 추구하고 여자는 현재행복을 추구한다는 가설이다. 여섯 번째는 「자아실현의 차이에 대한 가설」로서 인간관계에서 남자는 인생의 가치를 추구하고 여자는 삶의 의미를 추구한다는 가설이다. 일곱 번째는 「스트레스와 상처의 차이에 대한 가설」로서 남자는 스트레스를 제거하고 여자는 상처를 치료한다는 가설이다.

이 가설은 심리를 분석하고 심리이론을 검증하기 위한 기본설명이며, 이를 증명하기 위하여 심리장애의 치료에 적용하였고, 남자와 여자의 마음과 심리가 작용할 때 정확성을 갖고 있었다. 다만 마음이론은 인간의 마음과 심리가 작용하는 원리에 대한 심리이론이기 때문에 심리가 신체에 미치는 영향을 분석하기 위한 의학과 과학의 검증과 증거는 없다. 따라서 마음이론은 의학적인 연구를 함께 해야 한다.

제1가설. 마음의 구성

마음이론의 제1가설은 마음의 구성이다. 인간에게 마음이 있다는 것은 누구나 알고 있다. 그러나 마음은 어떻게 구성되어 있는지 알 수 없어서 추상적으로만 생각한다. 그래서 마음이론에서는 마음이 의식과 무의식으로 구성되어 있고, 무의식은 습관과 마음에너지로 구성되어 있다는 가설을 설정했다.

마음에너지에 의하여 습관이 작용되고, 습관은 일정한 패턴으로 작용한다. 또한 습관이 작용할 때 기억정보 또는 외부정보와 감정을 연결하여 의식에서 자각할 수 있도록 한다. 따라서 마음은 의식과 무의식으로 심리를 통제하는 역할을 한다.

제2가설. 마음과 심리가 다르다

마음이론의 제2가설은 마음과 심리가 다르다는 것이다. 기존에는 마음과 심리를 함께 사용하고 동일한 개념으로 알고 있었다. 심리가 작용하는 것을 마음과 동일하게 분석하기 때문에 심리는 많이 연구하였지만 마음은 연구할 수 없었다. 이로 인하여 새로운 심리이론을 계속 개발할 수밖에 없었다. 따라서 마음이론에서는 마음과 심리가 다르다는 가설을 설정했다.

마음은 의식과 무의식으로 구성되어 심리를 처리하고 통제한다. 심리는 인식심리, 기억심리, 표현심리 등으로 구성되어 있다. 인식심리는 외부정보를 마음으로 인식할 때 작용하는 심리이다. 기억심리는 외부정보를 기억하거나 기억된 정보를 마음으로 자각할 때 작용하는 심리이다. 표현심리는 마음을 외부로 표현하거나 내부로 표현할 때 작용하는 심리이다. 이에 따라 심리장애는 인식장애, 기억장애, 표현장애 이렇게 3가지로만 분류한다.

제3가설. 남자와 여자는 마음이 다르다

마음이론의 제3가설은 남자와 여자가 마음의 작용이 다르다는 것이다. 마음을 구성하는 의식과 무의식이 작용할 때, 남자의 무의식과 여자의 무의식이 다르게 작용하기 때문에 심리가 다르게 작용한다는 가설을 설정했다.

남자의 무의식은 기분의 마음에너지에 의하여 스트레스를 제거하는 습관이 작용하고, 여자의 무의식은 감정의 마음에너지에 의하여 상처를 치료하는 습관이 작용한다. 이에 의하여 남자와 여자는 인식심리, 기억심리, 표현심리가 다르게 작용한다.

제4가설. 남자와 여자는 감정기억이 다르다

마음이론의 제4가설은 남자와 여자가 감정기억을 다르게 한다는 것이다. 제3가설에 의하여 남자와 여자가 마음의 작용이 다르기 때문에 심리도 다르게 작용한다. 기억심리에 의하여 남자와 여자는 감정기억이 다르다는 가설을 설정했다.

남자는 부정기분은 제거하고 긍정기분은 의식으로 소모하기 때문에 감정을 기억하지 않는다. 여자는 긍정감정은 의식으로 소모하고 부정감정은 치료하기 위하여 기억한다.

제5가설. 남자와 여자는 행복이 다르다

　마음이론의 제5가설은 남자와 여자의 행복추구가 다르다는 것이다. 남자는 기분이 작용하기 때문에 현재의 감정을 느낄 수 없으므로 미래의 행복감정을 추구하지만, 여자는 감정이 작용하기 때문에 현재의 감정을 느낄 수 있으므로 현재의 행복감정을 추구한다는 가설을 설정했다.
　남자는 긍정기분을 지속적으로 생성하여 미래에도 긍정기분이 지속되어 행복감정이 될 수 있도록 작용하기 때문에 미래의 행복을 추구한다. 여자는 부정감정을 무감정으로 전환함으로써 행복의 감정을 만들기 때문에 현재의 행복을 추구한다.

제6가설. 남자와 여자는 자아실현이 다르다

　마음이론의 제6가설은 남자와 여자는 인간관계에서 자아실현이 다르다는 것이다. 남자는 열정을 갖고 미래행복을 추구하면서 인간관계에서는 특정 대상의 가치를 추구하지만, 여자는 사랑의 감정으로 현재행복을 추구하면서 인간관계에서는 의미를 추구한다는 가설이다.
　남자는 인간이 아닌 대상의 가치를 추구할 때 경제적 가치, 관계적 가치, 사회적 가치 등을 추구하면서 인생의 행복을 목표로 살고 있다. 여자는 인간인 대상과 함께 행복을 느끼면서 삶의 의미를 갖는다. 이에 따라 남자의 자아실현은 가치를 추구하는 것이고, 여자의 자아실현은 의미를 추구하는 것이다.

제7가설. 스트레스와 상처가 다르다

마음이론의 제7가설은 스트레스와 상처가 다르다는 것이다. 스트레스는 현재 감각기관의 자극으로 생성된 부정기분이고, 상처는 스트레스를 심리에서 처리할 때 생성되고 부정감정으로 기억된다는 가설이다.

남자는 기분의 마음에너지가 작용하기 때문에 스트레스를 제거하려고 하지만, 여자는 감정의 마음에너지가 작용하기 때문에 스트레스로 인한 상처를 치료하려고 한다. 결국 스트레스는 남자의 마음과 심리에서 작용하는 부정기분이고, 상처는 여자의 마음과 심리에서 작용하는 부정감정이다.

3
마음이론의 응용

　모든 학문은 인간을 중심으로 만들어졌으며, 인간은 서로 관계를 형성하면서 살고 있다. 인간의 심리는 인간관계의 핵심이기 때문에 인간과 인간의 상호관계를 해석하고 분석할 수 있는 심리의 기준과 표준 그리고 심리의 원리와 규칙을 아는 것이 중요하다.
　현재 실시하고 있는 마음교육, 심리치료교육, 성마음교육, 성심리치료교육, 성기능치료교육, 외도치료교육 등은 저자가 새롭게 개발한 마음유전자이론(migene), 마음이론(mimind), 성마음이론(xesmind) 등에 근거하고 있다. 이 중 마음이론은 심리의 기준과 표준이고 원리와 규칙을 체계화한 것으로서 인간관계를 해석하는 근본이다. 따라서 심리와 인간관계를 정확하게 아는 것은 모든 학문의 근본 원리를 아는 것으로서 학문에 대한 이해와 분석을 비롯하여 새로운 연구개발이 가능하다.
　현재의 학력, 전공, 진로, 직업이 무엇이냐는 중요하지 않다. 우선은 심리를 알고 난 후 인간심리와 인간관계를 정확히 아는 것이 중요하다. 이후에 학위, 전공, 진로, 직업을 선택해도 늦지 않으며, 무엇을 선택하든 해당 분야의 최고가 되는 것도 어렵지 않다. 모든 학문의 근본이 인간심리와 인간관계를 중심으로 하기 때문이다.

또한 관리능력, 창의력, 자신감, 학습동기, 학습능력, 성적향상 등은 자신의 마음과 심리에서 발생하는 것으로서 심리를 알면 어렵지 않게 만들 수 있다. 지식공부는 지식을 쌓을수록 심리에 문제를 유발하지만, 새롭게 개발된 마음이론의 공부인 마음교육은 지식을 쌓는 것이 아니라 인간심리와 인간관계를 해석하고 조절하는 능력을 습관으로 만들기 때문에 심리문제를 해결하고 심리장애를 치료할 수 있게 된다.

이와 같이 새롭게 개발된 마음이론은 다른 학문과의 연계성이 크다. 마음이론은 오랜 세월 동안 심리장애의 치료과정에서 임상을 통하여 검증하고 개발했다. 그래서 심리학자와 의학전문가를 비롯하여 일반 사람들도 다양한 분야에서 연구할 수 있도록 설명하고, 일반 사람들도 마음이론을 쉽게 이해하고 현실의 모든 분야에 적용할 수 있도록 한다.

기존의 심리치료

심리치료는 심리장애를 치료하는 것으로서 기존의 많은 학자와 전문가들이 심리치료를 위한 심리이론과 치료기법을 많이 개발했고, 이를 공부하는 사람들도 많으며, 자격증을 취득하거나 학위를 받아서 심리치료를 위한 상담을 하고 있다. 현대 사회에서 점점 더 심리상처를 유발하는 산업화가 가속화되고 있기 때문에 앞으로 심리치료는 더욱 확대될 것으로 전망하고 있다. 그 만큼 심리치료사는 앞으로 유망한 직업의 하나가 될 것이다.

그러나 지금까지 학자와 전문가들에 의하여 개발된 심리이론과 심리치료의 방법에는 문제가 많았다. 그래서 정확한 심리치료의 방법이 없다 보니 새로운 치료기법이 많이 개발되었다. 결국 사람들이 심리를 공부하는 것은 심리치료를 할 수 없는 치료기법을 공부하는 것이고, 이에 대한 심리이론을 공부하는 것임을 알 수 있다.

저자는 마음이론을 개발한 후 심리치료의 기법을 완성하였고, 분노치료와 상처치료에 적용하여 90% 이상의 놀라운 치료효과를 검증했다. 또한 우울증, 조울증, 불면증, 공황장애, 섭식장애, 중독증, 성격장애, 신체화장애[13], 심리화장애[14],… 등 다양한 심리장애의 심리치료에 적용하였을 때도 90% 이상의 치료효과를 검증할 수 있었다. 이에 따라서 사람들은 "어떤 치료기법이냐?" "치료기법을 배우려면 어떻게 해야 하느냐?" 등의 질문을 많이 했다.

이는 기존의 심리이론과 심리치료의 방법으로는 심리장애를 정확히 분석, 진단, 예측, 예방, 치료를 할 수 없었기 때문이다. 그렇다고 기존의 심리이론과 심리치료의 방법이 잘못되었다는 것은 아니다. 다만 인간의 마음과 심리가 작용하는 원리를 정확히 알지 못했기 때문에 무의식인 습관을 변화할 수 없었고, 심리의 작용을 변화시킬 수 없었으며, 성격을 변화할 수 없었기 때문에 심리치료를 할 수 없었다. 즉 기존의 방법으로는 치료가 될 것으로 보이지만, 심리장애의 치료에 적용했을 때는 효과를 얻을 수 없었던 것이다. 따라서 마음과 심리가 작용하는 원리를 정확히 알아야 하고, 이를 통하여 습관과 성격을 변화하고 조정할 수 있는 방법을 찾아야 한다.

---

13 신체화장애는 심리장애로 인하여 신체질병의 증상이 발생하는 현상이다. 신체화장애는 신경성장애라고도 한다. 신경성 두통, 신경성 생리통, 신경성 탈모 등이 해당된다.
14 심리화장애는 신체의 질병이나 후유증으로 인하여 심리장애가 발생하는 현상이다. 사고 후유증, 화상 후유증, 수술 후유증 등이 해당된다.

이것이 새롭게 개발된 심리치료의 방법이다.

응용과 활용

마음이론은 사람과 인간 그리고 인간관계와 연관되는 모든 분야에 적용할 수 있다. 의학, 학문, 생활, 사업, 교육, 기타 다양한 분야와 연계하여 연구할 수 있다. 마음이론은 심리의 기준과 표준, 원리와 규칙이기 때문에 인간이 추구하는 자아실현과 행복의 원리를 알게 됨으로써 자신의 분야에 맞게 재해석할 수 있다.

첫 번째, 교육의 분야에서는 전인교육, 교육심리, 교육의 방법과 기법, 학습능력과 학습방법, 이해력의 향상, 집중력의 향상, 기억력의 향상, 인성교육, 대안교육, 교수법, 강의기법, 기타 교육과 관련한 다양한 교육이론과 교육기법을 새롭게 해석하고 개발할 수 있다.

두 번째, 종교의 분야에서는 신(神)의 존재에 대한 확신, 현실적인 믿음, 인간과 신의 관계, 경전의 해석과 실생활의 적용, 사이비 종교의 구별, 사회공헌, 선교활동, 성직자의 역할과 자세, 기타 종교와 성직자와 신도와 관련한 다양한 해석을 할 수 있다.

세 번째, 심리이론의 분야에서는 기존의 심리이론에 마음이론을 적용하면 인간의 심리연구, 심리분석, 심리진단, 심리예측, 심리예방, 심리치료가 가능하다. 또한 심리와 신체의 관계성을 연구하여 심리장애의 치료법을 비롯하여 신체의 질병치료에 대한 연구도 가능하다.

네 번째, 상담기법과 치료기법의 분야에서는 심리장애를 분석하고 치료할 때 마음이론을 적용하면 심리장애의 상담기법과 치료기법을 새롭게 개발할 수 있다. 상담과 치료의 원리가 동일하기 때문이다. 마음이론을 개발하게 되면서 우울증, 조울증, 중독증, 공황장애, 불안장애, PTSD, ADHD, 신체화장애, 심리화장애 등의 상담기법과 치료기법을 새롭게 개발할 수 있었다. 따라서 다양한 병증과 장애를 치료할 수 있는 상담기법과 치료기법의 개발이 가능하다.

다섯 번째, 인터넷, 스마트폰, SNS, IT 등의 분야에서는 감정시스템의 연구와 개발, 감정을 가진 로봇의 연구와 개발, 감정분석, 심리스마트폰, 인간의 활동과 동일한 SNS, 감정 빅데이터분석,… 등 인간의 심리와 감정을 기존의 정보와 함께 분석하고 활용할 수 있는 솔루션을 개발할 수 있다.

여섯 번째, 경영과 사업의 분야에서는 경영심리, CEO 및 임원과 직원의 심리, 인간관계, 사업과 행복의 관계, 생산성 향상, 수익성 향상, 기업문화의 발전, 사회적 공헌, 홍보와 마케팅의 심리, 소비심리, 구매심리, 부가가치 창출, 사업 아이템 개발, 사업과 경영의 아이디어, 사업계획, 경영이론, 기타의 이론과 기법을 새롭게 해석하고 개발할 수 있다. 특히 심리를 알면 사업의 아이템이 많아지고, 경영기법을 쉽게 알 수 있다. 경영과 사업은 인간관계를 기초로 하기 때문이다.

일곱 번째, 의학과 생리학의 분야에서는 더욱 활용할 것이 많다. 의학과 생리학은 신체(몸, 뇌, 신체장기 포함)를 연구하여 질병의 예방과 치료를 목적으로 한다. 그러나 인간은 몸과 마음인 심리가 하나로 연결되어 작용하기 때문에 몸은 마음에 영향을 주고, 마음은 몸에 영향을 준다는 것은 잘 알고 있다.

지금까지 신체의 연구개발의 결과에 대하여 마음이론을 적용하여 함께 연구한다면 새로운 의학과 생리학의 이론과 치료법을 개발할 수 있다. 신체질병의 원인에서 심리의 영향이 많을 것으로 예상하는데, 이에 대한 연구와 개발은 미개척지나 다름없다. 따라서 앞으로 연구할 내용이 광범위하고 많은 분야이다.

 이외에 사회, 문화, 예술, 인문, 철학, 사상, 인류, 문명, 역사, 언론, 정치, 대중, 수사와 범죄,… 등 다양한 학문분야별로 마음이론을 적용하면 기존의 학문이론과 다양한 기법을 개선하고 발전시킬 수 있으며, 새로운 학문이론과 기법을 개발할 수 있다.

 이와 같이 사람과 인간이 연계된 분야는 무엇이든 연구하고 개발할 수 있다. 다양한 이론의 연구와 기법의 개발에도 유용하지만, 사업적인 측면에서도 미래의 부가가치를 만들 수 있을 것이다.

제2장

사람과 인간

마음과 심리가 작용하는 것에 의하여 사람과 인간을 구분할 수 있다. 사람과 인간에게는 마음이 있고 심리가 있다. 이처럼 마음과 심리가 함께 존재하다 보니 대부분의 사람들이 사람과 인간을 동일하게 생각한다. 그러나 마음은 사람과 인간에게 동일하게 존재하지만, 마음과 심리가 작용하는 것은 사람과 인간이 다르다.

사람은 개별의 독립적으로 존재한다. 개별의 독립적인 사람과 사람이 상호 관계를 갖게 되면 인간이라고 한다. A라는 사람과 B라는 사람이 상호 관계를 갖게 될 때, A라는 인간과 B라는 인간이 된다. 그래서 A라는 사람이 사람일 경우에는 사람의 마음과 심리가 작용하고, A라는 사람이 B라는 사람과 서로 심리가 작용할 경우에는 인간의 마음과 심리가 작용한다.

마음은 생각이다. 외부의 정보를 인식하여 자각하고, 기억된 정보와 비교하며, 외부로 표현한다. 이때 인식심리, 기억심리, 표현심리가 작용하는 대상이 사람이 아니라면 오로지 자신 혼자만의 사람으로 존재한다. 이렇듯 마음이 인식심리, 기억심리, 표현심리로 작용할 때 다른 사람이 관계가 없다면 사람으로서의 마음과 심리가 작용한다.

인간인 경우에도 사람처럼 마음에 의하여 인식하고 기억하고 표현한다. 이때 인식심리, 기억심리, 표현심리가 다른 사람과 함께 작용하면 인간으로 존재하는 것이다. 대부분의 사람들은 누군가를 생각하면서 힘들고 아파하면서 사람답다고 하지만, 실제는 인간답다는 말이 올바르다.

혼자 있을 때는 무조건 사람이라고 할 수 없다. 혼자 있으면서 다른 사람을 생각한다면 사람이 아니라 인간이다. 즉 인식되는 대상, 기억되는 대상, 표현되는 대상이 다른 사람이냐 아니냐에 따라서 사람과 인간으로 구분한다.

사람(人)은 '두 발로 서서 다니고 언어와 도구를 사용하며, 문화를 향유하고 생각과 웃음을 가진 동물', 인간(人間)은 '직립 보행을 하며, 사고와 언어 능력을 바탕으로 문명과 사회를 이루고 사는 고등 동물'이라고 사전에 정의하였다. 용어로 정의한 것을 보면 비슷한 말로 인식될 수 있다.

사람은 인간의 각각에 대한 독립적인 개념으로서 각 개인별 주체를 말한다. 이러한 사람과 사람이 관계를 갖게 될 때 사람이라 하지 않고 인간이라고 한다. 즉 사람은 한 명을 의미하고 인간은 사람의 복수를 의미한다. 따라서 개별 주체인 사람이 모여서 서로 관계를 갖게 될 때 인간이라고 하는 것이다.

우리가 보편적으로 말을 할 때 한 사람이라고 표현하지 한 인간 이라고 하지 않는다. 객체적인 존재, 독립적인 존재로서의 개념을 갖는 것이 사람이고, 인간은 사람과 사람이 서로 소통하는 관계로서 상호 관계가 형성될 때 사람과 사람을 인간이라고 한다.

사람과 인간의 차이점을 말할 때, 사람은 '사람 인(人)'을 쓰지만, 인간은 '사람 인(人)'과 '사이 간(間)'을 쓴다. 그래서 각자 독립적으로 존재할 때는 사람이라고 표현하고 인간이라고 표현하지 않는다. 사람과 사람간의 관계를 인간관계라고 하는데 인간이라는 말 자체가 인간관계를 의미한다. 인간이 특정한 목적 또는 상황을 형성하거나 인식하기 위하여 인간관계라고 표현한 것이다. 그래서 인간은 사람과 사람의 관계성을 갖는다.

결국은 자신뿐만 아니라 부모님, 가족, 친구, 지인, 선생님, 기타 모든 다른 사람들과의 관계는 사람과 사람이 연관되는 관계로서 인간이다. 부모님과의 관계를 살펴보면, 아버지도 어머니도 나도 모두가 인간이다. 이때 어머니는 한 사람으로서 존재하지만 함께 존재할 때는 인간이다. 그래서 나를 기준으로 볼 때 어머니로서 역할을 하지만 어머니도 한 사람이다. 아버지도 나도 마찬가지로 한 사람으로 존재한다. 이와 같이 어머니라는 한 사람, 아버지라는 한 사람, 나라는 한 사람이 함께 연결되어 인간관계가 형성되면 가족관계라고 한다. 이 가족관계에서 어머니와 아버지의 인간관계를 부부관계라고 하고, 어머니 또는 아버지와 나와의 관계를 부모자식관계라고 한다. 이처럼 모든 인간은 사람과 사람이 연결되면서 특정한 상황, 환경, 목적에 의하여 관계를 형성하고 있다.

만일 무인도든 숲속이든 혼자 살고 있다면 이는 사람으로 살고 있는 것이지 인간으로서 사는 것이 아니다. 인간은 2명 이상의 사람이 관계를 갖고 있다.

이처럼 우리는 흔히 사용하는 말 중에도 인간의 마음과 심리가 연관되는 것이 많음에도 불구하고 이를 정확히 구분하지 못한다. 사람과 인간은 누구나 몸과 마음으로 구성되어 함께 작용한다. 그래서 사람이든 인간이든 누구나 존중해야 하고, 존중받을 권리가 있다. 모두 똑같은 몸과 마음이 작용하기 때문이다.

몸은 보이지만 마음은 보이지 않는다. 그러나 보이지 않는다고 없는 것은 아니다. 자신뿐만 아니라 다른 모든 사람들도 마찬가지이다. 나도 사람이면서 인간이고, 다른 모든 사람들도 같다.

사람의 존재와 인간의 자아실현

사람은 생존하고 존재하면서 자신만의 행복을 추구한다. 그래서 사람이라면 누구나 자유롭고 평등하고 자기행복을 추구할 권리를 갖고 있다. 인간은 사람으로 존재하지만, 사람들과의 관계에서 존재하는 의미와 가치를 갖는다. 만일 여러분에게 자녀가 있다면, 자기행복만 추구하는 것이 아니라 자녀를 양육하는 과정에서 자신이 존재하는 의미와 가치를 갖고 희로애락을 느끼며 행복을 추구한다, 자녀의 표현을 인식하고, 자녀에게 표현하며, 자녀를 생각하면 마음과 심리가 인간으로서 작용한다. 이를 인간의 자아실현이라고 한다.

사람은 생존하면서 자기만의 행복을 추구한다면, 인간은 자아실현을 통해 행복을 만들어 간다. 자아는 '스스로 자(自)', '나 아(我)' 즉 스스로가 존재의 의미와 가치를 실현해 나가는 것이 자아실현이다.

자아실현의 가장 우선은 신체의 건강이다. 건강해야 생존하고 존재할 수 있다. 즉 사람으로서 존재해야 하는 것이다. 그 다음은 마음이다. 마음이 편안하고 여유로워지면 자기만의 행복을 느끼고, 자신이 존재하는 의미와 가치를 만들면서 함께 하는 행복을 느낀다. 이렇게 존재의 가치와 의미를 갖게 되면 저절로 지적욕구가 생긴다. 기억심리가 작용하면서 기억정보를 더욱 풍요롭게 하고자 하는 욕구가 생긴다. 지식을 공부하는 것뿐만 아니라 아이들이 호기심이 많은 것도 지적욕구가 작용하면서 자아실현을 추구하기 때문이다. 지식, 기술, 경험, 앎, 깨달음 등이 모두 지적욕구이다.

아이들은 성인보다 자아실현을 잘 추구한다. 기억에는 많은 기억데이터들이 있는데 긍정데이터만 있는 것이 아니라 부정데이터도 존재한다. 따라서 성인은 지적욕구를 충족하는 데 있어서 생각을 많이 하지만, 아이들은 긍정데이터든 부정데이터든 기억데이터가 부족하기 때문에 무조건 채워 넣으려고 한다. 그래서 아이들에게는 기억데이터를 풍부하게 많이 넣어 주는 것이 좋다. 그렇다고 좋은 기억데이터만 존재하면 나쁜 것이 무엇인지 모르게 되어 성인이 되었을 때 옳고 그르고 좋고 나쁜 것을 구별하지 못하게 되어 문제가 발생하고, 스트레스와 상처로 인하여 어려움을 겪는다. 그래서 좋은 것과 나쁜 것을 모두 받아들이고 기억해야 한다. 나쁜 것이 왜 나쁜 것인지를 정확하게 알면 자신에게 소중한 기억데이터가 된다. 스트레스와 상처의 기억을 나쁘다고만 생각해서는 안 된다. 무엇이 나쁜지, 무엇이 나를 아프게 하고 고통스럽게 하는지를 정확하게 알 수 있는 기준이 생기는 것은 자아실현을 추구할 때 중요한 생각기준이다.

1
몸과 마음

인간의 몸과 마음이 함께 연결되어 있다는 것은 누구나 알고 있다. 그러나 신체인 몸은 두뇌, 다섯 개의 감각기관, 피부, 신체장기, 혈액 및 호르몬, 기타 DNA로 구성된 세포 등으로 구성되어 있고 자각할 수 있기 때문에 검증할 수 있다. 신체는 인간이 생존하는데 반드시 필요하다.

반면 마음은 몸의 어디에 있는지 자각되지 않기 때문에 뇌에 있을 것이라 예상하고 연구하고 있다. 이 연구 분야를 '뇌 과학'이라고 한다. 마음은 '감정이나 생각, 기억 등이 저장되거나 발생하는 곳'으로서 희로애락의 감정과 이 감정의 작용인 심리에 의하여 마음이 자각된다. 따라서 마음은 자각되지 않기 때문에 추상적이다.

인간은 심리에 의하여 몸과 마음이 하나로 되어 있고 분리할 수 없다. 마음과 심리는 추상적이기 때문에 '~할 것이다'라고 생각하고 '~하다'라고 확정할 수 없다. 이는 자각되지 않고 검증할 수 없기 때문이다. 심리는 마음이 어떻게 작용하는지, 의식하는 상태가 어떤지를 나타낸다. 그래서 마음과 심리는 같은 말로 사용하지만, 마음은 '감정이 저장된 장소'이면서 심리를 작용하도록 하고, 심리는 '감정의 작용'이다. '마음이 아프다', '마음이 ~하다'라고 이야기할 때, 마음은 심리가 작용하면서 처리된 결과를 자각하는 것이다. 따라서 마음은 감정의 장소를 의미하는 것이고, 심리는 마음에 의하여 작용되는 감정을 의미한다.

신체질병과 심리장애는 함께 발생한다.

신체와 마음은 심리에 의하여 연결되어 있기 때문에 신체의 질병과 사고로 인하여 심리장애가 발생한다. 수술후유증으로 발생하는 심리장애, 신체장애로 인한 심리장애, 화상으로 인한 심리장애,… 등 신체의 질병과 사고로 인하여 심리장애가 발생하는 경우가 많다.

또한, 심리장애로 인하여 신체질병의 증상이 발생한다. 신체질병의 증상이 발생하여 병의원을 찾아가서 진단을 받더라도 정확한 원인을 찾지 못한다. 이를 '신경성 신체질병의 증상'이라고 진단하고, 신체질병에 대한 치료와 함께 스트레스를 받지 말고 심리적인 안정이 필요하다고 한다. 이와 같이 신체질병으로 인하여 심리장애가 발생하는 현상과 심리장애로 인하여 신체질병의 증상이 발생하는 현상은 신체와 심리가 하나로 연결되어 있기 때문이다.

이와 같은 현상을 역으로 분석하면, 신체질병은 심리를 이용하여 치료할 수 있고, 심리장애는 신체를 이용하여 치료할 수 있게 된다. 이전까지 신체는 자각할 수 있어서 진단과 치료법이 의학과 생리학으로 연구되고 발전했지만, 심리는 자각되지 않고 정확히 알 수 없었기 때문에 심리진단과 심리치료의 방법은 어려움이 많았다. 하지만 마음과 심리가 작용하는 원리를 정확히 알 수 있다면 심리진단과 심리치료가 어렵지 않다.

심리에 영향을 주기 위해서는 신체를 활용해야 한다. 다섯 개의 감각기관으로 정보가 인식되도록 하고, 말과 행동으로 표현을 해야 심리에 영향을 준다. 그래서 상담을 하는 것이고, 마음이론을 교육하는 것이며, 심리를 공부하는 것이다. 알아야만 심리에 영향을 줄 수 있기 때문이다. 신체는 두뇌, 외부의 정보를 받아들이는 감각기관, 피부, 내부 장기, 호르몬, 혈액, 기타 세포 등이 있는데 어떤 신체부위를 활용해서 심리를 치료할 것인지 연구해야 한다.

몸은 자각되지만, 마음은 알 수 없다.

몸은 자각되지만 마음은 작용만 한다. 그래서 마음은 추상적이고 막연하게 느껴지지만 없는 것은 아니다. 사람들에게 "마음이 없다고 생각하는 사람은 손들어 보세요."라고 말하면 대부분은 손을 들지 않는다. 마음이 있다고 생각하는 것이다. 몇몇 사람들은 손을 들기도 한다. 이때 손을 든 사람들은 질문의 내용을 알고 생각한 후 그에 대한 대답으로 행동을 하였다는 것이다. 이렇게 질문에 대한 대답을 한 것은 심리가 작용했다는 뜻이다. 그래서 나는 이들에게 "당신은 마음이 있는 것입니다. 당신이 생각할 때는 자각되지 않기 때문에 없는 것처럼 보이지만 실제는 느껴지고 생각했기 때문입니다. 그래서 질문에 대하여 당신의 심리가 작용하여 손을 들게 된 것입니다. 마음이 있다는 것을 스스로가 증명한 것입니다"라고 말한다. 또 "저는 마음이 없어요."라고 말하는 사람도 있다. 그런데 마음이 없다고 말하는 사람도 마음을 자각하지 못하기 때문에 마음이 없다고 말하는 것이다. 이와 같이 마음이 없는 사람은 없다. 사람은 누구나 마음을 갖고 심리가 작용한다. 마음이 없는 것이 아니라 마음을 제대로 연구하지 못하여 알 수 없었고 자각할 수 없었기 때문에 마음이 없는 것처럼 생각되었던 것이다.

지금까지 신체는 의학, 생리학, 과학으로 발전되었기 때문에 연구를 할 수 있었다. 그래서 신체에 대해서는 많이 알고 있고, 앞으로 더욱 세밀한 부분까지 알게 될 것이다. 그러나 자각되지 않는 마음에 대해서는 뇌 과학으로 연구하고 있다. 마음과 심리에 대하여 뇌와의 상관관계에 대한 연구이다. 그런데 뇌는 의학적 관점에서 볼 때나 신체의 일부분이지 마음과 심리는 아니다. 그러다 보니 심리는 신체의 관점에서 발전하였다.

우리는 신체의 관점에서 보고 듣고 느껴지는 것만으로 심리를 모두 알고 있다고 말하는 사람들을 종종 본다. 그러나 신체와 심리가 연결된 인간에 대하여 사실과 다르게 생각하고 확신하는 경우가 많다. 즉 신체는 많이 알고 있지만 마음과 심리의 작용을 모르기 때문에 마음과 심리를 추측하고 왜곡한다. 사람의 신체와 사실을 보고 듣고 느끼면서 마음과 심리라고 추측한다. 이는 마음과 심리를 정확히 알려는 것보다 신체와 사실에 근거하여 심리를 추측하는 것이다. 그래서 마음과 심리는 많이 왜곡되었다. 현실에서 우리가 알고 있는 마음과 심리의 지식을 살펴보면 신체의 작용에 의한 추측이라는 것을 알 수 있다. 즉 마음과 심리이론이 신체의 관점으로 편향되어 발전하고 있다는 것이다.

'호르몬의 변화로 인하여 심리가 변화한다'는 것은 쉽게 알 수 있다. 그러나 '심리의 변화로 인하여 신체 호르몬이 변화된다'는 것은 이해하기 어렵다. 왜냐하면 심리의 변화가 원인이라는 것을 증명하기 어렵기 때문이다. 이는 마음과 심리를 정확히 알지 못한 채 신체와 사실에 의하여 추측하고 통계를 통하여 과학적이라고 생각하기 때문이다.

폭력이 발생했다고 가정해 보자. 그러면 '과거에 문제가 있었다. 어린 시절 불우한 가정환경에서 자랐다. 성장과정에서 폭력적인 환경에 많이 노출되었다.'로 분석하면서 현재 나타난 폭력의 심리적 원인을 찾는다. 이는 잘못되고 왜곡된 분석이다. 물론 과거의 환경과 상황이 심리에 영향을 준 것은 맞다. 그러나 그 영향으로 인하여 나타난 폭력이 그 사람의 심리는 아니다. 폭력의 원인은 현재의 심리가 스트레스를 처리하는 과정에서 발생한 것이지 과거의 원인에 의한 결과가 아니다.

펜으로 글을 쓴다고 생각해 보자. 글을 쓸 때 펜을 어떻게 잡고 쓰는지 구체적으로 설명하라면 한참동안 생각해야 한다. 자신도 모르게 펜을 어떻게 잡는지, 펜을 몇 도의 각도로 잡는지, 글을 쓰는 자세는 어떤지… 많은 부분을 설명해야 하는데, 이를 정확히 알고 있는 사람은 없다. 글을 쓰고 있는 자신은 알지 못한 채 글을 쓰고 있다. 결국 다른 사람이 이야기하지 않으면 자신이 펜을 잡고 글을 쓰고는 있지만, 자세한 것은 알지 못한다. 이와 같은 현상은 마음과 심리가 작용할 때 발생한다. 말, 행동, 표정으로 표현을 하지만 생각하지 않는다.

마음과 심리를 사실과 다르게 해석하는 학자와 전문가가 많다. 신체의 관점에서만 심리를 연구하였기 때문에 마음과 심리를 거의 모르고 있다. 따라서 마음과 심리를 왜곡하여 생각하고, 심리장애를 치료하는 방법을 찾지 못하고 있다.

신체와 심리의 작용을 올바르게 알면, 상대의 말과 행동에 의하여 마음과 심리가 작용하는 것을 정확히 분석할 수 있다. 이 분석의 습관을 갖게 되면 상대의 심리를 분석하는 능력이 생긴다. 따라서 신체와 심리의 작용을 아는 것은 중요하다.

몸과 마음의 작용

다섯 개의 감각기관을 통해서 외부의 정보가 마음으로 유입되는 과정을 인식심리라고 한다. 마음에 의하여 정보를 뇌에 기억되도록 하거나 기억된 정보를 마음으로 자각하는 과정을 기억심리라고 한다. 마음의 정보를 내부 또는 외부로 표현하는 과정을 표현심리라고 한다. 이때, 외부정보를 마음으로 유입하는 과정, 뇌의 기억과 마음이 연결되는 과정, 마음을 말과 행동으로 표현하는 과정 등과 같이 마음과 신체가 연결되어 작용하는 것을 심리라고 한다.

따라서 마음과 심리는 별개이다. 마음이 신체에서 작용하는 과정이 심리이다. 심리(心理)는 '마음이 작용하는 이치'이다. 이때 마음은 '마음 심(心)' 하나이다. 마음과 심리는 다르다. 마음은 존재하고 있고 인식으로 작용할 때는 인식심리, 기억으로 작용할 때는 기억심리, 표현으로 작용할 때는 표현심리라고 한다. 따라서 인간은 몸과 심리로 구성된 것이 아니라 몸과 마음으로 구성되어 있는 것이다.

지금까지의 심리학은 마음을 연구하지 않았다. 인식심리를 연구한 것이 '인지법'이고, 뇌와 관련한 기억심리를 연구한 것이 '뇌 과학'이며, 표현심리를 연구한 것이 '행동법'이다. 또한 인식심리와 표현심리를 동시에 연구한 것이 '인지행동법'이다.

심리학과 정신의학은 심리의 일부를 연구하고 있다. 심리는 마음에 의하여 작용하고 있는데, 심리의 원천인 마음을 연구하지 않고 있기 때문에 심리를 백년 이상을 연구하였음에도 아직도 연구를 지속하고 있다.

  마음을 모른 채 심리를 연구하면 끝이 없다. 심리는 마음의 작용으로 나타나는 것이기 때문에 틀린 것은 아니다. 그러나 심리의 작용은 1개를 연구하면 n-1개의 가짓수가 남고, 또 연구하면 n-2, n-3, n-4,⋯ 이렇게 지속해도 무한한 심리작용의 가짓수가 남게 된다.

  그러나 마음은 단 하나이다. 이 하나를 알고 해석하면, 마음에 의하여 심리가 작용하기 때문에 n개가 모두 해석된다. 마음이론은 마음과 심리가 작용하는 원리를 해석한 심리이론이다. 이 마음이론을 알게 되면 심리로 나타나는 n개가 모두 해석된다. 따라서 마음이론은 심리이론에서 가장 핵심이고 뿌리가 되는 것이다.

2
인간의 마음

　마음은 의식과 무의식으로 구성되어 있다. 의식은 자각하고, 느끼고, 생각하는 것을 말한다. 생각은 '날 생(生)'자에 '깨달을 각(覺)'자를 쓴다. 깨달음 즉, 마음에서 느낌이 생기는 원리를 아는 것이다. 그래서 깨닫는다는 것은 알아차림이고, 알아차릴 수 있는 것이 의식이다.

　무의식은 느끼지 못하지만 작용은 한다. 느낌도 없고, 자각도 없고, 생각도 안 된다. 이때 무의식이 작용하려면 의식이 느껴지도록 하는 것과 이를 위한 일정한 패턴이 존재해야 한다. 이 패턴에 의하여 느끼게 만들어지는 것이 습관이다. 이처럼 의식은 느끼면서 존재하고 작용하지만, 무의식인 습관은 느끼지 못하면서 존재하고 작용한다.

　무의식은 습관으로만 이루어진 것이 아니다. 습관에 자각하는 내용이 들어가도록 하는 힘이 있는데, 이를 마음에너지라고 한다. 마음에너지는 느껴지지 않은 채 지속적으로 작용한다. 마음에너지가 내용을 습관으로 옮겨 주고 습관의 작용에 의하여 의식으로 자각하는 것이다. 따라서 무의식은 습관과 마음에너지로 구성되어 있다.

　인간의 마음인 의식과 무의식은 형태가 없이 존재하면서 작용한다. 이때 의식이 고장 나면 생각을 못한다. 하지만 생각을 못해도 무의식은 계속 작용한다. 그래서 인간의 마음은 태어날 때부터 죽을 때까지 작용을 멈추지 않는다. 인간의 몸이 존재하는 것은 인간의 마음을 보호하기 위한 것이라 할 수 있다.

또한 모든 사람은 태어나서 죽을 때까지 의식과 무의식이 태어날 때와 똑같이 작용한다. 그러면 혹자는 '아닌데, 분명히 생각을 잘못하고 있는데.'라고 생각할 수 있다. 이때 잘못하고 있는 것은 마음이 잘못된 것이 아니라 인식, 기억, 표현 등이 잘못된 것이다. 무의식인 습관은 의식에서 느끼고 자각되도록 하는 역할과 마음에너지가 전달되도록 하는 역할을 하면서 작용한다. 잘못되었다고 자각하는 것과는 관계가 없다.

마음은 죽는 날까지 지속적으로 작용한다. 끊임없이 작용하는 마음이 멈춘다는 것은 신체의 기능도 멈춘 것이다. 마음인 의식과 무의식이 작용하는 것은 문제가 생기지 않는다. 그래서 인식심리, 기억심리, 표현심리 중 어느 심리에 장애가 발생하면 마음의 작용에 의하여 치료할 수 있다. 따라서 마음은 심리의 면역체계라고 할 수도 있다.

무의식의 마음에너지는 변화되지 않는다. 따라서 유일하게 변화할 수 있는 것은 무의식의 습관이다. 습관을 변화하면 의식과 무의식의 작용이 변화하고 인식심리, 기억심리, 표현심리 등이 회복된다.

마음과 관념

마음(心, Mind)의 사전적 주요 의미를 살펴보면 '(1)감정이나 생각, 기억 따위가 깃들거나 생겨나는 곳. (2)사람의 내면으로부터 일어나는 감정이나 심리'라 하였고, 위키백과사전에서도 '마음은 생각, 인지, 기억, 감정, 의지 그리고 상상력의 복합체로 드러나는 지능과 의식의 단면을 가리킨다. 이것은 모든 뇌의 인지 과정을 포함한다.'라고 기술하고 있다. 또한, 관념(觀念, Idea)에 대하여는 '어떤 사물이나 현상에 관한 견해나 생각. 심리적으로 자극이 사라진 뒤에도 의식 가운데 남아 있는 심상(心象). 철학적으로는 대상에 대한 인식이나 의식의 내용.'이라 기술하고 있다.

이처럼 마음과 관념의 사전적 의미를 살펴보면 매우 유사하여 같은 말로 인식이 될 수도 있다. 그러나 조금 세밀하게 분석하면, 마음은 '내면과 심리의 감정기억'을 의미하고, 관념은 '견해와 생각인 가치의 기억'을 의미한다는 것을 알 수 있다. 이와 같이 기억의 미세한 차이가 심리에서 다르게 작용한다. 따라서 마음과 관념은 같은 말로 적용해서는 안 된다.

기존의 심리이론에서는 마음과 관념을 동일한 것으로 인식하기 때문에 심리에서 명확히 규명할 수 없었다. 남자와 여자의 마음이 다르게 작용하기 때문에 감정을 기억할 때 남자는 감정을 기억하지 못하고, 여자는 감정을 기억한다. 그래서 남자는 '견해와 가치'를 기준으로 하는 관념의 마음을 갖고, 여자는 '내면과 심리의 감정'을 기준으로 하는 감정의 마음을 갖고 있다.

마음은 의식의 생각과 감정의 기억을 통제하고, 습관(생애주기 동안 의식이 같은 패턴으로 반복되면서 형성된 무의식)을 통제하고 있다. 또한 습관은 의식이 반복되면서 일정하게 패턴으로 형성된 무의식이기 때문에 남자와 여자의 다른 기억심리를 활용하여 남자와 여자의 사실과 감정의 기억이 다르고, 의식을 통하여 습관을 변화함으로써 심리장애를 치료할 수 있었다.

남자의 관념과 여자의 감정으로 분리되면서 남자와 여자가 왜 다른 기억심리를 갖게 되었고, 서로 다른 기억심리가 의식과 무의식에 어떠한 영향을 미치는지를 분석할 수 있게 되었다. 그래서 남자와 여자의 심리장애를 치료하는 방법이 달라야 한다는 것도 검증하였다. 또한 남자의 관념과 여자의 감정이 남녀관계에서 어떻게 작용하는지 분석하면 인간관계에서 발생하는 현상을 쉽게 분석할 수 있다.

남자는 여자와 같은 감정을 갖기보다는 관념을 갖고 있다. "남자는 감정의 마음이 없다"는 말을 하면 사람들은 의아하게 생각할 수 있겠지만, 마음이론이 잘못되었다고 단정하지 말고 위의 말을 다시 한 번 생각해 보자. 남자와 여자의 심리를 정확히 알 수 있고 의식과 무의식이 어떻게 작용하는지 이해할 수 있게 된다. 남자는 감정의 마음이 없다는 말이 틀린 것은 아니다.

심리장애를 치료하는 상담을 할 때, "남자는 감정의 마음이 없고, 관념의 마음이 있다"라고 말하면 대부분은 많이 놀라면서 믿으려 하지 않는다. 기존 심리이론을 연구한 학자와 전문가는 절대 아니라고 반박한다. 감정의 마음과 관념의 마음을 비슷하게 사용하고 있기 때문에 어떠한 논문이나 책에도 없는 마음이론에 대하여 거부감을 갖는 것이다.

마음이론을 연구하면서 제일 힘들어 했던 부분이 남자의 관념과 여자의 감정을 분리하는 것이었다. 처음 연구할 때는 남자의 관념과 여자의 감정으로 분리하는 것이 잘못된 것이라는 생각으로 인하여 연구의 대상에서 '관념과 감정의 분리'를 제외했지만, 이로 인하여 인식심리, 기억심리, 표현심리 등을 제대로 규명할 수 없어서 많은 시행착오를 겪었다.

'관념과 감정의 분리'를 적용한 후, 심리의 작용을 모두 검증하였고 심리장애의 치료를 위한 상담에 적용하면서 심리치료를 어렵지 않게 할 수 있었다.

남자의 관념

남자의 관념은 이성적 사고, 가치관, 인생관, 책임의식, 권력과 사회의 성공관념, 행복관념, 사업과 직업의 관념, 애정과 사랑의 관념, 여성관념, 자식과 가족의 관념, 기타의 가치관을 의미한다.

남자의 관념은 남자의 마음이다. 남자는 상대가 여자로 인식되면 열정이 발생하면서 성심리가 작용한다. 그래서 남자는 여자와 다르게 순간적으로 여자를 살펴볼 때, 남자 자신이 보고자 했던 것을 모두 다 볼 수 있으며, 수초도 되지 않는 짧은 시간에 상대 여자에 대한 열정이 발생하는데, 이는 성심리에 의하여 발생하는 것이다. 이 성심리는 남자라면 누구나 갖고 있는 마음이며, 남성호르몬의 작용이나 기타 생리학적인 연구를 별도로 설명하지 않더라도 남자라면 누구나 똑같다. 이때의 성심리는 성행동의 욕구가 아니라 관념의 마음에서 작용하는 것이고, 의식으로 생각하는 것이 아니다.

남자는 여자를 인식하고 열정이 발생하면, 성심리가 작용하면서 심리작용(상대와 말과 행동을 주고받는 것), 헌신과 희생, 이해와 배려를 통해서 여자가 원하는 사랑을 열정으로 보여주려고 노력하게 된다. 이는 모두 남자가 여자에게 사랑하고 있다는 것을 열정으로 보여주어 여자가 호감을 갖도록 하여 성심리를 충족하기 위한 수단이다.

따라서 남자가 여자를 만나고 연애할 때 남자의 자상하고 헌신적인 말과 행동은 여자에 대한 열정의 과정이고, 여자에게 호감을 얻기 위한 노력이며, 미래의 행복을 추구하는 심리의 기준에 맞도록 하는 것이다. 이때 남자가 여자에게 하는 사랑한다는 말은 모두 성심리로 발생한 열정을 사랑이라고 왜곡하여 생각하기 때문이다. 그렇기 때문에 남자가 여자를 만나서 연애를 할 때 "진심으로 사랑한다."고 하는 말은 '성심리에 의한 열정'에 몰입되어 있을 때 하는 말이고, 남자는 이 성심리의 열정에 몰입된 것에 대하여 여자를 사랑한다고 왜곡하여 생각하게 만든다.

남자가 여자에 대한 열정에 몰입되어 성심리가 충족되고, 여자와 함께 즐거움과 행복을 느끼게 되면, 자신의 미래행복을 추구하는 심리의 기준과 가치를 여자와 함께 하는 것에 맞추는 과정을 거치게 된다. 그래서 결혼을 하고 자녀를 낳아 가정을 이루게 된다. 남자는 이 과정에서 여자에게는 없는 남자의 관념이 무의식으로 작용하는 무한책임과 무의식의 사랑이 형성된다. 따라서 남자의 무한책임과 무의식의 사랑은 열정의 과정이 오래도록 지속되지 않으면 형성되지 않는다.

남자에게 관념이 형성되는 단계는 결혼을 하고 가족이라는 틀에서 아내와 자식에 대한 무한책임으로 나타나게 된다. 또한 오랜 시간동안 열정의 과정이 지속되면서 여자에 대한 무한책임과 무의식의 사랑이 생성되는 경우도 많다. 따라서 남자가 여자를 사랑하는 것은 여자에 대한 성심리의 열정으로 시작하여 무한책임의 관념이 형성될 때 생긴다고 할 수 있다. 남자가 여자를 사랑한다는 마음은 남자 자신과 동일시하는 현상과 함께 자신의 전부가 여자를 향해 가지 않으면 형성되지 않는다.

이와 같은 현상으로 볼 때, 남자는 여자와 같은 감정의 마음이 없다. 남자의 성심리가 작용하는 열정에 의한 성행동은 관념과는 별개이다. 그래서 남자는 여자와 사랑이 없어도 성행동을 할 수 있다. 또한 남자는 성심리의 열정으로 인하여 여러 여자와 성행동을 하는 것도 대수롭지 않게 생각한다. 따라서 여자가 남자와 행복하기 위해서는 남자의 성심리를 어떻게 관리하고 통제하느냐에 달려있으며, 이는 여자가 남자의 관념을 정확히 알아야하는 이유이다.

남자의 성심리는 항상 발생하는 것이 아니다. 물론 매력적인 여성의 외모, 몸매, 분위기를 보았을 때 순간적인 열정으로 인하여 성심리가 발생하기도 하지만, 대부분 의식의 생각과 이성으로 그 열정을 통제하기 때문에 성심리가 작용했다고 하여 모두 여자와의 성행동으로 연결되지는 않는다. 그러나 남자가 심리장애가 있거나 스트레스가 지속되면, 성심리를 의식의 생각과 이성으로 통제할 수 없는 상황이 되는데, 이때 성심리의 열정이 극대화된다.

외도가 발생하는 시점은 성심리가 극대화되었을 때 이성으로 통제되지 않을 경우이다. 또한 한 번 이성으로 통제하지 못한 상황에서 성심리가 극대화되어 성심리를 충족하면, 이를 반복하는 현상이 나타난다. 반복되고 지속되는 외도는 대상에 대한 불안과 강박에 의하여 관계중독 또는 섹스중독과 같은 심리장애의 원인이 된다. 따라서 이를 치료하기 위해서는 남자의 관념이 왜곡되어 발생하는 심리장애를 분석하고 스트레스를 제거하는 습관을 만들어야 한다.

남자는 여자와 같은 감정의 마음이 아니기 때문에 마음의 상처가 아니라 관념의 스트레스를 갖게 되는데, 이는 여자의 상처와 다르다. 큰 충격이나 사건, 사고, 누적된 스트레스, 오래된 습관이 아닌 경우에는 관념의 스트레스가 발생하지 않기 때문에 여자와는 다르게 상처의 감정을 기억하지 못한다. 따라서 남자의 관념에서 상처의 감정처럼 기억하는 경우에는 심리장애가 발생하기 때문에 의식에서 작용하는 인식심리를 치료해야 한다.

남자에게도 여자와 같은 감정을 기억하는 마음은 아니지만, 감정이 있다. 사람들은 남자가 받는 스트레스의 부정기분을 여자와 같은 상처의 부정감정으로 기억하는 마음이라고 잘못 생각한다. 여자는 마음에 의한 감정의 기준을 갖고, 남성은 관념에 의한 기분의 기준을 갖기 때문에 똑같은 현상에 대하여도 남자와 여자는 다른 감정을 갖는다.

이와 같이 남자가 여자와 같은 감정의 마음이 아닌데도 남자와 여자의 마음이 동일하다고 인식하기 때문에 남자의 심리장애를 치료할 수 없게 된다. 여자는 마음의 상처에 대한 부정감정을 치료해야 하고, 남성은 관념의 스트레스를 치료해야 한다. 남자와 여자의 마음의 상처를 치료하려고 하면 여자는 심리치료가 될 수 있지만, 남자는 심리치료가 되지 않는다.

이와 같이 상처의 감정을 분석하는 것이 잘못되어 있기 때문에 부부문제, 외도문제, 섹스문제, 심리장애 등을 치료하는 것이 어려울 수밖에 없다. 지금까지의 심리상담, 부부상담, 가족상담, 정신상담, 기타상담에서는 남자의 스트레스를 여자와 같은 상처라고 인식했기 때문에 남자를 상대로 하는 상담에서는 치료가 거의 되지 않았다. 심리장애를 치료할 때는 여자와 남자의 마음을 분석해야 하는데, 여자는 마음의 상처이지만, 남자는 관념의 스트레스라는 것을 몰랐기 때문에 치료가 잘 되지 않았던 것이다.

'남자는 여자와 같은 감정의 마음이 아니다.' 남자가 갖는 관념의 기준에 의한 기분을 마음의 감정이라 왜곡하여 생각하는 것이다.

여자의 감정

여자는 남자를 사랑하게 되면, 사랑의 감정에 의한 마음으로 남자를 대하기 때문에 오랜 시간 동안 남자의 열정의 과정에서 발생하는 정서적 교감, 남자의 애정, 관심, 자상함, 배려 등을 고려하여 남자를 사랑하는 마음을 갖는다. 비록 오랜 시간이 소요되지만 남자를 사랑하는 마음을 갖게 되면, 희생과 헌신으로 남자를 사랑하고, 자녀를 사랑하게 된다.

여자는 사랑의 감정이 있어야만 성심리가 작용하고, 사랑의 확인과 유지를 위하여 사랑하는 남자와의 성행동(섹스)을 행복으로 인식한다. 따라서 여자에게 사랑의 감정과 성행동(섹스)은 행복을 위한 필수 요소이다.

여자는 남자와 함께 하는 이야기, 칭찬, 배려, 위로의 자상함, 차를 마시고, 식사를 하는 것, 술을 마시는 것, 영화를 보는 것, 드라이브를 하는 것, 선물을 받는 것 등 남자의 헌신적인 행동을 남자의 사랑이라고 생각하게 된다. 따라서 남자가 성심리를 충족하기 위하여 하는 말과 행동은 여자에게는 사랑의 말과 행동으로 인식된다.

여자는 남자를 사랑하는 감정을 갖게 되면, 사랑을 확인하고 유지하고 싶은 성심리가 작용하여 성행동을 하게 된다. 이때 성행동은 사랑을 확인하는 것으로서 남자가 원하는 열정적인 성행동을 할 수 있게 되고, 사랑하는 마음을 갖기 때문에 남자를 위하는 것은 무엇이든 다 할 수 있게 된다. 그래서 성행동도 남자를 위하는 헌신의 하나로서 작용한다. 여자는 남자를 사랑하고, 사랑하기 때문에 성행동을 즐겁게 할 수 있다. 그럴수록 여자는 남자를 점점 더 사랑하게 되면서 행복을 느끼게 된다.

여자의 마음은 정서적이며 감성적이고, 희생과 헌신, 사랑과 행복을 중요하게 인식한다. 따라서 여자는 사랑의 마음이 작용하면, 모든 것이 변화한다. 여자가 남자를 사랑하면 남자의 사랑을 확인하고 유지하고 싶은 성심리에 의하여 남자와 함께 보내고 싶고, 자신만이 그 사랑을 영위하고 싶은 욕구를 갖게 되면서 결혼을 한다. 이는 남자가 여자를 사랑하고 있다는 왜곡된 인식이고, 이로 인하여 여자는 남자에게 희생과 헌신을 하게 되며, 현재의 행복을 느끼게 되면서 미래도 행복할 것이라는 심리의 만족을 갖는다. 이렇게 사랑하는 감정이 발생하면, 남자가 결혼하여 함께 행복한 삶을 살아갈 남편이 되기를 원하게 된다.

여자는 남자를 볼 때 잘생기고, 경제력이 있고, 능력이 있다고 하여 사랑하는 마음을 갖는 것이 아니며, 사랑하는 마음이 없으면 성행동을 하지 않는다. 또한 여자가 마음으로 사랑하는 남자는 한 명이기 때문에 여러 명의 남자를 동시에 사랑하지 않는다. 만일 여자가 여러 남자를 만나서 성행동을 하고 있다면, 이는 심리의 깊은 상처로 인하여 심리가 올바르게 작용하지 못하기 때문이며, 마음에는 문제없지만 심리장애가 발생한 것이다.

특히 여자가 남자, 남편, 자녀에 대하여 마음에 상처를 갖게 되면, 지속적인 관심을 받아서 상처를 치료하려는 마음이 작용한다. 그래서 남자의 사랑을 요구하면서 살아가는 여자의 경우에 남자의 지속적인 관심을 중요하게 생각하고, 이를 사랑이라고 왜곡하여 성행동을 하게 된다. 즉 남자와 성행동을 하는 것이 마치 남자로부터 관심과 사랑을 받는 것이라는 왜곡된 생각을 하게 된다. 이것이 마음의 상처로 인하여 발생하는 왜곡된 사랑과 왜곡된 행복이고, 성행동과 쾌락을 추구하도록 만드는 심리장애이다.

따라서 여자가 마음의 상처를 갖게 되면, 마음의 작용으로 인하여 성심리는 중단된 채 심리장애가 발생한다. 그래서 여자는 마음의 상처를 치료하려는 마음이 작용한다. 그렇기 때문에 마음의 무의식인 습관으로 표현되는 상처는 치료되지 않은 채 기억된 상처가 많다는 것을 의미한다.

3
사실과 감정

정보는 사실과 감정으로 구성되어 있다. 실제 존재하는 사실과 사실로 인하여 발생한 감정이다. 이때 현상이라는 것도 존재하는데, 현상은 사진이라고 볼 수 있고, 사실은 동영상이라고 할 수 있다. 30개의 현상이 1초의 사실이라고 가정해 보자. 현상이 모여서 사실이 되는데 이때는 감정 또는 기분이 없다.

기분은 감각기관에 자극될 때 느껴지는 느낌을 말하고, 감각기관에 자극이 없으면 기분은 느껴지지 않는다. 따라서 감각기관에 자극이 있어야지만 느껴지는 것을 기분이라고 한다. 기분은 자극이 있을 때는 느껴지고, 자극이 없으면 느껴지지 않는다. 그러나 감정은 감각기관의 자극 없이도 자극이 있었을 때의 느낌을 그대로 유지해서 느껴지는 것을 말한다. 기분이 지속되는 것을 감정이라고 하는 게 아니라 감각기관의 자극이 없음에도 자극된 것과 같이 계속 느껴지는 것을 감정이라고 한다.

사실과 감정을 구분해 보자. 외부의 정보를 다섯 개의 감각기관으로 인식한다. 시각, 청각, 촉각, 후각, 미각 순서로 정보의 양에 비례하기 때문에 외부의 정보 중에서 시각정보가 가장 많이 인식된다. 그 다음이 청각정보, 촉각정보, 후각정보, 미각정보 순으로 인식된다. 외부의 정보가 들어올 때는 감각기관을 통해 의식으로 인식되는데 이때까지는 감정이 없다.

 누군가 웃고 있는 모습이 인식된다면, 그냥 웃고 있는 시작정보가 인식되는 것이다. 의식에서 자각하지만 감정은 없다. 감각기관에서 종합된 외부의 정보는 의식이 느끼게 되는데, 의식이 느끼는 과정을 살펴보면 기억과 관련된다. 그래서 외부의 정보를 기억된 정보와 비교하여 좋은 것인지 나쁜 것인지 무의식이 작용하면서 마음에너지에 의하여 기분 또는 감정을 만든다. 그래서 표현심리가 작용하면서 의식으로 자각한다. 이때 인식된 외부의 정보와 기분 또는 감정이 결합하여 의식으로 자각하는 것이다. 결국 기분과 감정은 마음의 무의식에서 만들어 진다.

 감각기관에는 감각기관의 특징으로 신경에 의한 느낌을 갖고 있다. 이것이 현상정보이다. 앞서 가정한 것처럼 30개의 현상이 합쳐져서 느껴지는 종합적인 느낌이 의식으로 자각되어 느껴진다. 이는 1초간의 의식이다. 30개의 현상정보가 이 과정을 거쳐서 의식에서 최종적으로 1초 동안의 기분을 느끼는 것이다. 감각기관에 자극되어 있을 때 1초간의 기분은 무의식에서 작용되는데, 감각기관을 통하여 하나하나의 현상정보에 감각기관에 관련된 기분정보를 생성한다. 이것이 종합되어 의식이 자각하는 것이다. 따라서 1초 후에 느끼는 것은 무의식에서 만들어지는 기분이다.

 이때 감각기관의 자극이 없어졌는데도 느껴지는 경우가 있다. 이것이 무의식에서 만들어지는 감정이다. 따라서 감정은 마음에서 생성되어 느끼는 것이지 외부에서 인식되는 것이 아니다. 외부의 정보는 감정이 없는 정보이다. 이 외부의 정보가 감정을 만드는 것은 기억된 기억정보와 비교하여 자신에게 좋고 나쁨을 무의식이 결정하여 마음에너지와 함께 의식에서 자각하기 때문에 외부의 정보에는 감정이 없는데도 무의식의 작용에 의하여 감정이 느껴지는 것이다.

  상대가 화내는 표정을 짓고 있다. 상대가 화내는 표정인지 아닌지는 어떻게 알 수 있을까? 기억 속에 '저렇게 인상을 찌푸리고, 눈꼬리 치켜 올리는 표정은 화내는 표정이다.'라고 기억하고 있기 때문에 외부의 정보와 비교했을 때 '저건 화를 내는 것이다. 그래서 기분이 나쁘다.' 이렇게 인식되는 것이다. 상대가 화내고 있는 표정이 인식된 것이, 상대가 화낼 때의 감정으로 인하여 나의 감정이 만들어지는 것이 아니라 인식된 외부의 정보를 종합하여 어떤 기억을 하고 있느냐와 비교하면서 상대가 화를 내고 있다고 판단하게 만드는 것이다. 외부의 정보를 기억된 정보와 비교하여 무의식에 의해서 의식으로 정보와 마음에너지가 전달된다.

  여러분이 화가 나서 감정이 안 좋아졌다고 한다면 외부의 정보 때문인가? 아니면 여러분의 기억을 무의식이 처리하면서 그렇게 느끼도록 만든 것일까? 여러분의 마음이 그렇게 느끼도록 하는 것이다. 기억된 정보를 찾아서 외부의 정보와 비교하여 느끼는 것이다. 상대의 입장에서 "나는 좋은 뜻으로 화를 낸 거야."라고 말해도 '화내는 것은 나쁜 것이다.'라고 기억하고 있으면 좋은 뜻으로 화를 내더라도 좋지 않은 감정을 느낀다. 이는 외부의 정보에는 감정이 없기 때문이다. 따라서 감정은 자기 자신이 만든다. 상대가 만들어준 것이 아니라 자신에게 맞지 않기 때문에 자신이 만든다.

  대부분의 사람들은 "아닌데, 분명히 상대방이 나에게 상처를 준 것이다."라고 말하겠지만 본질은 그렇지 않다. 상대방은 외부의 정보만 주었고, 나의 감각기관을 통하여 외부의 정보로 인식된 것이며, 외부의 정보와 비교된 기억이 '나쁜 것'이기 때문에 무의식이 작용하면서 외부의 정보와 함께 감정이 결합되어 의식에서 자각하는 것이다.

갓 태어난 아이는 화를 내도 울고, 웃어도 울고, 계속 운다. 그러다 아이가 웃기 시작하면 그 웃을 때와 관련된 외부의 정보가 유입되면 웃는다. 아기가 웃을 당시 화를 내고 있었다면, 화를 내면 아기가 웃는다. 아이가 웃기 시작할 때 인상을 쓰고 있었으면 인상을 쓰는 모습에 아기는 웃는다. 이때 모습이 변화하면 다시 울게 된다. 이는 낯선 환경이기 때문이다. 그래서 아이는 낯설면 우는 것이다. 낯선 환경과 관련한 정보가 없기 때문에 어떻게 해야 할지 모르는 것이다. 즉 경험의 기억을 만들기 시작하는 것이다. 태어날 때는 기억이 없고, 태어나서 경험하면서 정보를 기억하기 시작한다. 성장과정에서 기억을 만들어가는 것이다. 그 이유는 외부의 정보에 의해서 기분 또는 감정을 만들기 위해 기억하는 것이다.

인간은 죽는 날까지 외부의 정보를 기억한다. 기억된 정보가 사라지는 때는 죽을 때이다. 죽을 때까지 끊임없이 경험하고 학습한다. 그래서 기억된 정보의 사실에 의하여 기분 또는 감정이 마음에서 만들어진다. 사실은 외부의 정보 또는 기억된 정보이다. 이 정보는 사실이고 마음이 감정을 만든다. 결국 기분이나 감정은 자신의 마음이 만드는 것이지 다른 사람이 만들어주는 것이 아니다.

감정전이(感情轉移)라는 말이 있다. 그러나 마음과 심리가 작용할 때는 감정전이가 없다. 감정은 옮겨가지 않고 정보만 전달된다. 정보를 인식한 사람의 기분이나 감정을 어떻게 만들어져 있느냐에 따라 결정된다. 그런데 기분이나 감정은 다른 사람에 의하여 만들어진 것처럼 생각한다. 감정의 전이와 역전이라고 말하는데, 이는 잘못된 개념이다. 감정은 오로지 기억된 정보와 연관되어 있다. 이와 같이 마음의 무의식에서 기분 또는 감정을 만들고, 외부의 정보에 기분이나 감정이 함께 인식하는 것이 아니다.

인식과 표현

마음은 의식과 무의식으로 구성되어 작용한다. 무의식은 습관과 마음에너지로 구성되어 있다. 인간은 다섯 개의 감각기관을 통하여 외부정보를 마음으로 인식한다. 그리고 인식하여 의식으로 자각하는 것을 인지(認知)라고 한다. 반면 표현은 무의식에 의해서 작용한다. 무의식의 마음에너지가 습관을 작용시켜서 말과 행동과 표정으로 표현하면서 의식으로 자각하도록 한다. 그래서 마음은 의식으로 인식하고 무의식으로 표현한다. 이는 마음이 작용하는 원리이다.

5개의 감각기관으로부터 외부의 정보를 받아들여 마음으로 들어오게 만드는 역할을 하는 것이 인식심리이다. 또한 표현심리는 마음을 내부의 의식으로 자각하도록 하는 역할을 하며 생각으로 표현하고, 외부로 내보내는 역할을 하며 말과 행동과 표정으로 표현한다. 이와 같이 심리는 마음으로 인식하고 마음에서 표현하는 작용을 한다. 이때 마음은 독립적으로 인식과 표현을 하지 않는다. 반드시 마음으로 인식할 때는 몸의 감각기관을 통한다. 마음을 외부로 내보내는 표현도 말과 행동과 표정인 몸을 통한다.

따라서 몸의 다섯 개 감각기관과 작용하면 인식심리가 작용하는 것이고, 말과 행동과 표정으로 외부로 내보내는 역할을 할 때는 표현심리가 작용하는 것이다. 의식이 작용할 때는 다섯 개의 감각기관을 통하게 되고, 표현이 될 때는 무의식이 작용하여 말과 행동과 표정으로 자신도 모르게 표현한다.

의식인 인식은 직접 느끼고 자각되지만 무의식인 표현은 느끼지 못하고 자각이 되지 않는다. 그래서 인식을 할 때는 느끼고 이해하지만, 무의식에서는 말과 행동과 표정을 왜 하는지 모른다. 이것이 마음에서 인식과 표현이 작용하는 원리이다.

4
삶과 인생

　사람과 인간이 살아가면서 삶과 인생이라는 말을 많이 한다. 그런데 삶과 인생의 정확한 개념을 알지 못하고 있어서 삶과 인생을 동일한 것으로 생각한다. 삶과 인생은 다른 개념이다. 삶은 감정을 의미하고 인생은 기분을 의미한다. 그래서 기분과 감정은 무의식에서 만들어지기 때문에 마음의 작용이 중요하다. 이때 감정은 기억된 사실에 의하여 만들어지기 때문에 기억된 사실도 중요하다. 이처럼 기억된 사실을 인생이라고 하고, 기억된 사실에 의하여 만들어진 감정을 삶이라고 한다.

　학교에 입학하고 졸업하는 것, 회사에 취업하는 것, 친구나 지인을 만나는 것, 여행이나 취미를 하는 것 등은 모두 사실이고 인생이다. 살아온 이력서와 같은 것이 인생이다. 따라서 여러분이 대부분 기억하고 있는 것은 인생이다. 반면 삶은 감정으로서 마음에서 만들어진다. 기억하고 있는 인생에 의하여 만들어진 감정을 삶이라고 한다.

　대학교에 입학했을 때 행복했다, 실직을 했을 때 아주 슬펐다, 나는 행복하게 살았다, 나는 불행하게 살았다,… 이처럼 대학에 입학했을 때, 실직을 했을 때, 지난 기억을 생각하는 것 등은 모두 인생이다. 또한 행복했다, 슬펐다, 불행했다 등은 모두 삶이다. 이와 같이 인생은 기억의 사실이고, 삶은 기억의 사실에 의하여 만들어진 감정이다.

　삶은 마음에 의하여 만들어진 감정이고, 이 감정을 의미라고 한다. 그래서 삶의 의미라고 말한다. 또한 인생은 100만 원을 벌었는지 1억을 벌었는지의 사실을 말한다. 이것을 가치라고 한다. 그래서 인생의 가치라고 말한다. 내 인생이 얼마나 가치가 있었느냐고 하는 것이다. '이력서는 중요하지 않아. 돈도 많지 않고 지위도 없지만, 행복하고 좋아.'라고 생각하는 사람은 삶의 의미를 갖고 있는 것이다. 경제력이나 명예로는 삶의 의미라고 하지 않는다. 어떠한 감정을 만들어왔느냐에 의하여 의미가 결정된다.

　따라서 삶의 의미는 행복의 감정이고, 인생의 가치는 인간관계에서 비교우위라고 할 수 있다. 행복하게 살아왔다는 생각이 들면 "일도 안 하고 가정주부로 살아오면서 내 아이들을 잘 키웠고 남편도 잘되어 있으니 행복하다. 그래서 난 의미 있는 삶을 살았다."라고 말할 수 있다. 의미 있는 인생이라고 하지 않는다.

　의미 있는 삶은 여자가 추구하고, 가치 있는 인생은 남자가 추구한다. 그래서 여자는 인간관계에서 인간을 대상으로 하는 감정에서 삶의 의미를 추구하게 되고, 여자의 의미는 행복의 감정이다. 행복의 대상은 주로 자녀와 사랑하는 사람이다. 또한 인간관계에서 의미를 부여하게 된다. 남자는 인간관계에서 인간 이외의 대상에 의한 기분에서 인생의 가치를 추구한다. 비교우위에 있는 가치는 물건이든 돈이든 비교우위를 추구하기 때문에 인간관계가 아니라 인간관계 이외의 것으로 가치를 만든다. 이에 따라 여자는 경제력과 명예보다는 자녀와 남편 또는 주변 사람들과 함께 행복하게 살았느냐에 따라서 삶의 의미가 달라진다. 이처럼 남자가 인생의 가치를 추구하고 여자가 삶의 의미를 추구하는 것을 자아실현이라고 한다.

남자가 추구하는 가치는 세 가지가 있다. 첫 번째는 경제적 가치이고, 두 번째는 관계적 가치이며, 세 번째는 사회적 가치이다. 경제적 가치는 재산을 늘리고 돈을 버는 것이고, 관계적 가치는 인간관계에서의 지위나 명예를 말하며, 사회적 가치는 사회에 얼마만큼 공헌하고 헌신했는지를 말한다.

그래서 인간이 자아실현을 추구하는 것은 국가, 사회, 민족, 사상, 인종, 역사 등과는 관계없이 동일하다. 그러나 가치를 추구하는 것은 다르다. 공산주의 국가에서는 경제적 가치는 불필요하다. 그러나 일반적으로 경제적 가치, 관계적 가치, 사회적 가치 중 하나 이상을 추구한다. 그래서 남자는 세 가지의 가치 중에 어느 하나를 추구한다. 그런데, 세 가지의 가치 중 두 개 이상을 동시에 추구하는 사람이 있는데, 대부분은 모두 이루지 못한다. 이를 욕심이라고 한다.

현대사회는 경제적 가치를 많이 추구한다. 또한 경제적 가치가 이루어지면 무슨 가치를 추구할 것인지 고민하게 된다. 그러면 관계적 가치인 명예나 지위를 추구하기도 하고, 사회에 봉사하고 헌신하며 기부하는 사회적 가치를 추구하기도 한다.

이와 같이 여자가 의미를 추구하는 것과 남자가 가치를 추구하는 것은 모두 자아실현을 추구해 가는 것이다. 따라서 경제적 가치보다는 사회적 가치를 추구하면서 살아가는 사람도 많은데, 가치추구가 다르다고 하여 잘못된 인생이 아니다. 남자든 여자든 인간으로서 인생의 가치와 삶의 의미를 추구하는 것은 똑같다.

의미와 가치

자아실현은 사람으로서 존재할 때, 존재하는 의미와 가치를 추구하는 것을 말한다. 따라서 가장 중요한 것은 사람으로서 존재하는 것이고, 죽지 않고 살아있어야 한다. 사람으로서 살아 있게 되면 인간으로서 자아실현을 추구하는 것이다. 따라서 자아실현은 제일 먼저 건강이고, 두 번째는 마음이며, 세 번째는 지적욕구이다.

존재하면서 사는 것은 건강과 연결된다. 건강하게 살아야 존재할 수 있기 때문이다. 몸이 아프면 존재의 위협을 느끼게 되면서 존재의 의미와 가치는 불필요해진다. 그래서 자아실현의 가장 우선순위는 건강인 것이다.

존재의 의미는 감정이라고 하였고, 감정은 마음의 무의식에서 만든다. 인간관계에서 의미를 찾는다. 그래서 존재의 의미는 마음과 연결되어 있고 주로 여자가 추구한다. 또한 존재의 가치는 인간관계가 아닌 대상을 추구한다. 존재의 가치는 주로 남자가 추구한다. 그래서 남자는 건강하면 존재의 가치를 추구한다. 대부분 존재의 의미인 마음을 중요하게 생각하지 않는다. 이로 인하여 남자는 존재의 가치를 추구하게 되면 자신이 모든 것을 다 아는 줄 알고, 지적욕구가 생기면서 경험을 많이 쌓거나 열심히 공부한다. 대신 마음이라는 개념이 없다. 지적욕구에 의하여 만들어진 기억에 의하여 자신이 생각하는 것이 마음이라고 생각한다. 결국 마음에서 느끼는 존재의 의미가 무엇인지 알 수 없다.

남자는 지식을 쌓고 경험하면서 가치를 추구한다. 경제적 가치, 관계적 가치, 사회적 가치 중 어느 하나를 추구하다가 현실에서 이루게 되면, 가치를 추구하는 것이 멈추게 된다. 그러면 다른 가치를 추구하려는 욕구가 생기면서 '왜 사는가? 나는 누구인가? 나는 왜 살았을까?'라고 생각하기 시작한다. 이렇게 되면 남자는 위험한 상황이라 할 수 있다. 존재의 의미를 찾으려고 하지만, 감정을 기억하지 않고 사실만 기억하고 있으니 감정을 느낄 수 없게 되면서 존재의 의미를 아무리 찾으려고 해도 찾을 수 없다.

여자가 건강해지고 난 후에는 마음의 의미를 추구한다. 그래서 여자는 마음을 중요하게 생각하면서 행복한 감정을 만들려고 하는 것이다. 존재의 의미를 만들지 않으면 지적욕구가 생기지 않는다. 그러나 마음이 안정되고 행복의 감정을 느끼면서 존재의 의미가 형성되면 지적욕구가 저절로 생기게 된다.

남자든 여자든 건강, 마음, 지적욕구의 순서대로 추구하면 된다. 그러나 이 자아실현을 추구하는 것을 모른 채 오로지 지적욕구만 추구한다. 지적욕구는 경험, 공부, 정보, 앎, 깨달음 등이 모두 포함된다.

인간은 보통 존재를 생각할 때 자기만 살아있으면 되고 자기만 행복하면 된다. 그 후에 마음을 안정하고 마음의 행복을 느낄 수 있도록 의미를 추구한다. 그 다음에 지적욕구나 성공을 추구하게 된다.

남자는 존재의 의미를 느끼지 못하기 때문에 존재의 가치를 추구하고, 여자는 존재의 의미를 느껴야 존재의 가치를 추구할 수 있다. 그래서 남자는 인생의 가치를 추구하고, 여자는 삶의 의미를 갖고 인생의 가치를 추구한다. 따라서 의미와 가치를 모두 추구하는 여자가 중요하고, 보호되어야 하는 것이다. 남자는 가치밖에 모르지만 여자는 의미와 가치를 모두 알기 때문이다. 또한 여자는 의미가 붕괴되면 가치도 함께 붕괴되기 때문에 여자의 마음에 문제가 발생하면 남자의 가치도 문제가 발생한다.

여자는 현재에서 의미를 갖게 될 때 행복을 느껴야만 미래에 행복인 가치를 추구할 수 있게 된다. 가치는 현재 느끼는 것이 아니라 미래에 느낄 수 있다고 생각하는 것이다. 또한 남자는 미래행복을 추구하기 때문에 현재의 의미를 느끼는 것보다는 미래의 가치를 추구한다. 이에 따라서 여자는 대부분 현재가 행복하면 굳이 미래의 행복을 추구하려고 하지 않는다. 현재가 행복하면 편안하게 살고 싶어 하기 때문이다.

자아존중

자아존중(自我尊重)은 자존감(自尊感)이라고도 하고, '자신을 스스로 존중하고 사랑하는 마음'이라고 한다. 이때 스스로 무엇을 존중하고 사랑하라는 것인지 아는 사람이 별로 없다. 자신 스스로 존중하고 사랑하는 것이 무엇인지 모른 채 존중하고 사랑해야 한다고만 하니 자존감 또는 자아존중을 못하는 것이다.

인간은 몸과 마음이 하나로 연결되어 있다. 그래서 다섯 개의 감각기관을 통해서 외부의 정보를 인식하고, 말과 행동과 표정을 통해서 표현한다. 그리고 인식과 표현에 관련되어 '마음이 작용된 것'을 기억한다. 또한 기억된 정보와 감정을 인출하여 의식과 무의식이 작용하면서 느끼고 자각한다. 이는 사람이든 인간이든 모두 똑같이 작용한다. 사람으로 살 때는 마음이 오로지 자신의 행복만 추구하고 인간으로 살 때는 마음이 자아실현을 추구한다.

마음이 작용할 때 몸과 함께 심리가 만들어진다. 인식과 관련한 작용을 할 때는 인식심리, 기억과 관련한 작용을 할 때는 기억심리, 표현과 관련한 작용을 할 때는 표현심리라고 한다. 그래서 마음과 심리는 다르다.

　사람으로 마음과 심리가 작용하면, 마음은 오로지 자기의 행복만 추구하기 때문에 심리에서는 자신의 행복에 필요한 정보를 인식하고, 자신의 행복에 필요한 정보와 감정을 기억하며, 자신의 행복을 위해서만 표현한다. 그런데 인간으로서 마음은 자신의 행복만 추구하는 것이 아니라 인간관계에서 자아실현을 추구한다. 이에 따라서 의미와 가치를 추구할 때 필요한 정보를 인식하고, 정보와 감정을 기억하며, 의미와 가치를 추구하기 위하여 표현한다. 이는 사람이고 인간이면 똑같다. 사람으로서는 자신의 행복만을 위한 심리가 작용하고, 인간으로서는 자아실현을 추구하기 위한 심리가 작용한다.

　자아존중이란 자기 자신을 존중하고 사랑하는 마음이다. 각자 개인으로 볼 때는 자기 자신은 자신일 뿐이다. 다른 사람들은 각자의 객체로서 존재하기 때문에 내가 아니다. 그래서 사람은 누구든지 자유롭고 평등하다.

　그러나 인간으로서 함께 살아가는 데 있어서 사람들이 함께 관계를 갖기 때문에 조화와 질서를 갖고 함께 살아가는 것이다. 이때 자아실현은 권리이고, 조화와 질서는 의무이며 책임이다. 조화와 질서의 책임을 갖고 자유롭게 살아가면서 자아실현을 추구하는 것은 권리이다. 이것이 인간으로서 자신이 존중받아야 하는 이유이다.

　설령 범죄인일지라도 존중을 받아야 한다. 다만 범죄인은 조화와 질서의 책임을 다하지 못하고 범죄를 저질렀으니 죄 값을 치러야 한다. 죄 값을 치를지언정 범죄인도 자아실현의 권리를 갖고 조화와 질서의 의무와 책임을 갖게 될 때는 존중받아야 될 인간이다.

사람으로서 자신의 행복을 추구해 나갈 권리가 있고, 인간으로서 조화와 질서의 책임과 자아실현을 추구할 권리가 있다. 이것을 정확하게 아는 것이 자아존중이다.

자신의 마음으로 인식하고, 기억하고, 표현하는 자신은 사람으로서 인간으로서 중요하다. 이는 타인과 비교할 수 없다. 그래서 인간은 인간관계에서 자아실현을 추구해 나가는 것이다. 인간은 조화와 질서의 의무와 책임을 갖고, 자유와 평등의 일부분을 양보하면서 자신의 자아를 실현해가도록 만들어져 있다. 인간은 나 자신뿐만 아니라 다른 누구라도 똑같다.

사람들이 자살을 하는 이유는 무엇인가? 현재의 고통과 어려움에서 벗어나는 유일한 방법이 죽음밖에 없다고 생각하기 때문이다. 인간은 잘못 살아도 괜찮다. 중요한 것은 잘못 사는 것도 자신이 자아실현을 추구하면서 자기 행복을 추구해 온 것이다. 다만 이것이 자기 자신 또는 타인에게 피해를 입히면서 잘못 살았다고 생각했기 때문에 잘못 살아온 것이다. 결국 잘못 살았다고 생각되면 다시 회복하여 자아실현을 추구하면 된다.

인간은 누구나 권리와 의무를 갖고 자아실현을 추구한다. 다만 살아가면서 누구도 이를 알려주지 않았기 때문에 생각을 못하고 있다. 자아실현이 무엇인지, 자신의 행복만을 추구하는 것과 자유와 평등이 무엇인지, 조화와 질서가 왜 필요한지, 법과 규범이 왜 필요한지 등을 정확하게 알려주지 않았기 때문이다. '누구는 만들어 놓고 안 지키는데 왜 내가 그걸 꼭 지켜야 하는가?'라고 생각할 수 있다. 이는 지키지 않는 사람들의 책임이고 그들은 자아존중이 없는 사람들이다. 이미 만들어진 조화와 질서는 지켜야 하는 것이 인간이다.

인간은 위대한 능력을 가지고 있다. 그래서 존중받아야 한다. 지금 갓 태어난 아이부터, 죽음을 앞 둔 노인에 이르기까지 누구나 사람이고 인간이다. 그래서 누구나 존중을 받아야 되는 것을 정확하게 알면, 자신 스스로가 자신이 존중받아야 되는 사람이면서 인간이라는 것을 알게 된다. 이것이 자아존중이고 자존감이다. 자존감이 없으면 내가 나를 존중하지 않는데 타인이 나를 존중할 수 없게 된다. 또한 타인을 존중하지 않으면 나 자신도 존중하지 않는 것과 같다.

나는 누구인가?

'나는 누구인가?' 여러분 스스로에게 생각해 보라. 이에 대하여 마음과 심리가 작용하는 원리로서 '나는 누구인가?'를 해석해 보면, 나는 자기 자신이다. 그래서 '나는 누구인가?'라고 하면 누구냐는 의미가 중요하다.

인간은 마음이 있고, 의식과 무의식이 있다. 또한 심리에는 인식심리, 기억심리, 표현심리 등이 있는데, 이 중에 기억은 태어나서 현재까지 의미와 가치를 추구하면서 쌓아온 경험과 지식을 갖고 있다. 대부분은 기억나지 않는 것이지만 분명 기억하고 있다. 자신이 필요한 것만 기억한다. 이때 과거의 기억은 경험과 지식이다.

과거의 경험과 지식을 기억하고 있으면서 현재의 무의식이 작용하여 의식으로 자각돼서 느끼는 것이 '나'이다. 이때 나는 전 세계에 몇 명이나 존재할까? 나와 똑같은 경험과 지식을 똑같이 기억하고 있으면서 똑같이 생각하고 있는 사람이 몇 명일까? 기억은 쌍둥이일지라도 같지 않다. 그래서 나는 유일무이한 존재이다. 둘도 없고 오로지 나 하나이다. 부모님이 나를 몸과 마음을 갖도록 만들었지만, 태어나서 현재까지의 기억을 만든 것은 '나'이다. 내가 좋든 나쁘든 무엇을 했든 과거의 경험과 지식의 기억을 가지고 현재 내가 생각하고 있는 그 자체가 '나'이다. 이때 과거는 예전 경험과 지식을 기억하고 있는 것이다. 나를 기준으로 볼 때 현재는 지금은 생각하는 것이고, 미래는 기억에 의한 생각으로 추측하는 것이다.

그래서 인간은 '나'의 과거와 현재와 미래가 공존한다. 나의 과거와 현재와 미래는 나 자신에게 존재하고 있는 것이지 외부에는 없다. 오로지 나에게만 존재한다. 나의 것은 나에게, 자식의 것은 자식에게 존재하고 있고, 한 사람 한 사람이 각자 자기 자신에게 존재하고 있는 것이다. 내가 생각하고 지금 느끼고 있는 것이 '나'이다. 과거의 나는 없다. 그래서 나는 지금의 생각이고, 기억을 자각하고 느끼는 자기 자신이다. 이 과정에서 생각은 무의식에 의하여 자각된다. 그래서 무의식이라는 마음은 나를 존재하게 하고 내가 누군지를 알게 하는 근본이 되는 것이다.

무의식의 작용을 알지 못하면 현재 생각하고 있는 '나'를 모른다. 그래서 내가 스스로 나의 존재를 잊고 있는 것이고, 내가 있다는 것을 못 느끼는 것이다. 어제의 나는 오늘의 내가 아니다. 어제의 기억과 오늘의 기억이 다르기 때문이다. 이렇듯 나는 죽는 날까지 끊임없이 변화한다. 발전할지 아니면 퇴보할지는 모르지만 끊임없이 변화되고 있기 때문에 현재의 나는 존재하지 않는다. 그래서 '나'라는 개념이 없는 것이다. 내가 살아가면서도 나를 찾지 못하는 이유는 내가 계속 변하고 있기 때문이다. 계속 내가 변화되고 있기 때문에 지금 생각하는 것은 진짜의 나일지 아니면 가짜의 나일지 생각해 보아야 한다. 따라서 '나'에 대하여 확신할 수 없다.

이 세상을 살아갈 때는 내가 중심이다. 나의 기억을 중심으로 살고 생각을 중심으로 살고 있는 것이지 다른 사람을 위하여 살아가는 것이 아니다. 나를 위해서 내가 살아가고 있다. 그래서 나는 누구인가를 아는 것이 중요하다. 나는 다른 사람이 될 수가 없다. 또한 다른 사람도 내가 될 수 없다.

여러분이 상대로 인하여 힘들고 아프게 되면 상대에게 "어떻게 네가 이럴 수 있느냐?"라고 화낸다. 이는 내가 나의 상처를 모르기 때문에 내 마음을 상대가 알아달라고 이야기하는 것이다. 그러나 상대는 나를 알지 못한다. 자신 이외는 다른 사람의 마음을 알지 못하고, 다른 사람도 나의 마음을 알지 못한다. 나는 나일뿐이고 나만이 느끼고 자각한다. 그래서 나는 유일무이한 존재이다. '나'는 태어나서 죽기 전까지 유일한 존재로 살아가는 것이다. 그런데 왜 자꾸 타인에게서 나를 찾으려고 하는가? 타인에게서 나의 마음을 찾으려고 하는가?

나는 왜 사는가?

여러분도 생각해 보자. '나는 왜 사는가?' 사람으로서 인간으로서 살아가는 이유가 있을 것이다. 사는 이유를 생각할 때 먼저 '산다.'는 개념을 생각해야 한다. 죽느냐 사느냐를 생각해 보면 죽으면 시체이고 살고 있으면 신체이다. 따라서 신체는 존재하고 있다는 것이고, 존재하지 않으면 시체가 되는 것이다.

여러분은 왜 존재하고 있는가? 이때 중요한 것은 '살고 있다.'는 사실이다. 그러면 나는 과거의 경험과 지식을 기억하고 현재에 생각하고 있는 자기 자신이다. '내가 왜 존재하는가?', '내가 왜 이렇게 살면서 존재하고 있

어야 하는가?'. '이렇게 존재하고 있는 이유는 무엇일까?'

존재는 잘사는 것이 중요하지 않다. 사는 것이 최우선이고, 그 후에 의미와 가치를 추구하기 위해서 살아간다. 많은 사람들이 '왜 사느냐?'라고 질문하면 어떤 사람은 먹기 위해서 산다고 하고, 살기 위하여 먹는다고 한다. 이때 살기 위하여 먹는 것과 먹기 위하여 사는 것은 다르다. 전자는 존재의 의미와 가치를 추구해 나가는 것이고, 후자는 동물처럼 살아가는 것이다. 우선은 살아야 자아실현을 하든 말든 할 거 아닌가? 이 먹는 것은 존재하기 위해서 필요한 것이니까 살기 위해서는 먹어야 한다.

먹기 위해서 사는 것은 목적이고, 살기 위해서 먹는 것은 존재하면서 의미와 가치를 추구하는 것이다. 그런데 먹기 위하여 사는 것은 먹기 위해서 존재하고 있으니 동물과 다를 바가 없다. 동물이 사육되듯이 먹여주고 재워주면 되는 것이다.

그러면 여러분은 왜 살고 있으며, 왜 사회적으로 성공하고자 하며, 유명한 사람이 되고자 하는가? 왜 돈을 많이 벌고자 하고, 사회적 지위나 명예를 왜 가져야 되며, 왜 공부를 하고 있을까? 왜 이렇게 살고 있을까?

결국은 인간으로서 존재하는 이유이다. 과거의 경험과 지식을 기억하고, 현재에 생각하면서 왜 살고 있느냐는 것이다. 결국 인간으로서 존재하는 이유를 묻는 것이다. 인간이라면 의미 있게 살고 싶고, 가치 있게 살고 싶어 하는 것을 알 수 있다. 경제적 가치를 추구하든 관계적 가치를 추구하든 사회적 가치를 추구하든 무엇을 추구하느냐는 중요하지가 않다. 의미 있게 살고 가치 있게 사는 것은 자기 자신이 사는 이유이다.

여자는 의미를 갖고 난 후 가치를 추구하기 위해서, 남자는 가치를 추구하기 위해서 살아간다. 인간은 죽는 날까지 자아실현을 추구하면서 산다.

만일 의미와 가치를 추구하지 않고 중단하게 되면 '나는 왜 사는가?'가 아니라 살아가야 할 이유가 없게 된다. 이것이 은퇴이다. 왜 사느냐가 사라지면 은퇴라고 한다. 은퇴를 하면 인간관계에서의 자아실현을 추구해 나가는 것을 중단하는 것이다. 그러면서 그동안 자아실현을 추구하면서 살아왔으니 이제는 죽는 날까지 사람으로서 살겠다는 뜻이다.

  왜 사느냐고 질문하면 여러분은 이야기할 수 있어야 한다. '나는 의미를 갖고 가치를 추구하기 위하여 사는 것이다.'라고 말할 수 있어야 한다. 이것이 자아실현을 추구하는 것이다. 나는 죽는 그날까지 자아실현을 추구하면서 살아가고, 이것이 인간답게 사는 것이다. 돈을 버는 것만 추구하는 사람이라도 자신은 가치 있는 인생을 추구하는 것이다. 이것을 나무라면 안 된다. 또한 돈을 벌기보다는 사회를 위해서 봉사하고 헌신하면서 살아가는 사람은 그 사람 나름대로 가치 있는 인생을 사는 것이다. 이 또한 뭐라고 하면 안 된다. 자신의 인생도 아니면서 왜 그 다른 사람들에게 뭐라고 하는가? 자신이 왜 사느냐에 대한 질문의 정답은 자신에게만 있다.

5
심리의 비교

사람들은 자신의 마음과 심리를 다른 사람과 많이 비교한다. '누구는 이런데 나는 왜 이렇게 살까?', '저 사람은 행복해 보이는데 나는 왜 이렇게 불행하지?', '저 사람은 즐겁고 재밌게 사는데 나는 왜 이렇게 구질구질하게 살까?' 하며 비교를 한다.

그런데 심리를 비교하는 것에는 모순이 있다. A라는 사람의 '나'는 A라는 사람의 '나'일 뿐이다. A라는 사람의 '나'는 A라는 사람의 경험과 지식을 기억으로 가지고 있고 현재에 생각하고 있는 A 자신의 것이다. A라는 사람의 기억을 현재에 생각하는 것은 A라는 사람 그 자체이다. 또한, B라는 사람의 '나'는 B라는 사람의 경험과 지식을 기억으로 가지고 있고 현재에 생각하고 있는 B 자신의 것이다.

A라는 사람의 과거 경험과 지식, B라는 사람의 과거 경험과 지식이 비슷한 것도 있을 수 있지만, A와 B의 기억은 같을 수 없다. 이처럼 각 개인별로 갖고 있는 기억이 같을 수 없다. A라는 사람이든 B라는 사람이든 '나'라는 사람은 전 세계에 유일무이한 사람이다. 그러면 현재 내가 생각하고 있는 것은 유일무이한 생각이다. 다른 사람과 같을 수 없다.

인간의 심리는 인식심리, 기억심리, 표현심리가 있는데, 기억이 다르면 심리도 모두 다르다. 그런데 어떻게 심리를 비교할 수 있겠는가? '저 사람은 잘사는 것 같은데 나는 왜 이렇게 살았지?'라고 비교하면 안 된다. 나의 삶과 인생은 다른 사람의 삶과 인생이 아니기 때문에 비교를 하는 것은 잘못된 것이다.

사람과 인간은 서로의 심리를 비교할 수 없다. A도 유일한 사람이고, B도 유일한 사람인데 무엇으로 비교를 하겠는가? 그런데, 심리를 비교하려고 만든 것이 심리학이고, 심리학에서는 비교를 위하여 통계를 도입하였다. 그래서 '30대의 여성들 중에 60%는 치마를 좋아한다.'는 말을 한다면 60%는 좋아하는 것에 다 포함되는지 생각해야 한다. 이때 좋아하는 것도 개인별로 다르다. 그런데 심리로 포장하여 통계로 산출하면서 과학적이라고 한다.

만일 신체질병인 암을 수술을 한다고 할 때, 수술하기 전에 수술동의서를 받는다. 수술하다가 잘못될 수 있거나 죽을 수도 있으니 책임을 회피하기 위하여 작성하는 것이다. 신체질병을 치료하기 위하여 어떠한 수술을 하든 수술동의서를 받는다. 잘못될 수 있으니 서명하라고 한다. '90%는 성공하는데 혹시라도 10%에 해당되어 잘못되더라도 책임을 묻지 않는다는 것에 동의한다는 수술동의서에 서명해 달라'고 한다. 신체질병을 치료할 때는 그렇게 한다.

그런데 심리치료를 위한 상담을 할 때 '심리치료를 위한 상담을 했을 때 60%는 치료되지만 40%는 치료가 안 될 확률이 있으니 동의하느냐?'라고 상담동의서를 받는가? 심리학에 통계를 도입했으면 상담동의서를 받아야 한다. 심리치료가 안 될 수도 있고 심리장애가 더욱 악화될 수도 있는데 상담동의서는 왜 안 받는가? 이는 상담사가 한 말에 책임지지 않겠다는 것이다. 수술동의서를 받는 것은 책임이 존재하고 있다. 왜냐하면 신체질병으로 수술하게 되었을 때 신체질병이 치료가 되었는지 명확하게 과학적으로 증명되었기 때문이다. 그러나 심리는 치료가 되었는지 안 되었는지 알지 못한다. 심리치료는 치료가 되었다 안 되었다가 중요한 것이 아니라, 심리가 치료될 때까지 계속 상담하는 것이 중요하다. 그래서 상담에는 상담동의서라는 개념이 없는 것이다. 상담사가 책임을 지지 않는 것이다. 마음과 심리에서 가장 심각한 것이 통계이다. 100% 확신을 가졌으면 확신을 갖고 책임을 져야 한다.

심리학에서 통계를 도입한 것은 심리의 기준이 없기 때문이다. 신체는 과학적인 기준을 갖고 있지만, 심리는 기준이 없다. 그래서 심리에서는 통계를 도입하여 인간의 심리를 비교하는 것이며, 심리를 비교하는 것은 심각한 인간관계의 오류가 발생하게 되는 원인이다. 따라서 심리를 비교하는 것은 심리를 정확히 분석할 수 없게 되므로 심리에서 통계는 무의미한 과학일 뿐이다. 심리의 통계가 발전하면 할수록 심리장애는 더 많이 발생하고 점점 더 심각해지는 원인이다.

또 하나의 문제가 있다. 심리를 연구할 때 동물을 대상으로 실험을 많이 한다. 심리를 연구할 때는 동물을 대상으로 하는 실험 또는 심리의 비교에 대한 통계 외에는 할 수 있는 것이 없다. 그런데, 동물에게는 생각과 감정이 없어서 심리가 작용하지 않는데 인간의 심리와 무엇을 비교할 수 있겠는가? 인간은 동물과 종이 다르다. 식물, 동물, 인간 등은 살아있는 생명체로서 동일하기 때문에 DNA가 같은 것이 많지만, 비슷한 것이 많다고 하여 같은 종은 아니다. 이때 인간은 동물일까? 식물일까? 대부분의 사람들은 인간을 동물이라고 한다. 그러나 인간은 동물과 다른 종이다. DNA가

비슷한 것은 생명체이기 때문이다. 그래서 동물은 인간이 될 수 없다. 동물과 인간을 결합하여 새로운 종으로 번식되지 않는다. 그 이유는 종 자체가 틀리기 때문이다.

또한 인간을 동물에서 진화되어 왔다고 하는데 생각해야 할 것이 많다. 왜냐하면 인간은 진화가 될 수 없는 새로운 종이기 때문이다. 이러면 창조론을 주장하는 것처럼 느껴질 것이다. 그러나 마음이론에서는 인간의 신체는 진화할 수 있지만, 마음은 창조되었다고 볼 수 있다. 또한 심리는 진화될 수 있는데 이는 국가, 사회, 문제, 언어, 역사, 사상,… 등에 의하여 심리가 변화하기 때문이다. 따라서 마음과 심리의 관점에서 보면 동물에게서 인간으로 진화한 것은 아니다.

결국 동물과 인간을 비교하는 것은 심각한 문제가 있다. 사람과 인간이라 할지라도 심리를 비교할 수 없고 심리를 비교하는 것은 문제가 심각한 것이다. 각 개인의 심리는 비교의 대상이 아니기 때문이다. 각 개인은 유일무이한 심리를 갖고 있으니 비교할 수 없다. 각 개인은 유일한 존재이기 때문에 어느 누구와도 비교 대상이 돼서는 안 되고, 다른 사람과 나를 비교해서도 안 된다. 이것이 사람이자 인간의 위대하고 존엄한 가치성이다. 그래서 유일하게 존재하고 있다는 것과 존재하면서 의미와 가치를 추구하면서 살아가는 것은 자기 자신에게 달려 있는 것이다. 이것이 인간의 삶이고 인생이다. 인간의 마음과 심리가 존재하는 이유이기도 하다.

제3장

마음과 심리

심리의 기준과 원리는 단순하다. 심리는 일상에서 항상 작용하기 때문에 인간이면 누구나 작용하고 있지만 심리의 기준과 원리를 의식하지 못하고 있을 뿐이다.

인간의 심리는 인식심리, 기억심리, 표현심리 이렇게 3가지로 구성되어 있다. 마음은 심리를 통제하기 위하여 의식과 무의식으로 구성되어 있다. 인식심리는 외부의 정보를 마음의 의식으로 자각하도록 작용하고, 기억심리는 외부의 정보를 기억하거나 기억된 정보를 의식 또는 무의식이 처리하도록 작용한다. 또한 표현심리는 마음의 무의식이 외부로 표현하도록 작용한다.

이 3가지의 인식심리, 기억심리, 표현심리는 인간이면 누구나 작용하기 때문에 심리를 쉽게 이해할 수 있고, 심리장애를 분석하고 치료할 수 있으며, 인간관계에서의 심리를 명확히 증명할 수 있다. 또한 사상, 철학, 종교, 과학, 인문, 사회, 정치, 경제, 문화, 예술, 기타의 모든 인간관계의 이론과 원리가 심리에 모두 존재하고 있음을 증명할 수 있다. 따라서 심리를 정확하게 해석할 수 있으면 성경, 불경, 코란, 기타 경전을 해석하는 것도 어렵지 않으며, 심리는 만물의 이치라는 것을 알 수 있다.

또한 의학과 과학으로 증명된 신체의 생리현상과 더불어서 심리를 함께 연구하면 심리장애와 신체질병이 상호 연결되어 있다는 것을 알 수 있고 인간의 행복을 연구할 수 있다. 각 개인이 사회 구성원으로서 자기 성찰과 행복을 이룰 수 있으며, 더 나아가서 인간과 인류의 평화와 발전, 조화와 질서, 자유와 평등에 공헌할 것이다. 따라서 인식심리, 기억심리, 표현심리를 규명하여 심리의 기준과 원리를 알아야 할 필요가 있었다. 이것이 마음이론이다.

인간심리는 원시사회와 고대사회의 샤머니즘(Shamanism)[15]과 엑소시즘(Exorcism)[16]으로부터 현대 사회에 이르기까지 지속적으로 연구 발전되어 많은 심리이론을 개발하였고 현재에서는 프로이트(Freud, Sigmund)의 리비도(Libido)와 무의식의 정신분석이론과 함께 다양한 심리이론이 창시되었다. 그러나 이 모든 심리이론은 인간의 심리에 대한 상담이론과 심리치료의 이론이다. 이는 심리의 이론이기보다는 심리장애가 발생하였을 때, 심리장애를 치료하는 기법과 방법에 대한 이론이었다. 따라서 심리의 기준에 대한 이론이 없었다. 이로 인하여 심리장애에 대한 치료방법이 계속 개발되고 있지만, 아직도 심리장애의 원인과 치료는 정확하지 못하다. 새로운 심리장애가 발생하면 이에 대한 새로운 치료방법을 연구하여 새로운 이론을 만들고 있다. 이에 따라 심리의 기준이라고 할 수 있는 심리이론을 만들어야 한다는 목표를 갖고 연구하고 개발한 것이 마음이론이다.

이 마음이론은 지금까지 개발된 모든 심리장애의 치료방법을 재조명할 수 있는 심리의 기준이 될 것이고, 이를 통하여 심리장애의 원인과 치료를 규정할 수 있는 근본적인 이론이 될 것이다.

심리는 인간으로서 갖게 되는 감정의 흐름과 상태를 통제하는 규칙으로서 외부의 정보를 인식하고, 감정을 생성하며, 기억하고, 생각하고, 외부로

---

15 샤머니즘(Shamanism)은 샤먼(퉁구스만주어로 '아는 사람'이라는 뜻의 shama n에서 유래)을 중심으로 하는 종교현상이다. 샤먼은 시베리아인과 우랄 알타이어족의 종교와 세계 다른 민족들의 유사한 종교에서 병자를 고치고 저 세상과 의사소통하는 능력을 지녔다고 믿어지는 인물이다.

16 엑소시즘(exorcism)은 퇴마(退魔)하고도 하며 귀신을 쫓아내는 일을 말한다. 이렇게 퇴마를 행하는 사람을 퇴마사 또는 엑소시스트라고 한다. 공포영화의 소재로 많이 쓰인다. 일반적으로 가톨릭에서 행하는 엑소시즘 의식만을 엑소시즘으로 보는 경우가 많은데, 엑소시즘이란 귀신을 쫓아내는 행위 자체를 말하며, 이러한 것은 많은 종교들에 존재한다.

표현하는 일련의 모든 과정이다.

　심리를 이해하기 위해서는 인간의 몸과 마음에서 심리가 상호작용하는 규칙을 알아야 한다. 인간의 신체는 내부기관과 외부기관으로 나눌 수 있는데, 내부기관은 인간의 신체를 보존하는 기능적 역할을 위하여 필요하고, 외부기관은 심리를 위한 기능적 역할을 위하여 필요하다. 감각기관인 눈, 귀, 피부, 코, 입은 외부의 정보를 마음으로 인식하는 역할을 하고, 말과 행동을 위한 입, 표정, 팔, 다리의 움직임은 마음에 의하여 감정을 외부로 표현하는 역할을 한다. 이렇게 감정을 인식하는 역할은 인식심리가 작용하고, 감정을 외부로 표현하는 역할은 표현심리가 작용하며, 사실의 기억은 의식에 의하여 작용하고 감정의 기억은 무의식에 의하여 작용하는 기억심리가 작용한다. 이와 같이 인식심리, 기억심리, 표현심리는 심리의 기준이고 모든 감정을 통제하는 규칙을 갖고 있다.

　인간의 감각기관 중 외부의 정보를 받아들이는 역할과 감정을 표현하는 역할을 동시에 하는 감각기관이 있다. 피부는 외부의 정보를 받아들이고, 외부로 정보를 표현하는 것을 동시에 한다. 피부의 하나인 성기도 느낌을 인식하고, 느낌을 외부로 표현하는 역할을 동시에 한다. 그래서 피부와 성기는 심리의 교차점이라 할 수 있고, 여자의 현재행복을 추구하는 마음과 남자의 미래행복을 추구하는 마음이 함께 작용하는 교감(交感)의 핵심이 된다.

　따라서 피부접촉과 성행동은 인간의 심리에서 남자의 열정과 여자의 사랑을 생성하는 핵심이고, 상처와 행복의 근원이다. 또한 입은 혀의 미각을 통하여 인식하고, 성대의 울림에 의한 말을 통하여 외부로 표현하기 때문에 엄격하게 구분하면 감각기관이 분리되어 있다고 할 수 있지만, 입도 결국은 정보를 인식하는 것과 표현하는 것이 동시에 작용한다.

무의식은 습관과 마음에너지로 구성된다.

　인간의 마음은 의식과 무의식으로 구분하고, 무의식은 습관과 마음에너지로 구분하였다. 이때 습관은 의식에 의한 학습과 경험이 반복되면서 일정한 패턴으로 형성된 무의식이기 때문에 의식하지 않아도 작용하므로 습관을 무의식이라고 한다. 기존 심리이론에서는 이 습관을 무의식의 전체로 인식하였기 때문에 심리의 기준이 될 수 없었으며 전의식도 습관의 일부였다.
　심리의 통제를 살펴보면, 마음이 의식과 무의식을 통제하고, 의식은 정보를 자각하고 생각하며, 정보와 감정을 기억하는 과정을 통제한다. 또한 무의식인 습관은 정보와 감정을 처리하고 내부로 자각하도록 하고 외부로 표현하도록 통제한다. 그래서 마음은 인간의 모든 심리를 통제하고, 심리의 기준, 표준, 원리, 규칙이라고 할 수 있다.
　기존의 심리이론에서는 마음과 습관을 통합하여 무의식으로 정의를 하였다. 이는 습관에 의하여 마음을 외부로 표현할 때, 의식으로 인식할 수 있는 무의식이기 때문이다. 마음은 직접적으로 감정을 통제하지 않고 습관을 통제하기 때문에 감정을 직접적으로 표현하지 않는다. 그래서 마음을 이해하고 해석할 수 없었고, 마음과 습관을 무의식으로 해석하면서 심리장애를 치료할 수 없었다.
　또한 무의식은 마치 인간이 동물과 같다고 인식하여 인간의 무의식을 분석하는 것을 동물적인 본능을 분석하는 것이라고 생각하고 있어서 인간의 마음을 중요하게 생각하지 않았다. 그래서 마음보다는 인식하기 쉬운 습관을 연구하여 상담과 치료의 이론으로 발전하였다.
　그러나 인간과 동물이 다른 본능을 갖고 있다. 동물의 본능은 생존과 감각의 본능이고, 인간의 본능은 자아(自我)의 행복을 기준으로 하는 본능이다. 그래서 인간의 심리는 행복을 기준으로 하는 마음을 중심으로 모든 심리가 작용한다.

인간의 마음은 행복을 기준으로 하고 직접적인 감정의 통제와 표현은 불가능하며, 의식과 무의식에 의하여 말과 행동과 표정으로 외부에 표현하고, 외부의 정보를 의식으로 직접 인식하는 것이 아니라 습관에 의하여 의식으로 자각한다.

인간은 남자와 여자로 구분된다. 심리를 구분할 때도 남자와 여자는 행복을 추구하는 기준이 다르기 때문에 남자의 마음과 여자의 마음이 다르다. 또한 행복을 추구하는 심리의 기준인 마음은 태어나면서 형성되어 생애기간 동안 변화되지 않고, 의식과 무의식에 의하여 심리를 통제한다. 따라서 남자들은 모두 같은 남자의 마음을 갖고 있고, 여자들은 모두 같은 여자의 마음을 갖고 있다. 이는 나이와는 상관없이 동일하다. 그래서 남자와 여자는 다른 마음을 갖고 있고, 생애기간 동안 학습과 경험에 의하여 형성되는 습관이 다르다. 그래서 각 개인별로 모든 인간의 심리가 다르게 작용하는 것으로 인식된다.

모든 인간의 심리가 다른 이유는 남자와 여자의 마음이 다르고, 개인마다 생애기간 동안 학습되고 경험된 정보로 형성되는 의식과 습관이 다르고, 기억이 다르기 때문이다.

인간의 심리

고대 그리스의 철학자인 아리스토텔레스(Aristoteles)[17]는 인간은 사회적 동물이라고 했다. 한 명의 사람이 혼자 이룰 수 있는 일은 많지 않다. 고대 원시사회부터 현대사회에 이르기까지 많은 인간이 서로 관계를 형성하고 있으며, 개인이 추구하는 목적에 따라서 인간관계는 다양하게 발전 또는 반목되고 있다. 결국 인간은 혼자서는 할 수 있는 것이 그리 많지 않기 때문에 사회적 동물이라 하는 것이다. 인간의 생존과 행복은 인간이 함께 영위하도록 만들어진 것이고, 인간관계가 형성될 때 심리가 작용하는 것은 당연하다. 현대사회가 인간의 성장과 발전에 있어서 동양사상의 조화와 질서 또는 서양사상의 자유와 평등에서 인간관계의 진리와 가치를 찾고자 노력하기도 한다.

인간관계에서는 합리적이고 논리적인 현상만 존재하는 것이 아니라, 부조리와 비현실적인 상황이 발생하기도 한다. 또한, 사회가 변화하고 세대가 바뀌어도 그 방식과 형태만 달라질 뿐이고, 사회는 여전히 존재하고 인간은 사회의 일원으로 살고 있다. 특히 자본주의 사회에서는 당장 의식주를 해결하고 생존하기 위하여 돈을 벌어야 하지만, 돈이 아무리 많아도 인간관계가 형성되지 않으면 생존이 불가능한 것이 인간이다. 이는 자본주의가 붕괴되고 어떤 사회가 되어도 마찬가지이며, 어떠한 인간관계이든 인간

---

17 아리스토텔레스(Aristoteles) : 고대 그리스의 철학자(BC 384~BC 322). 플라톤으로부터 가르침을 받았으며, 페리파토스학파를 창시하였다. 고대에 있어서 최대의 학문적 체계를 세웠으며, 중세의 스콜라 철학을 비롯하여 윤리학, 형이상학, 시학, 논리학, 정치학, 생물학 등 후세의 여러 학문에 큰 영향을 주었다.

은 인간과 더불어서 심리작용을 하면서 살고 있다.

  그렇다면 인간은 왜 혼자서는 살아갈 수 없는 것일까? 의식주(衣食住)의 문제를 해결하고 생존을 위하여 사회생활을 해야 하는 원인이 무엇인지 생각해 봐야 한다. 사회생활은 각각의 구성원이 다양한 외형, 지식, 경험, 생각을 서로 교류하면서 발전과 성장을 함께 하고 이를 통하여 각 개인의 행복을 위하여 내면을 갈고 닦는 수행의 과정이라 할 수 있다. 상대와 감정의 문제가 발생하였을 때 자기 내면의 어떤 부분이 상대의 말과 행동에서 감정이 대립되었는지 알 수 있다면 자기 내면을 조절할 수 있게 된다.

  또한, 상대에게 호감과 존경심을 느낀다면 상대의 어떤 부분이 자신에게 호감과 존경심을 갖도록 만든 것인지 알 수 있게 된다. 누군가가 도움을 필요로 할 때는 도움을 주면서 나눔의 행복을 느끼고, 내가 어려움에 처했을 때는 누군가가 편의를 봐준다면 감사와 은혜를 갚는 과정을 통해 삶의 행복과 아름다움을 느끼게 된다. 당장 스스로의 힘으로 바꿀 수 없는 환경에 순응하면서 현실 속에서 자신의 한계를 깨닫고, 보다 전략적으로 그 한계를 뛰어넘기 위한 계획을 세우며 겸허함과 냉철함을 배울 수 있다. 이와 같이 인간은 사회의 한 구성원이지만 마음먹기에 따라 얼마든지 자신을 갈고 닦을 수 있고, 이런 과정을 통해 한 사람의 내면이 사회적 기능과 조화를 이룰 때 새로운 현실의 창조가 이루어진다.

  심리인 내면의 성장에 걸림돌로 작용하는 것은 돈도 가난도 아니다. 자신이 처해 있는 지금 이 순간의 상황을 성장의 발판으로 삼는 대신 자신의 의식을 비난하거나 자기합리화를 통하여 다른 도피처로 회피하는 무책임이다. 사회를 맹목적으로 비난하는 행위는 자신의 존재에 대한 부정감정의 심리에서 유발한다. 사회의 특정 부분에 불만이 있다면 단순히 불만을 표출하고 이의를 제기하는 것을 넘어 자신이 현실적으로 어떻게 변화에 기여할 수 있는가를 고민한다. 이는 결과와는 무관하게 개인의 내면 성장에 많은 도움이 될 것이다. 인간은 사회적인 역할 수행을 통해 성장을 이룰 수 있도록 사회활동을 하고 있기 때문이다. 평범한 일상에서 마주치고 관계하는 천차만별의 인간관계의 대상들을 통해 매순간 자신의 내면을 바라보고 다듬는 것이 바로 수행이다. 마음먹기에 따라 진지한 구도의 길을 가는 수행자가 될 수 있고, 눈에 보이는 현상들과 순간의 생각과 감정에만 휘둘리며 고통 받는 인간이 될 수도 있는 것이 사회적 동물인 인간인 것이다.

사회가 변화하고 인간관계가 더욱 다양해진 현실에서 우리는 인간관계의 가장 핵심이라 할 수 있는 심리를 깊이 생각해야 한다. 인간은 몸과 마음으로 구성되어 있는데 인간의 몸은 눈에 보이는 것 즉 생리학, 의학, 과학으로 지속적인 연구와 발전을 이루어 왔지만, 인간의 마음은 눈에 보이지 않아 가설을 통한 이론으로 발전하였으나 인간의 마음을 체계적으로 분석할 수 있는 심리의 기준은 아직 발견되지 않고 있었다. 종교적 관점에서는 성경, 불경, 코란, 기타 경전 등으로 인간의 마음을 분석하고 있지만 이 또한 논리적이고 체계화되지 못하여 종교적으로 인간의 마음을 해석하는 것은 어렵다.

종교는 믿음이고, 철학은 논리이며, 과학은 증거라고 한다. 그래서 잘잘못, 옳고 그르다는 논리로써 논쟁을 하는 것은 서로 상충되는 부분이 많아서 종교, 철학, 과학은 서로 발전도 하지만 동시에 대립하게 되었다. 그 결과 인간의 심리는 뚜렷한 기준과 이론이 없는 미지의 영역과도 같은 분야로서 현재에 이르고 있다.

인간의 심리는 다양한 인간관계의 핵심이며, 개인의 심리가 작용한 결과로 인간관계가 형성된다. 그래서 심리의 기준을 명확히 규명하는 것은 사회의 모든 인간관계를 분석하는 근본이라 할 수 있으며 종교, 철학, 과학을 통합하여 발전할 수 있다.

   인간의 심리는 감정(感情)의 작용과 기억된 감정의 상태를 말하는 것으로서 인간의 감정이 상대와 서로 작용하고, 감정의 작용에 의하여 발생하는 감정의 기억이다. 그래서 인간의 심리는 인간의 마음(心)에 의하여 작용한다고 할 수 있다. 심리의 기준을 알기 위해서는 남자와 여자의 마음이 심리에 작용하는 것을 분석하고 연구하여 논리적이고 체계적이면서 현실과 일치하는 것을 증명하는 과정이 필요하다.

1
심리체계

　인간의 마음은 의식과 무의식으로 구분한다. 무의식은 일정한 패턴이 무의식으로 작용하는 습관과 마음에너지로 구분한다. 또한 심리는 인식심리, 기억심리, 표현심리로 구분한다.

　인간은 생각과 감정에 의하여 의식되지만 일부는 실제의 생각과 감정으로 자각하고, 일부는 반복적인 의식으로 인하여 일정한 패턴을 갖게 되어 무의식으로 작용하는 습관으로 나타난다. 이때 습관은 무의식으로 작용하지만, 의식의 반복에 의하여 생성된다. 인간의 마음은 행복을 추구하는 심리의 기준에 맞도록 의식과 무의식을 통제한다. 마음은 의식과 무의식에 의하여 영향을 받지 않으며, 일생동안 변하지 않고 작용한다.

　인간은 누구나 태어날 때 남자와 여자로 성별이 구분되듯이 마음도 태어날 때 남자의 마음과 여자의 마음으로 구분된다. 그래서 마음은 남자와 여자가 다르다. 마음은 태어날 때 형성되기 때문에 변화하지 않는다. 인간은 고유의 마음을 갖고 태어나서 생애기간 동안 인간관계, 환경과 상황, 의식과 행동에 의하여 학습과 경험을 하면서 의식과 습관을 새롭게 만들기도 하고 변화하기도 한다.

　의식은 습관을 직접적으로 생성할 수 있다. 습관은 동일한 의식이 반복하면서 일정한 패턴으로 형성되어 작용하는 무의식이다. 마음은 변화가 불가능하지만, 습관을 통하여 말과 행동과 표정으로 외부에 표현하고, 의식으로 자각한다. 그래서 습관을 변화함으로써 마음의 표현이나 생각을 변화하는 것과 같은 효과를 가질 수 있다. 이 마음의 표현을 통하여 의식과 습관을 변화하는 것은 심리장애를 치료하는 방법이다. 이는 오랜 기간 동안 상담과 치료를 통하여 확인되고 검증된 결과이다. 따라서 심리장애를 치료할 때 습관을 생성하는 것이다.

　의식은 자각하고 있는 감정이나 생각이고, 학습되고 경험된 지식과 정보를 통하여 판단하고 결정하는 이성과 사고이다. 이는 생애기간 동안 학습하고 자각하는 감정을 기억하기 때문에 사람마다 의식이 다르다. 특히 의식이 일정한 패턴을 갖게 되어 무의식화 된 습관은 의식에 의하여 형성되기 때문에 사람마다 다르다. 이와 같이 의식과 습관이 사람마다 다르기 때문에 똑같은 심리를 가진 사람은 없다.

　사람들은 성격이 변하지 않는다고 생각하고, 전문가들도 성격의 변화보다는 의식의 자각에 의한 생각과 감정을 변하도록 하여 의식적으로 성격에 영향을 줄 수 있는 방법을 사용했다. 그러나 이 방법은 매우 어렵고, 시간도 많이 소요되며, 효율성도 떨어진다.

　의식이 무의식인 습관을 만들 수는 있지만 마음을 변경하는 것은 불가능하다. 따라서 행복을 추구하는 심리의 기준인 마음에 맞는 습관을 만들기 위해서는 의식에 의하여 습관을 만들어야 한다. 이때 의식으로 습관을 만들 수 있기 때문에 의식을 변경한다고 하여 단순하게 습관을 만드는 것은 마음의 기준에 맞는지의 여부를 알 수 없으므로 의식이 변하더라도 일시적인 효과에 불과하거나 자칫하면 또 다른 심리장애가 발생할 수 있다. 그렇더라도 심리장애를 치료하기 위해서는 반드시 습관을 변경해야 한다.

습관이 변하면 마음이 습관을 통하여 인식심리, 기억심리, 표현심리 등에 영향을 주기 때문에 의식이 변하게 된다. 이때 습관을 변경하기 전에 남자와 여자가 행복을 추구하는 심리의 기준을 갖고 있는 마음을 정확히 알아야만 변화해야 할 습관을 정확히 알 수 있다. 따라서 습관을 변화하기 위해서는 의식의 변화보다 우선적으로 심리의 기준인 마음을 알아야 한다.

이는 기존의 치료방법과는 많이 다른 과정이다. 기존의 치료방법으로는 심리장애의 치료에 시간, 노력, 비용이 많이 소요되고 치료의 가능성이 매우 낮았지만, 기존의 치료방법과는 다르게 마음과 심리가 작용하는 원리를 알고 의식을 이용하여 습관을 변화하도록 하는 치료방법을 적용하면 시간, 노력, 비용을 줄이고 치료의 성공률도 높아진다.

마음은 남자와 여자가 태어날 때부터 다른 심리의 기준을 갖고 있으며, 마음은 변하지 않기 때문에 의식으로 마음을 통제하는 것은 불가능하다. 그러나 인간은 생애기간 동안 성장환경과 인간관계에서 의식에 의한 학습과 경험을 통하여 습관이 형성되는데, 이 습관은 같은 의식이 반복되면서 일정한 패턴으로 무의식화 되는 것이다. 마음은 습관을 통하여 인식심리, 기억심리, 표현심리가 작용되도록 한다. 그래서 습관은 마음과 심리의 중간 역할을 한다. 의식과 습관이 마음의 기준에 맞지 않으면 스트레스와 상처가 발생한다. 또한 마음의 기준에 맞으면 심리가 안정되고 편안해진다. 따라서 마음의 기준에 맞도록 습관을 변화하는 것이 중요하다.

습관을 변화할 때, 남자와 여자의 마음을 알지 못한 채 무조건 단점은 없애고 장점은 활성화하는 이분법적 사고를 갖게 되면, 또 다른 심리장애가 발생할 수 있다. 장점과 단점이 같은 습관에서 나타나는 것이고, 이를 어떤 기준과 관점에서 분석하느냐에 따라서 달라지기 때문에 장점과 단점으로 분리해서 생각하지 말아야 한다. 특히 좋은 성격과 나쁜 성격으로 분리하여 좋은 성격은 발전시키고 나쁜 성격은 없애려는 것은 의식과 습관의 문제로 인하여 심리장애가 발생한다.

따라서 습관을 변화할 때는 장점으로 인하여 발생하는 문제와 단점에 영향을 주는 요소를 분석하고, 장점을 활성화하면서 단점을 비활성화 하는 것이 필요하다. 또한 이 장점의 활성화와 단점의 비활성화를 진행할 때는 마음의 기준에 맞도록 하는 것이 필요하다. 이는 일시적인 효과가 아니라 지속적인 효과를 갖는다. 즉 마음과 심리를 조율할 수 있도록 습관을 변화하고, 이 습관을 통하여 마음의 기준에 맞도록 함으로써 마음이 습관으로 활성화 또는 비활성화 되도록 하는 능력을 만드는 것이 심리장애의 치료방법이다. 이렇게 습관을 변화할 때 여자와 남자의 감정기억과 마음에 의한 심리의 기준에 적용하면, 남자와 여자에 따라서 습관을 변화하는 방법이 달라진다.

여자는 부정감정을 기억하는 마음의 방어기제가 작용하기 때문에 마음에 맞는 심리의 기준을 의식으로 학습하여 습관과 마음이 상호 조율을 할 수 있도록 하여 습관을 새롭게 형성해야 하고, 습관을 여자의 마음에 맞도록 해야 한다. 또한 남자는 부정기분을 기억하지 않도록 마음의 방어기제가 작용하기 때문에 이에 대한 습관과 마음이 상호 조율을 할 수 있도록 해야 하고, 습관을 남자의 마음에 맞도록 해야 한다.

이와 같이 습관을 변화하는 과정은 남자와 여자가 다르다. 또한 습관과 마음을 조율하는 것은 마음과 심리가 작용하는 원리를 정확히 알고 개인의 현재 상황, 삶의 목표와 기준, 기존 습관에 따라서 다르게 적용해야 한다.

어떠한 방법이 되었든 습관은 마음과 심리의 통로 역할뿐만 아니라 의식의 변화와 마음의 표현을 변화하기 때문에 습관의 변화는 심리장애를 치료하는 핵심이 된다. 그만큼 습관은 마음의 표현을 변화시킬 수 있는 유일한 방법이고, 심리장애를 치료하는 방법이다.

심리를 연구하고 분석하는 방법과 심리장애를 치료하는 방법은 다양하다. 그래서 심리이론에 대한 전문적인 지식이 없으면 심리의 연구와 분석, 심리장애의 치료가 어렵다. 그러나 심리의 규칙을 개발하여 심리의 연구와 분석, 심리장애의 치료에 대한 규칙을 만들어 이 규칙을 응용하면 다양한 심리의 분석과 심리장애를 치료하는 것은 어렵지 않을 것이라고 생각했다. 그래서 이 규칙을 학습하고 기억하여 응용하는 노력만 하면, 누구라도 쉽게 심리분석과 심리장애를 치료하는 것이 가능할 것이라는 생각을 할 수 있었다.

그러나 이는 수학적, 과학적으로 검증되고 확정된 공식일 경우에만 해당이 된다. 심리는 수학적, 과학적으로 검증되고 확정된 공식이 없기 때문에 심리이론의 규칙은 아직 발견하지 못했었다. 그래서 심리의 분석과 심리장애를 치료하는 규칙은 없었다. 많은 정신분석학자, 심리학자, 상담학자들이 심리이론을 연구하고 발표하고 있지만, 과학과 수학처럼 공식화하여 모든 심리에 적용할 수 있는 규칙은 없고, 특정한 심리의 결과에만 적용된 임상사례의 연구결과이기 때문에 심리의 규칙이라 할 수 없었다. 따라서 현재까지의 심리이론은 현실에 나타나는 문제만 해결하는 임시방편의 이론에 불과하기 때문에 근본적인 심리의 규칙은 없었다.

심리의 분석과 심리장애의 치료를 위해서는 특정한 심리에만 적용하는 방법들보다는 심리의 기준과 원리를 규명하고 심리를 규격화하는 것이 중요했다. 이를 위하여 마음이론에서 마음과 심리를 분리한 것은 남자와 여자의 마음의 차이, 방어기제의 차이, 감정기억의 차이를 명확히 규정하고, 마음이 의식과 무의식을 어떻게 통제하는지, 마음과 심리가 어떻게 작용하는지 규칙을 분석할 수 있었다. 이를 모든 심리분석과 심리장애의 치료에 적용하였을 때 동일한 심리의 규칙으로 작용하였다. 그래서 마음이론은 심리의 기준이고 표준이며, 원리이고 규칙이라고 하는 것이다.

이 마음과 심리가 작용하는 원리를 알지 못하면 심리의 분석과 심리장애의 치료에 대한 방법은 개인별, 병증별, 심리의 결과별로 각각 적합한 방법을 연구해야 가능하고, 반드시 현실로 나타나야만 연구할 수 있기 때문에 모든 심리에 적용하는 것은 불가능하다.

지금까지 개발된 이론과 학설이 많은 이유는 심리의 결과로 나타난 문제에 대한 심리의 분석과 심리장애의 치료에 대한 응용력을 향상하여 문제를 해결할 수 있는 방법으로 활용되었기 때문이었다. 이는 다양한 이론과 학설을 만들 수 있는 원리를 체계적으로 연구하지 못한 결과였다. 기존의 이론과 학설은 대부분 임상사례를 통하여 치료된 내용을 검증하여 만든 것으로서 임상사례의 통계라 할 수 있으며, 임상에 의한 치료의 통계를 산출하고 연구하여 만든 것이다. 따라서 기존 심리이론은 심리의 원리에 의하여 만들어진 것이 아니라 심리의 분석과 심리장애에 대한 치료의 과정과 결과를 통계적으로 분석한 것이라 할 수 있다.

심리의 기준을 설정한 후 인식심리, 기억심리, 표현심리가 어떻게 상호작용하는지 분석하는 과정과 결과가 일정한 규칙에 의하여 형성되고 있었다. 그래서 심리의 기준과 규칙으로 심리의 공식을 만들 수 있었으며, 어떠한 심리의 분석도 가능하고 심리장애의 치료도 가능하게 되었다. 그래서 마음이론은 심리의 기준이고 표준이며, 원리이고 규칙이다.

또한 마음이론을 기존 이론에 적용하였을 때, 기존의 이론으로도 대부분의 심리분석과 심리장애를 치료할 수 있다는 사실을 알 수 있었다. 결국 기존의 이론은 심리의 기준과 규칙이 없었기 때문에 심리분석과 심리장애의 치료방법이 개별로 연구되었지만, 심리분석과 심리장애의 치료방법은 이미 개발되어 있다고 볼 수 있다.

기존의 이론은 심리장애로 나타난 결과를 해결하기 위한 개별적인 연구에 불과한 것이고, 심리의 기준과 규칙이라고 할 수 없다. 이제부터라도 심리의 원리인 마음이론을 연구하여 심리의 기준과 규칙을 알아야 한다. 심리의 기준과 규칙은 어렵지 않기 때문에 누구든 쉽게 학습할 수 있으며, 기존의 이론에 적용하면 심리분석과 심리장애의 치료가 어렵지 않다.

심리의 적응

인간의 마음은 행복을 추구하는 심리의 기준을 갖고 있지만, 의식과 습관에 의하여 행복의 추구를 표현하기 때문에 마음이 직접적으로 행복을 만들지는 못한다.

여자는 현재의 행복을 추구하고, 남자는 미래의 행복을 추구하기 때문에 여자는 현실적이고 남자는 미래지향적이며, 여자는 미래의 행복을 추구하지 않고 남자는 현재의 행복을 느끼지 않는다. 그래서 남자는 끊임없이 열정을 필요로 하고, 여자는 끊임없이 관심과 사랑을 필요로 한다. 따라서 미래의 행복을 추구하는 남자에게는 현재의 행복을 추구하는 여자가 필요하고, 현재의 행복을 추구하는 여자에게는 미래의 행복을 추구하는 남자가 필요한 것이다. 이렇게 상호 보완이 될 수 있도록 결합되어야만 현재의 행복과 미래의 행복이 공존하고, 인간으로서 찾고자 하는 행복이 될 수 있다. 이는 마음에 의하여 형성된 것으로 행복을 추구하는 심리의 기준이며, 행복을 추구하는 심리의 기준인 마음에 맞도록 끊임없이 의식과 습관이 작용하고, 상대의 심리를 필요로 하는 것이다. 따라서 행복을 추구하는 심리의 기준인 마음에 맞으면 긍정감정이 발생하고, 맞지 않으면 부정감정이 발생하여 이를 치료함으로써 행복의 기준에 맞도록 습관이 작용하는 것이다.

심리장애는 행복을 추구하는 심리의 기준에 맞지 않는 긍정감정과 부정감정으로 인하여 발생하고, 이 부정감정을 치료하거나 긍정감정을 줄이기 위해서는 의식과 습관의 작용이 필요하다. 그래서 인간은 서로가 각자의 행복을 추구하는 심리의 기준인 마음에 맞도록 감정에 대하여 의식과 습관이 지속적으로 작용한다.

인간관계를 시작할 때는 의식에 의하여 심리작용을 하지만 편안한 관계가 지속될수록 의식보다는 습관이 통제하면서 마음에 맞도록 심리가 작용한다. 이로 인하여 의식에 의한 상대와의 심리작용이 반복되고 일정한 패턴을 갖게 되면서 무의식인 습관이 형성되어 의식에서 습관으로 전환하게 된다. 이 모든 과정은 자신의 행복을 추구하는 심리의 기준에 맞추려는 것이다. 이렇게 형성된 습관은 상대의 심리와 함께 작용된 것으로 상대의 심리와 자신의 심리가 서로 적응하면서 맞추어진 심리라 할 수 있다. 이렇게 서로의 심리가 적응하고 맞추어지는 것을 '심리적응(心理適應)'이라 한다. 이는 '인지부조화이론(Congnitive Dissonance Theory)'과 유사한 개념이다.

심리적응은 두 사람이 편안한 사이가 될수록 강화되는 특징을 갖고 있다. 그래서 한 사람의 습관이 변화하면, 상대도 변화에 맞추어서 습관이 변화하거나, 변화된 상대의 습관을 변화되기 이전으로 되돌리려고 한다. 이는 서로의 행복을 추구하는 심리의 기준이 서로에게 맞추어진 상황에서 한 사람의 습관이 변화하면, 상대는 맞추어진 행복을 추구하는 심리의 기준에 어긋나기 때문에 상대도 습관을 변화함으로써 심리적응을 하는 것이다. 심리적응은 결국 자신과 상대의 행복을 추구하는 심리의 기준에 맞도록 서로의 습관을 변화하는 것을 말한다.

이 심리적응을 이용하면 인간의 심리문제를 해결하고, 심리장애를 치료할 때, 습관을 변화할 수 있다. 변화의 방법은 누구를 먼저 변화를 할 것인지, 변화를 하였을 때 상대는 어떻게 변화하게 될 것인지를 분석하고, 변화의 과정에서 예상되는 상대의 반응, 심리적응의 과정에서 발생하는 부정감정을 예방할 수 있도록 해야 한다. 특히 행복을 추구하는 심리의 기준이 서로가 일치할 수 있도록 변화하는 것이 중요하다.

심리의 통제

감정의 흐름과 작용에서 심리가 감정을 어떻게 통제하는지의 방법을 알아야 한다. 이를 위하여 심리들 간에 어떤 작용이 발생하고 통제하는지를 알아야 한다. 심리의 작용과 통제의 방법, 감정의 작용과 통제의 방법에서 반드시 필요한 것이 심리와 감정의 통제기준이 있어야 한다는 것이다. 통제기준이 없으면 감정의 작용과 통제의 방법을 알 수 없다.

기존의 이론들은 심리의 근본이 되는 이론이 아니라, 상담기법과 치료방법의 이론이기 때문에 무의식을 중요하게 인식하고 있다. 무의식의 작용으로 인하여 심리가 많은 영향을 받는다고 했다. 이 이론이 틀리다는 것은 아니다. 그러나 무의식으로 모든 심리의 다양한 현상을 해석하고 분석하기에는 매우 부족하다. 그래서 부족한 부분을 보완하기 위하여 다양한 이론이 현재까지 계속 개발되고 있다.

마음이론은 마음에 의한 심리의 다양한 현상을 계속 단순화하면서 공통되는 현상을 오랜 기간 동안 종합하고 이를 체계화하는 과정에서 심리가 3가지로 구성되어 있음을 밝혔다.

인간의 심리는 인식심리, 기억심리, 표현심리로 구성되어 있다. 이 3가지의 심리가 상호작용하면서 모든 감정을 통제하고 있고, 몸과 함께 결합하여 인간으로서의 다양한 사회활동과 행복을 추구하고 있다.

의식은 인간이 지각할 수 있는 것으로서 생각하여 자각하는 역할을 한다. 또한, 학습과 경험에 의한 지식의 정보와 감정을 인식하고 해석한 후 저장하고 인출하는 역할을 한다. 이와 같이 인식하는 과정에서 감정에 대한 작용과 통제하는 심리를 인식심리라고 한다. 의식은 감각기관을 통한 정보의 인입과 생각을 통제하는 인식심리, 그리고 이를 저장하고 인출하는 기억심리를 통제한다.

무의식인 습관은 자각하지 못하지만 의식에 의하여 무의식으로 형성된 일정한 형태와 유형을 가진 패턴으로서, 감정도 함께 패턴에 포함된다. 감정과 함께 결합하여 무의식으로 형성된 의식의 패턴을 습관이라 한다.

습관은 의식에 의하여 형성된 생각, 말과 행동을 패턴으로 만들어서 무의식적으로 작용한다. 그래서 의식의 작용보다 우선하여 정보와 감정에 대한 생각과 기억, 말과 행동으로 감정을 통제한다. 통상 성격이라는 말을 많이 사용하는데, 성격은 습관으로 나타나는 말과 행동, 생각의 유형이다. 심리는 감정의 흐름에 대한 작용과 통제를 하는 역할이기 때문에 심리작용의 결과로 나타나는 것은 심리라 할 수 없다. 결국 성격은 습관에 의한 결과로 나타나는 현상이므로 성격이라는 말 자체가 모순이다.

따라서 마음이론에서는 성격을 배제하였고, 성격의 원인인 습관을 사용하였다. 심리를 분석할 때 심리검사(MMPI[18], MBTI[19], 애니어그램[20])는 효용가치가 없으며 자칫 심리에 대한 선입견을 갖게 되어 심리분석의 방해요소가 될 수 있다. 개인에게 처해진 현재의 상황과 환경에 따라서 심리검사는 왜곡되고 변화될 가능성이 매우 높기 때문에 심리분석에 별 도움이 되지 않는다.

인간이라면 누구나 갖고 있는 마음은 인간이 성별로 분리될 때 형성되어 생애기간 동안 변하지 않고, 행복을 추구하는 심리의 기준을 갖는다.

심리를 통제하는 방법은 의식, 습관, 마음이다. 마음은 의식과 무의식인 습관을 통제하고, 의식과 습관은 각각 역할을 분담하여 감정의 흐름을 통제한다. 그래서 심리가 작용할 때 심리의 우선순위는 마음이 최우선이 되고, 다음이 습관이며, 의식은 마지막 순서가 된다. 특히 의식과 습관이 동

---

18 미네소타 다면적 인성 검사(minnesota multiphasic personality inventory)
19 마이어스-브릭스 유형 지표(Myers-Briggs Type Indicator, MBTI)는 캐서린 쿡 브릭스(Katharine C. Briggs)와 그의 딸 이사벨 브릭스 마이어스(Isabel B. Myers)가 카를 융의 성격 유형 이론을 근거로 개발한 성격유형 선호지표이다. 이 검사는 제2차 세계대전 시기에 개발되었다.
20 애니어그램(Enneagram)은 사람을 9가지 성격으로 분류하는 성격 유형 지표이자 인간이해의 틀이다. 희랍어에서 9를 뜻하는 ennear와 점, 선, 도형을 뜻하는 grammos의 합성어로, 원래 '9개의 점이 있는 도형'이라는 의미이다. 대한민국에서는 2001년에 표준화를 거친 한국형 애니어그램 성격유형검사(KEPTI)가 정식으로 출판되었다. 애니어그램은 과학적 근거가 없는 미신이라는 비판이 있다.

시에 심리에서 작용하는 경우에는 무의식화 된 습관이 우선적으로 작용하고, 의식은 우선순위가 가장 낮다.

마음, 습관, 의식은 모두 감정을 통제한다. 의식과 습관은 감정을 직접 통제하고, 마음은 의식과 습관을 통제함으로써 감정을 간접적으로 통제한다. 의식은 감각기관을 통하여 정보의 인입, 생각, 감정의 기억에 대한 역할을 한다. 습관은 의식의 역할, 정보와 감정에 대한 처리, 표현의 역할을 하는 일정한 패턴으로서 의식에 의하여 형성되어 무의식적으로 작용한다. 마음은 의식과 습관을 직접적으로 통제하여 인간의 행복을 추구하고 유지할 수 있도록 심리의 기준을 갖고 있다.

이 결과를 볼 때 의식은 학습과 경험에 의하여 달라지고, 습관은 의식에 의하여 달라지기 때문에 의식과 습관이 변화하면 인간의 심리를 변화시킬 수 있다. 따라서 마음의 행복을 추구하는 심리의 기준에 맞도록 의식과 습관을 변화하는 것이 중요하다. 이것이 인간의 심리를 분석하는 방법이고, 심리장애를 치료하는 방법이다.

마음과 심리의 작용

마음은 인간의 감정을 통제하기보다는 의식과 습관을 통제함으로써 감정을 간접적으로 통제하며, 마음의 에너지를 만들고 자각한다. 이때 인식심리, 기억심리, 표현심리가 감정을 통제하는 방법과 역할은 각각 다르다.

마음은 의식과 무의식을 통제한다. 그래서 마음은 인간의 감정을 직접적으로 통제하지 않으며 인간의 감정을 직접 통제하는 의식과 무의식인 습관을 통제함으로써 심리가 작용하도록 한다. 이때 마음은 행복기준, 감정기준, 방어기준, 충동기준의 마음유전자가 작용하면서 의식과 습관을 통제한다. 외부정보와 기억정보에 대하여 마음유전자에 의하여 습관이 작용하도록 하고 감정을 발생시켜 의식에서 자각되도록 한다. 또한 마음유전자의 작용은 습관을 통하여 처리하도록 함으로써 습관을 통제한다. 이와 같이 의식과 습관은 마음이 통제한다.

인식심리는 외부의 정보를 감각기관으로부터 받아들여서 의식으로 인식하여 감정을 자각하도록 하는 역할을 하고, 정보를 기억하거나 기억된 정보를 인출하여 자각하는 역할을 한다. 기억심리는 인식심리에 의하여 인식된 정보를 기억하거나 기억된 정보를 의식으로 자각하도록 하는 역할을 한다. 표현심리는 습관에 의하여 정보와 감정을 의식 또는 외부로 표현하는 역할을 한다.

심리문제가 발생되었다는 것은 다른 사람과 심리가 다르게 작용하고 있다는 것이고, 마음에서 행복을 추구하지 못하고 있다는 뜻이다. 이와 같이 자신과 타인에게 부정감정을 유발하여 행복을 만들지 못하는 심리가 작용하는 것을 심리문제라고 한다. 이러한 심리문제가 일상생활에서 일정기간 동안 지속되면 이를 심리장애라고 한다.

자신은 아무리 긍정감정을 갖게 되더라도 인식심리, 기억심리, 표현심리 등이 작용한 후에 자신 또는 다른 사람에게 부정감정이 발생하면 이는 심리문제라고 할 수 있다. 이와 마찬가지로 원래는 긍정감정이 발생해야 하는데 부정감정이 발생했다면 심리문제가 발생한 것이다. 반면 자신과 다른 사람에게 긍정감정이 형성된다면 심리문제가 해결되었다고 한다.

심리문제는 자신과 타인에게 나쁜 영향을 주는 심리를 말한다. 그래서 인식심리에 문제가 발생하면 정보의 인식이 심리를 나쁘게 작용하도록 하고, 기억심리에 문제가 발생하면 기억을 나쁘게 작용하도록 하며, 표현심리에 문제가 발생하면 표현을 나쁘게 작용하도록 한다.

2
심리의 발달과정

마음이론에서는 4단계로 심리의 발달과정을 구분하였다. 마음은 변화하지 않고 무의식인 습관과 심리가 변화한다. 이때 무의식이 변화하는 것은 습관이 만들어지는 것이지 실제로 마음이 변하는 것은 아니다. 또한 마음에 의하여 인식심리, 기억심리, 표현심리가 존재한다. 이 마음과 심리가 작용하면서 심리가 변화해가는 과정을 심리의 발당과정이라고 한다.

제1단계, 0세부터 5세까지는 생존기이다.

태어나서 인간으로 살아가기 위한 준비에서 신체가 스스로 생존할 수 있을 있도록 하여 살아서 존재하는 것이 중요하다. 그래서 이 시기를 생존기라고 한다. 이 시기는 생존이 목적이기 때문에 2~3살 때부터 조기교육을 시키는 것은 심리에서는 별 소용이 없다.

제2단계, 5세부터 12세까지는 관계적응기이다.

생존하게 되면, 인간으로 살아가기 위하여 사람과 사람의 관계인 인간관계에 적응을 해야 한다. 이를 관계적응기라고 한다. 인간관계 중에서 최소한의 사람들과 관계에 적응한다. 부모님, 형제자매, 가족의 범위에서 인간관계를 만들고 유지하고 조절할 수 있도록 적응하는 기간이다. 유치원부터 초등학교까지는 선생님이나 친구들을 만나서 다른 사람들과의 관계에 적응한다. 이 시기에 공부를 잘하고 못하고는 심리적으로 관계가 없다.

제3단계, 13세부터 20세까지는 자아형성기이다.

초등학교 5학년부터 고등학교를 졸업하기까지의 시기이다. 성년이 되기 전인 미성년자의 시기로서 자아형성기라고 한다. 인간관계에 적응되어 있으면 성인이 되어 자아실현을 추구해 가야 하는데, 자아실현을 추구하기 위한 자아의 기준을 만들어야 한다. 그래서 이 시기에는 시행착오를 통하여 자아를 형성하게 된다. 이 시기는 자아실현을 추구하는 시기가 아니다.

관계적응기에서는 인간관계를 어떻게 맺는지 습관을 만들어가는 과정이고, 자아형성기에서는 자아실현을 추구하는 방법을 자기의 습관으로 만드는 시기이다. 이 습관은 자기의 기준이다. 습관에 의해서 생각이 결정된다. 따라서 미성년자인 시기에 자아를 형성하기 때문에 인식되는 양이 많고 습관을 만드는 속도가 빠르다.

관계적응기에서는 이해나 합리적인 것은 중요하지 않다. 그래서 선생님이나 부모님과 같이 어른들이 이야기하고 시키는 것에 대해 대체적으로 말을 잘 듣는 편이다. 그러나 자아형성기에서는 자아를 형성해나가는 시기이기 때문에 자신의 자아를 형성할 때 필요한 것은 이해이다. 이해가 안 되는 것은 받아들여지지가 않는다. 그래서 자아를 형성해 갈 때 선생님이나 부모님과 같이 어른들이 이야기를 하면 자신의 기준과 맞지 않으면 이해하기 위한 노력을 하게 된다. 이해를 하고자 할 때 스트레스와 상처가 발생한다.

이로 인하여 자아형성기에서는 어른들의 뜻에 어긋나는 말과 행동을 하거나 방황하는 경향이 많다. 이는 이해가 안 되기 때문이다. 어른이 하는 말과 행동이 모순되면 이해되지 않는다. 그래서 반목하고 반항하며 자신의 의견을 표현하기 시작한다. 만일 이 표현을 억압하게 되면 자신도 모르게 사람들과의 관계를 차단하게 되고, 자신의 뜻대로만 하려고 한다.

이 시기에서는 합리적인 이해가 중요하고 비합리적이라고 생각되면 스트레스와 상처가 작용하게 된다. 그래서 매우 힘들어지는 시기가 자아형성기이다. 이 자아형성은 자신 스스로가 형성하는 것이기 때문에 부모님이나 선생님이 자아를 대신 형성시켜 주지 못한다.

만일, 13세 미만에서 관계적응기에 문제가 생기면 자아형성이 올바르게 되지 않는다. 자아형성기는 관계적응이 올바르게 되었을 때 가장 빠르다. 만일 관계적응이 잘 되지 않은 상황에서 자아형성기에 있게 되면, 우선은 관계적응부터 올바르게 다시 하는 것이 필요하다.

자아실현은 의미와 가치를 추구하는 것이고, 의미는 행복의 감정이고, 가치는 경제적 가치, 관계적 가치, 사회적 가치 중에 선택한다. '내가 앞으로 살아갈 때 사회에서 공헌하고 헌신하는 그런 사람이 됐으면 참 좋겠다.'라고 방향을 정해놓게 되면 이에 맞도록 자아를 형성하게 된다. 그러나 현재의 교육이 경제적 가치에 맞춰진 직업교육이나 다를 바가 없다. 그래서 중학교만 가더라도 적성검사를 하고 직업교육을 한다. 이는 자아형성기부터 자아실현을 추구하라고 교육하는 것이다. 자아형성기는 습관을 만드는 시기이다. 생각의 기준을 만들기 때문에 합리적인 이해를 통해서 자기의 자아를 형성해간다.

제4단계, 20세 이상부터는 자아실현기이다.

이 시기부터는 죽는 날까지 자아실현을 추구한다. 끊임없이 의미와 가치를 추구하면서 살아간다. 그래서 5세부터 20세까지의 1년은 성인 이후의 10년과 같다. 성인이 되었을 때 새로운 습관을 만드는 것보다는 자아형성기에 만드는 것이 빠르고 중요하다.

    심리는 4단계로 발달한다. 그런데 교육에서 지식교육이 대부분이기 때문에 관계적응을 잘하지 못하게 되고, 자아형성을 잘하지 못하게 된다. 지식교육에 의하여 공부를 잘하고, 좋은 대학도 가며, 좋은 직업도 갖게 되지만, 자아형성이 제대로 되지 않아서 성인이 되어 자아실현을 추구할 때는 방황하게 된다. 따라서 성인이 되어서도 부모님이나 선생님이 이끌어주지 않으면 자신 스스로가 선택과 결정을 잘 하지 못한다. 최근 '결정장애'라는 말을 많이 사용한다. 결정하는 데 장애가 생겨서 우유부단해지는 것이다. 누군가에게 반드시 조언을 들어야 하는데, 이 조언은 자신의 자아실현이 아니다. 그런데도 타인의 선택과 결정에 의하여 자신이 행동한다. 이는 자아형성이 되지 않았기 때문이다. 생각의 기준인 습관이 없다 보니 자신 스스로가 무엇을 선택해야 될지 모르는 것이다. 예전에는 선생님과 부모님이 다 해 주었지만, 성인이 된 후 자신 스스로 해야 하기 때문에 어려움을 겪는 것이다.

    자기가 선택과 결정을 해 보고 실패 또는 성공을 해 보면서 자아를 형성하는 것이 중요하다. 그래서 관계적응기와 자아형성기에서는 시행착오를 많이 겪을 수밖에 없다. 이때는 한 인간으로서 습관과 기준을 자아실현을 추구해 나가도록 만들어지는 과정이다. 시행착오를 겪는 실수를 인정해 주어야 하지만 현대 사회에서는 실수를 용납하지 않는다. 원래 관계적응기와 자아형성기에서는 실수를 반복하고 많은 시행착오를 겪으면서 '이것은 해야 될 것, 이것은 하지 말아야 될 것, 이건 좋은 것, 이건 나쁜 것.' 등과 같이 자신이 스스로 기준을 형성해가야 한다. 그래서 성인이 되었을 때 인간관계에서 어떻게 해야 하는지, 의미와 가치를 추구하기 위해서는 무엇을 어떻게 해야 하는지 자기 나름대로의 습관과 기준을 만들어가는 것이다.

부모님이나 선생님은 자아형성기에 있는 미성년자들에게 실수에 대한 책임을 지라고 한다. 책임은 자아실현을 추구할 때 지는 것이다. 그래서 성인의 경우는 자아실현을 추구하는 것은 권리이고, 조화와 질서에 대한 책임을 지도록 한다. 이처럼 권리를 추구할 때 책임을 지도록 하지만, 자아형성기에는 책임보다는 자아형성을 해야 할 권리만 있다. 자기행복의 권리를 갖고 실수를 통해서 습관과 기준을 만들어가는 자아형성기에서는 실수에 의한 시행착오에 대하여 책임을 지면 안 된다.

관계적응기와 자아형성기에서는 자아를 만들어갈 권리가 있다. 현 사회에서는 20세 미만의 미성년자들은 부모님이나 선생님, 국가와 사회에서 보호한다. 타인에게 심각한 피해를 입히는 범죄가 아닌 이상은 실수의 시행착오에 대하여 책임을 묻지 않는다. 특히 13세 미만의 경우는 관계적응기이기 때문에 형사적인 처벌을 하지 않도록 한다. 이는 아직 책임져야 될 나이가 아니기 때문이다.

자신 스스로가 판단과 결정을 하는 것은 자아실현기이다. 그래서 자아실현을 추구하는 것은 자기 결정이다. 이때 결정장애가 생기는 것은 자기결정권이 없기 때문이다. 자기결정권이 대부분 어린 시절부터 부모님이나 선생님에 의하여 "그건 아니야, 하지 마", "이렇게 하려면 하지 마", "이것은 나쁜 것이니 하지 마."라는 말을 반복적으로 들으면서 제대로 시행착오를 겪어보지 못했기 때문이다. "한번 해 봐, 걱정하지 않아도 돼. 대신 이 정도까지만 해라. 타인에게 피해를 입히는 것이 아니면 한번 해 봐, 괜찮다. 좀 실수하면 어때, 다시 회복하면 된다."라고 말해주지 않는다.

이러한 자아형성기에는 회복하는 것이 매우 빠르다. 그래서 실수를 통해서 습관과 기준을 만들어간다. 이 자아형성기는 권리이다. 이때 자기결정권을 만들어야 한다. 어떤 일을 하든지, 무엇을 하더라도 자기가 결정하고, 자아실현을 추구할 때는 자기가 결정할 권리가 있다. 그것이 자기결정권이다. 인간관계에 대한 결정의 권리, 의미와 가치를 추구할 때 선택하고 결정하는 권리가 필요하다. 대신 권리를 행사할 때는 반드시 책임이 뒤따른다. 그런데 부모님이나 선생님들은 책임만 주려고 하지 권리를 만들어 줄 생각을 안 한다.

 이에 따라서 자아형성기의 미성년자에게는 자아실현의 권리가 무엇인지 알려주고 자아를 만들기 위하여 많은 시행착오를 겪도록 하면서 성인이 되었을 때 타인들과 함께 또는 자신의 자아실현을 추구할 때, 의미와 가치를 추구할 때 자신 스스로 결정해야 될 것, 하지 말아야 될 것 등을 알아야 한다. 만일 자아실현을 추구할 때 문제가 발생하면 자신이 책임질 줄 알아야 한다. 그래서 권리와 책임이 함께 작용될 수 있도록 배워가는 단계별로 이유가 있는 것이다. 우리는 너무 많은 것을 빼앗고 있다. 권리를 뺏어버리고 책임만 쥐여 주는 것은 아닌지 생각해 보아야 한다.

 대표적인 사례가 성교육이다. 5세 이상이 되면 의무적으로 성교육을 한다. 뒷부분에서 성의 심각성을 배우게 되겠지만, 성교육을 하는 이유를 살펴보아야 한다. '지금부터 너희들이 성에 대해서 알았으니 이제부터는 너희들이 책임져.'라고 내던져 놓는 것과 같다. 자기성결정권은 알려주지 않는다. 우리는 이미 다 가르쳤으니 스스로가 알아서 하라는 것은 너무도 무책임한 것이다. 부모도 무책임한 것이고 선생님도 무책임하고 정부도 무책임한 것이다. 자아형성기에 자아실현기와 마찬가지로 알려주고 이제부터 실수하면 책임지라는 것이다.

그러나 관계적응기와 자아형성기에서는 실수해도 책임지지 않고 권리를 만들어 줘야 하고, 실수는 할 수 있으나 그것에 대해서 책임을 물으면 안 된다. 그러려고 하면 정확하게 성에 대한 것이 무엇인지 알려주어야 하는데, 성적행동을 가르쳐 주고 있다. 상황이 생각보다 심각하다고 할 수 있다.

친구끼리 싸우면 부모님이나 선생님이 화해를 시킨다. 이때 관계적응기에 있을 때는 친구와 잘잘못을 합리적으로 이해하지 않더라도 화해를 시키면 어렵지 않게 화해를 할 수 있다. 그러나 자아형성기에는 화해가 잘 되지 않는다. 자아형성기에서는 합리적인 이해가 필요하기 때문이다. 왜 미안하다는 말을 해야 하는지 이해가 되지 않으면 화해를 하지 않는다.

그래서 5세부터 13세까지는 인간관계에 관련돼 있는 최소한의 관계에서 적응을 해 간다. 또한 13세부터 20세까지는 자신이 자아실현(의미와 가치)을 추구하는 습관을 만들어가는 형성기이다. 자아형성기에 만들어진 습관과 기준으로 성인이 되어 자기의 권리를 갖고, 그에 대한 책임을 질 줄 알아야 한다. 심리인 인식과 기억과 표현이 그러한 4단계로 발전해 가게 된다. 마음은 처리만 하고 인식심리, 기억심리, 표현심리가 작용된다. 그래서 심리의 발달과정이라고 말한 것이다.

'중2병'이라고 말하는 사춘기가 있다. 중학생이 아닌 초등학생까지 사춘기의 나이가 점점 빨라지고 있다. 자기 결정에 의해서 책임지기 때문에, 중고등학생이 많이 힘들어하는 것이다. 합리적으로 이해가 안 되면 스스로 감당이 안 되는 것이다. 어디서 배운 적도 없고, 가르쳐주는 사람도 없고, 무조건 하지 말라고 한다. 근데 왜 하지 말아야 되는지를 알려주는 사람이 없다. 그냥 강제적으로 하지 말라고 하니까 이해가 안 되는 것이다. 중2

병에 있는 아이들의 공통점 중 하나는 자신이 옳다고 생각하는 것, 자신이 합리적으로 이해된 것만 한다. 이외는 말을 듣지 않는다. 그래서 주변 사람들이 답답해진다.

선생님은 담배를 피우면서 학생들에게 담배를 피우지 말라고 하면 학생들은 이해되지 않는다. 그래서 '자신은 피우면서 왜 우리는 피우지 말라고 하는 거야?'라고 생각하게 된다. 아버지는 매일 술을 마시면서 자녀에게는 절대 술을 마시 못하도록 하는 것도 자녀의 입장에서는 이해되지 않는다. 이때 "부모님이니까 그럴 수 있다. 부모님이 너희들을 양육해 주고 계시기 때문에 아버지의 말을 들어야 한다."라고 한다면 이는 강제적인 것이지 합리적인 이해가 아니다.

새 학기 증후군을 생각해 보자. 학생들이 새 학기가 되면 새로운 사람들과 관계를 형성해 가야 하는 것에 불안함을 갖는다. 이것이 증후군이다. 이 증후군은 학생들의 불안감으로 인하여 불편해진 부모님과 선생님이 만든 것이다.

새 학기 증후군은 없다. 새 학기가 되면 학생들에게는 새로운 기회가 오는 것이다. 지난 학기에서 하지 못했던 것을 새롭게 할 수 있는 기회가 오는 것이다. 학생들에게 왜 새로운 기회가 오는지를 설명해 주면 학생들은 새 학기에 잘 적응한다. 이 하나만 알려 주어도 새 학기 증후군이 없어진다. 왜냐하면 새 학기 증후군은 원래 없는 것이기 때문이다. 그런데 학생들이 말을 안 듣고 부모님이나 선생님이 귀찮고 불편해서 증후군으로 만든 것이다. 그래서 새 학기가 되면 학생들의 군기를 잡는다. 이것은 학생들이 볼 때 이해되지 않는 것이다. 그래서 학생들이 엉뚱한 행동을 하게 되고, 이것을 마치 증후군인 것으로 이야기한다.

이처럼 관계적응기와 자아형성기는 매우 중요하다. 그래서 이 시기에 습관과 기준을 잘 만드는 것이 필요하다. 조금 실수하고 시행착오를 겪어도 괜찮다. 책임을 묻지 말고 실수와 시행착오를 격려하면서 바로 잡아주면 된다. 합리적으로 이해가 되는 범위에서 바로잡아 주면 문제가 잘 생기지 않는다. 이 시기가 지나고 성인이 되어 의미와 가치를 실현하면서 잘 살아갈 수가 있게 된다. 그래서 20세 미만의 미성년자일 때는 습관과 기준을 만들어가야 하는 실수와 시행착오를 인정해 주면서 자아를 형성할 수 있는 권리를 잘 보호해 주어야 한다. 이것이 어른들이 해야 할 일이다.

3
인식심리

 인간은 몸과 마음이 하나로 되어 있다. 이 중 신체의 감각기관은 신체와 인식심리를 연결한다. 감각기관을 통하여 외부의 정보를 받아들여 의식으로 자각하고 기억하며, 감정을 처리하기 위하여 심리가 작용한다. 신체의 감각기관은 외부의 정보를 받아들이는 눈, 귀, 피부, 코, 입(혀) 등 다섯 개로서 심리로 받아들인다.

 이 신체의 다섯 개 감각기관을 통하여 외부의 정보가 들어올 때 눈의 정보는 시각, 귀의 정보는 청각, 피부의 정보는 촉각, 코의 정보는 후각, 입(혀)의 정보는 미각이라고 한다. 이렇게 감각기관으로 받아들인 정보를 '감각정보'라고 한다. 다섯 개의 감각기관은 '외부정보'를 '감각정보'로 전환한다.

 외부의 사물과 현상을 다섯 개의 감각기관을 통하여 다섯 개의 감각정보로 전환하여 심리로 인지할 수 있도록 한다. 이렇게 외부정보를 받아들인 후 다섯 개의 감각기관별로 시각정보, 청각정보, 촉각정보, 후각정보, 미각정보로 전환하고, 이를 종합하여 하나의 감각정보로 만든다. 이 감각정보는 느낌을 갖게 되고, 이를 의식에서 자각하여 느낌정보가 지속적으로 유지되면 이를 감정이라고 한다. 따라서 감정은 생각과 기억의 느낌이 지속되는 것이라고 할 수 있다.

　이 과정을 인식심리라고 한다. 즉 외부정보를 다섯 개의 감각기관으로 받아들여서 무의식에서 감정을 생성한 후 외부의 정보에 대한 감정으로 자각하도록 하는 과정이다. 피부접촉에서 좋은 느낌과 나쁜 느낌을 갖게 될 때, 피부접촉의 정보와 느낌이 결합하여 피부접촉이 느낌을 갖도록 만드는 역할이다.

　이때 감각기관을 통하여 외부정보가 지속적으로 유입되면 감각정보가 지속되고 느낌정보도 지속되면서 감정을 자각하여 느낄 수 있다. 그런데 외부정보가 유입되지 않으면 감각정보가 중단되어 느낌정보도 중단되면서 감정을 느낄 수 없다. 이와 같이 외부정보가 유입되지 않으면 감정을 느낄 수 없는 것을 일시적 감정인 '기분'이라고 한다. 반면 외부정보의 유입이 중단되고 느낌정보도 중단되었는데도 기분이 지속적으로 느껴지는 경우가 발생하는데 이를 감정이라고 한다. 이는 기억정보에 대하여 무의식인 습관이 작용하면서 지속되기 때문이다.

　마음유전자는 외부정보가 감각기관을 통하여 유입되면 감각정보로 전환한다. 이 감각정보를 생각에서 느낌정보로 인식되어 자각되도록 하는 것은 마음유전자의 결과를 무의식인 습관으로 처리할 때 발생한다. 남자와 여자가 외부정보를 받아들이고 처리하는 과정에서 감각정보로 전환할 때 마음유전자가 다르게 작용한다. 그래서 외부정보를 감각정보로 전환할 때 남자와 여자의 감각정보는 다르게 인식되어 다르게 자각된다.

　남자는 감각정보가 미래행복에 맞는 것이 중요하여 감각기관에서 유입되는 감각정보가 미래행복을 추구하고 긍정기분을 유발하는 것을 선호하고, 이에 맞지 않으면 느낌정보로 전환하는 것을 제거한다. 그래서 남자는 감각정보에 충실하고 다섯 개의 감각기관을 작용하여 재미와 즐거움을 갖게 되면서 열정의 기분과 행복의 기분을 갖고자 한다.

반면 여자는 느낌정보가 현재행복에 맞는 것이 중요하다. 느낌정보는 감각정보가 유입된 후 마음유전자에 의하여 무의식인 습관이 처리하면서 결정된다. 이 느낌정보가 현재행복을 추구하고 긍정감정을 유발할 수 있도록 부정감정을 치료하여 무감정으로 전환하는 것을 선호한다. 그래서 여자는 감정정보에 충실하고, 사랑의 감정과 행복의 감정을 갖고자 한다.

감정정보로 지속될 수 있도록 만드는 것은 여자에게 발생하고, 감각정보를 만드는 것은 남자에게 발생한다. 남자는 감정정보보다는 감각정보에 의하여 열정의 마음에너지가 발생하고, 여자는 감각정보보다는 감정정보에 의하여 사랑의 마음에너지가 발생한다. 다만 여자는 감각정보가 없다거나, 남자는 감정정보가 없다는 것은 아니다. 비교되지 않을 만큼 차이가 있기 때문에 없는 것과 마찬가지라서 없다고 하는 것이다.

외부정보를 신체의 감각기관을 통하여 받아들이는 것은 남자와 여자가 동일하다. 그러나 각 감각기관별 감각정보들이 종합되어 하나의 감각정보가 되면서 느낌정보로 전환될 때 남자와 여자가 다르고, 사람마다 느끼는 것이 다르다. 느낌정보에 대하여 남자와 여자가 다른 것은 마음유전자의 작용이 다르기 때문이고, 사람마다 다른 것은 감각정보가 종합될 때 왜곡되는 현상이 발생하기 때문이다. 또한 다섯 개의 감각기관 중 몇 개의 감각기관이 작용했는지에 따라서 다르게 인식된다.

예를 들면 양파 즙을 마신다고 하자. 양파 즙을 마실 때는 눈으로 볼 때의 시각정보를 통해서는 양파 즙이라는 것을 알고, 코의 후각정보를 통하여 양파냄새를 알게 되며, 입과 혀의 미각정보를 통하여 양파의 맛을 알게 된다. 그런데 눈을 가리고 코를 막게 되면 시각정보와 후각정보를 받아들일 수 없게 되는데, 이때 양파 즙을 마시면 입과 혀의 미각정보만 받아들인다. 그러면 양파의 맛이 아닌 다른 맛을 느낀다. 즉 사실이 왜곡되어 인식된다.

이와 같이 몇 개의 감각기관이 정보를 받아들였느냐에 따라서 외부정보를 받아들여 인지하는 것이 다르다. 즉 감각기관이 많이 작용할수록 외부정보를 정확하게 인지한다. 따라서 감각기관에 장애가 있으면 외부정보에 대한 정확성이 떨어지면서 사실과는 다르게 인식하는 경우가 많다. 이로 인하여 발생하는 느낌정보와 감정정보도 달라진다.

특히 감각기관별로 외부정보를 받아들일 때 해석되는 정보의 양은 '시각정보 >> 청각정보 >> 촉각정보 >> 후각정보 >> 미각정보'의 순서로 차이가 많다. 이로 인하여 외부정보의 왜곡현상은 '시각장애 >> 청각장애 >> 촉각장애 >> 후각장애 >> 미각장애'의 순서로 나타나는 것을 알 수 있다.

외부정보를 왜곡되게 인지하면 느낌과 감정이 다르게 나타난다. 외부정보의 사실과 다르게 인식될 경우에는 우선적으로 자신의 감각정보와 느낌정보가 왜곡될 수 있고, 감정정보로 전환될 때 왜곡될 수 있다. 따라서 외부정보가 사실과 다르게 인식되는 경우에는 이 두 가지의 왜곡을 생각해야 하고, 자신이 받아들인 외부정보가 사실과 다를 수 있다는 것도 생각해야 한다. 이렇게 외부정보가 왜곡되어 인식되는 것을 '인지오류'라고 한다.

이러한 인지오류는 남자보다는 여자에게 많이 발생한다. 여자는 감각정보 보다는 감정정보를 중요하게 인식하기 때문에 남자보다 한 단계를 더 처리함으로서 왜곡될 가능성이 높아진다. 남자는 감각정보와 느낌정보에 충실하고, 여자는 느낌정보에 의한 감정에 충실하기 때문이다.

감각정보를 중요하게 인식하는 직업들 중에 최고의 전문가에는 남자가 많고, 감정정보를 중요하게 인식하는 직업들 중에 최고의 전문가는 여자가 많다. 시각, 청각, 촉각, 후각, 미각의 정보를 중요하게 인식해야 하는 전문가들은 남자가 많지만, 만일 여자가 전문가라고 한다면 감정정보보다는 감각정보에 충실하게 되면서 심리장애가 발생했다고 볼 수 있다. 또한 사실에 대한 감정을 중요하게 인식해야 하는 전문가들은 여자가 많지만, 만일 남자가 전문가라고 한다면 감각정보보다는 감정정보에 충실하게 되면서 심리장애가 발생했다고 볼 수 있다.

그러나 심리장애라고 해서 정신적으로 문제가 있다는 것이 아니다. 심리의 장애가 발생한 것뿐이다. 감각정보와 감정정보를 조율하는 능력을 갖고 있거나, 문제를 해결하는 습관을 갖고 있는 경우에는 자신의 행복과 타인의 행복을 동시에 추구할 수 있기 때문에 이러한 심리장애는 치료하지 않는다. 따라서 심리장애라고 하여 나쁜 것이 아니라 심리장애로 인하여 문제가 생기고 피해가 발생하는 것이 나쁜 것이다.

최고의 전문가들 중 심리장애가 많은 이유는 심리를 극대화할 수 있는 능력을 갖게 되면서 심리장애가 될 수밖에 없고, 집중력과 기억력이 극대화된다는 것도 심리장애가 될 수밖에 없기 때문이다. 심리장애가 없다면 인류문명은 발전하지 못하고, 새로운 것을 창조할 수 없다.

심리의 작용과 인식

인간의 심리가 상호 작용할 때는 마음이 행복을 추구하는 심리의 기준으로 의식과 무의식인 습관을 통제하는데, 심리의 기준에 의하여 감정의 과부족에 의하여 긍정감정과 부정감정으로 결정하면, 의식과 무의식에 의하여 감정의 인식, 감정의 기억, 감정의 표현이 달라진다. 마음은 항상 행복의 기준이기 때문에 행복하지 못한 감정은 부정감정으로 인식하고, 행복의 기준에 맞도록 무의식이 작용하면서 외부로 표현하거나, 의식을 작용시켜 행복의 기준에 맞추려고 한다.

심리가 작용되는 방법을 알기 위해서는 심리에 의하여 정보를 받아들이고 표현하는 방법을 정확히 알아야 한다. 정보를 받아들이는 방법은 신체의 감각기관에서 인지하는 시각, 청각, 촉각, 미각, 후각의 감각을 통하여 정보를 의식으로 자각한다. 그러나 정보와 감정을 표현하는 방법은 무의식인 습관을 통하여 말과 행동과 표정으로 표현한다. 이와 같이 한 사람이 심리를 표현하고 상대가 심리로 받아들인 후, 다시 역할을 바꾸어서 심리로 받아들였던 사람이 심리를 표현하고, 심리를 표현했던 사람이 심리로 받아들이는 일련의 과정을 '심리작용(心理作用)'이라고 한다. 따라서 심리작용이라 함은 상대의 말과 행동과 표정에 대하여 생각을 통하여 의식으로 받아들이고, 자신의 무의식을 통하여 표현되는 말과 행동과 표정에 대하여 상대가 생각을 통하여 상대의 의식으로 받아들이는 과정을 말한다.

처음 만난 사람들과 이야기할 때 많이 불편하다. 그러나 친한 사람들이나 가족들과 이야기할 때는 편안하다. 이는 심리작용과 연관이 있다. 처음 만나는 사람들은 대부분 의식적으로 심리가 작용하여 생각과 기억을 의도하기 때문에 불편하지만, 편안한 사람들은 의식보다는 대부분 무의식이 작용하여 표현을 의식하지 않기 때문에 편안한 것이다.

첫 만남 또는 업무관계에서 대부분 의식이 작용하여 심리를 표현할 때 무의식을 통한 생각, 말과 행동과 표정이 의식의 통제를 받아 의도되고, 심리로 받아들일 때는 생각을 통한 의식이 작용된다. 즉 의식적으로 심리가 작용된다. 따라서 심리작용의 문제와 왜곡이 발생하지 않고, 자신의 감정이 상대에게 전달되고 상대의 감정이 자신에게 전달되는 것이 비교적 정확하다. 다만 의식이 계속 작용하기 때문에 긴장감이 지속되고, 생각과 기억을 의도적으로 지속해야하므로 마음에너지의 소비가 많아지면서 피곤함을 쉽게 느낀다.

그러나 편안한 인간관계가 형성되면, 심리를 표현하는 방법과 심리를 받아들이는 방법이 다르게 작용한다. 심리를 표현할 때는 의식보다는 무의식을 통하여 생각, 말과 행동과 표정으로 심리를 표현한다. 심리로 받아들일 때는 생각을 통한 의식이 작용된다. 즉 심리를 표현할 때는 무의식이 작용하고, 심리를 받아들일 때는 의식이 작용한다. 이는 편안한 인간관계가 오래될수록 강하게 작용한다. 따라서 무의식으로 심리표현을 하고, 의식으로 심리를 인식하는 현상이 발생하는데, 이를 '심리인식차이(心理認識差異)'라고 한다. 이러한 심리인식차이는 친하고 편안한 인간관계라면 남자와 여자의 구분 없이 발생하는 심리작용이다.

다양한 갈등으로 어려움을 겪는 부부의 경우, 아내는 "제 남편은 하루 종일 화만 내고 있어서 상처를 많이 받습니다."라고 자주 말한다. 이때 남편은 "나는 화를 낸 적이 한 번도 없는데 자꾸 나에게 화를 냈다고 합니다. 답답하고 미칠 것 같습니다."라고 말하는 경우가 많다. 이 부부의 경우 남편은 말과 행동으로 화를 낸 적은 없지만 화가 난 표정을 짓고 있었는데, 남편은 자신의 표정을 볼 수 없으니 화를 낸 적이 없다고 하는 것이고, 아내는 남편이 화내는 표정을 보면서 자기에게 화를 내고 있다고 생각한 것이다. 즉 남편과 아내가 심리작용을 하면서 의식으로 인식하고, 무의식으로 표현한 것을 모르고 있는 것이다.

편안한 인간관계에서 두 사람의 심리를 살펴보면, 한 사람이 의식이 아닌 무의식에 의하여 표현하면, 상대는 의식으로 받아들여서 기억과 비교하여 상대가 의식으로 표현했을 것이라고 생각한다. 이와 같이 한 사람은 무의식으로 한 표현을 상대는 의식으로 생각하게 되어 상대의 표현에 의미를 부여하게 된다. 이와 같은 현상을 '심리인식오류(心理認識誤謬)'라고 한다. 이 심리인식오류는 상대가 의도하지 않고 표현한 것에 대하여 의도한 것이라고 생각하면서 상대와는 관계없이 자신에게 스트레스와 상처로 작용하는 것이다. 이 심리인식오류는 대부분 친하고 편안한 인간관계에서 많이 발생하고, 감정의 대립과 갈등의 원인이다.

'나는 그냥 편해서 한 말인데, 왜 상대는 내가 한 말 때문에 상처를 입었다고 하는지 모르겠습니다. 분명 우리가 서로 사랑하는 것은 잘 알고 있지만, 남보다 못하게 나에게만 나쁘게 말해서 도저히 말이 통하지 않습니다.' 이렇게 말하는 사람이 많다. 이러한 현상은 자신은 무의식으로 말했기 때문에 의도한 것이 없는데, 상대는 그 말을 의식으로 받아들여 의도했다고 생각하기 때문이다.

인식심리가 작용할 때 서로의 의식과 무의식이 다르게 작용하기 때문에 서로 인식되는 것이 다르다. 심리를 외부로 표현할 때는 무의식이 작용하고, 심리로 받아들일 때는 의식이 작용하여 인간관계에서 의식과 무의식이 같은 감정으로 작용하면 문제가 없겠지만, 다른 감정으로 작용하면 스트레스와 상처가 발생한다. 따라서 심리를 인식하는 과정만 정확히 알아도 심리를 분석하는 것은 어렵지 않다.

인간관계에서 심리작용은 인간과 인간이 서로의 심리를 주고받으면서 서로의 감정이 발생하고, 이 감정에 의하여 인간관계가 형성된다. 심리작용을 할 때는 심리를 외부로 표현을 하는 것과 표현된 심리를 받아들이는 것이 자신과 상대에게 동시에 작용한다.

심리를 외부로 표현하는 방법을 세밀하게 살펴보면, 의식에 의하여 의도적으로 표현되는 경우라도 의식적인 표현을 제외한 다른 모든 표현은 무의식에 의하여 함께 표현한다. 또한 외부로 표현하지 않더라도 정보와 감정을 생각으로 보내질 경우도 의식에 의하여 무의식을 통하여 생각으로 자각되거나, 무의식에 의하여 생각으로 자각된다.

이 원리를 적용하여 기존의 부부관계치료의 방법에 적용하면, 부부관계 치료의 방법으로 많이 사용하는 "이마고 부부관계치료[21]"의 "이마고 부부대화법[22]"은 습관으로 표현하면 다시 의식으로 인식하도록 반복하는 것임을 알 수 있다. 결국 부부가 의식만 작용하도록 하는 대화법이다. 의식만 작용하는 대화법은 심리문제로 발생하는 갈등의 일부는 해결할 수 있지만, 심리분석과 심리장애의 치료는 할 수 없으며, 오히려 심리장애를 더욱 확대시킬 수 있기 때문에 신중하게 적용해야 한다.

---

21 IMAGO 치료 (Imago Couple Relationship Therapy)는 부부관계를 치유하고 성장하기 위해서는 배우자의 어린 시절 상처를 치료하는 것이 중요하다는 점을 인식하고 이를 치료에 반영시키고 있다. 배경으로는 정신분석과 대상관계이론, 융의 분석심리학과 치료방법, 가족치료, 교류분석, 발달이론과 사이코드라마로부터 아이디어들을 통합, 적용한다. 이마고 치료는 특히 '배우자 선택'과 '부부갈등'의 원인을 각자의 어린 시절의 발달상처와 관련지어 치료에 적용시키고 있다.

22 이마고 대화법의 핵심은 부부 스스로 갈등을 벗어나 안정적인 관계를 만들어가는 역할을 한다는 점에 있다. 라틴어로 이미지를 뜻하는 이마고(IMAGO)에서 비롯된 이 대화법은 부부가 서로의 이미지를 바꾸기 위해 끊임없이 대화를 시도하는 것이다. 이마고 대화법의 목적으로는 부부 서로를 이해하고 배려하는 관계를 만들어 나가는 것에 있다.

4
기억심리

　인간의 기억은 사실의 현상과 감정으로 분리된다. 보통 기억을 생각하면 사실과 감정이 통합되어 기억되는 것으로 인식하지만, 실제는 사실만 기억하고 감정은 개별로 작용하면서 생각에서 통합되는 것을 알 수 있다. 그래서 심리에서 기억을 규명하기 위해서는 사실과 감정을 분리해야 한다.

　사실은 특정한 일에 대한 연속적인 과정을 말한다. 한마디로 동영상과 같다. 교통사고가 발생하면 교통사고의 처음부터 끝까지의 과정을 교통사고의 사실이라고 한다. 이때 현상은 사실을 구성하고 있는 하나의 장면을 말하는데 가령 사진과 같다. 관련되는 현상들이 모여서 사실이 된다. 이처럼 교통사고의 전체 과정은 사실이다. 이 교통사고라는 사실이 다섯 개의 감각기관을 통하여 인식되어 감정이 발생하는데 이를 사실에 대한 감정이라고 한다. 결국 교통사고를 기억하면 사실과 감정이 통합되어 기억하지만, 실제는 사실을 기억하고 감정은 무의식에서 만들어진다.

　남자와 여자는 사실의 기억은 동일하다. 이는 뇌 과학자들에 의하여 뇌에 저장되는 것을 검증했다. 기억하지 못하고 잊어버리는 것은 뇌세포의 작용에 의하여 망각되는 것이다. 그래서 남자와 여자는 사실을 기억하기도 하고 기억하지 못하기도 한다. 이렇게 사실을 기억하는 것을 '사실기억'이라고 하고, 이 사실기억은 남자와 여자가 동일하게 작용한다.

　사실기억과 함께 작용하는 것이 감정기억이다. 이는 사실에 의하여 심리에서 발생하는 감정이다. 그래서 교통사고가 나면, 교통사고의 사실과 교통사고로 발생하는 감정이 함께 작용한다. 이와 같이 특정한 사건의 사실로 인해서 발생된 감정이 작용할 때, 사건의 사실과 감정이 분리되지만, 함께 기억된 것으로 자각되기 때문에 마치 사실과 감정이 동시에 기억되는 것으로 생각한다.

　그러나 심리에서 작용하는 감정을 분리하면 사실과 감정이 다르게 발생한다. 따라서 감정은 외부정보 또는 기억정보에 대한 느낌으로서 생각의 자각에 의한 감정이지 외부정보 또는 기억정보와 함께 발생하고 심리로 인식된 감정이 아니다. 결국 감정은 심리에서 발생된다.

　이러한 감정은 심리에서 발생하기 때문에 남자와 여자가 다르게 기억한다. 감정이 마음유전자의 작용으로 발생하는 것이고, 이 마음유전자는 남자와 여자가 다르게 작용하기 때문에 남자와 여자가 감정을 기억하는 것이 다르다. 사실은 인간이면 누구나 동일하게 작용하므로 기억하기도 하고 기억하지 못하기도 하지만, 감정은 남자와 여자가 다르게 기억한다.

　여자는 부정감정을 기억하고 긍정감정을 기억하지 못하지만, 남자는 부정기분을 기억하지 못하고 긍정기분을 기억하는 것은 마음유전자가 다르게 작용하기 때문이다.

　만약에 남자가 부정기분을 기억하고 긍정기분을 기억하지 못한다면, 실제의 심리에서는 부정기분을 기억하는 것이 아니라 자신이 부정기분을 기억한다고 착각하는 현상이 발생하면서 심리장애가 생긴다. 착각하는 심리장애로 인하여 부정기분이 제거되지 못한 채 지속된다.

이와 같이 부정기분을 기억하고 있다는 착각을 할 뿐이지 실제는 기분을 기억하는 것이 아니다. 이를 '감정기억오류'라고 한다. 즉 감정기억에 문제가 발생한 것이다. 이와 같은 '감정기억오류'는 '남자의 감정기억오류[23], 남자의 부정기분기억오류[24], 남자의 긍정기분기억오류[25]'와 '여자의 감정기억오류[26], 여자의 부정감정기억오류[27], 여자의 긍정감정기억오류[28] 등이 있다.

인간은 경험에 의해서만 감정을 기억하기 때문에 경험은 심리에 영향을 준다. 이때 경험은 직접경험과 간접경험으로 구분된다. 직접경험은 자신이 직접 경험하고 느꼈던 경험을 말하고, 간접경험은 자신이 직접 경험하지는 않았지만 다른 사람들의 경험에 대한 대화, 도서, 영화 등과 같이 다른 대상을 통하여 느끼는 경험을 간접경험이라고 한다. 이 간접경험은 자신과는 관계없지만 심리에서는 감정이 만들어진다.

지식을 쌓는 공부를 할 때, 환경과 상황에 의하여 감정이 발생하게 되면 직접경험이냐 간접경험이냐에 따라서 남자와 여자의 학습능률이 다르다. 또한 자신이 직접 교통사고를 경험하였느냐, 다른 사람의 교통사고를 목격한 것이냐에 따라서도 심리에 영향을 미치는 것이 다르고, 남자와 여자가

---

23 남자의 감정기억오류는 부정기분은 기억하지 못하고 긍정기분을 기억하는 현상을 말한다.
24 남자의 부정기분기억오류는 부정기분을 기억하지 못하는 것이 정상이지만 부정기분이 기억되면 인식되는 모든 정보가 부정기분으로 작용하는 현상을 말한다.
25 남자의 긍정기분기억오류는 긍정기분을 기억하되 아무리 많은 긍정기분을 기억하더라도 심리에서 작용할 때는 하나의 긍정기분만 작용한다.
26 여자의 감정기억오류는 부정감정을 기억하고 긍정감정은 기억하지 못하는 현상이다.
27 여자의 부정감정기억오류는 부정감정을 기억하되 아무리 많은 부정감정을 기억하더라도 심리에서 작용할 때는 하나의 부정감정만 작용한다.
28 여자의 긍정감정기억오류는 긍정감정을 기억하지 못하는 것이 정상이지만 긍정감정을 기억하면 인식되는 모든 정보가 긍정감정으로 작용하는 현상을 말한다.

다르다.

자신이 직접 경험한 것은 아니지만 다른 사람의 경험이 마치 자신이 직접경험 한 것으로 인식되는 것을 외부의 충격이라고 하는데 이것도 간접경험이다. 2014년에 발생한 '세월호 침몰사고'의 경우, 국민들이 모두 간접경험을 하면서 마치 자신이 사고를 당한 것과 같은 상처를 입었다. 이때 구출된 사람들, 가족, 현장 관계자, 자원봉사자 등은 직접경험이라 할 수 있다.

또한 자신이 폭행을 당했다면 이는 폭력의 직접경험이고, 다른 사람이 폭행을 당한 것을 목격하였을 때 폭력피해자와 같은 감정을 갖게 되었다면 이는 폭력의 간접경험이 된다. 자신이 직접 성관계를 했다면 직접경험이지만, 다른 사람이 성관계를 하는 것을 보거나 알게 되었다면 간접경험이다. 폭력과 선정성에 관련되어 있는 것을 미성년자에게 금지하도록 하는 이유가 간접경험으로 인한 폐해 때문이다.

간접경험에 의하여 직접경험을 한 것과 같은 감정이 형성되면 심리에 문제가 발생한다. 그런데 여자는 부정감정을 기억하고, 남자는 부정감정을 기억하지 않기 때문에 여자에게는 심리문제를 유발하지만, 남자는 시간이 지나면 무관심해지고 다른 대상에 즐거움과 재미를 찾는다. 이때 여자는 간접경험을 자신이 직접경험 한 것과 같은 상처를 받게 되고, 남자는 간접경험의 사실기억과 함께 다른 대상에 즐거움과 재미를 기억하게 되면서 마치 폭력과 선정적인 것은 즐거운 것으로 기억한다. 이를 범죄에 적용해도 동일한 심리가 형성된다. 이로 인하여 현재 실시하고 있는 성교육과 예방교육이 매우 심각한 문제를 야기할 수밖에 없는 것이다. 이러한 심리는 지식교육인 공부에서도 동일하게 작용한다.

이 모든 현상의 원인은 사실기억과 감정기억이 별도로 발생하고, 남자와 여자의 감정기억이 다르기 때문이다. 이렇게 남자와 여자의 감정기억이 다르다는 것은 일상생활에 적용하여 분석하면 쉽게 알 수 있고 증명할 수 있다.

생각에 의하여 발생된 감정을 저장하고, 저장된 감정을 인출하는 기억의 작용을 기억심리라고 한다. 발생된 감정은 몸의 감각기관을 통하여 받아들인 정보의 사실과 생각에 의하여 기존에 기억된 감정을 정보의 감정으로 전환함으로써 기억된다. 받아들인 정보의 사실과 정보의 감정으로 함께 기억되고, 감정의 크기도 함께 기억된다. 이때 기억되는 감정은 긍정감정, 부정감정, 무감정으로 저장된다. 이와 같이 정보의 사실과 감정이 함께 심리에서 작용하고 감정의 크기에 의하여 심리에 작용되는 영향력의 정도에 차이가 생긴다.

다만, 정보의 사실과 감정과 감정 크기가 동시에 같은 뇌에 저장이 되는지, 정보의 현상은 좌 뇌에 저장되고 감정과 감정 크기는 우 뇌에 저장이 되는지 등에 대해서는 생물학, 의학, 과학으로 증명해야 하므로 마음이론으로는 검증하지 못했다. 만일 정보의 사실은 좌 뇌에 저장되고 감정과 감정 크기가 우 뇌에 저장된다면 좌 뇌와 우 뇌를 연결하는 몸의 기관이 기억심리와 연계하는 것을 증명해야 한다. 이 부분은 앞으로 연구해야 할 과제이다.

그러나 마음이론에서는 심리의 기준인 마음으로만 증명하기 위하여 정보의 사실과 함께 기억되는 감정과 감정의 크기가 어디에 기억 되는지를 증명하는 것보다는 정보의 사실과 감정은 분리되지만, 함께 기억되어 심리에 영향을 준다는 것을 증명하는 데 중점을 두었다. 그래서 기억된 정보의 사실을 기억하면, 정보의 사실과 함께 기억된 정보의 감정과 감정 크기도 동시에 기억한다.

5
표현심리

 표현심리는 정보와 감정을 생각하거나, 외부로 표현할 때 말과 행동과 표정이 작용하는 역할을 한다. 따라서 인간이 감정을 표현할 때 표현심리가 어떻게 작용하는지 알아야 한다. 이 표현심리는 무의식인 습관에 의하여 작용한다. 따라서 자각하는 의식이 아니라 자각하지 못하는 무의식이 작용하고, 말과 행동과 표정으로 표현되거나 생각으로 표현된다. 이때 무의식의 습관은 4개의 습관으로 구성되어 있다. 인심심리에서 작용하는 인식의 습관, 기억심리에서 작용하는 기억의 습관, 표현심리에서 작용하는 표현의 습관과 무의식에서 의식으로 표현할 때 작용하는 생각의 습관이다.

 습관은 반복적인 의식작용에 의하여 형성되므로 경험이 많을수록 습관은 많다. 이 습관은 일정한 패턴을 갖고 있기 때문에 자각되는 내용 또는 말과 행동과 표정의 내용을 갖지 않는 무의식이다. 만일 의식으로 자각되는 생각에 의하여 표현할 때는 의식으로 자각하는 말과 행동과 표정이고, 이는 스트레스를 동반하면서 하나의 생각만 표현된다. 이때 하나의 의도적인 생각으로 감정을 표현할 때 작용하는 말과 행동과 표정은 무의식이 작용하지 않지만, 의식으로 자각하지 않는 모든 말과 행동과 표정은 무의식인 습관에 의하여 표현된다.

습관은 4개의 습관이 동시에 작용한다. 그래서 표현의 습관이 작용되면 인식의 습관, 생각의 습관, 기억의 습관이 함께 작용한다. 표현심리는 표현의 습관이 작용되면서 말과 행동과 표정을 움직이도록 한다. 의도적인 표현은 하나에 불과하고 의식이 작용하지만, 자각되지 않는 표현은 표현의 습관에 의하여 작용된다. 이때 표현의 습관은 자각되지 않기 때문에 말과 행동과 표정을 움직이도록 하는 원동력이 된다. 표현의 습관이 작용하면서 인식의 습관에 의하여 인식심리가 작용하고, 생각의 습관에 의하여 의식이 자각되도록 하며, 기억의 습관에 의하여 기억되도록 한다. 이로 인하여 습관은 인간의 심리에서 인식하고, 자각하고, 기억하고, 표현하는 역할을 한다.

따라서 인간이 하는 말과 행동과 표정은 무의식으로서 자각되지 않는 표현의 습관이 작용한다. 즉 의도되지 않는 것이다. 또한 이러한 습관을 변화한다는 것은 성격을 바꾸는 것이고, 마음을 변화하는 것이다. 성격을 바꾸거나 마음을 바꾸려면 습관을 변화해야 한다.

외부정보를 인식하든 기억된 정보였든 무의식이 처리할 때는 우선적으로 표현을 한다. 표현을 할 때는 말과 행동과 표정으로 한다. 표현이 중요한 이유를 살펴보면 인식의 경우 생존하기 위하여 기억에 저장시키지만, 표현은 마음을 보호하기 위하여 무의식에서 감정을 만들면서 표현하기 때문이다. 그래서 좋은 감정일 때는 의식에서 자각하기 전에 이미 좋은 것을 표현하고 난 후 의식으로 자각될 때는 약간 감소되게 느껴진다. 즉, 너무 좋아도 안 되기 때문에 미리 표현 쪽에 80%를 소진시키고, 의식에서는 20% 정도만 자각하는 것이다. 남은 마음에너지를 느끼면서 의식에서 소모를 시키는 것이다.

마음에너지가 100이 만들어졌다고 한다면, 이 100을 고스란히 의식에서 자각하는 것이 아니다. 외부로 표현하면서 마음에너지를 80을 소모하고 20의 마음에너지에 의하여 의식이 자각하도록 한다. 따라서 표현하면서 80을 소모하고, 자각하면서 20을 소모한다. 이는 마음을 보호하기 위해서 마음이 과도하게 좋아져서 이상해지면 안 되기 때문이다. 의식에서 모든 것을 계속 자각하고 좋아지게 되면 의식에 장애가 발생한다. 그래서 무의식은 마음에너지를 만들기도 하지만, 마음을 보호하기 위해서 무의식에서 만들어졌던 마음에너지를 표현을 함으로써 감소시키는 역할을 한다. 의식에는 전체의 마음에너지를 소모할 수 있는 능력이 없기 때문이다.

만일 무의식에서 안 좋은 마음에너지가 만들어졌다고 한다면, 스트레스 또는 상처가 발생한다. 그러면 남자는 무의식을 스트레스를 제거하는 용도로 쓰고, 여자는 상처를 치료하는 용도로 사용한다. 이는 무의식이 마음을 보호하기 때문이다. 그래서 마음을 자각하는 것은 무의식에서 마음에너지의 80이 소진되고 남은 20의 마음에너지가 의식으로 자각되는 것이다. 그래서 여러분들이 힘들다고 자각하는 것은 자각되는 느낌의 약 4배를 이미 표현으로 소진했다는 뜻이다. 만약 표현이 억압되면, 80의 마음에너지를 소모하지 못하고 고스란히 의식에서 100을 자각하게 된다. 그래서 실제로 표현해서 아픔을 느끼는 것보다 억압하며 표현하지 못해 아픔을 느끼는 사람이 더 힘들다.

이처럼 표현은 좋은 것이든 나쁜 것이든 마음에너지를 소진해 주는 역할을 하고, 이는 마음을 보호하기 위해서이다. 마음이 심리에서 계속 작용하지 않도록, 또는 너무 아프게만 작용하지 않도록 마음을 보호하는 것이다. 인간의 마음을 중심으로 심리가 작용하는 이유는 마음을 보호하기 위함이다. 인식되는 것은 생존을 위한 것이고, 표현하는 것은 살아가는 동안에 마음에 문제가 발생하지 않도록 소모해 주는 역할을 하는 것이다.

6
이해와 배려

　이해(理解)는 '분별하거나 해석하다.'라는 뜻으로 인간관계에서는 '상대방의 입장에서 생각하고 해석하는 것'이다. 또한 배려(配慮)는 '마음을 써서 보살피고 도와준다.'는 뜻으로 인간관계에서는 '상대방의 입장에 맞도록 말과 행동을 하는 것'이다. 따라서 이해와 배려를 심리적으로 해석하면 '상대의 심리를 생각하는 것을 이해'라고 하고, '상대의 심리에 맞도록 말과 행동을 하는 것을 배려'라고 할 수 있다.

　상대를 이해한다는 뜻은 상대의 입장에서 생각하는 것이다. 상대의 입장이란 상대의 심리가 작용하는 것을 생각하는 것이다. 상대는 마음에 의한 의식과 무의식으로 구성되고, 심리는 인식심리, 기억심리, 표현심리 등으로 구성되어 있기 때문에 상대의 마음과 심리가 작용하는 원리를 알지 못하면 상대의 심리가 작용하는 것을 생각하지 못한다. 이때 3가지 심리 중 상대의 인식심리와 표현심리는 의식으로 자각하여 생각할 수 있기 때문에 인지할 수 있겠지만, 상대심리를 통제하고 행복을 추구하는 심리의 기준인 마음을 알지 못한 채 의식과 무의식이 작용하는 것을 아는 것은 매우 어렵다. 따라서 마음을 알아야만 심리가 작용하는 원리를 알 수 있기 때문에 상대의 심리관점인 상대의 입장은 상대의 마음과 심리가 작용하는 원리를 뜻한다. 따라서 상대의 마음과 심리가 작용하는 원리를 알지 못하는 상태에서 상대를 이해하는 것은 잘못된 이해이고 오해이다.

대부분의 사람들은 상대를 이해한다는 말을 많이 하지만, 실제로는 상대를 이해하는 것이 아니라 자신의 생각을 기준으로 상대를 판단하고 생각하는 것으로 '자신의 생각만으로 상대를 알고 있다고 생각하는 것'이라 할 수 있다. 즉 생각하는 주체가 상대가 아니라 자신이기 때문에 상대의 입장에서 이해하는 것이 아니라 상대의 말과 행동에 대하여 자신의 기준으로 생각하여 해석하는 것이다. 따라서 상대의 마음과 심리가 작용하는 원리를 알지 못하면 상대를 이해하는 것은 불가능하다.

이해를 기초로 배려를 분석하면, '상대방의 입장에 맞도록 말과 행동을 한다.'는 것이다. 이해를 바탕으로 상대의 마음과 심리가 작용하는 원리에 맞도록 말과 행동을 하는 것이라고 할 수 있다. 배려도 상대의 심리에서 생각하고, 상대의 행복을 추구하는 심리의 기준에 맞도록 말과 행동을 하는 것이다. 따라서 상대의 마음과 심리가 작용하는 원리를 알지 못하는 상태에서 배려를 한다는 말은 결국 잘못된 표현이라 할 수 있다.

이해와 마찬가지로 대부분의 사람들은 상대를 배려한다고 말하지만, 실제로는 상대를 배려하는 것이 아니라 상대를 위하는 것이 무엇인지를 자신의 심리에 의하여 결정하고 행동하는 것이다. 즉 상대방의 입장을 기준으로 생각하고 해석하여 상대방의 입장을 기준으로 상대를 위하여 행동하는 것이 아니라, 자신의 입장을 기준으로 상대를 생각하고 해석하여 상대를 위하여 행동을 하는 것이다. 주체가 상대가 아니라 자신이기 때문에 상대의 입장에서 상대를 위하여 생각하고 행동하는 것이 아니라, 자신의 입장에서 상대를 위한다고 생각하고 행동하는 것이다. 따라서 상대를 배려할 때도 마음과 심리가 작용하는 원리를 알지 못하면 배려는 불가능하다.

이와 같이 이해와 배려라는 말은 많이 하지만, 진정으로 이해와 배려를 위해서는 마음과 심리가 작용하는 원리를 알아야 하고, 상대의 마음에 의한 심리의 기준으로 생각하고 상대의 행복을 추구할 수 있는 행동을 해야 한다. 이것이 인간관계에서 마음과 심리가 작용하는 원리를 알아야 하는 이유이기도 하다.

이해와 배려는 인간관계의 근본

심리치료의 핵심은 이해와 배려이다. 이해와 배려는 인간관계에서 사랑의 근본이 되는 심리작용이다. 사랑이라고 해서 애정적인 관계만을 의미하는 것이 아니다. 인간애를 의미하는 것이다. 이해와 배려가 없으면 인간의 인성과 인간성은 없다.

먼저 상대에 대한 이해는 상대의 입장에서 생각하는 것이다. 상대의 마음과 심리가 작용하는 원리를 모르면 상대를 이해할 수 없다. 자신이 생각하고 이해하는 것은 자신의 입장에서 생각한 것이지 상대의 입장에서 생각한 것이 아니다. 이는 상대에 대한 이해가 아니다. 그러나 대부분의 사람들은 이를 이해라고 한다. 상대의 행동을 보고 자신이 생각하는 것인데 이는 이해가 아니라 자신이 보고 판단하고 생각한 것이다. 상대가 왜 그러한 행동을 했는지 상대의 입장에서 생각하는 이해가 아니다. 즉 보이는 사실은 상대의 심리에서 작용한 진실과는 다르다.

만일 상대의 입장에서 이해가 되었을 때, 상대에 대한 배려는 상대의 입장에서 생각한 것을 상대에게 맞도록 행동하는 것이다. 즉 상대의 마음과 심리가 작용하는 원리를 알고 이해한 후, 상대의 행복추구에 맞도록 상대의 입장에서 베풀어 줄 수 있도록 행동하는 것이다.

상대를 이해하지 못하면 상대에 대한 배려는 어렵다. 왜냐면 이해는 상대의 입장에서 생각하는 것이고, 배려는 상대의 입장에서 생각하고 이를 실천할 수 있도록 자신이 행동하는 것이기 때문이다. 상대의 행복추구를 알지 못하면 배려는 할 수가 없다. 상대는 미래행복을 추구하는데 현재행복에 대한 것을 생각해서 상대를 위하는 마음으로 행동하면, 상대의 입장에서는 별 소용없는 것이다. 이는 사실상 배려가 아니다. 상대가 원하는 것이 아니기 때문이다.

소와 사자의 우화를 살펴보자. '소와 사자가 사랑을 한다. 그래서 소는 사자에게 줄 맛있는 음식을 준비하기 위하여 맛있는 풀을 정성스럽게 모아서 사랑하는 사자에게 선물을 하였다. 그런데 사자는 자신에게 풀을 준 것은 고맙지만 먹을 수가 없었다. 그래서 사자는 소에게 가장 맛있는 고기를 선물로 주었다. 그러나 소도 고기를 먹을 수 없었다.' 이 우화에서 보듯이 소는 사자의 식성을 몰랐고, 사자도 소의 식성을 알지 못했다. 그래서 소는 사자도 풀을 맛있게 먹을 것이라 생각했고, 사자도 소가 고기를 맛있게 먹을 것이라 생각했다. 즉 서로 사랑하는 사이지만 상대를 이해하지 못했다. 또한 소는 사자가 풀을 맛있게 먹을 것이라고 생각하여 좋은 풀을 모아서 사자에게 주었고, 사자는 소가 고기를 맛있게 먹을 것이라고 생각하여 좋은 고기를 소에게 주었다. 서로 상대를 이해하지 못했기 때문에 상대를 위한 행동은 상대에게는 소용이 없는 것이었다. 즉 배려를 할 수 없었던 것이다.

자신만의 생각과 행동은 이해와 배려가 아니다. 그래서 엄밀하게 말하면 이해하려면 상대의 마음과 심리가 작용하는 원리를 정확히 알고 심리작용을 어떻게 하는지 알아야 한다. 이렇게 아는 것이 이해다. 또한 배려는 상대의 마음과 심리를 이해한 것에 대하여 상대에게 맞도록 행동하는 것이다. 상대에게 맞춰주는 것이 아니라 자신의 여유를 상대에게 베풀어주는 것으로서 자신이 상대에게 베풀어주는 행동이다.

결국 이해가 없으면 배려가 없다. 상대를 이해한 후 배려를 할 것인지 판단하는 것은 자신의 결정이다. 다만 상대에 대한 자신의 생각은 이해가 아니다. 우리는 이해를 너무도 모르기 때문에 상대를 이해하는 사람이 그리 많지 않다. 또한 이해를 못하기 때문에 배려는 더욱더 할 수 없는 것이다.

이해력이라는 말을 많이 쓰는데, 상대 또는 어떠한 특정한 문제가 발생되었을 때 일단은 정확히 아는 것이 이해력이다. 시험을 치를 때 먼저 문제를 정확하게 아는 것, 자신의 생각보다는 문제에 대한 의미와 실체를 정확하게 아는 것이 이해이다.

상대의 심리를 알고자 할 때 마음과 심리가 작용하는 원리를 알지 못하면 아무리 의식과 무의식을 알더라도 상대를 이해할 수 없다. 물론 어쩌다가 알 수는 있다. 그러나 상대가 말하고 행동하고 표정으로 표현할 때 폭력적인 것이 나타났다면 이는 상대의 무의식으로 표현하는 것인데, 이를 자신이 생각할 때 잘못된 것이라고 판단하면 안 되는 것이다. 우선 상대를 이해하려면 상대의 마음과 심리에서 스트레스가 작용하였고, 이 스트레스를 해결하기 위하여 무의식의 결과로 폭력적인 표현이 나타난 것이라고 생각해야 한다. 스트레스를 해결하기 위하여 무의식적으로 표현된 현상이기 때문에 습관이 잘못된 것이지 본래의 인간이 잘못된 것은 아니다. 그 사람이 살아왔던 환경과 상황을 고려해 볼 때 상대의 마음과 심리가 작용하는 원리를 정확하게 알지 못하면 상대를 이해하는 것은 불가능하다. 따라서 상대를 잘 이해한다는 말을 함부로 사용해서는 안 된다. 이 이해가 중요한 것은 이해를 하면 배려할 수 있기 때문이다. 상대를 이해하고 배려하면 자신에게는 심리의 여유가 생긴다.

이처럼 상대를 이해하면 자신에게 스트레스와 상처가 생기지 않고, 배려를 하면 자신의 마음에는 여유와 행복이 만들어지고 상대에게도 스트레스와 상처가 치료되면서 행복이 만들어진다. 이것이 이해와 배려의 개념이다.

이해와 배려를 할 때, 이해를 했다고 해서 배려를 해야만 하는 것은 아니다. 이해와 배려는 별개이다. 범죄를 저지른 사람을 이해하고 배려하라는 것은 어불성설이다. 나쁜 짓을 했으니 처벌 받아야 하는 것은 당연하다. 그러나 인간의 마음과 심리가 작용하는 원리를 알면 범죄자의 의식과 무의식이 심리에서 작용하는 원리를 알게 되면서 왜 그러한 범죄를 저지르게 되었는지 알게 된다. 이렇게 아는 것이 이해이다. 즉 이해하면 범죄를 저지른 원인을 정확히 알게 되면서 스트레스와 상처가 생기지 않는다. 다만, 나쁜 짓을 했으니 배려는 하고 싶지 않다고 생각하면 배려를 하지 않으면 된다. 이와 같이 이해했다고 해서 배려를 해야 하는 것은 아니다.

이해하는 것과 배려하는 것은 별개이다. 다만 배려할 때는 반드시 이해해야지만 가능하다. 따라서 어떠한 문제에 대해서 잘잘못을 논하기 전에 반드시 상대의 마음과 심리가 작용하는 원리를 알고 이해해야 한다. 상대가 잘못했든 잘했든 관계없이 이해를 한 후 잘잘못을 판단해도 늦지 않다. 이처럼 배려는 자신의 판단과 이성에 의한 것이고, 이해를 했다고 해서 배려를 하라는 것은 아니다.

사람들은 이해와 배려라는 말을 많이 사용한다. 여러분들도 이해와 배려라는 말을 지금도 흔히 쓰고 있다. 이해를 한다는 것은 마음과 심리가 작용하는 원리를 아는 것이다. 이해는 말 그대로 아는 것이다. 원리를 정확하게 모르는 것을 오해라고 한다.

배려는 아는 것을 상대가 행복하게끔 만들어주는 것으로서 상대가 행복하도록 베풀어주는 것이다. 그래서 이해를 했다고 해서 배려를 할 이유는 없다. 내가 베풀기 싫으면 베풀지 않으면 된다.

마음과 심리가 작용하는 원리를 정확하게 알게 되면 자신에게 좋은 감정이 생긴다. 상대가 나에게 욕을 했는데도 나에게는 나쁜 감정이 생기지 않는다. 즉 스트레스와 상처가 만들어지지 않는다. 이해를 하면 자신에게 스트레스와 상처가 치료되지만, 오해를 하면 스트레스와 상처가 만들어진다.

이해가 되면 자신은 편안해지고 마음에 여유가 생기면서 스트레스와 상처가 치료된다. 이때 상대에게 베풀어줄지 말지는 자신의 판단에 의하여 결정한다. 상대에게 배려를 한다는 것은 내가 생각한 것이 아니라 상대의 마음과 심리가 작용하는 원리를 알고 상대가 행복해질 수 있도록 베풀어주는 것이다. 베풀어주는 것은 행동하는 것이다.

A라는 사람이든, B라는 사람이든, C라는 사람이든 누구나 마음은 의식과 무의식으로 구성되어 있다. 인식은 의식으로 하고, 표현은 무의식으로 한다. 상대방이 표현하면 나는 인식되어 의식으로 상대가 의도했다고 생각한다. 상대에게 물어보면 당연히 기억하지 못한다. 표현은 무의식으로 작용하기 때문이다.

따라서 B가 A를 보았을 때 A가 분명히 화낸 것 같지만, A는 화를 낸 적이 없다면서 말다툼이 생긴다. B의 입장에선 A가 분명히 화냈다는 것을 알고 있다. 그런데 왜 A는 B에게 화를 내는 것일까?

남자인 경우, 남자는 스트레스를 받았을 때 무의식이 화를 내면서 제거시키라고 작용한다. 여자라고 하면, 여자는 상처의 감정에 대해서 무의식이 치료를 하라고 작용한다. 그래서 치료하기 위하여 화를 낸다. 상대에게 표현을 좋지 않게 하려는 것이 아니라 스트레스를 제거하거나 상처를 치료하기 위한 것이다. 그러나 상대는 이것을 인식할 때 '나에게 화를 낸다.'라고 생각한다. 상대는 스트레스를 제거하고 상처를 치료하려고 했기 때문에 상대가 화낸 이유는 알지 못하고 단지 그 사실만 중요하게 생각하게 된다.

이해는 나의 행복이고 배려는 상대 행복이다. 이것을 합쳐서 이해와 배려라고 한다. 이해와 배려는 인간관계에서 존재한다. 내가 행복해지고 상대가 행복해지는 것은 종교적인 관점에서의 '사랑'이다. 그래서 이해와 배려는 사랑의 원천이고, 이해와 배려가 없는 사랑은 사랑이 아닌 자기만의 행복이다.

7
인간관계

　인간관계는 인간과 인간의 상호 심리작용의 결과로 생기는 관계이다. 남자와 여자의 관계에서는 의미와 목적에 따라서 다양하게 형성된다. 인간관계는 남자와 여자가 상호 심리가 어떻게 작용하느냐에 의하여 결정된다. 남자와 남자, 여자와 여자는 마음이 서로 같기 때문에 인간관계에서의 심리작용이 비교적 단순하지만, 남자와 여자는 서로의 마음이 다르기 때문에 인간관계에서의 심리작용이 복잡하다. 그렇기 때문에 인간관계에서 심리를 분석하기 위해서는 남자와 여자의 인간관계를 살펴보아야 한다.

　인간관계는 남자와 여자가 상호 심리가 작용하면서 형성되고, 심리작용의 결과에 의하여 서로에서 개별적인 감정이 발생한다. 감정발생은 상대와 심리작용의 결과로 발생하는 감정과 관계형성의 의미와 목적에 의하여 결정된다. 심리작용의 결과로 발생하는 감정은 좋고 편안한 감정, 재미있고 즐거운 감정, 사랑의 감정, 행복의 감정과 같은 긍정감정이 나타나거나 또는 싫고 불편한 감정, 힘들고 고통스러운 감정, 상처의 감정, 불행의 감정과 같은 부정감정이 나타날 수 있다.

　인간은 인간 간의 관계를 형성하면서 심리작용을 통하여 감정을 만들고 인간관계의 행복을 추구하는 마음을 갖고 있다. 그래서 인간은 사회적 동물이 될 수밖에 없으며, 사회활동을 배제한 인간은 더 이상 인간이 아니라 사람으로 혼자 살아가는 폐쇄적인 삶을 살게 된다. 즉 인간관계가 싫어서 혼자 살고자 한다면 함께 행복을 추구하는 자아실현을 포기한 채 혼자 살면서 인간관계를 전혀 갖지 않아야 하는 것이다. 이처럼 사회활동을 한다는 것은 사회구성 요소인 인간이 서로가 의미와 목적에 따라서 관계를 형성하는 모든 활동을 말한다. 이때 인간관계를 형성하는 가장 핵심은 심리작용이고, 심리작용의 결과로 감정이 발생하면서 인간관계의 희로애락(喜怒哀樂), 행복과 불행, 사랑과 상처 등의 다양한 감정이 발생하는 것이다. 따라서 인간관계는 인간 대 인간의 심리작용에 의하여 결정된다.

  인간관계에서 자신의 심리를 알고 상대의 심리를 알면 심리작용에서 자신이 원하는 결과를 가질 수 있게 된다. 따라서 심리의 핵심이라 할 수 있는 마음에 대하여 자신의 마음을 알고 상대의 마음을 알면 심리를 대부분 통제하고 있게 되므로 상대와의 심리작용에서 자신은 긍정감정을 갖게 된다.

  또한 자신의 마음을 모르고 상대의 마음을 알지 못하면 상대와의 심리작용에서 부정감정을 갖게 될 수도 있다. 즉 인간관계에서는 '마음을 모르면 당하고, 마음을 알면 이긴다.'는 뜻이 된다. 심리도서, 상담도서, 처세술, 자기계발도서 등 많은 책을 보면 대체적으로 인간의 마음에 대한 심리작용의 다양한 방법과 기법을 소개하였는데, 이는 의식과 습관만을 활용하고 심리를 통제하는 마음을 전혀 알지 못한다. 그래서 책을 읽는 독자의 개인 심리에 맞는 내용이 아니라 특정한 심리를 가진 사람에게만 맞는 내용이다. 그렇기 때문에 책을 읽으면서 생각하고 지식을 만드는 의식만 작용할 뿐 습관에는 거의 영향을 주지 않는다.

  남자와 여자의 심리를 이해하려면, 반드시 남자와 여자의 마음을 알아야 한다. 이 남자와 여자의 마음을 활용하여 '심리의 분석과 조절의 능력'과 '감정의 분석과 조절의 능력'을 가질 수 있는 습관을 만드는 것이 인간관계의 핵심이다.

남자와 여자가 심리작용을 할 때는 마음이 습관을 통하여 심리가 작용하기 때문에 의식으로는 인식하지 못한다. 따라서 인간의 심리를 이해할 때는 남자와 여자가 상호 심리작용을 하는 원리를 이해하고, 이를 현실에 적용하여 경험을 갖게 됨으로써 심리작용의 분석습관을 만들며, 심리작용의 결과로 발생하는 감정을 조절하는 습관을 만들어서 인간관계를 자신에게 맞도록 조절할 수 있고, 감정발생을 조절할 수 있다.

따라서 남자와 여자의 상호 심리작용을 이해하고, 심리작용의 결과에 의하여 감정발생의 원리를 이해함으로써 인간관계의 의미와 목적에 따라서 희로애락, 행복과 불행, 상처와 행복 등의 감정을 갖도록 한다. 이때의 감정에 의하여 행복이 결정되기 때문에 마음과 심리의 이해가 필요하다. 마음은 태어나면서 생애기간 동안 변하지 않는 심리의 기준이기 때문에 성별과 나이에 관계없이 마음과 심리를 이해하고 심리분석과 심리조절의 습관을 갖는 것은 인간의 행복과 직접적인 관계가 있다.

이와 같이 심리는 인간관계의 의미와 목적에 따라서 다양하게 구분할 수 있는데, 이렇게 다양한 심리는 관계형성의 습관으로 나타나는 것이다. 따라서 인간관계의 의미와 목적이 다른 경우 습관이 다르게 작용하지만 마음은 동일하게 작용한다. 그래서 집단심리, 부부심리, 연애심리, 사랑심리, 섹스심리, 욕구심리, 행복심리, 구매심리, 소비심리, 기타 모든 인간관계에게 발생하는 다양한 심리는 똑같은 마음에서 나타난다. 따라서 마음을 분석하고 알게 되면 다양한 인간관계에 의하여 구분된 다양한 심리를 알 수 있게 된다.

남자는 재미와 즐거움이 있어야 좋아하게 되고, 여자는 좋아해야 재미와 즐거움을 갖는다. 남자는 재미와 즐거움의 대상에 호기심을 갖고, 재미와 즐거움을 갖게 되면서 그 대상을 좋아하게 된다. 또한 여자는 좋아하는 대상을 좋아하면서 좋아하는 대상과 함께 하는 것에 재미와 즐거움을 갖는다. 이를 현실에 적용하면 남녀노소에 상관없이 남자는 남자의 마음이 작용하여 습관으로 나타나고, 여자는 여자의 마음이 작용하여 습관으로 나타나는 것을 알 수 있다. 이것은 남자는 남자의 마음이 동일하고, 여자는 여자의 마음이 동일하기 때문에 나타나는 현상이다.

이와 같이 마음은 어떠한 인간관계에서든 동일하게 작용하면서 인간관계의 의미와 목적에 따라서 다른 심리로 나타나는 것 같지만, 이는 습관에 의하여 심리가 다르게 작용하는 것이다. 어떠한 인간관계의 심리이든 동일한 마음이 작용한다.

인간의 인식은 신체의 다섯 개 감각기관을 통해서 외부의 정보를 받아들인 후, 생각이 외부의 정보와 감정을 결합하면서 인식하는데 이를 의식이 작용한다고 한다. 또한 마음을 외부로 표현할 때는 말과 행동과 표정을 통하여 표현하는데, 말과 행동과 표정 이외의 표현방법은 없다. 이때 생각이 작용하면서 의도적으로 표현하는 것은 불과 10% 미만이다. 한 가지만 생각으로 의식하여 말과 행동과 표정으로 표현할 뿐 그 외 나머지 90% 이상은 무의식이 작용한다. 따라서 마음의 표현은 대부분 무의식이 작용한다. 이와 같이 말과 행동과 표정으로 마음을 외부로 표현할 때는 무의식이 작용하고, 외부의 정보를 마음으로 받아들일 때는 생각인 의식이 작용한다.

그래서 인간은 인식과 표현의 오류가 생기고, 사람과 사람의 마음이 서로 작용할 때 오류가 발생한다. 이때 오류는 잘못되었다는 뜻이 아니라 사실과 다르게 왜곡된다는 뜻이다. 이는 남자든 여자든 관계없이 인간이면 누구에게나 똑같이 작용한다. 누가 잘못했다고 무엇이 잘못되었다는 것이 아니라 사실과 다르게 작용한다는 것이다.

사람을 이야기할 때 흔히 '열 길 물속은 알아도 한 길 사람 속은 모른다.'라고 한다. 이는 인간의 마음과 심리가 작용하는 원리를 모르기 때문이다. 인간의 마음을 알면 사람의 마음을 아는 것은 어렵지 않다. 그러나 인간의 마음을 모르면 사람의 마음을 알 수 없다. 이로 인하여 자신이 생각한 것이 올바르다고 확신하는 오류가 발생하면서 사실과 다르게 생각하게 된다. 즉, 오해가 발생하는 것이다.

인간의 마음을 이해하려면 '마음을 외부로 표현할 때는 무의식이 작용하고, 외부의 정보를 마음으로 받아들이는 것은 의식이 작용한다.'는 사실을 알아야 한다. 인간이 마음을 표현할 때, 표현하는 자신은 의식하지 못하기 때문에 자신이 표현한 말과 행동과 표정은 기억되는 것이 매우 적다. 그러나 마음으로 인식하는 것은 의식이 작용하기 때문에 상대의 말과 행동과 표정을 비교적 잘 기억한다. 이로 인하여 자신과 상대 사이에 생기는 감정문제 또는 감정대립의 원인으로 기억되는 것은 대부분 상대의 말과 행동과 표정인 반면 자신이 했던 말과 행동과 표정은 거의 기억하지 못하기 때문에 문제의 원인은 상대에게 있다고 생각하고 확신하게 된다.

여러분이 상대에 대하여 생각할 때 올바른 생각을 하는 경우는 10% 미만이다. 상대의 마음을 생각할 때 90% 이상은 왜곡되는데, 이 왜곡된 생각이 100% 올바를 것이라고 확신한다. 그래서 인간의 마음은 90% 이상을 왜곡하여 해석하고, 생각으로 확신하면서 자각한다. 따라서 스트레스와 상처는 자신의 마음에서 만들어지지만, 이 스트레스와 상처가 발생한 원인에 대해서는 상대를 탓하게 된다. 이는 인간의 마음을 알지 못하면 이해할 수 없다. 인간이면 누구에게나 발생하는 당연한 현상이지만, 마음이 작용하는 원리를 이해하지 못하기 때문에 갈등과 대립의 원인이자, 스트레스와 상처가 발생하는 이유가 된다. 이런 현상은 남녀노소를 불문하고 주변에서 항상 발생한다.

여러분은 의식과 무의식의 작용에 대하여 처음 듣는 말이기 때문에 반신반의할 것이다. 한편으로는 인간의 마음이 작용할 때 의식과 무의식이 다르게 작용한다는 놀라운 사실을 알게 되었다. 자신 또는 다른 사람들을 대상으로 분석해 보면 확연히 알 수 있다. 외부의 정보를 마음으로 인식하는 것은 의식으로 하고, 마음을 외부로 표현하는 것은 무의식으로 한다는 사실을 분석해 보기 바라며, 분석을 해 보면 모든 사람들이 똑같다는 것을 알게 될 것이다.

이처럼 그동안 여러분이 상대의 감정에 대해 생각하고 확신한 것 중 올바른 것은 불과 10%도 채 안 된다는 사실을 알게 되었다. 이는 여러분을 비롯하여 아이들, 배우자, 부모님, 친구, 지인, 동료 등을 비롯하여 전 세계의 모든 사람들이 동일하다.

요약해서 정리해 보면, 외부의 정보를 마음으로 인식할 때는 외부의 정보를 신체의 다섯 개 감각기관으로 받아들여서 마음으로 전환하는데 이를 생각이 자각하기 때문에 의식이 작용한다. 반면 마음을 외부로 표현할 때는 자신의 마음을 말과 행동과 표정으로 표현하는데 이때 무의식이 작용한다. 이처럼 마음으로 인식할 때는 의식이 작용하고, 마음을 표현할 때는 무의식이 작용한다.

친밀한 인간관계

친밀한 인간관계는 사랑하는 관계, 친한 관계, 오래도록 익숙해진 편안한 관계 등이 해당된다. 심리의 작용은 인간관계에서 반드시 필요하고, 심리작용의 오류는 인간이라면 누구에게나 발생한다. 이 심리작용을 이해하지 못하기 때문에 상대를 이해하지 못하면서 발생하는 감정대립이 약 80%를 차지할 만큼 매우 자주 발생한다.

심리작용을 할 때, 여러분은 무의식에 의하여 감정을 표현하지만 상대는 의식으로 받아들인다. 반면 상대는 의식으로 여러분의 표현을 받아들이고 상대는 다시 무의식으로 여러분에게 감정을 표현한다. 이것을 심리작용이라 한다. 이는 사랑하는 사이, 가까운 관계일수록 더욱 뚜렷하게 발생한다.

자신이 무의식으로 말과 행동과 표정을 통하여 상대에게 감정을 표현하면, 상대는 생각을 통하여 의식으로 받아들여서 자신에게 일부러 또는 의도적으로 표현한 것이라고 생각한다. 반면 상대도 무의식으로 말과 행동과 표정을 통하여 감정을 표현하면, 자신도 생각을 통하여 의식으로 받아들여서 상대가 자신에게 일부러 또는 의도적으로 표현한 것이라고 생각한다.

그래서 서로의 관계에서 문제가 발생하면 서로 상대의 탓이라고 생각한다. 이는 서로를 탓하게 만드는 주요원인이다. 상대는 의도하지 않았는데 의도를 했다고 생각한다. 자신이 했던 말과 행동과 표정은 10%도 채 되지 않게 기억하고, 상대가 했던 말과 행동과 표정은 90% 이상 기억하기 때문에 문제의 원인은 상대에게 있다고 생각하는 것이다. 이 또한 상대가 의도한 것이 아니지만 상대가 의도를 했다고 생각한다.

친밀한 인간관계는 사랑하는 사람, 친밀한 사람, 오래된 편안한 사람 등과의 인간관계라고 할 수 있다. 부모관계, 부부관계, 자식관계, 가족관계, 친한 친구관계 등과 같이 오래도록 친밀한 관계에 있는 사람들은 대부분 이런 친밀한 인간관계를 가진다.

친밀한 인간관계에서는 여러분이 상대에게 마음을 표현을 할 때 무의식이 작용하여 말과 행동과 표정으로 상대에게 마음을 표현한다. 그러면 상대는 생각으로 종합해서 인식하면서 의식으로 받아들인다. 그리고 다시 상대는 무의식에 의하여 말과 행동과 표정으로 여러분에게 마음을 표현하면 여러분은 생각으로 종합해 인식하면서 의식으로 받아들이는 일련의 순환구조를 가진다.

마음의 표현은 여러분과 상대 모두가 무의식이 작용하고, 마음으로 인식하는 것은 여러분과 상대 모두가 생각에 의하여 의식이 작용한다. 이때 감정기억을 보면 남자는 나쁜 기분을 기억하지 못하고 좋은 기분만 기억하며, 여자는 나쁜 감정을 기억하고 좋은 감정을 기억하지 못한다. 그래서 심리가 작용할 때는 남자와 여자가 다르게 작용한다.

이러한 현상은 사랑하는 관계, 오래된 친한 관계에서 당연히 나타난다. 친밀한 인간관계의 구조를 보면 좋은 표현은 그렇게 문제되지 않지만 나쁜 감정표현은 문제가 된다. 표현은 무의식으로 하고 인식은 의식하기 때문에 상대의 표현은 상대의 무의식으로 하지만, 이를 의식으로 받아들이면서 의도적으로 했다고 오해한다. 또한 이런 현상은 자신과 상대 모두에게 발생하면서 서로 상대를 탓하게 되는 원인이 된다. 즉, 친밀한 인간관계이기 때문에 나타나는 현상인데, 이 과정을 정확히 알지 못하기 때문에 상대와 감정대립을 하고, 모든 잘못의 원인이 상대에게 있다고 서로 생각하고 확신한다. 즉, 오해가 생길 수밖에 없다.

이와 같이 왜곡되는 오류가 발생하는 이유는 표현하는 것과 인식하는 것이 다르기 때문이다. 그래서 받아들이는 생각이 왜곡되고 오해되는 것이다. 상대의 표현을 인식하면서 당연히 생각을 하게 되니 확신을 할 수 있지만, 상대의 표현이 의식이 아니라 무의식이라는 것은 모르기 때문에 오해하는 것이다.

따라서 친밀한 인관관계에서 상대에 대한 생각의 90% 이상은 왜곡되고 잘못된 것이다. 상대의 진실과는 관계없이 자신이 왜곡되게 생각하고 오해할 확률이 90% 이상이라는 것이다. 따라서 자신이 생각하는 상대의 감정은 왜곡된 것이며 오해일 수 있다고 생각해야 한다.

여러분은 처음 만난 사람 또는 업무관계로 만난 사람을 '혹시 내가 말 한마디 잘못하면 어떻게 되나.'라고 생각하고, '이건 어떻게 되나?' 하고 생각한다. 이렇게 생각이 많아지면 스트레스가 생긴다. 따라서 여러분이 친한 친구들을 만나서 수다스러운 이유는 서로 친밀해야 표현을 자기도 모르게 무의식으로 할 수 있기 때문이다. 무의식으로 표현해야 마음이 풀리고 스트레스가 해결되면서 치료되기 때문이다. 이와 같이 여러분이 상대에게 무의식으로 표현한다는 것 또는 상대가 여러분에게 무의식으로 표현한다는 것을 역으로 생각하면 상대가 여러분을 좋아한다거나 아니면 여러분을 사랑한다 등과 같이 여러분과 사랑하는 인간관계 또는 친밀한 인간관계를 가지고 있다는 뜻이다.

여러분이 화내고 짜증내는 이유는 상대가 친밀한 관계 또는 사랑하는 관계이기 때문이다. 친하지 않고 사랑하지 않는 사람에게 짜증내지는 않는다. 친하지 않은 사람들이 여러분에게 피해를 주지 않은 이상 관심도 없다. 여러분에게 피해를 주지 않더라도 사소한 거 하나라도 그들이 잘못하는 것에 대해서는 별로 상관없고 상관하려고 하지도 않는다. 그러나 아이들이나 배우자가 뭔가 조금이라도 잘못하면 괜히 화나고 신경질이 나는 이유는 내 일이 아닐지라도 사랑하는 관계이기 때문에 그렇다.

그렇다면 여러분이 배우자 또는 아이들에게 화를 낸다고 한다면, 왜 화를 낸다고 생각하는가? 바로 여러분이 배우자와 아이들을 사랑하기 때문이다. 그래서 배우자 또는 아이들에게 이 이야기를 하면 배우자나 아이들은 "사랑하는 것은 좋아하는 것인데, 그럼 좋은 말하고 예뻐하고 챙겨 주고 안아 주고 그러면 되는데 왜 화내고 짜증내야 되는데?"라고 말한다. 분명 여러분이 배우자와 아이들을 사랑하는 것은 맞는데, 이렇게 반문하면 여러분은 무엇이라 대답하겠는가?

이것이 사랑하는 인간관계에서 발생하는 오류인데, 서로의 마음이 함께 작용할 때 발생하는 인식의 오류와 표현의 오류이며, 심리작용의 오류로 발생하는 현상이다. 즉, 사랑하는 인간관계는 상대에게 마음을 표현할 때 무의식의 작용이 더욱 강화되고, 상대의 표현을 인식할 때는 의식이 작용한다. 이때 의식과 무의식이 작용하는 원리가 다르다 보니 표현한 사람의 생각과 인식한 사람의 생각이 서로 다른 것처럼 느껴지는 것이다. 이는 친밀한 인간관계 또는 사랑하는 인간관계에서만 나타나는 현상이다.

의식적 인간관계

의식적인 인간관계는 처음 만났거나 친밀하지 않은 관계, 불편한 관계, 일할 때의 업무관계 등에서 작용하는 인간관계이다. 상대를 처음 만날 때,

업무와 관련한 일을 할 때, 특정한 사건에 대한 대화를 할 때는 의식적인 인간관계에 의하여 마음이 작용한다. 이 경우에는 최대한 무의식으로 표현하는 것을 억제하고 의식의 생각과 기억만으로 표현하려고 한다.

여러분의 생각과 기억으로 자각되는 느낌인 의식으로 상대에게 표현하면, 상대는 이를 의식으로 받아들인다. 이때 여러분이 의식으로 상대에게 표현할 때 생각으로 표현한 부분을 제외한 나머지의 말과 행동과 표정은 무의식에 의하여 표현된다. 상대는 의식으로 인식을 한 후 다시 의식으로 표현하면, 여러분은 이를 의식으로 받아들인다. 이때도 상대가 의식적으로 표현할 때 상대가 생각하고 표현한 부분을 제외한 나머지의 말과 행동과 표정은 무의식에 의하여 표현된다.

이와 같이 자신과 상대가 의식으로 인식하고 의식으로 표현하는 관계를 의식적인 인간관계라고 한다. 이때 생각과 기억의 자각되는 부분으로 표현하는 것도 중요하지만, 생각하고 표현하는 것 이외에 무의식으로 표현하는 것을 예의주시할 수 있다면 인간관계에 많은 도움이 된다.

의식적인 인간관계는 처음 만났을 때의 불편한 인간관계, 일과 업무의 인간관계 등에서 작용한다. 친밀한 인간관계에서는 말과 행동의 표현을 무의식으로 했지만, 의식적인 인간관계에서는 표현을 할 때 의식의 생각이 많이 작용한다. 그래서 많은 생각을 하면서 스트레스가 작용하고 피곤함을 느낀다.

의식적인 인간관계는 표현과 인식이 모두 의식에 의하여 작용한다. 그래서 매우 피곤해진다. 의식만 작용하기 때문에 생각이 많아지고 생각이 많아지면 스트레스가 많이 작용하기 때문이다. 따라서 열심히 일을 한 사람들은 대부분 집에 가면 편하게 쉬고 싶은 마음을 가진다. 집에 가서 스트레스를 해소할 수 없으면 집에 가기 전에 스트레스를 해소하려고 한다. 집에 들어가기 전에 술을 마시거나, 놀러가거나, 친한 사람들과 어울리는 것은 모두가 스트레스를 해소하려고 하는 마음의 작용이다. 경우에 따라서는 일하는 것이 재미있고 즐거우면 집에 가는 것도 잊는 경우도 있다.

  이와 같이 의식적인 인간관계는 많은 스트레스가 작용한다. 그래서 이성적이면서 판단력과 결정력을 요구하는 의식이 계속 작용되면 강박과 억압이 발생한다. 즉, 스트레스가 강해지기 때문에 피로감을 느끼는 것이고, 열심히 일을 한 경우에는 일을 마치면 매우 피곤해지는 것이다.

  만일 밖에서 발생한 스트레스가 해소되지 않은 채 집으로 들어가게 되면, 친밀한 사람들 또는 사랑하는 사람들과 함께하게 될 때 무의식에 의하여 스트레스를 해소하게 된다. 중요한 업무, 까다로운 업무, 고도의 기술과 전문성을 요하는 업무, 상하관계가 엄격한 업무 등을 하는 사람들은 대부분 이성적인 통제와 생각이 많이 작용하면서 업무능력은 뛰어나지만, 친밀한 인간관계가 있는 집에 가게 되었을 때는 쌓인 스트레스를 해소하기 위하여 폭력현상(폭언, 폭력)이 발생하는 경우도 생긴다. 이는 많은 스트레스를 해소하지 못한 채 집으로 돌아오는 경우에 발생한다.

  과거 TV에서 가정과 직장에 대한 스트레스를 측정한 내용을 방송했던 적이 있었다. 집에서 일상생활을 할 때 혈압은 80~90을 유지하면서 편안함을 느끼고 있는데, 출근을 하는 순간부터 퇴근하기 전까지는 130~140을 유지하고, 퇴근하고 다시 집으로 돌아오면 혈압은 다시 80~90을 유지하는 것을 확인하였다.

  이러한 현상은 집에서의 친밀한 인간관계에 있을 때는 생각의 의식보다는 무의식이 작용하지만, 출근하면 생각의 의식이 작용하면서 스트레스가 지속적으로 발생하게 되어 혈압의 수치가 상승한 채 유지되는 것을 알 수 있다. 그만큼 의식과 무의식 중 어떠한 심리가 작용하느냐에 따라서 마음에 많은 영향을 미치는 것을 알 수 있다.

비정상 인간관계

비정상적인 인간관계는 주로 목적관계, 범죄관계, 사기관계 등과 같이 가해와 피해의 관계에서 작용한다. 비정상적인 인간관계는 반드시 인간관계에 문제를 유발하기 때문에 이를 정확히 알지 못하면 뜻하지 않는 사건 사고에 휘말리거나, 피해를 입는 일이 발생한다. 이러한 경우는 대부분 목적을 가진 만남에서 발생한다. 사기사건, 치정관계, 불륜과 외도, 갑과 을의 업무와 일, 이외 많은 목적관계에서 발생한다.

여러분은 상대를 친밀한 사람이라고 인식하지만, 상대는 목적관계로 인식하기 때문에 심각한 문제가 발생할 가능성이 높다. 여러분은 상대가 친밀한 사람이기 때문에 무의식으로 말과 행동과 표정을 통하여 상대에게 감정을 표현하면, 상대는 생각을 통하여 의식으로 받아들인다. 그러면 상대는 여러분이 원하는 말과 행동과 표정을 표현하여 여러분의 의식이 상대에 의하여 느껴질 수 있도록 한다. 그래서 여러분은 상대의 말과 행동과 표정을 진실한 것으로 인식한다. 이때 상대가 원하는 목적을 가지는 말과 행동과 표정을 하게 되었을 때, 여러분은 이를 인식하지 못하고 친밀한 인간관계에 준하여 무의식으로 표현한다.

비정상적인 인간관계를 보면, 한 사람은 친하다고 생각하거나 사랑한다고 생각하여 표현할 때 무의식이 작용하는데, 한 사람은 표현과 인식 모두 의식인 생각이 작용한다. 이런 경우에는 친하다고 생각하여 무의식이 작용하는 사람은 상대로부터 피해를 입게 되고, 의식이 작용하는 사람은 가해자로 형성이 된다. 그래서 비정상적인 인간관계는 한 사람은 표현할 때 무의식이 작용하지만, 상대편은 의식의 생각이 의도적으로 작용한다.

이러한 비정상적인 인간관계는 목적을 가지는 관계로 특정한 목적을 갖고 있는 관계, 범죄관계, 사기피해에 관련된 관계, 가해자와 피해자의 관계 등이라 할 수 있다.

특히 이런 관계는 오랜 시간 만남을 지속한 사람, 친밀한 관계에서 자주 발생한다. 의식적인 인간관계에서는 작용하지 않는다. 만난 후 시간이 지나면서 자신이 친하다고 생각하고 괜찮은 사람이라고 생각하게 되면서 무의식에 의하여 표현하지만, 상대는 그렇지 않다. 특정한 목적이 있다. 그리고 필요로 하는 것이 있다. 그래서 상대는 인식과 표현에서 모두 계속 의식인 생각이 작용한다.

따라서 비정상적인 인간관계는 오랜 시간이 지났을 때, 자신만이 상대와 친밀한 인간관계가 형성되었다고 생각될 때 발생한다. 대부분의 사기피해는 친한 사람들에게 당한다. 처음 보는 사람에게는 사기를 당하는 일은 적다. 그래서 처음 만났을 때는 의식이 작용하지만 자신이 친해졌다고 생각되면 자신도 모르게 무의식으로 표현하지만 상대는 계속 의식이 작용한다. 즉, 상대는 나를 이용하고 활용하고 있다는 것이다. 상대가 의도적으로 생각하기 시작하면서 비정상적인 인간관계가 형성된 것이다. 자신은 이를 인식하지 못한다.

사람들 중에는 서로 관련되는 사람들을 중간에서 이간질하는 경우가 있다. 한 사람에게 이야기를 한 것과 다른 사람에게는 다른 이야기를 해서 서로 오해하고 불신을 갖도록 하면서 이간질을 하는 것이다. 이때도 이간질을 당하는 두 사람은 모두 이간질을 하는 사람과 친밀한 관계일 때 가능하다. 그래서 특정한 목적의식을 갖고 이간질하는 사람 또한 비정상적인 인간관계를 유지하고 있는 것이다. 이간질을 할 때는 그만한 목적이 있다. 이처럼 인간관계에 목적의식을 가지고 있는 사람들은 반드시 표현을 의식인 생각으로 의도적으로 한다.

제4장

남자와 여자의 마음

정신분석학자 프로이트가 1896년에 발표한 '히스테리아에 관한 연구'에서 심리장애치료의 이론에서는 지형이론[29]과 구조이론[30]으로 구분하였다. 의식은 인간이 지각하고 있는 감정이나 생각을 말하고, 전의식은 의식과 무의식의 중간지대로서 일상에서는 의식되지 않으나 어떤 시점에서 비교적 쉽게 의식되는 것으로 인간이 성장하면서 학습된 습관과 성격이라 할 수 있다. 또한 무의식은 인간이 미처 지각하지 못하는 경험과 기억으로 구성되어 있으나 행동을 결정하는 주요인으로서 본능에 의해 지배된다. 본능(id)은 쾌락원리를 따르는 모든 본능의 저장소인, 리비도(Libido)라 불리는 신체적 욕구 만족에 집중을 하는 무의식의 세계이다. 자아(ego)는 현실을 인지하고 조정하여 합리적 행동으로 역할수행을 하여 쾌락을 지연시키거나 충족시키는 적절한 방법을 고안하는 것이다. 초자아(superego)는 개인의 양심과 이상에 따라 작동하고 도덕원리를 따른다. 또한 본능(id), 자아(ego), 초자아(superego)의 균형이 정신건강을 좌우한다고 했다.

현대의 정신분석학에서는 지형이론과 구조이론을 상호 보완하여 심리장애를 치료하는 심리이론으로 활용하고 있지만, 이 심리이론을 적용하여 실제의 심리장애를 치료하기까지는 많은 시간과 노력이 소요되기 때문에 일반 사람들이 접근하고 학습하기에는 어렵고, 무엇보다 심리의 기준이 명확하지 않기 때문에 심리장애가 나타날 때마다 새로운 심리이론을 개발할 수밖에 없었다.

심리는 분명 보고 듣고 느낄 수 없는 감정의 작용이기 때문에 신체와는

---

29 인간의 마음은 의식, 전의식, 무의식으로 구성되었다고 하는 이론
30 인간의 성격을 인간의 마음을 본능(id), 자아(ego), 초자아(superego)의 3요소로 구분한 이론

다르다는 것을 알고 있다. 그렇다고 신체 없이 심리가 존재할 수 없고, 심리가 없는 신체는 인간이 아니다. 그래서 신체와 심리는 유기적인 관련성이 있으며 따로 생각할 수 없다. 또한 심리는 과학의 공식이 될 수 없기 때문에 보이지 않는 감정이 작용하는 규칙을 정의해야 하므로 과학과 심리학은 같을 수 없다. 그러나 과학의 공식과 검증은 분명 심리학의 규칙과 연결되는 그 무엇인가 존재하고 있을 것이라고 생각했다. 그리고 의식은 생각, 기억, 이성으로서 충분히 설명이 되지만 무의식은 의식하지 못하는 심리라고만 치부하기에는 인간의 심리에서 무의식이 차지하는 비중이 매우 크기 때문에 의식은 무의식에 비하면 '빙산의 일각'에 불과하다고 하였다. 그래서 무의식의 체계와 규칙을 규명하면 심리를 정확하게 분석할 수 있을 것이라고 생각했다.

결국 심리는 보고 듣고 느껴지는 부분보다는 감추어진 심리의 기준과 규칙이 존재하고 있다. 인간을 하나의 컴퓨터와 같이 비교하여 하드웨어는 신체로 비교하고, 소프트웨어는 심리로 비교해 보았다. 컴퓨터의 기능인 입력, 처리, 출력의 원칙을 적용하여 심리를 분석하였다. 이때 컴퓨터의 중앙처리장치(CPU)가 있듯이 분명 인간심리에도 모든 심리를 통제하고 처리하는 규칙이 있을 것이라는 가설을 정했다. 그래서 마음을 의식과 무의식으로 분리하였고, 마음과 심리를 분리하였다. 이에 따라 심리를 인식심리, 기억심리, 표현심리로 구분하였다. 의식이 작용하는 인식심리는 입력장치로 설정하였고, 의식과 무의식이 작용하는 기억심리는 메모리로 설정하였으며, 무의식이 작용하는 표현심리는 출력장치로 설정하였다. 이때 마음은 중앙처리장치(CPU)로 설정하였다.

이렇게 가설을 정한 후 상담에 적용하고, 심리의 분석과 심리장애치료의 연구를 지속하면서 드디어 무의식의 비밀을 풀고 인간의 마음과 심리가 작용하는 원리를 완성할 수 있었다.

위키백과사전[31]을 보면 본능(本能)은 '동물의 행동 중 연습이나 모방 없이 태어날 때부터 유전적으로 몸에 지니고 있는 성질을 말한다. 여러 가지 반사가 일정한 순서로 차례차례 조합되어 장시간 계속적으로 일어나는 복합적인 행동을 본능 행동이라고 한다. 본능은 크게 개체유지본능과 종족유지본능으로 나눌 수 있다'로 기술하고 있다. 이는 동물의 본능(Instinct)인데 인간도 동물로 분류하여 이와 같은 동물의 본능을 갖고 있을 것이라는 인식하고 있다.

그러나 인간의 마음과 심리는 동물의 본능과 달라서 인간은 '행복을 추구한 마음에 의하여 심리의 기준'으로 작용한다. 동물과 같은 본능에 의하여 표현되는 것이 아니라 행복을 추구하는 마음과 심리의 기준에 의하여 표현된다. 따라서 동물의 본능과 인간의 마음은 다르다.

인간은 생각하는 동물이다. 그래서 인간의 마음과 심리는 동물의 본능과 다른 개념이다. 감정에 대한 심리가 작용하는 것은 인간의 생각과 기억에 의한 것이기 때문에 인간은 마음에 의한 심리가 작용하지만, 동물은 마음과 심리가 없는 본능만 존재한다.

인간의 마음은 의식과 무의식을 통제하고, 부정감정과 긍정감정을 구별하며, 모든 심리의 기준으로 작용한다. 또한 인간의 마음은 동물의 본능(Instinct)과 달라서 행복을 추구하는 심리의 기준을 가지고 있기 때문에

---

31 위키백과사전은 wikipedia(위키피디아, 위키피디어)를 말하며 위키미디어 재단이 운영하는 위키위키를 이용한 백과사전 프로젝트이다. 사전 프로젝트 중 단일 프로젝트로는 세계 최대 규모인 위키위키이다. 한마디로 위키를 이용해서 누구나 수정 가능한 백과사전을 만드는 것이 목표이다.

인간관계에서 행복을 추구한다. 인간의 심리는 마음의 행복을 추구하는 기준에 의하여 결정되는데, 마음의 기준에서 지나치게 과(過)한 것과 지나치게 부족(及)한 것을 심리의 기준인 행복에 맞추기 위하여 의식과 무의식이 작용한다. 이와 같이 심리의 기준인 마음에 의하여 의식과 무의식이 통제되기 때문에 인간은 행복을 추구하는 심리를 갖는다.

심리의 기준을 갖고 있는 마음은 행복을 추구한다. 남자와 여자가 행복을 추구하는 심리의 기준이 다르기 때문에 행복을 추구하는 과정과 목표가 다르고, 남자의 마음과 여자의 마음이 다르다. 인간이 사회활동을 통하여 인간관계를 형성하고 심리작용의 결과로 희로애락, 사랑과 상처, 행복과 불행의 감정이 발생하면서 심리에 의한 감정을 기억하고, 표현하는 것은 모두가 행복을 추구하는 마음이 작용한 결과라고 할 수 있다. 이때 마음은 행복을 추구하는 기준을 갖고 있으며, 의식과 무의식에서 감정이 작용하는 심리의 기준이다.

여자의 마음은 '사랑을 기초로 한 현재의 행복을 추구'하고 미래의 행복은 중요하지 않지만, 남자의 마음은 '열정을 기초로 한 미래의 행복을 추구'하고 현재의 행복은 중요하지 않다. 이렇게 여자와 남자의 마음이 행복을 추구하는 목표가 다르기 때문에 남자와 여자의 마음이 다르다. 결국 남자와 여자는 서로 다른 행복을 추구하는 심리의 기준을 갖는다.

한 남자는 매번 스트레스를 받으면 폭력을 통해 스트레스에서 벗어나고, 또 한 남자는 매번 스트레스를 받으면 거짓말로 자신을 합리화하면서 벗어난다. 두 남자 모두가 심리문제가 있다. 그래서 폭력을 행사하는 남자는 생애과정에서 폭력을 갖게 된 원인을 분석하여 폭력을 없애고, 거짓말로 자기합리화를 하는 남자는 생애 과정에서 거짓말을 하게 된 원인을 분석하여 치료한다. 이것이 기존 심리이론의 심리분석과 심리치료의 방법이며, 두 사람의 치료방법은 각각 다르다.

 그러나 마음이론에 의한 심리분석과 심리치료의 방법은 기존의 심리이론과는 다르다. 마음은 폭력의 행동으로 스트레스를 벗어나는 남자와 거짓말로 자기를 합리화하여 스트레스를 벗어나는 남자가 모두가 마음의 미래 행복을 추구하는 기준에 의한 거부방어기제에 의하여 스트레스를 벗어나려고 하는 습관적인 행동을 한 것이다. 이것은 무의식인 습관에 의하여 표현되는 것이 폭력이고 자기합리화이다. 이를 치료하기 위해서는 습관을 변화하도록 하여 긍정적으로 표현할 수 있도록 하면 된다. 즉 과거의 원인을 분석하지 않고, 습관의 변화를 통하여 심리장애를 치료한다.

 여자의 마음과 남자의 마음이 다르기 때문에 행복에 영향을 미치는 인식심리, 기억심리, 표현심리가 다르다. 또한 감정의 기억, 감정에 대한 심리작용, 감정의 표현, 감정에 대한 방어기제가 다르다. 이는 의식에 의하여 통제되는 부분도 있고, 습관을 통하여 외부로 심리를 표현하거나 의식의 생각으로 전환하도록 통제하는 부분도 있다. 심리의 기준인 마음이 의식과 무의식을 통제함으로써 인식심리, 기억심리, 표현심리를 모두 통제하기 때문에 마음을 알지 못하면 의식과 무의식을 변화할 수 없으며 심리분석과 심리치료가 매우 어렵다.

 마음의 방어기제에 대해서는 별도로 설명을 하겠지만, 기존 심리이론에서의 방어기제는 습관을 통하여 나타나는 표현과 생각을 유형별로 분류한 것이다. 이는 방어기제가 아니라 마음의 방어기제로 나타나는 습관의 결과에 대한 현상을 기준으로 한 것이다. 그래서 기존 심리이론에서의 방어기제는 수십~수백 가지로 분류하고 있지만 이 방어기제들은 단지 습관의 결과로 나타나는 표현과 생각을 분류한 것이기 때문에 심리를 분석할 수 없고, 심리장애의 원인을 분석할 수 없다. 습관으로 나타나는 현상에 대한 단편적인 해결만 할 수 있다. 따라서 심리장애의 원인을 분석할 수 없기 때문에 근본적인 치료방법을 찾는 것은 어려웠다.

 인간심리에서는 방어기제가 마음에 의하여 형성되고, 감정에 대한 거부 방어기제와 수용방어기제 두 가지만 존재한다. 이 두 가지의 방어기제에 의하여 습관이 작용하면서 표현과 생각이 나타나기 때문에 심리장애를 치료할 때는 과거의 원인에서 분석하는 것이 아니라 습관을 변화하여 심리장애를 치료하는 관점에서 분석한다. 즉 습관이 지속적으로 마음의 행복추구와 맞지 않기 때문에 나타나는 현상이 심리장애이기 때문에 과거의 원인이 아니라 현재의 습관을 중심으로 마음의 행복을 추구하는 심리의 기준에 맞는 방법을 찾는 것이 중요하다.

1
마음의 차이

남자와 여자는 인간으로서 마음을 갖고 있지만, 서로 다른 마음이다. 남자는 관념의 마음을 갖고 있고 여자는 감정의 마음을 갖고 있다. 그래서 남자는 감정보다는 관념이 우선이 되는 마음이다. 이는 있는 사실에 대하여 감정이 없는 상태로서 자신의 가치관과 관념에 의한 판단을 하는 마음이다. 그래서 남자의 마음은 감정이 없다. 그때그때 다섯 개의 감각기관이 좋으면 좋은 기분을 느끼고, 스트레스를 받으면 나쁜 기분을 갖는다. 다만 현상과 사실에 대하여 흑백논리로 작용하면서 옳고 그른 것, 맞고 틀린 것을 기준으로 하여 좋은 기분이냐 나쁜 기분이냐를 판단한다. 이것이 남자의 마음이다.

남자는 감정의 마음이 아니라 가치와 관념의 마음이다. 그래서 가치와 관념의 기준이 남자의 심리기준이고, 가치관과 관념을 갖는 생각과 의견의 기준이다. 그래서 의견과 미래의 명분이 중요하다. 남자가 명분에 죽고 사는 이유이다. 그러나 여자는 감정의 마음을 갖고 있다. 감정의 마음을 갖게 되다 보니 가치의 의견보다는 감정이 우선이다. 그래서 감정에 의한 심리기준을 갖고, 감정과 현실이 중요하다.

따라서 남자는 감각기관의 정보가 맞느냐 틀리느냐가 중요하다. 이는 사실이 중요하기 때문이다. 그래서 남자가 스트레스 받으면서 표현하는 것은 감정의 표현이 아니라 감각정보의 사실이 자신과는 맞지 않기 때문에 이를 벗어나려고 하는 표현이다. 감정은 없다. 다만 표현심리에 의하여 감정을 표현하는 것처럼 보이는 것이다.

여자는 감각기관의 정보에 의하여 감정을 생성한다. 이때 생성된 감정을 중요하게 인식한다. 감각정보의 맞고 틀린 것보다 감각정보에 의하여 발생하는 감정이 중요하다. 그래서 남자는 긍정기분의 감각정보를 인식하기 위하여 노력하지만, 여자는 감각정보에 의한 감정을 긍정감정으로 만들기 위하여 노력한다.

이로 인하여 남자는 감각정보에 예민하고 빠르게 반응한다. 남자는 사실에 빠르게 반응하는 반면 여자는 반응이 다소 느리다. 그래서 남자와 여자가 똑같은 사실에 의하여 똑같은 문제가 발생하더라도 남자와 여자가 생각하고 해석하는 것이 다르다. 남자는 사실을 근거로 맞고 틀린 것을 설명하지만, 여자는 좋고 싫은 것을 설명한다. 서로의 관점이 남자는 사실기준이고 여자는 감정기준이다. 이는 커피 한 잔을 마셔도 느끼는 것이 다르다. 대부분의 모든 것에서 남자와 여자는 다르게 해석한다.

남자와 여자의 관계에서 사이가 좋지 않을 경우에는 감정대립이 발생할 수밖에 없다. 그리고 평상시에도 조금만 문제가 생겨도 싸울 수 있다. 이와 같이 남자와 여자는 마음의 관점이 틀리다.

마음교육을 통하여 자신과 상대의 마음과 심리가 작용하는 원리를 알면, 서로가 싸움을 하더라도 이를 쉽게 해결할 수 있다. 즉 남자는 스트레스에서 벗어나고 열정을 생성할 수 있고, 여자는 상처를 치료할 수 있게 되면서 사랑을 생성할 수 있게 된다. 그래서 마음과 심리가 작용하는 원리를 아는 것은 중요하다. 특히 마음을 정확하게 알아야 하는 이유이다. 여자는 상처를 치료할 수 있고, 남자는 스트레스에서 벗어날 수 있다. 이는 자신과 상대의 마음과 심리를 정확히 이해할 수 있기 때문이다. 따라서 자신 스스로가 마음과 심리를 이해하고 배려할 수 있는 능력을 만들 수 있다.

남자의 마음

남자는 미래의 행복을 추구하는 마음을 갖고 있기 때문에 긍정기분은 잘 기억하지만, 아무리 많은 긍정기분을 기억하고 있더라도 하나의 긍정기분만 기억하여 긍정기분이 많아져서 심리장애가 발생하는 것을 방지하고 있다. 또한 부정기분을 기억하지 않지만, 부정기분을 기억하게 되면 심리장애가 발생하기 때문에 남자는 항상 즐거움의 긍정기분이 필요하고, 즐거움을 추구하면서 몰입하는 열정을 통하여 미래의 행복을 추구한다.

그래서 남자는 긍정기분을 기억하도록 하는 수용방어기제를 갖고 있으며, 부정감정은 기억하지 못하도록 제거하는 거부방어기제를 갖고 있다. 따라서 남자는 즐거움에 몰입하여 열정과 성취의 과정을 통하여 미래의 행복을 추구하는 마음을 갖는 것이다. 이것이 남자의 마음이고, 이 마음이 미래의 행복을 추구하는 심리의 기준이며, 이 기준에 맞도록 의식과 무의식이 작용한다.

남자는 마음에 의하여 부정기분에 대한 기억을 통제하는데, 이는 부정기분을 기억하게 되면 부정기분을 치료하는 방어기제가 없기 때문에 부정기분이 확대되면서 단시간에 매우 큰 부정감정으로 증폭되어 심리장애가 발생한다. 그래서 남자의 마음은 부정기분을 기억하지 못하도록 하는 거부방어기제를 갖고 있다. 또한 남자의 마음은 긍정기분에 대한 기억도 통제하는데, 이는 긍정기분을 기억하되 하나만 기억하도록 하여 지속적으로 긍정기분을 필요로 하는 수용방어기제를 갖고 있다. 이와 같이 남자의 마음은 부정기분에 대한 거부방어기제와 긍정기분에 대한 수용방어기제를 갖고 있다. 이는 남자의 마음이 미래의 행복을 추구하기 위하여 열정과 성취를 강화하기 위한 심리의 기준이기 때문이다.

남자의 마음은 의식과 무의식을 통제하는데, 마음에서 부정기분에 대한 거부방어기제가 작용하면, 무의식으로 부정기분을 거부하는 표현을 하거나, 부정기분을 거부하는 생각을 하게 된다. 이와는 반대로 긍정기분에 대한 수용방어기제가 작용하면, 무의식으로 긍정기분을 수용하는 표현을 하거나, 긍정기분을 수용하는 생각을 하게 된다.

결국 남자는 상처의 부정기분을 기억하지 못하고 과거의 상처에 대한 사실을 기억하더라도 그때 당시의 부정기분은 기억하지 못하거나, 긍정기분으로 기억하는 '감정기억왜곡(感情記憶歪曲)'의 현상이 발생한다.

이와 같이 남자는 지속적인 긍정기분을 필요로 하고 수용하는 마음의 수용방어기제를 갖게 됨으로써 현재의 행복보다는 미래의 행복을 추구하게 되므로 지속적인 긍정기분을 가질 수 있도록 즐거움과 재미에 몰입하는 열정과 성취의 과정을 갖는 것이다. 이 열정과 성취의 과정은 즐거움과 재미에 빠져들면서 몰입하여 지속적인 긍정기분을 가질 수 있도록 하고, 미래의 행복을 추구하도록 하는 것이다. 이것이 미래의 행복을 추구하는 심리의 기준이고, 남자의 마음이다.

남자는 현재의 행복을 느끼면, 재미와 즐거움의 기분을 느낄 수 없고, 미래의 행복을 추구할 수 없다. 그래서 남자에게 현재의 행복을 느끼게 되면 '무념무상(無念無想)'의 상태가 된다. 스트레스의 부정기분이 없으니 마음의 거부방어기제가 작용할 이유가 없고, 부정기분을 기억하는 생각도 없고, 재미와 즐거움의 긍정기분도 필요하지 않으며, 미래의 행복을 추구하는 열정과 성취도 필요하지 않는다. 즉 편안한 현재의 상황이 지속되는 것을 의미하며, 이 편안한 상황이 남자가 가질 수 있는 현재의 행복이다.

그러나 이 편안함을 느끼는 현재의 행복이 지속되면, 열정과 성취가 없고, 미래의 행복도 없는 상황이 지속된다. 그렇기 때문에 마음은 무의식을 통하여 부정기분의 생각을 유발하도록 함으로써 불안과 강박을 갖게 되면서 편안한 느낌보다는 열정을 생성하고 성취, 기대, 희망을 갖도록 하여 미래의 행복을 추구하도록 한다. 이때 열정이 생성되지 않고, 미래의 행복을 추구하지 못하면 심리장애가 발생한다. 그래서 현재의 행복을 느끼는 남자는 심리장애가 발생한다.

따라서 남자는 미래의 행복을 추구하기 위한 긍정기분을 지속적으로 유입하기 위하여 열정의 과정이 필요하고, 이 열정의 과정에서 성취욕을 강화하게 되면서 미래의 희망과 기대감을 갖게 되며, 부정기분은 기억하지 못하도록 하고 긍정기분을 기억하도록 하는 마음의 방어기제가 작용한다. 모든 남자의 심리가 이 마음을 기준으로 작용한다. 따라서 남자의 마음은 미래의 행복을 추구하는 심리의 기준이다.

여자의 마음

여자는 과거의 상처에 대한 이야기를 많이 한다. 그래서 남자는 여자를 이해 못하겠다고 말한다. 이는 여자가 부정감정을 잘 기억하기 때문인데, 부정기분을 기억하지 못하는 남자는 여자가 부정감정을 기억하는 것을 이해하지 못하는 것이다. 여자가 과거의 상처에 대한 이야기하면서 짜증내고 화를 내는 것은 상대에게 상처를 치료해 달라는 표현심리가 작용하는 것이다.

여자는 현재의 행복을 추구하는 마음을 갖고 있기 때문에 부정감정은 잘 기억하지만, 하나의 부정감정만을 기억하면서 이 하나의 부정감정을 치료하여 무감정으로 전환하여 긍정감정으로 느껴지는 현상이 발생한다. 긍정감정은 기억하지 못하도록 하지만 긍정감정이 기억되면 심리장애가 발생하기 때문에 여자는 항상 부정감정을 치료할 수 있도록 하여 현재의 행복을 추구하도록 한다. 그래서 여자는 부정감정에 대한 수용방어기제를 갖고 있으며, 긍정감정을 기억하지 못하도록 긍정감정을 거부하는 거부방어기제를 갖고 있다. 따라서 여자의 마음은 사랑의 과정을 통하여 현재의 행복을 추구하는 심리의 기준을 갖는다.

여자는 부정감정에 대한 기억을 통제하는데, 이는 기억된 부정감정을 치료하는 수용방어기제를 갖고 있기 때문이다. 부정감정을 치료하면 부정감정이 무감정으로 변화되고, 이와 함께 부정감정을 치료해 준 상대에 대한 긍정감정이 함께 만들어서 현재의 행복을 갖도록 만든다. 그래서 여자의 마음은 부정감정을 기억하고, 이를 치료할 수 있는 기능을 가진 수용방어기제를 갖는다.

여자는 긍정감정에 대한 기억도 통제를 하는데, 이는 긍정감정을 기억하게 되면 긍정감정을 제거할 수 없기 때문에 긍정감정이 확대되면서 단시간에 매우 큰 긍정감정으로 증폭되어 심리장애가 발생한다. 그래서 여자의 마음은 긍정감정을 기억하지 못하도록 긍정감정에 대한 거부방어기제를 갖는다. 이와 같이 여자의 마음은 긍정감정에 대한 거부방어기제와 부정감정에 대한 수용방어기제가 작용한다.

또한 여자의 마음은 의식과 무의식을 통제하는데, 마음에서 부정감정에 대하여 수용방어기제가 작용하면, 무의식의 작용에 의하여 부정감정을 치료하도록 표현하거나 부정감정을 치료하도록 생각하게 된다. 이와 반대로 마음에서 긍정감정에 대하여 거부방어기제가 작용하면, 무의식의 작용에 의하여 긍정감정을 표현하여 소멸시키거나 긍정감정을 거부하는 불안과 강박을 생각하게 된다. 결국 여자는 상처를 기억할 때 과거의 상처에 대한 사실과 부정감정도 함께 기억하고, 과거의 긍정감정에 대해서는 사실은 기억하지만 무감정으로 기억하는 '감정기억왜곡(感情記憶歪曲)'의 현상이 발생한다.

이와 같이 여자는 부정감정에 대한 지속적인 치료를 요구하는 마음을 갖게 됨으로써 미래의 행복보다는 부정감정에 대한 현재의 치료와 치료 후의 긍정감정의 효과가 필요하기 때문에 현재의 행복을 추구한다. 그래서 부정감정의 치료가 지속될 수 있도록 사랑에 몰입할 수 있는 사랑의 과정을 갖는다. 이 사랑의 과정은 부정감정을 치료하고 부정감정을 무감정으로 전환하여 긍정감정의 효과를 갖도록 하고, 부정감정을 치료해 준 대상을 사랑하도록 함으로써 현재의 행복을 추구한다.

'인생 뭐 있어? 즐겁고 재미있게 살면 되지'라고 말하는 여자가 많다. 또한 일, 운동, 그 외에 특정한 대상에 몰입하여 미래의 행복을 추구하면서 살아가는 여자도 많다. 이러한 여자는 긍정감정을 기억하면서 심리장애가 발생한 것이다. 다만, 심리장애가 발생되었다고 하여 여자가 불행한 삶을 사는 것은 아니다. 심리의 관점에서 장애가 발생된 것일 뿐, 인생에서 문제가 발생한 것은 아니기 때문이다.

여자는 미래의 행복을 추구하면 사랑의 감정을 갖지 못한다. 그래서 여자에게 미래의 행복을 추구하는 것은 '쾌락(快樂)[32]'을 추구하는 상태라고 할 수 있다. 부정감정을 기억하지 못하게 되고, 부정감정을 치료하여 긍정감정의 효과를 만들 필요가 없으며, 현재의 행복을 추구하는 사랑도 필요하지 않는 상태를 의미한다. 즉 쾌락이 지속되는 것은 즐거움의 상황이 지속되는 것을 의미하며, 이 상황이 여자가 가질 수 있는 미래의 행복추구이다.

그러나 이 미래의 행복을 추구하는 상황이 지속되면 사랑이 없어지고, 현재의 행복도 없는 상황이 지속되면서 마음은 무의식을 통하여 부정감정의 생각을 유발하도록 함으로써 사랑의 감정을 유발하여 현재의 행복을 추구하도록 한다. 이때 사랑의 감정이 발생하지 않고 현재의 행복을 추구하지 못하게 되면 심리장애가 발생한다.

다만, 여자가 미래의 행복을 추구하는 경우에 심리장애가 발생한다고 하여 삶이 불행해지는 것은 아니다. 오히려 심리장애로 인하여 더욱 열정적이고 행복한 삶을 살아갈 수도 있다. 그러나 여자로서의 사랑과 현재의 행복은 느낄 수 없고 만족을 모르는 것일 뿐이다.

따라서 여자는 현재의 행복을 추구하기 위한 부정감정의 기억과 함께 부정감정을 치료하려는 지속적인 욕구로 인하여 사랑의 과정이 필요하다. 이

---

32 성적인 쾌락을 의미하는 것이 아니라 강한 즐거움의 감정이라는 의미이다.

사랑의 과정에서 현재의 행복을 강화하며, 긍정감정이 과(過)해지지 않도록 긍정감정은 기억하지 못하도록 하는 마음의 거부방어기제가 작용하면서 모든 심리가 이 마음에 의한 기준으로 작용한다.

2 감정기억의 차이

 여자는 사랑을 기초로 하는 현재의 행복을 추구하고, 남자는 열정을 기초로 하는 미래의 행복을 추구한다. 그래서 남자와 여자가 감정을 어떻게 기억하느냐를 정확히 알아야만 행복을 추구하는 방향과 목표를 만들 수 있다. 그 만큼 남자와 여자는 감정기억을 다르게 기억하고 있다는 것을 의미하고 있으며, 감정기억은 행복과 관련된다.
 정상적인 여자는 상처의 감정을 잘 기억하고 즐거움의 감정을 잘 기억하지 못한다. 그래서 여자는 상처의 아픔과 고통을 쉽게 기억하기 때문에 이를 치료하고자 마음과 심리가 작용하면서 치료의 과정에서 현재의 행복을 추구하고 상처의 감정을 무감정으로 기억하는 '감정기억오류'가 발생한다.
 따라서 상처의 감정을 기억하기 때문에 치료의 욕구를 갖게 되는데 이 치료는 상대의 열정에 의한 사랑 또는 위로에 의하여 작용한다. 따라서 여자는 상처의 치료과정이 중요하고 이 과정은 사랑의 과정이고 현재의 행복을 갖는 역할을 한다. 만일 여자가 상처의 감정기억을 잘 못하고 즐거움의 감정기억을 잘 한다면 이는 심리장애이다.
 정상적인 남자는 상처의 감정기억을 잘 못하고 즐거움의 감정을 잘 기억한다. 이로 인하여 재미와 즐거움을 필요로 하고 미래행복을 추구한다. 따라서 부정기분인 스트레스를 거부하는 방어기제를 갖게 된 것이다. 만일 남자가 상처의 감정기억을 잘 하고 즐거움의 기분을 잘 기억하지 못하게 되면 심리장애가 발생한 것이다.

이와 같이 남자와 여자가 감정을 다르게 기억하는 것은 마음의 방어기제 때문이다. 감정기억이 다르기 때문에 남자와 여자의 심리가 다르게 작용한다. 남자가 여자와 같은 감정을 기억하거나, 여자가 남자와 같은 감정을 기억하면 심리장애가 발생한다.

남자와 여자의 심리를 분석하면, 기억된 정보의 사실은 동일하지만, 정보의 사실과 함께 기억된 감정은 차이가 있다. 정보의 사실에 대한 기억은 남자와 여자가 동일하게 작용하기 때문에 필요에 의하여 기억한다. 그러나 정보의 사실에 대한 감정을 기억할 때, 여자는 부정감정을 잘 기억하고 긍정감정을 잘 기억하지 못하며, 남자는 긍정기분을 잘 기억하고 부정기분을 잘 기억하지 못한다. 이것을 남자와 여자의 '감정기억차이(感情記憶差異)'라고 한다.

남자의 입장에서 생각해 볼 때, 남자는 긍정기분을 잘 기억하고 부정기분을 잘 기억하지 못하기 때문에 여자도 긍정기분을 잘 기억하고 부정기분을 잘 기억하지 못할 것이라는 감정기억에 대한 왜곡된 생각을 갖는다. 또한, 여자의 입장에서 생각해 볼 때, 여자는 부정감정을 잘 기억하고 긍정감정을 잘 기억하지 못하기 때문에 남자도 부정감정을 잘 기억하고 긍정감정을 잘 기억하지 못할 것이라는 감정기억에 대한 왜곡된 생각을 갖는다. 이것을 '남자와 여자의 감정기억오류(感情記憶誤謬)'라고 한다.

남자가 부정기분을 기억하게 될 때, 기억된 정보의 사실을 기억하면 기억된 과거의 사실을 모두 부정기분으로 인식하여 부정기분이 확대된다. 그래서 남자는 부정기분을 확대하는 감정기억에 문제가 발생하기 때문에 짧은 시간에 심리장애가 발생한다.

남자는 평상시에 부정기분이 발생했던 과거의 사실은 기억하지만, 사실과 함께 발생한 당시의 부정기분은 기억하지 못하기 때문에 부정기분이 발생한 과거의 상황을 추측하여 부정기분의 크기를 유추한다. 이처럼 남자는 과거의 사실에 대한 부정기분을 정확히 기억하지 못한다. 이때 유추한 부정기분에 몰입하면, 유추한 부정기분이 과거의 사실과 함께 기억된 부정기분이었을 것이라고 왜곡된 생각을 한다.

또한, 남자는 현재에 부정기분이 발생할 때, 부정기분이 발생했던 과거의 사실을 기억하면, 과거의 사실과 함께 발생했던 과거 당시의 부정기분을 기억하지 못하기 때문에 현재의 부정기분을 과거의 사실과 결합시켜서 과거의 사실과 함께 과거의 부정기분으로 왜곡되어 기억하는 현상이 발생한다. 즉, 과거의 사실과 현재의 부정기분을 결합하여 과거의 사실은 정확하지만 과거의 사실과 함께 현재의 부정기분으로 느낀다. 그래서 과거의 사실을 기억하면, 현재의 부정기분을 과거의 부정기분인 것으로 기억하는 문제가 발생한다. 이로 인하여 남자가 부정기분을 기억하면, 과거의 모든 사실을 현재의 부정기분으로 대체하면서 급격하게 과거의 모든 사실이 부정기분과 결합하면서 부정기분이 급속하게 확대된다.

여자가 긍정감정을 기억할 때, 기억된 과거의 사실을 기억하면, 기억된 과거의 사실을 모두 현재의 긍정감정으로 인식한다. 그래서 긍정감정을 기억한 후에는 과거의 모든 사실이 긍정감정으로 확대되면서 짧은 시간에 심리장애가 발생한다.

여자는 평상시에 긍정감정이 발생했던 과거의 사실은 기억하지만, 사실과 함께 발생했던 과거의 긍정감정은 기억하지 못한다. 그러면 긍정감정이 발생한 과거의 사실을 추측하여 긍정감정의 크기를 유추하면서 여자는 과거의 긍정감정을 정확히 기억하지 못한다. 이때 유추한 긍정감정에 몰입하면, 유추한 긍정감정이 과거의 사실과 함께 기억된 긍정감정이었을 것이라고 왜곡된 생각을 한다.

또한, 여자는 현재에 긍정감정이 발생하였을 때, 과거의 사실을 기억하게 되면, 과거의 사실과 함께 발생한 긍정감정은 기억하지 못하기 때문에 현재의 긍정감정을 과거의 사실과 결합한다. 그래서 과거의 사실과 함께 기억된 과거의 긍정감정으로 왜곡하여 생각하고 기억하는 현상이 발생한다. 즉, 과거의 사실과 현재의 긍정감정이 결합하여 과거의 사실은 정확하지만, 과거의 사실과 함께 기억된 긍정감정에 대해서는 현재의 긍정감정을 과거에 기억하고 있었던 긍정감정이라고 왜곡된 생각을 하게 된다. 그래서 과거의 사실을 기억하면 현재의 긍정감정이 과거의 긍정감정인 것으로 왜곡하는 생각이 확대된다. 이로 인하여 여자가 긍정감정을 기억하면, 과거의 모든 사실을 긍정감정으로 대체하게 되면서 급격하게 긍정감정이 확대된다.

이와 같이 남자의 부정기분에 대한 왜곡된 생각과 기억, 여자의 긍정감정에 대한 왜곡된 생각과 기억을 감정기억왜곡(感情記憶歪曲)이라 한다. 이는 남자와 여자의 마음이 다르기 때문에 나타나는 현상이다. 이렇게 감정기억을 할 때, 남자와 여자가 전혀 다른 것은 마음의 차이로 발생하는 정상적인 기억이다. 이때, 왜곡이라는 뜻은 잘못되었다는 것이 아니라, 사실과 다르다는 뜻이다. 따라서 감정기억왜곡은 감정을 기억하는데, 사실과 다르게 생각하고 기억하는 착각을 말한다.

마음의 감정

심리(心理)는 감정의 이치로써 마음(心)이라 하고 감정(感情)은 어떤 일, 사물, 현상에서 느끼는 기분을 말한다. 결국 심리는 감정의 작용이라 할 수 있기 때문에 감정의 발생, 감정의 기억, 감정의 작용이 인간의 심리에 영향을 주고, 심리장애의 원인이 된다. 즉 마음의 병이라 할 수 있는 심리장애는 감정의 문제로 발생한다.

감정은 긍정감정, 부정감정, 무감정으로 나눌 수 있으며, 긍정감정은 편안하게 느껴지는 감정으로 편안함, 여유로움, 즐거움, 재미, 쾌락, 사랑, 행복에서 느껴지는 감정이고, 부정감정은 불편함, 답답함, 화, 분노, 미움, 증오, 불행에서 느껴지는 감정이며, 무감정은 무관심, 무심함에서 느껴지는 아무런 감정이 없는 것을 말한다. 이때 긍정감정은 기분을 상승시키는 역할을 하고 좋은 느낌을 갖게 하지만, 부정감정은 기분을 하락시키는 역할을 하여 나쁜 느낌을 갖게 하면서 심리장애를 유발하는 원인이 된다. 따라서 긍정감정과 부정감정이 인식심리, 기억심리, 표현심리와 어떤 연관성을 갖고 있는지를 알면, 심리장애의 원인을 분석할 수 있고 치료방법을 찾을 수 있다.

마음에는 감정이 없고, 행복을 추구하는 심리의 기준만 있다. 따라서 마음은 의식과 무의식이 작용하여 심리의 기준에 맞도록 통제하는 역할을 할 뿐이고, 감정을 직접적으로 통제하지 않는다.

인간의 마음은 행복을 추구하는 심리의 기준이기 때문에 행복을 추구하는데 필요한 긍정감정의 작용을 요구하고, 부정감정을 없애려는 방어기제가 지속적으로 작용한다. 따라서 인간관계에서 희로애락, 행복과 불행, 상처와 사랑의 감정이 발생하게 되고, 이는 긍정감정과 부정감정으로 작용한다. 이때 긍정감정은 인간관계에서 재미와 즐거움, 사랑과 행복을 만들고 부정감정은 불안과 강박, 상처와 불행을 만든다.

심리장애를 치료하는 기본은 불안과 강박에서 벗어나 자존감과 자신감을 회복하는 것이다. 무조건 자기중심의 감정을 앞세우는 사람은 상대가 누구이든 관계없이 자신에게는 긍정감정이 발생하지만, 상대는 부정감정이 발생한다. 반면 무조건 상대의 감정에 의존하는 사람은 상대가 누구이든 관계없이 자신에게는 부정감정이 발생하지만, 상대는 긍정감정이 발생한다.

인간은 자존감과 자신감이 하락하면, 상대에 대한 의존성과 자기심리의 억압이 강화되면서 부정감정을 유발하여 심리장애가 발생하고 우울증, 불안증, 강박증과 함께 상처와 불행을 인식하게 되어 어려움을 겪는다. 따라서 심리장애를 치료하기 위하여 우선으로 자존감과 자신감을 회복해야 한다. 결국 자존감과 자신감을 회복하고 상승하도록 하는 것은 심리장애를 치료하는 기본이다.

감정기억오류

남자와 여자가 감정기억의 차이를 갖고 있는데, 이는 마음의 방어기제로 인하여 발생하는 현상임을 알았다. 그런데 마음의 방어기제는 의식으로 인식하지 못하기 때문에 남자와 여자는 마음의 방어기제를 인식하지 못하는 현상으로 인하여 감정기억에 대한 착각현상이 발생한다.

남자는 긍정기분을 기억하고 부정기분을 기억하지 못하기 때문에 '여자도 긍정기분을 기억하고 부정기분을 기억하지 못할 것'이라고 상대의 감정기억에 대한 왜곡된 생각을 한다. 이와 다르게 여자는 부정감정을 기억하고 긍정감정을 기억하지 못하기 때문에 '남자도 부정감정을 기억하고 긍정감정을 기억하지 못할 것'이라고 상대의 감정기억에 대한 왜곡된 생각을 한다. 이와 같이 남자와 여자가 상대의 감정기억에 대하여 왜곡된 생각을 하게 될 때, 이것을 남자와 여자의 감정기억오류(感情記憶誤謬)라고 한다.

이렇게 감정기억을 할 때, 남자와 여자가 마음의 방어기제가 다르지만 의식의 생각에서는 서로가 마음이 다를 것이라고 인지하지 못하기 때문에 발생하는 현상이다. 따라서 남자는 여자가 부정감정을 기억하는 것에 대하여 매우 힘들게 생각하면서 마치 자신을 공격하는 것으로 인식하면서 다른 여자와는 너무도 다르고, 자신과는 성격차이가 심하다고 생각한다. 또한 여자는 남자가 부정감정을 기억하지 못하는 것에 대하여 매우 답답하게 생각하면서 마치 자신을 사랑하지 않는 것으로 인식하면서 다른 남자와는 너무도 다르고 자신과는 성격차이가 심하다고 생각한다. 그래서 남자와 여자는 친해지면 서로의 감정차이로 인하여 상대의 감정기억에 대한 오류가 발생하면서 갈등과 싸움이 반복되는 것이다.

남자와 여자는 감정을 다르게 기억하기 때문에 긍정감정에 대한 기억의 오류와 부정감정에 대한 기억의 오류가 발생한다. 이는 마음의 방어기제로 인하여 발생하는 현상으로 행복을 추구하는 심리의 기준에 맞도록 마음이 작용하기 때문이다.

감정기억의 오류는 남자와 여자의 감정에 따라서 다르기 때문에 남자는 부정기분을 기억하지 못하는 대신 부정기분에 대한 기억의 오류를 갖고 있고, 여자는 부정감정을 기억하는 대신 부정감정에 대한 기억의 오류를 갖고 있다. 또한 남자는 긍정기분을 기억하는 대신 긍정기분의 기억에 대한 오류를 갖고 있고, 여자는 긍정감정을 기억하지 못하는 대신 긍정감정의 기억에 대한 오류를 갖고 있다. 특히 감정기억의 오류는 심리작용에서 잘 나타나는데, 감정대립을 하게 되는 경우에 상대를 이해할 수 없고, 상대에 대한 부정감정이 발생하는 주요 원인이다. 그래서 감정기억의 오류를 알지 못하면, 남자와 여자의 심리를 알 수 없게 된다. 이는 심리장애를 치료할 때 감정기억의 오류를 분석하여 치료방법을 찾아야 한다.

감정기억의 오류는 심리에서 감정의 문제로 인하여 발생하는 심리장애의 주요 원인이 되고, 트라우마로 인한 모든 문제를 치료하는 핵심이다. 남자와 여자가 부정감정 또는 긍정감정을 기억할 때, 감정기억의 오류가 발생하는 것이 다르다. 이는 마음의 방어기제와 행복을 추구하는 심리의 기준에 의하여 발생하는 정상적인 현상이다. 다만 이를 의식에서 자각하지 못하기 때문에 오류(誤謬)라고 한 것이다. 따라서 오류라고 하여 잘못되었다는 뜻이 아니다.

감정기억의 오류는 남자와 여자가 마음이 행복을 추구하기 위하여 꼭 필요한 심리의 기준이며, 만일 의식과 무의식의 문제로 인하여 마음의 방어기제가 작용하지 못하면 행복을 추구하는 심리의 기준에서 벗어나면서 심리장애가 발생한다. 따라서 감정기억의 오류는 정상적인 인간의 심리에서는 당연히 발생하는 것이며, 이 감정기억의 오류는 행복을 위한 필수 요소이다.

부정감정기억오류

　남자는 부정기분이 발생한 과거의 사실은 기억하지만, 사실과 함께 발생한 부정기분은 기억하지 못한다. 그래서 과거의 사실을 기억할 때는 과거의 사실에서 발생했을 것이라고 예상하는 부정기분을 추측하면서 과거의 부정기분을 정확히 기억하지 못한다. 이때 유추한 부정기분에 몰입하면 유추한 부정기분을 과거의 사실과 함께 기억된 부정기분으로 착각하는 현상이 발생한다. 또한, 남자는 현재에 부정기분이 발생하였을 때, 과거의 부정기분을 유발한 사실을 기억하면, 과거의 사실과 함께 발생한 부정기분을 기억하지 못하기 때문에 현재의 부정기분을 과거의 사실에 결합시켜서 과거의 사실과 함께 과거의 부정기분일 것이라고 착각하는 현상이 발생한다. 즉 과거의 사실과 현재의 부정기분이 결합하여 과거의 사실은 정확하지만, 과거의 사실과 함께 기억된 부정기분을 마치 현재의 부정기분으로 착각하게 되면서 과거의 사실을 기억하게 되면, 함께 현재의 부정기분이 과거의 부정기분인 것으로 기억되는 현상이 발생한다. 이를 '남자의 부정기분기억오류(不正氣分記憶誤謬)'라고 한다. 이로 인하여 남자는 부정기분이 기억되면, 과거의 사실을 모두 기억된 부정기분과 결합하기 때문에 매우 빠른 시간 동안 과거의 모든 사실과 부정기분이 결합하면서 급속하게 확대되기 때문에 급격하게 빠른 속도로 심리장애가 발생한다.

　남자는 마음의 거부방어기제에 의하여 부정기분을 기억하지 못하는데, 남자가 부정기분을 기억하게 되는 경우는 1)강력한 트라우마의 발생으로 강한 부정기분이 갑자기 발생하거나, 2)인식장애의 발생으로 똑같은 부정기분이 지속적으로 유입되면서 더 이상 마음의 거부방어기제가 작용하지 못하여 의식과 무의식에 문제가 발생한다. 이는 마음의 방어기제가 작용하지 못하도록 의식과 무의식에 문제가 발생되었기 때문에 급격하게 심리장애로 발전하게 된다.

이렇게 부정기분을 기억하게 되면, 과거의 기억이 지속될수록 과거의 모든 사실을 기억하면서 현재 부정기분을 과거의 부정기분으로 인식하며 부정기분이 증폭되고 확대된다. 이렇게 부정기분을 기억하게 되어 부정기분의 기억오류가 발생하게 되면, 남자는 부정기분을 대체할 만큼의 강력한 열정을 갖기 전까지는 심리장애로 심각한 고통을 겪게 된다.

이를 회복하는 방법은 마음의 거부방어기제가 회복될 수 있을 만큼의 1)강력한 열정을 만들거나, 2)열정을 회복할 수 있도록 지속적인 노력을 해야 한다. 따라서 이러한 부정기분의 기억오류가 발생하였을 때, 일정시간이 경과하면 마음의 거부방어기제의 작용에 의하여 대부분은 원래대로 회복하여 의식과 무의식의 작용이 회복하지만, 심리는 원래대로 회복하지 못한 채 심리장애로 고통을 겪게 된다. 따라서 부정감정의 기억오류를 즉시 분석하는 것이 남자의 심리장애로 확대되기 전에 피해를 최소화할 수 있다.

여자는 부정감정을 기억하기 때문에 과거의 부정감정을 모두 기억하고 있지만, 부정감정의 사실을 기억할 때는 모든 부정감정을 기억하는 것이 아니라, 현재 기억되는 사실과 함께 기억된 부정감정만을 기억하여 하나의 부정감정의 크기만 기억된다. 즉 과거 전체의 부정감정을 모두 기억할 수 없고, 오롯이 하나의 부정감정만 기억한다. 이를 '여자의 부정감정기억오류(不正感情記憶誤謬)'라고 한다. 이 부정감정의 기억오류는 마음의 수용방어기제가 부정감정을 수용하고 치료하여 긍정감정의 효과를 가질 수 있도록 할 때, 모든 부정감정을 확대하지 않고, 기억되는 하나의 부정감정만 기억하도록 함으로써 여자가 아무리 많은 부정감정을 기억하더라도 심리장애가 발생하지 않도록 한다. 이는 현재의 행복을 느낄 수 있도록 하는 여자의 마음이다.

과거의 부정감정 중 치료된 부정감정도 모두 현재의 부정감정으로 전환하고, 하나의 부정감정으로 인하여 연관되는 모든 부정감정을 다 기억하게 되어 부정감정이 확대되고 통합이 되어 극심한 고통을 겪게 되는 상황이 발생할 때가 있다. 이러한 경우는 1)강력한 트라우마의 발생으로 강한 부정감정이 일시적으로 발생하거나, 2)부정감정이 치료되지 않은 채 지속적으로 누적되면 더 이상 마음의 부정감정에 대한 수용방어기제에도 불구하고 의식과 무의식의 작용에 문제가 발생한다. 그러면 마음의 방어기제가 작용하지 못하기 때문에 심리장애로 발전하게 된다. 이렇게 부정감정을 모두 통합하여 기억하게 되면, 여자는 통합된 부정감정을 대체할 만큼의 강력한 사랑을 갖기 전까지는 심리장애로 심각한 고통을 겪게 된다.

이를 회복하는 방법은 마음의 수용방어기제가 회복될 수 있을 만큼의 1)강력한 사랑이 필요하거나, 2)사랑을 회복할 수 있도록 꾸준히 노력해야 한다. 이러한 부정감정이 통합되는 현상이 발생하였을 때, 일정시간이 경과하면 마음의 수용방어기제의 작용에 의하여 대부분은 원래대로 회복하여 의식과 무의식의 작용이 회복하지만, 일부는 회복하지 못한 채 심리장애가 발생한다. 따라서 부정감정의 기억오류로 인하여 발생한 문제를 분석하는 것은 여자의 심리장애가 확대되기 전에 피해를 최소화 할 수 있고 치료가 빨라진다.

여자에게 가장 고통스럽고 힘든 심리장애는 '외상 후 스트레스 증후군'이다. 이 고통은 직접 겪어보지 않은 경우에는 그 고통을 가늠하기 어렵다.

여자에게 '외상 후 스트레스 증후군'이 발생하는 것은 사랑과 관련한 강력한 트라우마로 인하여 발생한다.

특히 여자에게 '외상 후 스트레스 증후군'은 모든 부정감정을 확대하여 부정감정의 기억오류에서 벗어나게 되어 의식과 무의식의 문제로 인하여 심리장애가 발생한 것이다. 여자의 '외상 후 스트레스 증후군'이 발생하는 경우는 1)남편의 외도로 분노를 하는 경우, 2)갑작스러운 사별을 하게 되는 경우, 3)성폭력의 피해를 입게 되는 경우 등 3가지의 경우이다. 이는 모두가 사랑에 문제가 발생하여 현재의 행복을 차단하게 됨으로써 죽음과 같은 공포, 불안감, 강박감이 수시로 발생하면서 극심한 불행감과 히스테리 증세를 갖게 되면서 심리장애가 발생한다.

이렇게 여자에게 '외상 후 스트레스 증후군'이 발생하면, 사랑의 감정을 회복할 수 있도록 치료를 해야만 한다. 또한 '외상 후 스트레스 증후군'으로 인하여 발생된 모든 부정감정에 대해서도 치료를 병행하여 심리의 기준인 현재의 행복을 추구할 수 있도록 회복해야만 한다. 이때 '외상 후 스트레스 증후군'을 치료하지 않은 채 방치하는 경우, 시간이 경과되면서 특정한 대상에 집착하게 된다. 자기 연민에 집착을 하면 중증우울증으로 발전하고, 특정 대상에 집착을 하면 중독증으로 발전한다. 따라서 중증우울증 또는 중독증으로 고통을 겪고 있는 여자는 대부분 '외상 후 스트레스 증후군'의 원인을 분석하고 이를 치료해야 한다.

긍정감정기억오류

　남자는 긍정기분을 기억하기 때문에 과거의 많은 긍정기분을 모두 기억하고 있지만, 긍정기분을 기억할 때는 모든 긍정기분을 기억하는 것이 아니라 현재 기억되는 사실과 함께 기억되는 긍정기분만을 기억한다. 즉 과거의 모든 긍정기분을 기억할 수 없고, 오롯이 하나의 긍정기분만 기억한다. 이를 '남자의 긍정기분기억오류(肯定氣分記憶誤謬)'라고 한다. 이 긍정기분의 기억오류는 마음의 수용방어기제가 긍정기분을 수용하여 열정을 강화할 수 있도록 할 때, 기억하고 있는 모든 긍정기분을 기억하도록 하지 않고, 기억되는 하나의 긍정기분만 기억하도록 함으로써 남자가 아무리 많은 긍정기분을 기억하고 있더라도 심리장애가 발생하지 않도록 한다. 이는 열정을 생성하고 미래의 행복을 갖도록 하는 마음에 의한 심리의 기준 때문이다.

　과거의 긍정기분을 모두 통합하여 강력한 긍정기분이 발생할 때가 있다. 이러한 경우는 미래의 행복을 위하여 강력한 열정을 더 요구하게 되면서 긍정기분이 큰 강력한 쾌락을 추구하게 되어 심리장애가 발생하게 되는데, 대부분은 중독증으로 나타난다. 남자의 긍정기분의 기억오류는 긍정기분의 기억심리의 문제로 발생할 수 있는 심리장애를 발생하지 않도록 한다. 대부분은 자신의 의식과 무의식의 작용에 문제가 발생하는 것은 인식하지 못하지만, 간혹 자신의 잘못된 것을 의식하고, 잘못된 것을 중단하려는 노력을 하더라도 무의식의 작용으로 인하여 통제가 불가능하다.

　여자가 긍정감정을 기억할 때, 과거의 사실은 기억하지만 사실과 함께 발생했던 긍정감정은 기억하지 못하고, 과거의 사실을 추측하여 긍정감정을 유추한다. 이때 유추한 긍정감정에 몰입하면 과거의 사실과 함께 기억된 긍정감정으로 착각하는 현상이 발생한다.

또한, 여자는 현재에 긍정감정이 발생하였을 때, 과거의 긍정감정을 유발한 사실을 기억하면 과거의 사실과 함께 발생한 긍정감정을 기억하지 못하기 때문에 현재의 긍정감정을 과거의 사실에 결합시켜서 과거의 사실과 함께 과거의 긍정감정일 것이라고 기억하는 착각이 발생한다. 즉 과거의 사실과 현재의 긍정감정이 결합하여 과거의 사실은 정확하지만, 과거의 사실과 함께 기억된 긍정감정이 현재의 긍정감정일 것이라고 착각하게 되면서 과거의 사실을 기억하게 되면, 함께 현재의 긍정감정이 과거의 긍정감정인 것으로 기억하는 착각이 발생한다. 이를 '여자의 긍정감정기억오류(肯定感情記憶誤謬)'라고 한다.

이로 인하여 여자는 긍정감정이 기억되면, 과거의 사실을 모두 기억된 하나의 긍정감정과 결합하기 때문에 빠른 시간동안 과거의 사실과 긍정감정이 결합하면서 긍정감정이 확대되기 때문에 빠른 속도로 심리장애가 발생한다.

여자가 긍정감정을 기억하게 되는 경우는 1)강력한 긍정감정이 일시에 발생하는 심리장애가 발생하거나, 2)똑같은 긍정감정이 지속적으로 누적되는 이상심리가 발생되면, 긍정감정에 대한 마음의 거부방어기제에도 불구하고 의식과 무의식의 작용에 문제가 발생한다. 그래서 마음의 방어기제가 작용하지 못하면서 과거의 모든 긍정감정을 통합하여 기억하는 심리장애가 발생한다. 이렇게 긍정감정을 기억하면 과거의 기억이 지속될수록 과거의 사실을 기억하면서 현재 기억된 긍정감정을 과거의 긍정감정일 것이라고 인식하면서 긍정감정이 증폭되어 확대된다.

긍정감정이 커지면 커질수록 열정이 더욱 확대되면서 미래의 행복을 추구하게 되고, 사랑보다는 열정을 중요하게 인식한다. 이때 미래의 행복추구를 위하여 더욱 강력한 열정을 원하게 되고, 긍정감정도 더욱 강한 것을 원하게 되어 특정 대상에 강하게 몰입하면서 심리장애가 발생한다. 그래서 시간이 지날수록 점점 더 강력한 긍정감정을 요구하게 되면서 심각한 열정의 확대와 쾌락주의로 발전한다.

3
행복의 차이

인간은 행복을 추구하도록 마음이 만들어져 있다. 행복을 추구해 갈 때, 남자는 자신만 즐거우면 된다. 자기 기분을 좋게 하고 자기만 즐겁고 재밌으면 된다. 이렇게 재미와 즐거움의 긍정기분을 지속적으로 느끼면서 몰입하는 것을 '열정'이라고 한다. 열정은 재미와 즐거움에 몰입하는 힘이다. 그래서 남자는 열정으로 미래의 행복을 추구한다. 비록 현재는 행복하지 않아도 내일의 즐거움과 희망이 있고 실현가능한 미래의 행복이 있으면 열정으로 살아간다. 남자는 미래의 행복을 현실에서 느끼지 못한다. 남자가 느끼는 것은 현재의 재미와 즐거움이다. 그러나 여자는 사랑의 감정으로 현재의 행복을 추구한다. 이때 특정한 대상을 좋아하는 것에 몰입하는 것을 '사랑'이라고 한다. 이 사랑의 감정을 갖고 현재가 행복해야 한다. 이때 행복을 직접 느낀다.

남자는 뜬구름을 잡는 말을 많이 한다. 그래서 미래의 행복에 대한 계획도 잘한다. '오늘 내가 100만원의 주식을 투자하면 내일은 분명히 100만원을 더 벌수 있을 것이고, 몇 번만 더 하게 되면 1억을 만들 수 있고, 이렇게 만들어진 1억으로 사업을 하면서 큰 집을 사서 행복하게 살아야지."라고 하면서 이것을 향해 노력한다. 여자가 볼 때는 이 남자가 허황된 꿈을 추구하는 것처럼 보인다. 그런데 여자는 현재의 행복이 없으면 믿지 않는다. 현재 느껴야 한다.

그런데 여자는 감정이 안 좋아지면 자꾸 과거의 상처에 대한 이야기를 한다. 이는 현재가 행복하지 않기 때문이다. 그러나 현재가 행복하면 내일도 오늘처럼 행복하기를 바란다. 그래서 여자는 현재가 행복하면 비로소 미래의 행복을 추구한다. 현재가 행복하지 않으면 미래의 행복을 이야기하는 것은 뜬구름 잡는 장밋빛밖에 되지 않는다. 이것이 남자와 여자의 차이점이다.

이렇게 남자와 여자가 다른 행복을 추구하는 것이 잘못된 것이 아니다. 남자는 열정을 갖고 미래의 행복을 추구하고, 여자는 사랑을 갖고 현재의 행복을 추구하는 마음을 갖고 있다. 만일 남자가 사랑을 갖고 현재의 행복을 추구한다면 심리장애이고, 여자가 열정을 갖고 미래의 행복을 추구하면 심리장애이다.

여자가 '난 앞으로 살아가면서 현재의 행복을 느끼지 못할지도 몰라. 아무리 생각해 봐도 불가능해.'라고 생각하면 매우 고통스럽게 된다. 현재의 행복이 무너지면 고통을 느끼게 되는 것이다. '나는 이제 앞으로 죽는 날까지 행복은 없다고 확신해.', '지금 살아서 뭐해. 앞으로 행복할 일이 없는데', '나에게는 죽는 날까지 사랑이란 없어.' 등과 같은 말은 매우 고통스러운 말이다.

남자가 '나는 미래의 행복이 없어. 현재 내가 10억이 있지만, 나에게는 미래가 없어.'라고 하면 심리적으로 견디기 힘들어 한다. 그래서 목표를 달성하고 성공한 사람들이 위험하다. 이 남자는 현재보다 더 나은 가치를 만들어가야 되는데, 그것이 불가능하다고 생각되면 매우 힘들어한다. 남자는 무조건 미래의 행복을 추구한다.

　인간은 태어날 때 남자와 여자로 성별이 구분되고, 심리는 형성되지 않는다. 이때, 남자는 남자의 마음을 갖고 태어나고, 여자는 여자의 마음을 갖고 태어난다. 성장하면서 생애기간 동안 남자와 여자는 의식과 무의식이 작용하면서 심리가 함께 작용한다. 이 의식과 무의식은 태어날 때부터 갖고 있는 마음에 의하여 형성되고 심리로 작용되면서 행복을 만든다.

　인간의 몸은 남자의 신체와 여자의 신체로 구분이 되어 있다. 그래서 생식기가 다르고, 신체, 장기, DNA가 다르다. 그러나 몸은 신체로 구분하지만 신체의 구성은 같다. 또한 인간의 마음은 남자와 여자의 마음으로 구분되어 있고 다르게 작용한다. 인식심리, 기억심리, 표현심리는 개인에 따라 다르지만, 심리의 작용은 같다.

　남자에게 행복이 무엇이냐고 묻게 되면 '가족이 편안하고 일이 잘 되어서 신명나게 사는 것'이라는 답변이 대부분이다. 그래서 남자의 행복은 가족이 안정되어 편안한 것, 자신에게 신명나는 즐거움을 갖는 것, 목표에 대한 성취 등의 3가지를 행복이라고 말한다.

　남자는 열정을 통하여 즐거움의 긍정기분을 갖고, 미래의 행복을 추구하기 때문에 현재의 행복보다는 미래의 행복을 중요하게 인식한다. 이는 남자가 긍정기분을 기억하고, 부정기분을 기억하지 않는 것과 밀접한 연관성을 갖고 있다. 만일 남자가 부정기분을 기억하게 되면, 기억된 부정기분을 치료하려는 욕구를 갖게 되므로 부정기분은 미래의 행복을 추구하는 심리의 기준에 방해요소가 된다. 그래서 부정기분을 기억하지 못하도록 마음의 방어기제가 작용한다. 또한, 긍정기분을 기억하는 것은 미래의 행복을 추구하도록 하는 마음에너지가 되기 때문에 지속적인 긍정기분을 필요로 한다. 이것이 남자의 열정이고 삶의 활력으로서 작용한다. 만일 남자가 현재의 행복을 느끼게 되면 편안하고 여유롭게 되지만, 편안함을 유지하기 위해서는 열정이 없어지고, 성취욕도 없어지게 되면서 미래의 행복이 차단된다. 그래서 남자는 현재의 행복을 느낀 후 일정기간이 지나면서 우울한 감정을 갖거나, 삶의 가치를 잃어버리는 심리장애가 발생한다. 따라서 남자는 미래의 행복을 추구하면서 살아가도록 열정을 갖고, 즐거움의 긍정감정을 필요로 하면서 미래의 행복을 추구하는 심리의 기준인 마음을 갖고 있는 것이다. 이것이 남자의 마음이고, 남자의 심리의 기준이다.

여자에게 행복이 무엇이냐고 질문하면, '자식들이 건강하고 행복하게 살고, 남편의 하는 일이 잘 되고, 사랑받으면서 사는 것이 행복이다.'라는 답변이 대부분이다. 그래서 여자는 여자로서 남자에게 사랑받는 여자의 행복, 아내로서 남편에게 사랑을 주는 아내의 행복, 엄마로서 자식에게 사랑을 주는 엄마의 행복을 추구한다. 미혼 여자는 여자의 행복만 추구하고, 이혼 여자는 여자의 행복과 엄마의 행복을 추구하며, 사별 여자는 여자와 아내의 행복을 기억하면서 현실의 행복은 느껴지지 않지만, 엄마의 행복을 추구한다. 따라서 여자는 현재의 상황에 맞는 현재의 행복을 추구한다.

여자는 받는 사랑과 주는 사랑을 통하여 현재의 행복을 추구하기 때문에 미래의 행복보다는 현재의 행복을 중요하게 인식한다. 또한 현재의 행복을 갖게 될 때, 비로소 미래의 행복을 추구할 수 있게 된다. 이는 부정감정을 기억하고 긍정감정을 기억하지 않는 것과 밀접한 연관성을 갖는다. 만일 여자가 긍정감정을 기억하면, 미래의 행복을 추구하기 위하여 지속적인 긍정감정을 필요로 하는 열정이 생성되고, 성취욕을 갖게 되면서 사랑의 감정은 중요하지 않게 된다. 그래서 긍정감정은 현재의 행복을 추구하는 데 방해요소가 된다. 따라서 여자는 긍정감정을 기억하지 못하도록 마음의 방어기제가 작용한다.

  또한, 여자가 부정감정을 기억하는 것은 부정감정에 대한 치료가 필요하기 때문이다. 사랑의 감정에 의하여 부정감정을 치료하며, 부정감정을 치료하면 부정감정이 무감정으로 전환되면서 긍정감정을 갖는 효과가 발생하고, 행복의 감정을 느끼고 현재의 행복을 갖게 된다. 그러나 여자가 미래의 행복을 추구하면 현재의 행복을 위한 사랑보다는 열정을 통하여 미래의 행복을 추구하게 되어 사랑의 감정을 모두 잊게 되어 현재의 행복이 차단된다. 이럴 때 여자는 심리장애가 발생한다. 심리장애가 심각해지면 정신질환이 발생하기도 한다. 그래서 여자는 현재의 행복을 추구하기 위한 삶을 살아갈 수 있도록 사랑의 감정을 갖고 현재의 행복을 추구하는 심리의 기준인 마음을 갖고 있다.

남자의 행복기준

  남자는 열정을 위하여 끊임없이 미래의 행복을 추구한다. 그래서 현재보다는 미래의 희망과 기대감을 더욱 중요하게 인식한다. 남자의 마음은 미래의 행복을 추구하는 심리의 기준을 갖는데, 미래의 행복을 위한 기준은 남자의 열정이다. 남자의 열정은 기쁨과 즐거움을 지속적으로 유발함으로써 긍정기분을 생성하는 원천이 되고 삶의 에너지가 되기 때문에 항상 열정을 갖고 있어야 한다. 이 열정은 재미에 몰입하는 것으로서 여러 대상에서 열정을 갖는다. 남자의 열정은 특정한 대상에 대한 호기심, 재미, 즐거움을 통하여 이를 반복할 때, 특정한 대상을 좋아하게 되면서 몰입하고, 긍정기분을 지속하게 된다. 그래서 남자의 열정은 남자가 미래의 행복을 추구하도록 하는 원동력이다.

성취욕은 열정을 갖게 된 대상에 대한 목표를 이루고자 하는 욕구이며 사업, 일, 공부와 학력, 명예, 경쟁, 기타에서 성공과 목표를 설정하고 이를 이루기 위하여 몰입하게 되는데 이것은 열정과 함께 작용한다. 이는 미혼인 남성, 기혼인 남성, 이혼한 남성, 사별한 남성 모두에게 동일하게 적용되기 때문에 현재의 상황과는 무관하게 미래의 행복에 초점을 갖는다.

따라서 남자의 마음에서 행복을 추구하는 심리의 기준은 미래의 행복을 추구하기 위한 열정과 성취욕이라 할 수 있으며, 이에 맞으면 긍정기분이 발생하여 미래의 행복을 추구하는 기준에 적용되기 때문에 수용방어기제가 작용하고, 심리의 기준에 어긋나면 부정기분이 발생하기 때문에 거부방어기제가 작용한다.

남자는 현재의 행복을 느낄 수 없는 것이 정상의 심리인데, 만일 현재의 행복을 실제 느낀다면 '무념무상(無念無想)'의 상황이 되어 미래도 없고 부정감정도 없는 상태에서 어떠한 생각도 하지 않게 되어 미래의 행복을 차단한다. 현재의 행복을 느끼는 것이 지속되면 남자는 심리장애가 발생한다. 따라서 남자는 현재의 행복을 느끼지 못하도록 미래의 행복을 추구하는 심리의 기준을 갖고 있다. 오롯이 미래의 행복을 추구하도록 마음이 작용하기 때문에 열정을 유발하여 지속하고, 성취욕을 갖게 되면서 미래의 계획과 목표를 만들고 끊임없이 노력하고 몰입한다.

여자의 행복기준

여자의 마음은 남자에게 사랑받는 여자의 행복, 남편에게 사랑을 주는 아내의 행복, 자식에게 사랑을 주는 엄마의 행복을 기준으로 현재의 행복을 추구하는 심리의 기준을 갖는다. 그래서 여자는 사랑의 과정을 중요하게 생각하고 심리의 기준으로 갖는다.

이처럼 여자의 마음은 현재의 행복을 추구하는 심리의 기준을 갖는데, 현재의 행복을 위한 심리의 기준은 사랑의 감정이다. 따라서 여자는 사랑의 감정을 통하여 부정감정을 치료하여 긍정감정을 생성하는 효과를 갖게 되는 원천과 삶의 에너지가 되기 때문에 지속적으로 사랑을 추구한다. 이 사랑은 남자의 열정에 의하여 생성되는 사랑의 감정으로 발생하는 여자의 행복, 아내로서 남편에게 주는 사랑의 감정으로 발생하는 아내의 행복, 엄마로서 자식에게 주는 사랑의 감정으로 발생하는 엄마의 행복으로 구성되어 있다. 그래서 여자는 미래의 행복보다는 현재의 사랑과 행복을 추구하는데 초점을 갖기 때문에 현재의 상황에 많은 영향을 받는다.

미혼인 여자는 남자로부터 사랑받는 현재의 행복을 추구하는 기준을 갖는다. 기혼인 여자는 남자로부터 사랑받는 여자의 행복, 아내로서 남편에게 주는 사랑으로 발생하는 아내의 행복, 엄마로서 자식에게 주는 사랑으로 발생하는 엄마의 행복을 모두 충족하는 현재의 행복을 기준으로 한다. 이혼한 여자는 남자로부터 사랑받는 여자의 행복, 엄마로서 자식에게 주는 사랑으로 발생하는 엄마의 행복을 충족하는 현재의 행복을 기준으로 한다. 사별한 여자는 남자로부터 사랑받는 여자의 행복과 아내로서 남편에게 주는 사랑으로 발생하는 아내의 행복을 현실에 적용하지 못하고 정신적으로 적용하면서 엄마로서 자식에게 주는 사랑으로 발생하는 엄마의 행복을 동시에 충족하는 현재의 행복을 기준으로 한다. 그래서 여자의 마음은 현재의 행복을 추구하는 심리의 기준을 갖고 있으며, 현재의 행복을 위한 기준은 사랑의 감정이다.

여자는 현재의 상황이 어떠한 경우가 될지라도 남자로부터 받는 사랑을 기초로 하며, 사랑을 느끼고자 하는 마음으로 인하여 부정감정을 심리로 받아들여 치료함으로써 부정감정을 긍정감정으로 전환한다. 여자에게 부정감정이 발생하는 원천은 대부분 남자, 남편, 자식이다. 또한 부정감정을 치료하여 긍정감정으로 전환할 때 부정감정을 치료해 준 남자 또는 대상에 대하여 긍정감정이 함께 발생하면서 좋아하고 사랑하는 감정을 갖게 된다. 그래서 여자의 사랑은 여자가 현재의 행복을 추구하도록 하는 원동력이기 때문에 여자는 사랑하는 대상에 몰입한다.

여자의 행복을 추구하는 심리의 기준은 현재의 행복을 추구하기 위한 사랑이며, 사랑이 충족되면 긍정감정이 발생하여 현재의 행복을 추구하는 심리의 기준에 맞는 것이고, 이에 어긋나면 부정감정이 치료되지 않아 현재의 행복을 추구하는 심리의 기준에 어긋나게 되면 심리적 어려움과 고통을 느낀다.

정상의 심리를 가진 여자는 미래의 행복을 추구할 수 없는데, 만일 미래의 행복을 추구하게 되면 현재의 사랑은 불필요하게 되고, 남자와 같은 열정을 추구하면서 부정감정에 대한 거부방어기제가 작용하고, 기존에 기억된 부정감정에 대해서는 해리현상 또는 거부현상이 발생하면서 현재의 행복을 차단한다. 이 미래의 행복을 추구하는 현상이 지속되면 여자는 심리장애가 발생하면서 남자와 같이 다양한 대상에 몰입하고 즐거움과 재미를 추구하는 목표를 갖게 되지만 만족을 모르게 된다. 따라서 여자는 미래의 행복을 추구하지 못하도록 현재의 행복을 추구하는 심리의 기준을 갖고 있어서 오롯이 현재의 행복을 추구하도록 마음이 작용하여 사랑에 몰입하게 된다.

4
감정몰입의 차이

 몰입(沒入)은 어떠한 대상에 깊이 파고들거나 빠져드는 것을 말하는데, 남자는 열정을 갖고, 여자는 사랑을 갖게 되면서 대상에 집중하는 심리이다. 따라서 몰입을 한다는 것은 긍정감정으로 집중하게 되는 것과 같다.
 인간은 무엇을 하든 성공하고 성과를 갖기 위해서는 몰입을 해야 한다. 몰입은 그 자체만으로 보았을 때는 좋은 것이지만, 몰입하는 대상에 따라서 좋은 것과 나쁜 것, 피해를 입히는 것과 피해를 입는 것으로 구분된다. 몰입하는 원리와 방법이 남자와 여자가 다르다는 것을 알고 있는 사람은 거의 없으며, 몰입으로 나타나는 현상을 통하여 남자와 여자가 다르다고 인식한다.
 이렇게 남자와 여자의 몰입이 다른 것은 남자와 여자의 마음에서 행복을 추구하는 심리의 기준이 다르기 때문이다. 그래서 몰입은 의식으로 자각하여 의도적인 노력한다고 해서 변화되지 않는다. 다만 마음을 표현하는 것을 변화하려면 무의식인 습관을 변화하면 되는데, 습관을 변화하는 것이 올바른 것인지, 다른 문제가 발생하지는 않을 것인지, 다른 장점을 없애는 것은 아닌지를 세밀하게 살펴야 하며, 이는 행복을 추구하는 심리의 기준에 맞아야 한다. 좋은 것이 좋은 것이라고 생각하는 것은 어리석은 행동이니 조심해야 한다. 그만큼 습관을 변화하는 것은 삶과 인생을 전부 변화할 수 있기 때문이다.

남자는 열정을 갖고 몰입한다.

　남자의 몰입은 열정을 갖고 좋아하고 재미있는 대상에 집중하는 심리이다. 따라서 남자는 여러 가지 대상에 몰입할 수 있는데, 각각의 몰입의 정도는 다르다. 하나의 대상에 몰입하는 것과 연계되어 함께 몰입이 되는 경우에는 함께 몰입이 된 것처럼 인식이 되지만 실제로는 그 대상을 모두 분리하여 몰입된다. 그래서 남자는 무엇을 하든 몰입된 대상에 대하여 분리하여 실행하는 것은 잘 하지만, 한꺼번에 동시에 실행하지 못한다. 또한 분리되어 몰입하는 것의 우선순위에 의하여 몰입한 대상에 대하여 시간에 차등을 두면서 분리하여 몰입한다. 즉 몰입을 할 때 시분할(Time sharing)을 함으로써 아무리 시간이 부족하더라도 다양한 대상들에 모두 몰입할 수 있는 것이다.

　남자는 어떠한 것이든 몰입을 한 번 하게 되면, 대상이 다양해지는 것일 뿐이고, 습관을 통하여 몰입하는 방법을 무의식으로 표현한 것이다. 그래서 특정한 대상에 몰입하기 위하여 의도적인 노력을 하기보다는 즐겁고 재미있는 다양한 대상에 자연스럽게 몰입할 수 있도록 무의식으로 몰입하는 습관을 갖는다. 이렇게 형성된 몰입의 습관은 마음에서 심리의 기준에 부합된다. 이와 같이 몰입하는 것이 습관으로 형성되면 다른 대상에도 쉽게 몰입할 수 있다.

남자는 감정기억에 의하여 즐겁고 재미있는 긍정기분을 잘 기억한다. 그래서 즐겁고 재미있는 것에 몰입을 잘 하고, 즐겁지 못하고 재미가 없으면 몰입을 하지 못한 채 싫증을 느낀다. 따라서 남자가 몰입을 할 수 있도록 하려면 우선은 즐겁고 재미가 있어야 하고, 이 몰입을 유지하기 위해서는 즐거움과 재미를 지속적으로 유지되어야 한다. 이때 즐거움과 재미는 현실적인 것과 미래적인 상상도 포함이 되기 때문에 비록 현실적으로는 즐거운 일이 아니거나 재미가 없더라도 긍정적인 미래를 상상함으로써 즐거움과 재미를 가질 수 있다는 확신을 갖게 되면 몰입을 할 수 있다. 따라서 남자가 몰입하기 위해서는 처음에는 재미있고 즐거움의 긍정기분을 갖고 지속함으로써 자신이 몰입된 대상을 좋아한다고 생각하고 자신을 정당화하기 위하여 자기를 합리화한다.

이와 같이 남자는 몰입의 대상이 분리되어 있듯이 몰입의 대상에 따른 긍정기분도 분리되어 있어서 하나의 몰입 대상에서 문제가 발생하면, 문제가 발생된 몰입의 대상만 제거하고, 다른 몰입 대상에는 계속 몰입한다. 따라서 남자는 여러 가지 다양한 대상에 몰입하기 때문에 재미있고 즐거운 대상에 쉽게 몰입하게 되면서 다양한 중독에 노출되어 있지만, 몰입된 특정 대상과 함께 연계하여 몰입되는 현상이 없기 때문에 특정한 중독이 확대되지 않는다. 이 모든 몰입은 습관에 의하여 형성된다.

여자는 사랑을 갖고 몰입한다.

여자는 좋아하거나 사랑하는 감정을 갖고 있는 하나의 대상에 몰입하는

데, 여러 대상에 동시에 몰입하는 남자와는 달라서 몰입된 하나의 특정한 대상을 중심으로 하여 특정한 대상과 함께하는 다양한 대상에 몰입한다. 남자와 같이 여러 가지를 동시에 몰입한 것처럼 인식이 되지만, 실제로는 하나의 대상에 몰입하고 이 대상을 중심으로 여러 가지 대상에 몰입한다. 그래서 여자는 하나를 중심으로 여러 가지를 한꺼번에 동시에 실행하는 것을 잘 하지만, 각각으로 분리되어 실행하는 것은 잘 못하는 것이다. 또한 하나의 대상을 중심으로 몰입된 여러 가지를 우선순위로 정하여 함께 몰입하고 자신의 시간에 맞추어서 몰입되는 대상을 조절한다. 그래서 대상분할(Object sharing)을 잘 함으로써 시간이 부족하게 되거나 몰입의 중심이 되는 핵심과 연계가 되지 않을 경우에는 몰입을 할 수 없게 된다.

여자는 몰입을 할 때마다 새롭게 인식하기 때문에 남자와 같이 한번 학습을 하였다고 하여 무의식적으로 다른 대상에 몰입되지 않는다. 따라서 사랑의 감정으로 몰입할 하나의 대상을 찾고, 이 하나를 중심으로 하여 함께 연관되는 여러 대상에 몰입하는 것은 그때마다 새롭게 만들어지게 되고, 몰입하기 위해서는 습관이 중요하며 이를 위해서는 의식적인 노력을 해야 한다. 즉 새로운 몰입의 대상을 찾고자 하는 것을 습관화하게 되면, 몰입의 중심이 없어지게 되었을 때 즉시 몰입의 중심이 될 대상을 새롭게 찾는다. 특히 여자는 즐거움과 재미보다는 마음의 충족감을 가질 수 있는 좋아하는 감정과 사랑의 감정을 갖는 대상에게 몰입을 잘 하기 때문에 마음을 위로하고 행복을 줄 수 있는 대상을 찾는 것이 쉽게 몰입하는 방법이다. 그래서 여자는 사랑과 행복이 중요한 것이다.

여자가 몰입을 할 때는 처음에는 하나의 대상을 좋아하거나 사랑하는 긍정 감정을 갖고 지속함으로써 몰입된 핵심대상과 함께 연관성을 갖는 여러 가지

대상에 몰입하면서 재미와 즐거움을 갖는다고 자기 자신을 합리화하게 된다.

여자는 감정기억체계에 의하여 마음의 위로와 행복감을 줄 수 있는 것(역으로 말하면 상처, 슬픔, 아픔, 고통 등을 치료하였을 때의 긍정감정으로 인식되는 느낌)에 대하여 기억을 잘 한다. 그렇기 때문에 마음에 행복을 줄 수 있는 것에 몰입을 잘 하고, 마음에 행복을 주지 못하면 몰입하지 못한다.

따라서 여자가 몰입을 할 수 있도록 하려면 우선은 마음의 상처, 슬픔, 아픔, 고통이 무엇인지 분석하여 이를 위로하고 행복하게 할 수 있는 대상이 무엇인지를 찾아야 한다. 또한 이 몰입을 유지하기 위해서는 마음에 위로와 행복을 지속할 수 있도록 해야 한다. 이때 마음의 위로와 행복은 현실적인 것이 되어야 몰입을 쉽게 할 수 있고, 미래 또는 상상으로 마음의 위로와 행복을 갖도록 하는 것은 별 소용이 없다. 여자에게 마음에 위로와 행복을 줄 수 있는 가장 강력한 몰입이 바로 남자에 대한 사랑이고, 그 남자는 몰입의 핵심대상이 된다.

이와 같이 여자는 하나의 핵심 대상에 몰입한 후, 핵심대상과 함께 하는 여러 대상에 몰입하기 때문에 몰입의 모든 대상에 대한 감정이 분리되지 않고 하나로 통합되어 있다. 그래서 몰입된 핵심대상을 포함하여 핵심대상과 함께 몰입된 여러 가지의 대상 중 어느 하나에 문제가 발생하면, 몰입된 핵심대상도 동일하게 문제가 발생한다. 따라서 여자는 하나의 대상에 몰입한 후에 여러 가지의 다양한 대상에 몰입하기 때문에 사랑하는 감정을 갖지 않으면 몰입이 되지 않게 되어 특정한 대상에 대한 중독으로 쉽게 노출되지 않지만, 몰입 된 핵심 대상에 중독되면 핵심 대상과 함께 다양하고 많은 대상에 쉽게 중독되면서 중독이 확대되기 쉽다. 그래서 여자는 핵심 대상에 의하여 심리가 좌우되는 특징을 갖는다.

5
심리의 과유불급

과유불급(過猶不及)이라는 말은 논어의 선진편에 나오는 말로써 '지나친 것은 미치지 못하는 것'과 같다는 말이다. 다시 말하면 '과한 것은 없느니만 못하다'는 뜻이다. 긍정감정이든 부정감정이든 어느 하나로 과하게 치우치면 문제가 발생한다.

긍정감정으로 너무 치우쳐져 있으면 부정감정으로 치우쳐진 것과 별 다를 것이 없다. 이는 심리대칭이론과 동일하고, 넘치는 것을 경계하라는 뜻이다. 부정감정으로 넘치든, 긍정감정으로 넘치든 심리에는 좋지 않다. 이것이 심리장애의 원인이다.

마음은 태어날 때부터 죽을 때까지 변하지 않기 때문에 과유불급이 적용되지 않는다. 그러나 인식심리, 기억심리, 표현심리가 어느 하나의 감정으로 치우치면 과유불급이 발생한다. 심리작용의 과유불급, 상처의 과유불급, 표현의 과유불급, 성행동의 과유불급, 대화의 과유불급 등은 모두 심리장애를 유발하는 원인이 된다. 따라서 너무 많은 것은 없느니만 못하다.

심리작용을 할 때 자기중심으로만 심리작용을 한다든가 아니면 상대중심으로만 심리작용을 한다든가 하면 심리작용의 과유불급이 발생했다는 뜻이다. 이처럼 너무 많은 것도 심리장애고, 너무 없는 것도 심리장애이다. 이는 남자와 여자가 똑같다. 남자는 긍정기분을 기억하지만 긍정기분이 너무 많아도 심리장애고, 너무 없어도 심리장애이다. 또한 여자는 부정감정을 기억하지만 부정감정이 너무 많아도 심리장애고, 너무 없어도 심리장애가 된다.

남자든 여자든 적당히 있는 것이 심리안정이다. 남자는 즐거움과 재미를 적당히 추구하는 게 가장 좋고, 여자는 상처를 적당히 가지고 있는 게 가장 좋다는 말과 같다. 이 두 개가 합쳐져야 인간의 희로애락이 결합하면서 행복을 만들어 갈 수 있다.

심리의 과유불급은 대체적으로 성격과 관련된다. 심리는 인식심리, 기억심리, 표현심리가 있다. 이 심리가 상호 작용할 때는 인식, 기억, 표현이 핵심이다. 이때 어느 하나의 일방으로 치우치는 것을 심리의 과유불급이라고 한다.

인식심리가 작용하면 다섯 개의 감각기관으로 정보를 받아들이는데, 어느 하나로만 집중되면 문제가 생긴다. 표현심리가 작용할 때 말과 행동과 표정이 어느 하나로만 일방적으로 표현되어도 문제가 발생한다. 또한 기억할 때도 어느 하나로 편향되면 문제가 생긴다. 심리가 작용할 때 긍정 또는 부정 중 어느 특정한 감정으로 치우쳐지는 경우에는 심리장애라고 한다. 이와 같이 감정의 과유불급이 발생하면, 인간의 심리는 장애가 발생한다.

이와 같이 과유불급이라는 것은 넘치는 것을 경계하라는 뜻으로서 너무 많은 것은 없느니만 못하다는 뜻이다. 심리의 과유불급은 인식과 기억과 표현이 너무 넘친다는 것은 없는 것보다 못한 것이다. 인식이 너무 과다하거나, 기억이 너무 과다하거나, 표현이 너무 과다하면 마음의 의식과 무의식이 문제를 유발한다. 인간의 마음은 태어나서부터 죽을 때까지 변하지 않고 작용하도록 만들어져 있기 때문에 마음을 보호하도록 만들어져 있다. 그런데 심리에 과유불급이 발생하게 되면 인간의 마음은 자체적으로 마음을 보호하기 위하여 과유불급이 발생한 심리에 장애를 일으킨다. 마음에 의하여 심리에 장애가 발생하는 것이다. 그래서 자신이 왜 심리장애가 발생하였는지 모른다.

인식이 과하면, 인식심리를 장애로 만든다. 그래서 의식과 무의식이 정상적으로 작용하게 된다. 또한 상처의 감정을 너무 많이 기억하고 있어서 무의식이 처리를 제대로 하지 못하게 되면 기억심리를 장애로 만든다. 그래서 더 이상 감정기억을 못하도록 만드는데 이것이 감정기억장애이다. 상처의 감정을 더 이상 기억하면 안 되기 때문이다. 더 이상 상처를 받지 말고, 기억하지 않도록 감정기억을 차단시키는 것이 감정기억장애이다. 감정기억장애는 상처가 과해지는 것을 예방하는 안전장치이다.

따라서 심리장애를 좋다 나쁘다고 판단하면 안 된다. 감정기억장애의 경우 상처를 더 기억하면 무의식이 오작동을 일으켜서 인간으로서 살아갈 수 없을 수 있기 때문에 '이 정도 수준을 넘어가면 안 돼.'라고 마음이 보호하는 것이다. 이렇듯이 심리장애는 마음을 보호하기 위해서 스스로가 심리를 장애로 만드는 것이다.

인식장애는 인식이 너무 과해지게 되어서 인식되는 것을 예방하는 것이다. 원래는 그냥 모든 정보를 인식하였지만, 인식장애가 발생하면 더 이상 인식되지 못하도록 인식심리를 장애로 만드는 것이다. 결국 인식장애는 마음을 보호하기 위하여 너무 과도하게 인식되는 것을 차단하는 것이다.

표현이 과해지면 무의식이 처리할 때 문제가 발생한다. 그래서 표현이 과해지지 못하도록 마음이 어느 하나로만 집중되도록 만든다. 이것이 표현장애이다. 따라서 표현장애는 표현이 더 이상 확대되는 것을 예방하기 위하여 하나로만 표현하도록 하는 것이다. 이 모두가 심리장애이다. 이 심리장애는 심리의 과유불급 때문에 생겼다. 그래서 너무 많은 것은 없는 것만 못한 것인데, 심리의 과유불급은 너무 많아지게 돼서 심리에 장애를 일으킨 것이다.

심리장애라고 하여 심리가 나쁜 것이 아니라, 마음에서 문제를 유발할 수 있을 만큼 과도해지는 것을 예방하기 위하여 심리를 장애로 만드는 것이다. 그래서 인식장애, 감정기억장애, 표현장애 등을 나쁘게만 생각하지 말아야 한다. 이때 심리가 정상적으로 작용되도록 치료하면 된다.

심리장애가 나쁘다고 생각하면 치료를 하지 못한다. 심리장애는 병이 아니다. 마음을 보호하기 위하여 심리를 장애로 만든 안전장치이고, 심리장애를 치료하라는 신호로 볼 수 있다.

불치병에 걸린 사람이 있을 때, 현대 의학으로는 치료할 수 없고, 미래에 치료법이 있을 때 치료하기 위하여 냉동인간을 만든다는 이야기가 있다. 이때 냉동인간이 되는 것은 모든 생명을 일시에 멈추도록 하고, 보존하는 것이다. 그래서 미래에 치료법이 개발되면 비로소 본래의 모습으로 회복하여 불치병을 치료하는 것이다. 이와 같이 심리장애는 마음이 원리를 이해할 때까지 기다리는 것이다. 분명히 심리장애가 치료될 때가 올 것이고 치료를 하라고 신호를 보내는 것이다. 이 원리를 알면 자가 면역력과 자가 치유법을 가지고 있다는 것을 알게 된다.

마음은 의식과 무의식의 작용이 정상적으로 작용하도록 심리의 장애를 일으킨다. 심리장애가 발생하였다는 것은 굉장히 많은 것이 작용하고 있었다는 것이다. 그래서 과도하게 많이 작용되는 것을 막기 위하여 심리장애가 발생한 것이다. 인식이 과도하게 되면 인식을 작용하지 못하도록 인식장애가 발생하고, 감정기억이 과도하게 되면 감정기억을 하지 못하도록 감정기억장애가 발생하며, 표현이 과도하게 되면 표현을 하나로만 하도록 표현장애가 발생한다.

심리의 과유불급이 발생하면 마음에서 심리장애를 만든다. 그래서 심리장애는 심리의 과유불급을 경계를 하고 있다는 신호이다. 그래서 심리장애가 치료될 때까지 마음은 특정한 심리를 장애로 만드는 것이다. 스스로의 마음이 자신에게 장애가 발생한 심리를 치료해달라고 신호를 보내는 것이다. 이것이 심리장애이다.

따라서 심리장애는 부끄러워할 것이 아니라, 위대하고 뛰어난 마음의 치료능력이다. 이에 따라 심리장애를 유발하는 심리의 과유불급은 매우 중요하다.

제5장

습관과 성격

심리는 인식심리, 기억심리, 표현심리로 구분하고, 마음은 심리의 기준으로 의식과 무의식을 작용시켜 행복을 추구할 수 있도록 감정을 통제한다. 무의식은 마음에 의하여 표현하거나 생각하도록 하고, 의식에 의하여 일정하게 패턴으로 형성된 무의식이다. 또한 습관은 인식의 습관, 기억의 습관, 표현의 습관, 생각의 습관으로 작용하면서 인식심리, 기억심리, 표현심리가 작용되도록 한다.

성격심리는 습관의 결과로 발생하는 표현심리이기 때문에 성격심리보다는 습관을 정확히 분석하는 것이 중요하다. 습관의 결과로 나타난 말, 행동, 표정, 생각을 분류한 것이 성격심리이다. 그래서 사실상 성격심리는 습관에 의하여 표현된 결과일 뿐이고, 심리라고 할 수 없다.

습관은 개인마다 생애기간 동안 형성되는 것이 모두 다르기 때문에 심리장애에서 습관을 분석하는 것은 필요하다. 또한 성격은 습관과 감정의 결합으로 나타난 결과이기 때문에 성격에 대해서는 별도로 논하지 않지만, 성격이 어떻게 형성되었는지는 알 필요가 있다. 따라서 성격심리보다는 사실상 습관과 감정을 분리하여 상호 작용되는 원리를 알아야 한다. 즉 성격은 습관과 감정에 의하여 결정되는 것으로 성격문제의 원인이 습관 또는 감정의 문제이기 때문에 성격문제를 거론할 때는 성격보다는 습관과 감정을 정확히 분석해야 한다.

마음은 심리의 기준으로써 의식과 무의식이 작용한다. 그래서 마음은 습관을 통해서만 인식심리, 기억심리, 표현심리를 작용하도록 한다.

사람들은 대체적으로 성격은 변화할 수 없다고 하는데, 실제의 성격은 습관과 감정의 결합으로 나타나는 결과이기 때문에 습관 또는 감정의 변화를 통하여 성격은 변화된다. 따라서 성격장애 또는 성격문제로 발생하는 모든 심리장애는 문제가 되는 성격과 대응되는 습관의 변화 또는 감정의 변화를 통하여 치료할 수 있다.

기존의 심리이론에서는 마음과 습관을 통합하여 무의식으로 해석하고 있는데 이는 마음이 습관을 통하여 표현되기 때문이었다. 이로 인하여 습관으로 표현되는 생각과 행동에 초점을 맞추고, 이에 대한 연구를 지속하였기 때문에 습관으로 표현되는 문제 하나만을 해결할 수밖에 없었다. 그래서 심리장애를 치료하는 것이 어려웠고, 습관으로 나타나는 하나의 문제만을 해결하기 위한 이론과 치료방법이 연구되었던 것이다. 이는 마음과 습관을 구분하지 않고, 심리의 기준인 마음과 심리가 작용하는 원리를 알지 못했기 때문에 마음에 대한 연구가 없었으며, 습관에 의하여 나타나는 현상만을 치료하려고 한 결과였다.

따라서 마음은 의식과 무의식으로 분리하고, 심리는 인식심리, 기억심리, 표현심리로 분류하는 것이 필요하다. 마음에서 행복을 추구하는 심리의 기준으로 인식심리, 기억심리, 표현심리가 작용하는 원리를 알게 되면 심리장애를 치료하는 획기적인 전환점이 될 것이다.

1
습관의 형성

　성격은 습관과 감정이 함께 표현되어 나타난다. 특히 습관을 만드는 과정에서 성격도 변화되는 것을 증명할 수 있다. 습관을 만들 때는 부정감정이 발생한다. 의식에 의하여 의도적으로 표현하기 때문이다. 그래서 부정감정이 없어지고 긍정감정을 갖게 될 때까지 의지를 갖고 노력해야 한다.
　의식은 학습과 경험의 지식, 다양한 환경과 상황에서 심리가 작용을 할 때, 의식에 의하여 의도적으로 기억하기 위한 노력을 하면 습관이 형성되지 않는다. 따라서 의식으로 습관을 만들 때는 의도적으로 기억하는 지식을 쌓기 위한 공부와 학습보다는 의식화되지 않는 환경과 상황에서 지속적인 경험이 중요하다.
　이 과정에서 발생하는 부정감정이 긍정감정으로 전환될 때까지 마음의 행복을 추구하는 심리의 기준에 의한 행동과 생각의 습관이 될 수 있도록 반복하는 것이 필요하다. 이렇게 만들어진 의식의 반복적인 행동과 생각은 처음에는 습관으로 형성되지 않아 익숙하지 않고, 어렵고 힘들어서 포기하고 싶을 만큼 부정감정이 만들어진다. 그러나 반복적인 경험을 통하여 부정감정이 점점 익숙해지고 편안해지면 긍정감정이 된다.
　변화의 과정에서 부정감정이 발생하게 될 때는 마음의 행복을 추구하기 위한 목표와 변화에 대한 의지를 갖고, 반복해야 한다는 노력을 지속하고, 이 의지와 반복적인 노력은 습관을 만드는 가장 중요한 의식의 결과이다. 긍정감정이 지속적으로 형성되면 비로소 습관이 새롭게 만들어진다.

습관이 새롭게 만들어지면 의식은 습관에 영향을 받아서 변화하면서 의식도 새롭게 만들어진다. 이와 같이 습관을 새롭게 만든다는 것은 자신의 의식과 무의식을 새롭게 형성하는 것과 같고, 이는 심리장애의 치료와 심리문제를 해결하는 중요한 핵심개념이다.

또한, 습관에 의한 표현으로 인하여 부정감정 또는 긍정감정이 발생하는데, 습관과 감정이 결합되면서 성격이 나타난다. 따라서 습관과 감정은 성격의 요소이고, 습관의 변화 또는 감정의 변화를 통하여 성격은 변화할 수 있다. 이렇게 성격을 변화하기 위해서는 습관을 새롭게 만들어야 하며, 습관을 만들기 위해서는 마음과 심리가 작용하는 원리를 정확히 알아야 한다. 이는 심리장애의 치료와 인간관계의 문제를 해결하는 방법이다.

습관은 무의식으로 작용한다. 습관에 의하여 성격이 형성되는데, 새로운 습관을 만드는 것이 아니라 바꾸려 하면 기존의 습관을 제거한 후 바꾸고 싶은 새로운 습관을 만들어야 한다. 그래서 사람들은 '~를 하지 마' 또는 '그만 해.'라고 하면서 좋지 않은 습관이나 성격에 대하여 제거하라고 한다. 이때 무의식인 습관을 제거하면 무의식의 작용이 멈추게 되는데, 이는 죽어야 가능하다. 따라서 습관을 제거하라고 하는 것은 죽으라고 하는 것과 같다. 이것이 습관의 제거이론이고, 현실적으로 불가능하다. 습관은 제거할 수 없고, 제거되어서도 안 된다. 무의식은 죽는 날까지 쉬지 않고 작용하기 때문에 습관을 멈추라고 하거나 제거하라고 하지 말아야 한다.

그래서 습관을 변화하기 위해서는 습관을 제거하지 말고 기존의 습관을 대체할 수 있도록 새로운 습관을 만들어야 한다. 새로운 습관을 만들면 기존의 습관을 기억으로 전환하고 대체한다. 기억된 과거의 습관은 필요할 때 의식적으로 기억하여 사용할 수 있기 때문에 기존의 습관은 없어진 것이 아니다. 따라서 습관은 많을수록 자산이라 할 수 있다. 많을수록 다양한 기준을 갖게 되고 장점이 된다.

습관의 이중성

 습관은 이중적으로 작용한다. 습관은 감정에 의해서 장점과 단점으로 작용하는데, 장점은 좋은 습관이고 단점은 나쁜 습관이다. 장점은 긍정감정을 유발하여 좋게 작용하고 있지만, 단점은 부정감정을 유발하여 나쁘게 작용한다.
 습관과 감정이 결합하여 성격이 형성되는데, 긍정감정일 때는 좋은 성격이 되고, 부정감정일 때는 나쁜 성격이 된다. 긍정감정과 부정감정은 같은 크기로 존재하기 때문에 하나의 습관에 부정감정 또는 긍정감정이 결합되느냐에 따라 이중적인 성격이 나타난다.
 매우 자상한 사람은 매우 폭력적일 수 있다. 가해의 심리와 피해의 심리가 같다. 그래서 습관을 고려할 때는 부정감정의 크기와 긍정감정의 크기가 습관을 중심으로 공존하고 있다는 사실이다. 이것이 습관의 이중성이다.
 인간은 누구나 습관을 가지고 있다. 좋은 것만 보고서 나쁜 것을 생각할 수 있다. 좋은 것만 보다가 나중에 나쁜 것이 나타나면 사람이 변했다고 생각하는데, 실제로는 하나의 습관을 중심으로 좋은 것을 볼 때는 긍정감정이 작용한 것이고, 나쁜 것이 나타난 것은 부정감정이 작용한 것이다. 이를 모르기 때문에 스트레스와 상처를 받는다.

성격은 반드시 정반대가 존재하고 있다. 정반대의 이중성이 습관에서 작용하고 있다. 감정에 따라서 정반대로 작용된다. 그러나 모두가 같은 습관이다. 그래서 습관은 감정에 의하여 장점과 단점으로 나타나기 때문에 인간에게는 습관의 이중성이 존재하고 있다.

좋은 감정을 느끼면 장점이고 나쁜 감정을 느끼면 단점이다. 이 장점과 단점은 바라보는 사람의 관점에 따라서 달라질 수 있다. '나는 이런 단점이 있어, 그래서 다른 사람도 틀림없이 단점으로 볼 거야.'라고 생각하는 것은 왜곡된 생각이다. 나는 단점이라고 생각할지 몰라도 다른 사람은 장점으로 인식할 수도 있다. 그런데 사람들은 자기의 단점에 대하여 다른 사람도 모두 단점으로 볼 것이라 생각한다. 이는 자기 생각이고 이 생각이 맞을 확률은 매우 적다.

관점에 따라서 감정이 다르기 때문에 장점과 단점이 다르게 느껴진다. 그래서 장점을 가지고 있고 해서 반드시 장점으로만 작용하지 않는다. 단점이 항상 공존한다. 또한 단점이 있다고 해서 무조건 단점을 없애려고 하지 말아야 한다. 단점을 없애려고 하면 부정감정을 긍정감정으로 전환하든지 습관을 변화하면 되는데 이때 습관을 변화하면 기존에 단점과 함께 있었던 장점도 사라진다. 가장 큰 장점이자 능력이 사라지는 것이다.

대단한 능력을 가진 사람은 정반대의 나쁜 단점도 존재한다. 그래서 습관을 없애는 것은 매우 신중해야 한다. 감정을 변화하는 것은 단점을 장점으로 전환하는 것이지만, 습관을 변화하는 것은 장점과 단점을 모두 제거하는 것이다.

2
습관의 변화

　기존에 형성되어 있던 습관을 대체하는 새로운 습관이 형성되면, 습관의 우선순위가 변화한다. 새로운 습관이 만들어졌다고 해서 기존의 습관이 없어지는 것이 아니라, 우선순위가 변화하여 기존의 습관은 기억으로 전환하고, 의식에 의하여 필요한 경우에는 언제든 활용할 수 있다. 즉 새롭게 형성된 습관이 기존의 습관보다 우선적으로 작용하고, 기존의 습관이 없어진 것과 같은 현상이 나타나며, 스스로는 변화된 것을 의식으로 자각하지 못한다.

　습관은 말과 행동으로 표현하고, 생각에 의하여 의식으로 자각되도록 한다. 성격은 습관의 작용에 감정이 결합되었을 때 나타나기 때문에 성격심리와 습관의 작용은 같다고 할 수 있으며, 습관의 결과로 나타나는 것이 성격심리이다.

　습관이 새롭게 만들어지면 기존의 습관이 없어지고 새롭게 만들어지는 것이 아니라 기존의 습관이 새롭게 만들어진 습관으로 대체된다. 이는 기존의 습관이 완전히 사라지는 것이 아니고, 의식으로 전환되어 기억하게 되면서 무의식인 습관이 없어진 듯이 보인다. 그러나 실제로는 환경과 상황에 따라서 의식에 의하여 자각될 수 있기 때문에 의도적인 생각으로 조절이 가능하다. 따라서 새롭게 만들어진 습관은 평상시에 마음과 심리를 조절하지만, 대체된 기존의 습관은 의식의 자각에 의하여 필요한 경우에만 사용된다.

습관을 만드는 것은 의식적으로 지식을 쌓는 것과 다르다. 새로운 습관을 만들면 기존의 습관은 의식으로 전환하여 기억하여 우선순위를 변경하기 때문에 항상 마지막에 만들어진 습관만 작용한다.

습관은 학습과 경험에 의하여 지식을 만드는 것과 같이 순차적으로 만들어지는 것이 아니라 기존의 동일한 습관이 대체된다. 따라서 습관을 만들 때는 정확한 목표의 습관을 결정하고, 이에 맞도록 의식을 이용하여 만들어야 한다. 습관이 새롭게 만들어지면, 만들어진 습관은 대응되는 기존의 습관심리에 대체되고, 이와 동시에 성격도 새로운 습관과 함께 만들어지는 새로운 감정이 결합되면서 이에 대응되는 기존의 성격에 대체되는 효과를 갖는다. 이와 같이 습관과 성격은 동시에 변화한다. 성격을 변화하기 위해서는 습관 또는 감정을 변화하면 된다.

습관은 변화할 때, 기존 습관을 없앤 후 새롭게 습관을 만드는 것은 불가능하기 때문에 기존의 습관을 그대로 두고 새로운 습관을 만들면, 기존 습관을 대체하여 마치 기존 습관을 없애고 새로운 습관을 만든 것과 같은 효과를 갖는다. 이는 의식에 의한 학습과 경험의 지식으로 변화하고자 하는 습관에 대한 목표와 변화의 의지를 갖고 반복적인 노력을 통하여 변화할 수 있다. 이와 함께 감정의 변화는 기존 감정기억에 대한 변화를 통하여 치료 또는 긍정감정을 갖도록 하는 방법과 습관에 의한 심리작용의 결과인 현재 감정을 변화할 수 있는 방법을 사용하여 감정조절의 능력을 갖는 방법도 있다.

인간은 습관의 변화 또는 감정의 변화를 통하여 성격을 원하는 대로 변화할 수 있기 때문에 생애기간 동안 형성된 습관과 성격이 중요한 것이 아니라, 잘못되거나 문제가 된 습관과 성격을 의식으로 자각하고, 새로운 습관심리와 성격으로 변화하려는 노력이 필요하다. 이때 습관의 변화와 성격의 변화에 대한 기준은 행복을 추구하는 심리의 기준에 맞도록 하면 된다. 또한 심리장애를 치료할 때, 습관과 성격을 변화하는 방법을 사용하면, 치료의 효과를 훨씬 높일 수 있으며, 행복을 추구하는 심리의 기준을 활용하면 모든 심리장애를 치료할 수 있다.

습관과 감정

습관과 성격이 동일하다는 것을 이해하였을 것이다. 습관에 긍정감정 또는 부정감정이 결합되면 성격이 되기 때문이다. 이를 구체적으로 살펴보면 성격은 습관에 대한 긍정감정의 관점에서 작용하는 것과 부정감정의 관점에서 작용하는 것이다. 즉 심리작용에서는 장점과 단점이 함께 공존하고 있고 성격의 장점과 단점은 결국 감정에 의하여 결정된다.

아이와 놀아주는 습관을 가진 남자와 아이와 놀아주는 습관이 없는 남자를 비교하면 아이와 놀아주는 습관을 가진 남자가 장점을 가지고 있다. 그러나 아이와 놀아주는 습관심리를 가진 남자가 부정감정을 갖고 있다면 아이와 놀아주는 과정에서 짜증, 화, 폭언, 폭력으로 부정감정이 표현될 수 있다. 만약 그렇다면 아이와 놀아주면서 부정감정이 그대로 표현되어 아이에게는 최악의 성격을 가진 남자가 된다. 또한 긍정감정을 갖고 있는 경우에는 아이와 놀아주면서 자상하고, 즐거워하고, 행복해 하면서 아이와 놀 때는 최고의 성격을 가진 남자가 된다.

습관은 감정에 의하여 항상 동일한 크기의 장점과 단점을 갖고 있기 때문에 습관을 변화할 것인지, 감정을 변화할 것인지를 결정해야 한다. 단점인 게으른 성격과 장점인 부지런한 성격이 같은 습관에 의하여 나타나는 것이고, 장점인 원만한 인간관계의 성격과 단점인 편향적인 인간관계의 성격이 같은 습관에 의하여 나타나는 것이다. 이 상반되는 성격은 결국 습관과 함께 작용하는 장점의 긍정감정 또는 단점의 부정감정 중 어느 하나를 변화하면, 성격이 정반대가 된다. 이와 같이 하나의 습관은 감정에 따라서 장점과 단점이 함께 존재하고 있기 때문에 심리장애를 치료할 때 이를 반드시 적용해야만 한다.

같은 습관도 긍정감정과 부정감정에 따라서 다르게 작용하기 때문에 좋은 습관과 나쁜 습관이 공존하고 있다. 따라서 긍정감정일 때의 습관에 의한 행동과 생각은 장점이 되어 유익한 긍정감정을 만들게 되지만, 부정감정일 때의 습관에 의한 행동과 생각은 단점이 되어 해로운 부정감정을 만들게 된다. 따라서 최고의 장점은 오히려 최고의 단점이 될 수 있다.

이를 연구해 보면 최악의 반대에서는 최선이 존재하는 것과 같아서 나쁜 생각의 이면에는 좋은 생각이 존재하고, 나쁜 일을 했을 때의 이면에는 좋은 일을 할 수 있는 능력도 존재한다는 것이다. 따라서 문제의 원인을 찾아서 해결을 할 때는 우선적으로 문제의 이면에 존재하는 긍정의 힘을 분석하고 치료방법을 찾는 것이 중요하다.

인간관계에서는 습관을 어떻게 사용하느냐가 중요하다. 부정감정 또는 긍정감정 중 어떤 감정을 사용하는 것이 좋은지 알아야 하고, 이것이 자신과 상대에게 어떠한 영향을 미치는지 분석하여, 습관과 감정이 인간관계에 얼마나 중요한지를 분석해야 한다. 필요하다면 심리장애에 대한 대처하는 능력을 만들 수 있으며, 이는 심리장애의 분석과 치료를 할 수 있는 능력이 된다.

습관변화의 방법

습관을 변화한다는 것은 사실상 성격을 변화하는 것과 같다. 특히 습관은 마음과 심리가 함께 작용하는 역할을 한다. 습관에 의하여 인식심리, 기억심리, 표현심리가 작용하기 때문에 습관을 변화한다는 것은 인간관계와 행복에 매우 중요하다.

상대가 나쁜 습관 또는 나쁜 성격의 말과 행동과 생각을 하면, '하지 마라', '하면 안 된다', '그만 해라'와 같이 말한다. 특히 부모가 자녀들에게 많이 사용하는 말이다. 그러나 습관을 중단하라고 하는 것은 무의식이 작용하지 못하게 하는 것과 같다.

이론적인 습관의 변화는 기존의 습관을 없애고 새로운 습관을 만드는 것인데, 먼저 1)기존의 습관을 없애는 것은 의식적으로 많은 시간, 노력, 의지가 필요하고 2)새로운 습관을 만드는 것은 의식적으로 비교적 적은 노력이 필요하다. 즉 기존의 습관을 없애는 것은 새로운 습관을 만드는 것보다 수십~수천 배의 노력이 필요할 만큼 습관을 없애는 것은 새로운 습관심리를 만드는 것보다 훨씬 어렵다. 따라서 기존의 방법으로 습관을 바꾸는 것은 매우 힘들고 어려울 수밖에 없다.

기존의 습관을 없앤 후에 습관을 새롭게 만드는 방법은 치명적인 문제가 있다. 기존 습관을 없애면 새로운 습관을 만들 때까지 습관의 공백이 발생하기 때문에 이에 대한 대책이 없다는 것이다. 인간은 항상 의식과 무의식이 작용해야 하고, 무의식은 인식심리, 기억심리, 표현심리를 작용하도록 하는데, 습관의 공백은 생존을 할 수 없도록 하는 것과 같은 논리이므로 이 방법은 불가능하다.

기존의 습관은 이미 익숙하고 편안한 상황이기 때문에 제거하거나 변화할 때는 불편함, 어색함, 답답함, 짜증, 화 심지어는 폭력의 부정감정이 발생한다. 이것은 마음의 행복을 추구하는 심리의 기준에 위배가 되기 때문에 기존의 습관에 의하여 반발되는 표현이 나타나면서 익숙하고 편안함을 유지하려고 한다. 이로 인하여 습관을 제거 또는 변화하고자 할 때는 부정감정이 발생하는 것은 당연하다. 따라서 제거 또는 변화를 하고자 할 때는 의식적으로 변화하겠다는 의지를 갖고, 노력을 지속하면서 학습과 경험을 반복해야만 한다.

이와 같이 습관을 변화하고자 할 때, 기존의 습관을 제거하고 새롭게 만드는 방법은 많은 문제가 있고 비논리적이기 때문에 불가능한 방법이다. 따라서 다른 방법으로 습관을 변화해야만 한다.

습관과 성격을 변화할 수 있는 방법을 연구하면서 기존의 습관을 제거한 후 새로운 습관을 만드는 것은 불가능하고, 기존의 습관은 그대로 두고 새로운 습관을 만들면, 기존의 습관이 의식의 기억으로 전환되어 현실에서는 나타나지 않는 것을 확인하고 검증하였다.

또한 평상시에는 새로운 습관이 작용하고 의식에 의하여 필요한 경우에는 기존의 습관이 작용될 수 있다는 것을 발견하였다. 이는 새로운 습관을 만들면, 기존의 습관이 제거되는 효과와 동일하고, 의식에 의하여 기존의 습관을 조절할 수 있다. 즉 새로운 습관을 만들면 기존의 습관을 대체하여 기존의 습관을 없애는 것과 동일한 효과를 갖는다.

　습관을 변화하는 방법은 기존의 습관을 그대로 두고 새로운 습관을 만드는 것이다. 이는 새로운 습관을 만들 때 비교적 적은 시간, 노력, 의지가 소요되기 때문에 의식에 의하여 어렵지 않게 습관을 만들 수 있다. 따라서 습관을 없애는 것은 대체할 습관이 전혀 없기 때문에 부정감정이 훨씬 더 커지는 문제가 발생하여 습관의 공백을 만들지 않으려는 마음의 작용과 의식의 반발로 인하여 사실상 습관을 없애는 것은 불가능했다.

　오랜 세월 동안 형성된 기존의 습관을 바꿀 수 있는 방법을 연구해 보자. 무의식의 마음에너지에 의하여 습관이 작용하고, 이 습관에 의하여 말과 행동과 표정으로 표현하고, 의식으로 자각되어 느낀다. 이때 무의식에서 표현과 생각을 작용하도록 하는 것이 습관이다.

　습관을 바꾸려면 우선 말과 행동과 표정의 표현을 바꿔야 한다. 습관을 변화할 때는 의도적(의식적인 노력)으로 변화하려고 하면 습관은 바뀌지 않는다. 무의식인 습관을 바꾸어야하기 때문에 의미를 두지 말고 그냥 해야 한다. 가능하면 그냥 실천하고 잊어버리고, 그 후 다시 의식하면 다시 실천하고 잊어버리기를 반복하는 것이다.

　이렇게 의미를 두지 않고 그냥 반복하다 보면 습관이 형성된다. 기존의 습관을 바꾸려고 하면 마치 자신이 아닌 것처럼 느껴질 수 있다. 그렇게 내가 아닌 것처럼 느낄 때가 변화되는 것이다. 내가 아닌 것 같은 것을 그냥 하다 보면 어느 순간 내가 편하게 하고 있게 된다. 그러면 자신은 생각도 안 하고 있었는데 주변 사람들이 변했다고 이야기하면 비로소 바뀐 것을 느끼게 된다.

　스트레스와 상처로 힘들어하는 사람들에게 웃으라고 하면 대부분의 사람은 스트레스와 상처로 아프고 힘든데 왜 웃으라는 것인지 되묻는다. 그러나 웃으면 스트레스와 상처로 인하여 아프고 힘든 것이 해결된다. 그래서 습관을 만드는 가장 좋은 방법은 그냥 하는 것이다. 자신의 규칙을 정해 놓고 그냥 하는 것이다. 계획표를 만들고 난 후 의미나 이유를 갖지 말고 그냥 한다. '내가 이것을 한다고 변화될까?', '변한다고 달라지는 것이 있을까?', '변화하는 것이 무슨 의미가 있을까?' '이런다고 과거가 바뀔 것도 아닌데' 등과 같은 생각을 하지 않고 그냥 실천하고 잊는 것을 반복한다.

　이와 같이 그냥 실천하는 것을 반복하면 습관이 바뀐다. 즉 새로운 습관이 만들어진다. 이는 인지행동치료법 중에 가장 취약한 부분이다. 의도적으로 노력하면 의식이 작용되는 것이지 무의식이 작용되는 것이 아니다. 무의식으로 작용되면 의식하지 않고 그냥 실천해야 한다. 그러면 말과 행동과 표정을 어렵지 않게 바꿀 수 있다.

　마음교육은 인간의 마음과 심리가 작용하는 원리인 마음이론을 학습하여 의식으로 기억하고, 경험을 반복하여 습관을 만든다. 심리의 분석과 조절의 능력, 감정의 분석과 조절의 능력 등을 가질 수 있는 습관은 행복을 추구하는 마음의 기준에 맞추어져 있다. 마음교육은 심리장애를 치료할 때 심리의 기준을 이용하여 습관을 변화하면, 인식장애, 감정기억장애, 표현장애 등과 정신병증을 치료할 수 있다. 이 과정에서 마음에 의하여 행복을 위한 분석과 치료를 쉽게 할 수 있는 습관을 만들어서 행복한 삶을 살아갈 수 있도록 한다.

　이와 같이 습관을 만들 때는 비슷한 습관이라고 해서 하나씩 차례로 만들게 되면 맨 마지막에 만든 습관만 작용하고, 이전에 만들어진 습관은 의식에 의하여 조절해야 하는 불편함을 갖게 된다. 즉 무의식으로 작용하지 못하는 것이다.

마음교육은 마음과 심리가 작용하는 원리인 마음이론을 의식으로 학습한 후 지식으로 만들고, 이 학습된 지식을 통한 현실의 경험을 반복함으로써 새로운 습관을 만든다. 이 새로운 습관은 기존의 습관을 대체함으로써 마음과 심리가 새로운 습관을 통하여 작용하도록 한다. 학습과 경험에서 마음이론을 의식하면, 습관으로 전환되지 못한 채 의식에 남아 있게 된다. 따라서 마음이론을 학습하여 지식을 만드는 것이 중요한 것이 아니라 반복적인 경험을 통하여 습관을 만드는 것이 중요하다.

마음이론을 학습한 후 현실의 경험을 반복하여 새로운 습관으로 만들 때, 기존의 습관에 의하여 부정감정(불편함, 어색함, 답답함, 짜증)이 발생하는데, 이 부정감정은 반복적인 경험을 방해하는 요인이 된다. 따라서 이 부정감정을 극복하여 긍정감정(편안하고 좋은 감정, 습관이 형성되었다는 뜻)이 될 때까지 의지를 갖고 노력해야 한다. 부정감정은 새로운 습관을 만들 때 반드시 나타나는 방해요소이다. 또한 마음이론을 학습한 지식은 반복적인 경험을 통하여 습관으로 형성된다. 습관이 만들어지면 마음이론을 학습한 지식의 의식은 습관으로 전환하면서 마음과 심리가 새로운 습관에서 작용하면서 마음이론은 의식하지 못하게 된다. 그렇기 때문에 마음이론에 대한 지식을 쌓으려고 이론을 공부하고 분석하는 것보다는 읽고, 보고, 듣고, 느끼는 경험으로 전환하는 것이 필요하다.

새로운 습관이 형성되면 기존의 습관은 없어지는 것이 아니라 새로운 습관으로 대체된다. 기존의 습관은 남아 있지만 외부표현이 되지 않고, 의식으로 전환되어 상황과 환경에 의하여 의식으로 나타날 수 있다. 따라서 새로운 습관을 만들 때는 반드시 기존의 습관과 새로운 습관의 장점과 단점을 분석해야만 한다.

습관은 감정에 따라서 장점과 단점이 달라지기 때문에 단점이라고 무조건 없애는 것은 자칫 장점을 없애는 결과를 초래할 수 있다. 따라서 대체되는 새로운 습관의 장점과 단점과 기존 습관의 장점과 단점을 분석해야 한다. 그리고 성격은 습관과 감정이 결합된 것으로서 성격을 변화하려면 습관이나 감정을 변화하면 된다.

이렇게 습관을 변화할 때 남자와 여자의 차이가 나타난다. 남자는 말부터 변화시켜야 하고 여자는 표정부터 변화시켜야 한다. 그렇게 되면 서로에게 저절로 영향을 주게 된다. 남자에게 말부터 바꾸는 이유는 말 한마디로 인생의 가치가 결정되기 때문이다. 그래서 여자는 상대의 말을 관심과 위로로 받아들이고 매우 중요하게 인식한다.

반면 남자는 표정을 중요하게 인식하기 때문에 여자는 말보다는 표정으로 웃기만 하면 남자에게는 그냥 웃는 것이 곧 대화이다. 그냥 웃고 있으면 남자가 먼저 다가와서 미안하다는 말을 건네고 여자가 듣고 싶었던 이야기를 한다. 그런데 대부분의 사람들은 기분이 나쁘면 무의식이 먼저 작용하기 때문에 여자는 표정부터 안 좋아지고 남자는 말부터 안 좋아진다. 그 사람이 스트레스를 받았는지 아닌지 알고 싶다면, 남자에게는 말을 해 보면 알고, 여자는 표정을 보면 알 수 있다. 표현의 방법에는 말과 행동과 표정이 있는데, 행동은 그리 중요하지 않다. 행동은 말 또는 표정에 의하여 저절로 작용한다. 여자는 표정에 의하여 행동이 작용하고, 남자는 말에 의하여 행동이 작용한다. 습관을 변화하고자 할 때 중요한 것은 그냥 해야 한다는 것이다. 의도적으로 생각할수록 큰 스트레스가 발생하기 때문에 절대 변화되지 않는다.

만일 말을 많이 한다든지 욕을 많이 한다든지 할 때, 어떻게 무의식으로 바꿀 수 있을지 생각해 보자. 그냥 말하지 않는 것으로 바꿀 수 있을까? 그렇지 않다. 이럴 경우에는 가능하면 좋은 말, 상대에게 맞춰 주는 말을 해야 하는데 이는 의식으로 인하여 큰 스트레스가 발생한다. 이때 어떤 의미를 두지 말고, 어떤 생각도 하지 말고 그냥 실천한다. 상대가 뭐라고 하든 말든 상관없이 그냥 실천하는 것이다. 그러면 다른 사람들이 볼 때는 마치 미친 것처럼 보인다. 아무리 생각해 봐도 자신도 미친 것처럼 보인다.

욕을 잘하던 사람이 의식적으로 계속 좋은 말을 한다고 할 때 무의식적으로 말(욕)을 할 수도 있는데, 그러면 의도적으로 억압한 욕이 더 강하게 나타날 수 있다. 이럴 때도 그냥 변화의 과정이라고 생각하고 다시 또 그냥 실천하면 된다.

남자의 습관변화

남자가 변화되는 방식과 여자가 변화되는 방식은 조금 다르다. 변화의 과정을 총 10단계로 보았을 때, 1단계부터 시작하여 10단계까지 가야만 완벽하게 습관이 형성되고 변화되어 무의식이 만들어진다고 가정해 보자.

남자는 1단계에서 변하는 노력을 시작한다. 1단계에서 노력하여 2단계까지는 진행되었는데, 무의식의 작용에 의하여 예전의 습관이 작용하면 처음 1단계로 돌아간다. 그래도 다시 노력하면 2단계까지는 쉽게 갈 수 있고, 좀 더 노력하면 3단계까지 간다. 2단계까지는 경험이 있기 때문에 비교적 어렵지 않게 도달한다.

그렇게 3단계까지 갔다가 다시 예전의 습관이 작용하면 다시 처음의 1단계로 돌아간다. 이렇게 10단계가 되기 전까지는 과거의 습관이 작용하면 무조건 처음의 1단계로 돌아간다. 그러다 문제가 생기면 다시 돌아가고, 다시 노력하고, 다시 돌아가고, 다시 노력하고, 그렇게 9단계까지 갔다. 그런데 다시 문제가 생겨 1단계로 돌아가고, 다시 노력해서 드디어 10단계에 도달하면 그때서야 변하게 된다.

그래서 남자는 어느 날 갑자기 변한 것처럼 보인다. 하지만 남자는 변화가 될 때까지 부단한 노력을 그냥 계속 반복한 것이다. 따라서 '나는 노력해도 안 되는구나' 하는 생각을 하더라도 그냥 다시 노력하는 것이 매우 중요하다.

남자는 스트레스가 작용할 때마다 과거의 습관이 작용하면서 처음으로 돌아가기 때문에 노력의 과정에서는 변한 것이 전혀 없는 것같이 보이고, 노력의 결과에서는 순식간에 변한 것처럼 보인다. 그래서 남자는 설령 예전의 습관이 나타나도 그냥 실천하는 것이 중요하다.

처음으로 돌아갔다가 다시 노력해서 한 단계씩 변화해 가는데, 수시로 처음의 1단계로 돌아가게 되니 마치 전혀 변하지 않는 것처럼 보인다. 그렇게 9단계까지 도달했더라도 거의 바뀐 듯 보이다가 또다시 처음으로 돌아간다. 그러면 다른 사람들은 모두 '저렇게 될 줄 알았어.'라고 하지만 그때 다시 시작하면 1단계에서 9단계까지 가는 것은 어렵지가 않다. 만약 9단계까지 도달하는 데 몇 개월이 걸렸다면, 이미 경험이 있기 때문에 불과 1개월도 소요되지 않아서 9단계까지 간다. 그러면서 결국에는 10단계에

도달한다. 이때 10단계에 도달한 그 순간 다시는 예전으로 돌아가지 않는다. 그 날은 어느 날 갑자기 온다.

따라서 남자는 자신이 꼭 필요로 할 때 완벽하게 변할 수 있고, 변화되면 과거의 습관으로 돌아가지 않는다. 예전으로 다시 돌아가고 싶다 하면 예전의 습관을 목표에 두고 노력하면 쉽게 돌아갈 수 있다. 즉 습관이 하나 더 생긴 것이고, 이는 자신의 능력이 된다.

여자의 습관변화

여자가 1단계에서 2단계로 갔다가 문제가 생기면 다시 1단계로 돌아간다. 이때 다시 노력해서 3단계까지 갔는데 문제가 생기면 남자처럼 처음 단계인 1단계로 돌아가는 것이 아니라 직전 단계인 2단계로 돌아간다. 이때 여자는 마치 자신이 전혀 변화되지 않았다고 느끼면서 좌절하는 경향이 있다. 직전 단계인 2단계로 생각하지 않고 마치 처음 단계인 1단계로 돌아간 듯이 느낀다.

이때 곁에서 누군가 격려하고 위로하면서 노력할 수 있도록 해 주면, 다시 노력하면서 직전 단계인 2단계에서 3단계로 갈 때는 빠르게 갈 수 있게 된다. 이미 3단계에 도달한 경험이 있기 때문이다. 그래서 3단계에서 다시 노력해서 4단계까지 가고, 4단계에서 문제가 생기면 직전 단계인 3단계로 돌아간다. 이렇게 한 단계씩 변화하면서 10단계까지 도달하면 완벽하게 변한다.

여자는 변화하기 위한 노력을 하면서 문제가 생기면 직전 단계로 돌아가게 되었을 때, 자신이 느끼기에는 변화된 것보다 못한 상황(직전 단계)이기 때문에 마치 처음의 1단계로 돌아간 것처럼 느끼고 좌절하고 포기하는 경우가 많다. 그래도 주변 사람들의 위로와 격려에 의하여 다시 노력하면 다음 단계로 점점 나갈 수 있게 된다. 이때 직전 단계로 돌아가면서 순차적으로 변화되기 때문에 주변 사람들은 여자가 변화되는 것을 느낀다.

습관변화의 남녀차이

남자는 무조건 처음으로 다시 돌아가서 다시 시작하게 되고, 여자는 직전단계로 돌아간다. 이것이 습관을 변화할 때 나타나는 공통점이다. 남자들은 문제가 생기면 처음으로 돌아가기 때문에 변화의 과정에서 힘들어 한다. 이로 인하여 남자들은 작심삼일(作心三日)이 많다. 그런데 여자들은 한 단계씩 갈 수 있고 변화하는 것을 느낄 수 있기 때문에 비교적 여자는 변화를 잘하는 편이다.

특이한 점은 여자가 1단계에서 10단계까지 가는 데 10개월이 걸렸다고 하면, 남자는 1단계에서 9단계까지 오는 데 9개월이 걸린다. 그 후 남자는 1단계에서 10단계로 넘어가는 데 1개월도 걸리지 않는다. 여자는 10개월간 지속적인 노력을 해서 10단계에 이르지만, 남자는 처음으로 돌아가서 변한 것이 하나도 없어 보이는데 갑자기 변한 것이다. 그래서 여자들은 처음에는 남자가 변한 것을 믿지 못한다. 그런데 1개월, 6개월, 1년 계속 시간이 지나도 1단계로 돌아가지 않는 걸 느끼게 될 때 비로소 변화한 것을 실감한다.

이렇게 남자는 한 번 변하면 예전으로 돌아가지 않는다. 반면 여자는 문제가 다시 생기면 돌아가는데, 바로 직전 단계로 돌아가기 때문에 조금만 더 노력하면 다시 변할 수 있다. 그런데 아무리 여자가 직전 단계로 돌아간다 하더라도 순차적으로 변화되어 가기 때문에 올라갈 때도 시간이 걸리지만 되돌아갈 때도 시간이 걸린다.

남자는 변화하면 되돌아가지 않지만 변화하는 중간에 문제가 생기면 처음으로 돌아가 작심삼일이 될 수 있다는 차이점이 있다. 이 원인은 남자의 마음에너지는 기분으로 작용하고, 여자의 마음에너지는 감정으로 작용하기 때문이다.

남자는 기분이 변화되는 것이기 때문에 '있다, 없다'로 작용하고 여자는 감정이 변화되는 것이기 때문에 '좋다, 싫다'로 작용하여 변화된다. 이와 같이 남자와 여자가 습관이 변화되는 원리는 다르다.

3
심리의 대칭

🔑

　인간심리는 일방적인 것이 하나도 없다. 모든 것이 '음양의 이치'이고 '자석의 원리'이며 이를 정확히 인식하는 것만으로도 사실상 인간의 마음과 심리가 작용하는 원리를 대부분 알고 있는 것과 다름없다.
　인간의 심리는 마음인 의식과 무의식에 의하여 인식심리, 기억심리, 표현심리가 작용하는데, 의식은 무의식에 의하여 작용하기 때문에 한 쪽이 의식으로 나타나면 다른 한 쪽은 무의식이 함께 작용한다. 그래서 보이는 의식보다는 보이지 않는 무의식의 작용을 정확히 알아야만 마음과 심리가 작용하는 원리를 알 수 있다.
　습관은 무의식에서 작용하며, 의식과 심리를 연결하기 때문에 긍정과 부정의 양면이 모두 존재하고 있다. 따라서 습관은 하나만 형성되지만, 보이는 것과 보이지 않는 것이 동시에 존재한다.
　인간의 습관은 긍정감정과 부정감정의 양면을 갖고 있어서 감정에 따라서 다른 성격으로 나타나게 되지만, 결국은 같은 습관에 의하여 발생하는 것이다. 즉 성격은 습관의 이중성(긍정감정으로 나타나는 습관, 부정감정으로 나타나는 습관)으로 나타나는 것이다. 이것이 자석의 원리이고 심리 대칭이론이다.

이를 적용하면 여자가 의식으로 상처의 부정감정을 기억하고 있는 상처의 깊이만큼 무의식은 이를 치료하고 행복하고자 하는 작용이 동일하게 존재하고 있다. 이를 볼 수 있으면 상처치료, 분노치료, 심리장애의 치료를 빠르게 할 수 있다. 즉 의식 또는 보이는 문제에 대하여 이를 해결하고자 하는 무의식이 존재하고 있기 때문에 이 무의식을 활용하여 습관을 만들 수 있다. 자기 자신의 마음에 의하여 심리장애를 치료할 수 있는 것이다. 이것이 마음교육의 원리이고, 마음교육만으로 심리장애를 치료할 수 있는 것이다.

단점과 장점은 똑같은 것에 대하여 관점의 주체가 갖는 감정(부정감정, 긍정감정)에 따라서 정반대로 나타나게 된다. 이때 감정을 제외하면 사실은 똑같은 것이다. 또한 부정감정과 긍정감정도 상황, 환경, 관점, 기억, 심리작용 등의 다양한 적용에 따라서 정반대로 나타나게 된다. 이때도 감정을 제외하면 모든 것은 동일하다.

가해심리와 피해심리가 동일한 원인도 바로 이 원리 때문이다. 피해심리를 갖게 되면 그 크기만큼이나 가해심리도 갖게 된다. 따라서 피해를 입은 사람은 가해를 할 수 있게 되는 것이고, 가해를 하는 사람은 이미 이전에 피해를 입은 경험이 있다는 뜻이기도 하다. 이와 같이 이중적인 감정이 동시에 존재하는 것을 알게 되면 심리분석 및 심리조절의 능력을 쉽게 만들 수 있고 행복습관을 만드는 것은 어렵지 않다.

이와 같이 심리대칭이라는 뜻은 '심리는 정반대의 긍정과 부정이 공존하고 있다'는 것이다. 긍정감정은 언제든 부정감정이 될 수 있고, 부정감정은 언제든지 긍정감정이 될 수 있다.

행복을 느끼려면 상처를 치료해야 한다. 상처와 행복은 공존하고 있다.

지금 큰 행복의 감정을 갖고 있다는 것은 상처를 많이 받았었고 이것을 잘 치료했다는 뜻이다. 그래서 가해심리가 존재하고 있으면, 피해 심리가 존재하고 있는 것이다. 피해자는 곧 가해자가 될 수 있고, 가해자는 곧 피해자였기 때문에 가해자가 되는 것이다.

결국 장점이 단점이 되고, 단점이 장점이 될 수도 있다. 그래서 상황과 환경과 관점에 따라서 정반대로 작용한다. 그래서 좋은 습관과 나쁜 습관은 사실은 같은 습관이다. 희망과 절망이라는 개념에서도 절망의 정반대인 희망이 존재하고 있다는 뜻이다.

따라서 심리는 반드시 긍정이 있으면 부정이 있고, 상처가 있으면 행복이 있다. 심리는 반대로 대칭되는 심리가 함께 있다는 것이다. 대칭되는 정반대에서 작용하고 있는 심리가 존재하고 있다는 것이다. 그래서 보이는 부분과 보이지 않는 부분이 함께 있다.

스트레스와 상처로 인하여 고통을 받고 있다면 고통의 이면에는 고통을 제거하려는 심리가 작용한다. 그래서 심리는 하나만 존재하는 게 아니라 안 받으려는 심리도 있고, 받으려는 심리가 있는 것처럼 정반대의 심리가 같이 공존하고 있다.

이 심리대칭의 원리로 심리장애를 치료할 수 있고, 희망을 갖고 행복하게 살아갈 수가 있는 것이다. 이 심리대칭의 원리가 없으면 심리장애는 치료되지 않고, 한번 힘들어지면 회복이 불가능하게 된다.

그러나 인간은 누구나 쉽게 회복할 수 있다. 얻는 것이 있으면 반드시 얻는 만큼 잃게 되어 있다. 내가 즐거우면 그 즐거운 만큼의 대가는 반드시 치러야 한다. 그래서 좋은 것과 나쁜 것은 항상 공존하기 때문에 좋은 걸 좋다고만 생각하면 안 된다. 좋은 것을 갖게 되면, 나쁜 것도 함께 갖게 되는 것이다. 이는 좋은 것과 나쁜 것이 공존하기 때문이다.

　이와 같이 심리대칭이론은 중요한 이론이다. 정반대되는 심리가 함께 존재하고 있다는 것만 알아도 된다. 스트레스와 상처로 힘든 이유는 행복해지고 싶기 때문이다. 행복해지고 싶은 심리가 작용하고 있기 때문에 아픈 것이다.

　상처가 있어야 행복하고, 단점이 장점이 될 수 있고, 피해심리에서 가해심리가 나온다고 했다. 그래서 상황, 환경, 관점에 따라서 다르게 작용한다. 사람들은 성격을 못 고친다고들 말하지만, 어렵지 않게 변화할 수 있다.

　예를 들어, 습관적으로 가정폭력을 하는 사람이 있다고 하자. 사사건건 집에 와서 시비를 건다. "너 설거지를 왜 이렇게 했어. 청소는 왜 안했어."라고 말하면서 가정폭력을 휘두른다. 그런데 가정폭력은 안 좋으니까 폭력의 습관을 제거하면 가정폭력은 사라지는 대신에 누구에게도 관심을 갖지 않는다. 역으로 생각해 보면 가정폭력이 있는 사람의 경우는 사사건건 가정에서 관심을 주는 습관이 있는데, 감정이 나쁜 것으로 인하여 발생한 것임을 알 수 있다.

자신의 장점과 단점

　장점과 단점은 자기기준 또는 상대기준에 따라서 다르게 인식될 수 있기 때문에 자기기준이 정확하다고 확신하지 말아야 한다. 자기기준은 자기의 주관적인 생각일 뿐이다. 따라서 자기기준과 상대기준의 장점과 단점에 대하여 살펴보도록 하겠다.

자기기준의 장점과 단점은 자신의 의식이 긍정감정을 갖게 되면 장점으로 인식하고 부정감정을 갖게 되면 단점으로 인식한다. 이때 의식이 긍정감정 또는 부정감정을 기억하느냐에 따라서 생각도 달라진다. 즉 의식이 긍정감정을 기억하고 있는 상황에서 의식인 생각이 긍정감정을 갖게 되면 장점으로 인식되지만 부정감정을 기억하고 있는 상황에서는 어떠한 생각을 하더라도 부정감정을 유발하면서 단점으로 인식된다.

따라서 여자는 상처가 치료되지 않은 채 부정감정을 기억하는 경우가 많기 때문에 상처치료가 되지 않은 경우에는 어떠한 생각도 부정감정을 유발하게 되고 어떠한 장점이라도 모두 단점으로 인식되는 문제가 발생한다. 따라서 의식에서 어떤 감정기억을 하고 있느냐는 것이 중요하다.

또한 상대의 말과 행동을 인식할 때 습관에 의하여 의식인 생각으로 인식하게 되는데, 이때 습관에 의하여 긍정감정이 의식으로 전달되면 장점으로 생각되고, 부정감정이 전달되면 단점으로 인식된다. 이처럼 습관에 의한 심리작용의 결과에 따라서도 장점과 단점이 다르게 인식될 수 있다는 것이다.

따라서 자신의 습관의 관점에서 보면 자신도 모르게 생각하고 말과 행동을 할 때 자기 긍정감정이 만들어지면 이는 장점 또는 매력으로 작용하고, 자기 부정감정이 만들어지면 단점 또는 콤플렉스로 작용한다.

이와 같이 자기기준의 장점과 단점, 상대 기준의 장점과 단점이 다를 수 있다. 이는 각 개인의 의식의 감정기억, 습관, 남자와 여자의 마음, 심리작용의 결과로 발생하는 감정 등 다양한 변수에 의하여 장점과 단점은 다르게 적용된다.

결국 자기기준의 장점과 단점이라고 하는 것은 1) 자신의 의식의 감정기억, 2) 자기 습관, 3) 마음, 4) 상대와의 심리작용의 결과로 발생하는 자기 감정 등 자신의 감정에 의하여 결정되는 것일 뿐이고 상대와는 관계가 없다는 것을 알 수 있다.

상대가 생각하는 장점과 단점

  상대기준의 장점과 단점을 분석할 때는 자신과 상대의 심리작용에 의하여 발생되는 감정으로 인하여 장점과 단점이 다르게 적용되기 때문에 반드시 심리작용에 대한 이해가 필수이다.

  심리작용을 할 때 자신의 의식과 무의식인 습관에 의한 말과 행동을 상대는 의식으로 받아들인다. 그래서 자신의 생각과 상대의 생각이 다르게 작용하는 원인이 되기 때문에 이를 '심리작용의 오류'라고 하는 것이다. 이 심리작용의 오류로 인하여 상대가 받아들이는 장점과 단점이 다른데, 이는 심리작용의 결과로 발생하는 감정 때문이다. 결국 상대가 인식하는 장점과 단점은 심리작용의 결과에 의하여 결정되는 것이며 자기기준의 장점과 단점, 매력과 콤플렉스는 중요하지 않다는 뜻이다.

  심리작용의 결과가 상대에게 긍정감정이 발생하면 상대에게는 장점으로 인식되고, 부정감정이 발생하면 상대에게는 단점으로 인식된다. 이때 자기기준의 콤플렉스가 상대에게 부정감정을 발생하는 것이며, 상대에게는 단점으로 인식될 뿐이며 상대는 콤플렉스로 인식하지 않는다. 결국 심리작용의 결과를 비교해 볼 때, 자기감정을 기준으로 자기감정이 긍정감정 또는 부정감정이냐에 따라서 자기기준의 장점과 단점으로 인식되고, 상대감정을 기준으로 상대감정이 긍정감정 또는 부정감정이냐에 따라서 상대기준의 장점과 단점으로 인식된다.

이외에 상대기준의 장점과 단점을 고려를 할 때는 상대의 1) 의식의 감정기억이 부정감정을 기억하고 있다면 긍정감정 또는 부정감정의 어떠한 감정이라도 부정감정으로 인식하게 되니 상대의 의식이 부정감정을 기억하고 있다면 어떤 것이라도 단점으로 인식하게 된다. 2) 상대의 습관이 부정감정을 유발하고 있다면 이 또한 어떤 감정유입이 되더라도 부정감정으로 인식되기 때문에 모든 것이 단점으로 인식된다. 3) 남자의 마음이 여자의 마음과 다르기 때문에 여자의 마음에 맞는 긍정감정이라도 남자의 마음에 맞지 않게 되면 부정감정이 유발되고 상대는 단점으로 인식된다.

결국 상대기준의 장점과 단점이라고 하는 것은 1) 상대의 감정기억, 2) 상대의 습관, 3) 상대의 마음, 4) 자신과 상대의 심리작용의 결과로 발생하는 상대감정 등 상대의 감정에 의하여 결정되는 것일 뿐이고 자신과는 관계가 없다는 것을 알 수 있다.

제6장

성심리

성심리는 성행동인 섹스와 다르다. 인간의 성마음(xesmind)인 성의식과 성무의식에 의하여 성심리(xes Psychology)인 성인식, 성기억, 성표현이 작용하고, 성행동인 섹스는 성심리의 성표현 중 성적행동을 의미한다. 그래서 성심리는 행복을 추구하는 성마음의 작용이지만 성행동인 섹스는 성적행동을 위한 수단이다. 자세한 성심리는 '성마음이론(xesmind)'의 책에서 설명할 것이고, 이 책에서는 마음의 관점에서 성심리를 기술하였다.

인간은 남자와 여자로 구성되어 있기 때문에 인간관계에서 남자와 여자의 관계는 필수 요소이다. 그래서 남녀관계에서 성행동은 중요한 역할을 한다. 성행동인 섹스는 '남자와 여자가 육체관계를 맺는 것'을 의미하기 때문에 성교(性交)[33]와 동일한 의미로 사용하고 있으며 다양한 용어로 표현되기도 한다. 성행동인 섹스는 생존욕구, 번식욕구와 더불어서 즐거움과 쾌락, 상처와 스트레스, 애정관계와 행복의 기본이기도 하다. 따라서 성행동에 대한 생각, 욕구, 말과 행동은 인간관계에서 불가분(不可分)의 관계로 지속되었다. 그만큼 성행동인 섹스를 알면 인간관계의 원리를 알 수 있을 만큼 복잡하고 어려운 것이다.

인간관계에서 성행동인 섹스가 성적행동의 행위에 초점이 맞추어진 것은 성행동의 흥분, 즐거움, 쾌락이 개인의 행복과 직접적으로 연결되어 있기 때문이다. 개인의 행복을 위한 성행동을 추구할 때, 보고 듣고 느껴지는 성적행동이 핵심으로 인식된다. 그러나 성행동인 섹스는 성적행동의 행위가 중요한 것이 아니라 마음과 심리, 성마음과 성심리의 작용이 중요하다. 이 작용을 알지 못한 채 성행동인 섹스의 성적행동에 초점을 갖게 되

---

33 성기의 결합뿐만 아니라 다른 신체 부위를 활용하여 육체관계를 맺는 것

면, 성행동은 즐거움과 쾌락을 위한 수단과 도구에 불과한 것으로 전락하고, 인간관계에 중대한 오류가 발생하며, 심리장애, 성심리장애, 성기능장애, 신체질병의 원인이 되기도 한다.

따라서 성적행동에 초점을 갖게 되면, 심리와 성심리에서 부작용을 유발하기 때문에 성교육과 성행동은 인간의 행복을 추구하기 위한 심리의 기준에 맞도록 해야만 한다. 아무리 좋은 성교육과 성행동의 섹스기법이라 할지라도 마음과 심리가 작용하는 원리가 배제되는 경우에는 심리장애, 성심리장애, 성기능장애 등이 발생하고, 인간관계와 사회가 병들게 된다.

성심리를 모른 채 성적행동을 중심으로 개인의 행복을 추구하게 되면, 동물과 다를 바 없는 말초신경의 자극과 흥분만을 추구하게 됨으로써 결국은 개인의 행복은 불가능하고 불행한 결과를 초래하게 된다. 이는 개인, 가족, 사회가 병들어가는 원인이 되고, 외도와 불륜, 이혼, 자살, 살인, 유흥과 환락, 쾌락문화의 극단적인 폐해가 급속하게 늘어나게 되면서 개인의 심리장애, 가족의 해체, 사회구성의 파괴로 확대되고 인간관계에 문제가 발생한다. 이 모든 것이 결국은 성심리를 모른 채 성적행동에만 중심을 갖게 되면서 발생되는 것이다. 성행동인 섹스는 성심리와 다르다. 성심리 중 성표현의 일부로서 성적행동을 성행동 또는 섹스라고 한다. 통상적으로 성행동인 섹스는 성적행위를 지칭하는 용어로서 사용하기 때문에 성행동인 섹스에 대한 성심리에 대해서는 별도의 용어가 없다.

성심리는 성마음에서 작용하기 때문에 남자와 여자의 성마음에 따라서 남자와 여자의 성심리도 다르게 작용한다. 남자의 성마음은 현재의 성행복을 추구하는 기준을 갖고 있기 때문에 성심리도 현재의 성행복을 추구하는 기준이며, 여자의 성마음은 대상에 대한 미래의 성행복을 추구하는 기준을 갖고 있기 때문에 성심리도 미래의 성행복을 추구하는 기준이다. 따라서 남자와 여자의 성심리는 다르게 작용하여 남자와 여자의 성표현에 의한 성행동인 섹스도 다르게 작용한다. 한 가지 주의할 점은 성심리는 성행동인 섹스가 아니고, 성심리와 성행동인 섹스는 다르다.

성심리가 작용하지 않는 남녀관계는 부모와 자식의 관계 또는 가족관계, 남편과 아내의 관계이다. 이러한 인간관계는 성마음과 성심리가 작용하지 않기 때문이다. 이외의 남녀관계에서는 성심리가 대부분 작용한다. 남편과 아내의 관계에서 성심리가 작용하지 않는 것은 남편이라는 남자와 아내라는 여자의 인간관계에서 성심리가 작용하는 것과 분리한 것이며, 남편과 아내로만 인식하게 될 경우에는 성심리가 작용하지 않는다.

성의 구성

성(xes)은 성마음(xesmind)을 총칭하여 사용한다. 성을 이야기 하면 보통 성행동인 섹스라는 표현을 많이 사용한다. 그러나 성은 성행동인 섹스라고 할 수 없다. 성행동인 섹스는 성의 일부분이다. 성행동인 섹스는 반드시 성심리의 작용이 필요하다. 또한 성은 마음과 심리가 작용해야만 성마음과 성심리가 작용하고, 심리와 성심리는 몸과 함께 작용되어야 한다. 따라서 성은 성마음과 성심리, 성기능, 성행동을 함께 알아야 한다.

성마음은 성정보에 대하여 성의식과 성무의식이 작용하고, 성의식과 성무의식에 의하여 작용하는 성심리는 성인식, 성기억, 성표현으로 분류할 수 있다. 따라서 성마음과 성심리는 성을 구성하는 핵심 요소이다. 성인식은 성정보에 대하여 성무의식이 작용하여 성기분과 성감정을 생성하고 성기억을 하도록 하고, 성기억은 성정보와 성감정을 기억하며, 성표현은 성기억된 성정보에 대하여 성의식이 작용한다.

성기능은 성인식, 성기억, 성표현의 성심리가 작용할 때는 반드시 몸과 연결하여 작용되는데, 이때 성심리에 대하여 몸이 작용하는 것을 성기능이라고 한다. 따라서 성행동을 할 때 몸이 작용하는 것을 말한다.

성행동은 성심리의 성표현 중 성적행동을 말하고 섹스라고 표현한다. 이때 섹스는 성적행동을 하면서 마음의 무의식이 작용하면서 감정을 생성하기 때문에 매우 중요하게 인식하는 것이다. 이는 남자와 여자에게 행복을 추구하는 것을 자각하고 느낄 수 있는 강력한 마음에너지를 생성하기 때문이다.

섹스의 감정

성정보가 신체의 감각기관을 통하여 성인식되면 성무의식이 작용하여 성정보를 성기억한다. 이때 성인식이 될 때는 성정보를 자각하지 못한다. 성정보에 대하여 성의식이 작용하여 성표현을 할 때 심리에서 성정보와 감정을 결합하여 성행동인 섹스의 감정을 만든다. 이렇게 만들어진 정보와 감정은 행복을 추구하는 심리의 기준에 따라서 무의식인 습관을 통하여 외부로 표현할 때는 성행동인 섹스로 나타나고, 의식에서 성정보와 감정을 재정리하도록 한다. 이 과정에서 성심리가 작용한다.

즉 의식에 의하여 발생한 성행동인 섹스의 감정에 대하여 성심리가 작용하고, 무의식인 습관을 통하여 표현한다. 이때 나타나는 생각, 말과 행동의 행위는 모두 무의식에 의하여 작용한다. 성행동인 섹스는 의식의 생각, 습관의 표현으로 나타나고 성심리가 작용한다. 따라서 성심리는 상대가 이성으로 인식될 때, 성정보와 감정에 의하여 마음에서 작용한다.

인간관계에서 성심리가 작용하지 않으면, 남자와 여자를 구별하여 인식하지 않기 때문에 성행동인 섹스의 감정이 발생하지 않지만, 성심리가 작용하면 남자와 여자의 인식에 차이가 발생하게 된다. 남자와 남자의 관계 또는 여자와 여자의 관계인 동성관계에서는 상호 배척, 경쟁, 질투의 부정 감정이 발생하고, 남자와 여자의 관계에서 남자는 열정이 발생하고, 여자는 긍정감정 또는 사랑의 감정이 생기는 원천이기 때문에 상호 끌리는 긍정감정이 발생한다. 이는 마음이 행복을 추구하는 심리의 기준을 갖고 있는데, 성심리가 작용하게 되면, 동성은 행복을 추구하는 심리의 기준에 방해되는 대상으로 인식하고, 이성은 필요한 대상으로 인식하기 때문이다.

동성애는 성심리가 다른 것이 아니라, 심리와 성심리의 문제로 발생하는 심리장애로 분류해야 한다. 동성애는 남자와 남자, 여자와 여자의 동성 간에 성적으로 끌리고 남자와 여자의 이성 간에는 배척하는 현상이다. 이는 성심리의 문제 또는 심리의 문제가 발생한 것이다.

이때 성심리의 문제가 발생하면 동성애자가 되지만, 심리의 문제가 발생하면 일시적인 감정의 문제이기 때문에 동성애는 제한적이고 일시적인 현상이라고 볼 수 있다. 또한 트랜스젠더도 동성애자와 비슷한데, 남자가 여자로 성전환을 한 MTF[34]와 여자가 남자로 성전환을 한 FTM[35]의 경우 심리와 성심리가 정반대로 작용하는 것이다.

이와 같이 동성애자와 트랜스젠더에 대하여 성심리를 기준으로 간단하게 정리했는데, 이로 인하여 동성애자 또는 트랜스젠더의 입장에서는 비난과 반발을 할 수 있다. 그러나 세부적인 성심리를 알게 되면, 실제로는 동성애자와 트랜스젠더의 합리적 이론으로 사용할 수 있고, 동성애자와 트랜스젠더에 대한 편견을 없앨 수 있으며, 사회의 한 구성원으로서 당당하게 살아갈 수 있는 중요한 이론이므로 이 책에서 간단하게 언급을 한 내용에 대하여 비난과 반발을 하지 않기를 바란다. 향후 별도의 책으로 집필을 할 때, 구체적으로 논하도록 할 것이다.

---

34 Male Transfer Female
35 Female Transfer Male

1
성년과 미성년

성년과 미성년의 구분은 나이를 기준으로 한다. 16세~20세 중에서 법률로서 다르게 규정하고 있기 때문에 정확한 구분을 하기는 어렵지만, 성년과 미성년의 구분은 나이로 한다. 그러나 인간의 마음과 심리에서는 성년과 미성년을 구분하는 방법이 다르다.

남자가 남성이 되고, 여자가 여성이 되는 과정에서 성심리가 필요하다. 성심리가 작용하게 되면 성에 대한 권리와 성행동에 대한 책임을 가지게 된다. 남자와 여자일 때는 성심리가 작용하지 않기 때문에 성적권리와 성적책임을 가질 이유가 없다. 성심리가 작용하지 않기 때문이다.

그러나 남성과 여성이 되면 성심리가 작용하기 때문에 성에 대한 권리와 책임이 뒤따른다. 그래서 성심리가 있느냐 없느냐를 기준으로 성년과 미성년을 구분한다.

성심리가 없을 때는 미성년이고, 성심리가 있을 때는 성년이라고 한다. 이에 따라 성년은 성에 대한 권리를 갖고 성에 대한 책임을 지는 나이이고, 미성년은 성에 대한 권리와 책임을 갖지 않아도 된다.

미성년은 남자의 기분과 열정 그리고 미래의 행복추구, 여자의 감정과 사랑 그리고 현재의 행복추구 등을 위하여 자아를 형성하는 과정이기 때문에 자아를 실현하는 권리를 갖고, 권리에 뒤따르는 책임을 지는 때가 아니다. 그래서 미성년은 성년이 되어 행복하게 살아갈 수 있도록 자아를 형성하도록 양육되는 과정이다. 성인으로서 행복을 추구해 갈 수 있는 자신의 기준을 만들어가는 과정이다.

미성년일 때는 자아를 형성하는 과정이기 때문에 국가, 사회, 부모, 성인으로부터 보호를 받아야 한다. 자아실현의 권리와 책임을 갖지 않고, 이 권리와 책임을 갖도록 만들어지는 과정에 있기 때문이다. 그래서 실수와 시행착오를 겪으면서 자아를 형성해 갈 때 이를 보호하고 회복해주고 격려해 가는 과정이 미성년일 때이다.

그러나 성심리가 작용하여 성적권리와 성적책임을 갖게 되면 성년이 되는데, 성년은 자기행복을 추구하며, 자아실현을 추구한다. 특히 성심리는 인간관계에서 자신의 행복을 추구하는 원동력이 되기 때문에 남자는 열정으로, 여자는 사랑으로 작용하는 근본이다. 그래서 성심리가 작용하면 성적권리와 성적책임을 져야 하는 것이고, 이를 성년이라고 한다.

최근 5세부터 성교육을 실시하고 있으며, 성교육은 의무교육이다. 나이로 볼 때 20세미만을 미성년자라고 하는데, 현대 사회는 미성년자를 최대한 빠르게 성년으로 만들고 있는 것은 아닌지 생각해 볼 필요가 있다.

성교육을 통하여 미성년자에게 "너희들에게 성에 대한 모든 것을 다 가르쳐줬으니, 이제는 너희가 스스로 성적권리를 갖고 성적책임도 져라."라고 말하고 있다. 성교육에서는 남자와 여자의 신체와 몸, 생리적인 현상, 콘돔을 사용하는 방법, 등 많은 것을 가르쳐주고 있다. 이는 성적권리이기 때문에 알아야 한다는 것이다. 그래서 "너의 성적권리를 가르쳐 주었으니 이로 인한 문제가 발생하면 네가 책임져야 해.", "우리는 이미 성교육을 했고, 다 가르쳐줬기 때문에 이제 문제가 발생해도 책임지지 않아." "그러니 아이들이 성적권리를 갖고 성적책임을 져야 한다."라고 하는 것과 같다.

　이는 우리나라를 비롯하여 전 세계 모든 국가가 비슷하다. 미성년자에게 성적권리를 가르치고, 성적책임을 지도록 한다. 상황이 이러하다면 성년은 성교육을 시작한 나이부터라고 해도 과언이 아니다.

　미성년자에게 성적권리를 법률적으로 인정해 준 대법원 판례가 있다. 14살까지는 성년으로 인정해 주었다. 14살의 여학생과 40대의 남성이 사랑을 해서 성관계를 했고, 14살의 여학생이 성적권리를 갖고 있고 성적결정을 했다고 인정한 것이다. 이는 14살부터 성년이 된 것이다. 14살의 여학생에서 성적권리를 주고, 성적책임을 지라고 하는 것이다. 미처 자아형성도 되지 않고 자아실현을 추구할 준비도 되지 않았는데, 성년으로서 자아실현을 추구하면서 살라고 하는 것이다.

　미성년자에게는 성심리가 작용하는 것은 좋지 않다. 그래서 19세 미만의 청소년에게 성적권리와 성적책임을 주어서는 안 된다. 미성년자에 대하여 성심리를 작용시키는 것은 있어서도 안 되고, 있을 수도 없다. 이는 성범죄라고 할 수 있다. 우리는 미성년자를 보호해야 한다. 자아를 형성해 가는 과정을 지켜주고 성인이 되었을 때 자아실현을 추구해 갈 때, 권리와 책임을 갖도록 해야 한다.

　그래서 성년과 미성년을 나이로만 구분해서는 안 된다. 마음과 심리가 작용하는 원리를 알려주는 것이 중요하다. 미성년은 자아를 형성하는 과정이기 때문에 성에 대한 권리와 책임을 가져서는 안 되는 나이이다. 그리고 이 권리와 책임이 어떻게 작용되는지를 알고, 자기 자신이 형성한 후, 성년이 되어 자아실현을 추구할 때, '내가 이렇게 해야 하겠다.'라고 생각하고 실천하도록 만드는 것이 인성교육이고 인간성교육이다.

  인성교육과 인간성교육은 권리와 책임을 주는 지식교육이 아니다. 자아를 형성하도록 하고, 마음과 심리가 작용하는 원리를 알려주면서 자신의 기준인 습관을 만들어주는 마음교육이다. 그래서 습관은 자기의 기준이고, 삶과 인생의 기준이기 때문에 이 기준을 만드는 과정이 자아형성의 과정이다. 이후 성인이 되었을 때 형성된 기준을 가지고서 권리와 책임을 지는 것이다. 이것이 성년과 미성년의 차이이다.

2
여자의 성심리

여자는 남자를 사랑해야만 성심리가 작용한다. 그래서 여자는 성행동인 섹스가 중요한 것이 아니라 사랑이 중요하다. 사랑하면 사랑을 확인하고 유지하고 싶은 욕구가 사랑하는 남자를 위한 헌신과 함께 성심리가 작용하면서 남자와 성행동을 하게 된다. 그래서 여자에게 성행동은 사랑의 수단이고, 쾌락은 중요하지 않다.

여자의 마음은 현재의 행복을 추구하는 기준이기 때문에 여자의 성심리는 현재의 행복을 추구할 수 있는 사랑의 과정에서 사랑을 확인하고 유지하는 핵심이며, 다른 대상의 어떠한 몰입보다 강력한 몰입과 사랑을 만든다. 그래서 여자는 현재의 행복을 추구하기 위한 상처의 치료와 다른 대상에 몰입하는 것보다 성심리로 발생하는 행복이 크고 강하다. 따라서 여자는 남녀관계에서 사랑을 목표로 하는 것처럼 인식되는 것이고, 사랑을 목표로 표현을 하게 된다.

여자의 마음은 현재의 행복을 추구하기 위하여 성심리가 작용하는 것이며, 사랑의 과정에서 부정감정에 대한 상처를 치료할 수 있기 때문에 긍정감정의 발생과 함께 사랑을 확인하고 유지하고자 하는 욕구와 상대 남자에 대한 헌신의 욕구가 강화되면서 성심리가 작용하여 성행동을 한다. 결국 사랑의 과정을 통하여 현재의 행복을 갖기 위해서는 사랑의 확인과 유지를 위하여 상대 남자가 원하는 성행동을 함께 하는 헌신이 필요하기 때문에 여자는 사랑의 과정에 대한 결과로 성행동이 필요하고 사랑의 최종 목표가 된다. 따라서 여자에게 성행동은 사랑의 결과이다. 사랑의 감정은 상처를 치료하고, 현재의 행복을 갖는 원천이다.

여자는 남자의 열정에 의하여 긍정감정이 발생하면, 이성관계가 형성되고, 남자의 열정이 지속되면 사랑의 감정이 형성된다. 이렇게 사랑의 감정이 형성되면, 사랑의 감정을 확인하고 유지하고 싶은 욕구가 발생하면서 성심리가 작용하고, 상대남자가 원하는 성행동을 함께 함으로써 현재의 행복을 갖는다.

여자는 남자처럼 열정의 과정에서 성심리가 작용하는 것이 아니라, 상대 남자에 대하여 사랑하는 감정을 갖게 되었을 때만 성심리가 작용한다. 이 성심리는 성행동인 섹스를 원하는 것보다 상대 남자가 원하는 열정의 과정에서 필요한 성행동을 함께 하는 것을 중요하게 인식할 때 작용한다. 그래서 여자는 성행동에 대하여 수동적인 표현을 하는 것이다. 이와 같이 여자에게 성심리는 현재의 행복을 추구하기 위한 사랑의 과정에서 발생하고, 성행동은 사랑하는 남자가 원하는 성행동을 함께 함으로써 사랑을 확인하고 유지하여 현재의 행복을 갖는 수단이다.

여자는 사랑의 과정에서 성심리가 작용하기 때문에 긍정감정과 사랑의 감정이 중요하다. 현재의 행복을 위해서는 사랑의 감정을 갖고 이를 확인하고 유지하기 위하여 상대 남자와 성행동을 함께 하는 것이 필요하다. 따라서 여자는 사랑의 감정을 현재 느낄 수 있기 때문에 현재의 사랑이 중요하다.

여자는 현재의 행복을 추구하는 심리의 기준을 갖는 마음이 작용하기 때문에 성심리도 현재의 행복을 추구하는 심리의 기준에 맞추어 작용한다. 따라서 여자는 현재의 행복을 추구하기 위하여 부정감정을 수용하고, 위로받아 치료할 수 있도록 사랑을 갖고 현재의 행복을 느낀다. 이때 사랑을 갖는 과정에서 남자에 대한 열정을 인식하고, 상처의 치료와 긍정감정이 지속되면서 사랑의 감정이 만들어진다. 사랑의 감정을 갖게 되면, 상대 남자의 사랑을 확인하고 유지하고자 하는 성심리가 작용한다. 여자는 사랑의 과정에서 성심리가 작용하기 때문에 사랑의 감정이 있을 때만 성행동을 할 수 있다.

여자에게 성행동은 긍정감정과 사랑의 감정을 만들기 위한 것이 아니라, 성심리가 작용할 수 있도록 사랑의 확인과 유지를 위하여 상대 남자에게 헌신하는 것이기 때문에 성행동의 즐거움보다 성행동을 함께 한다는 것이 중요하게 된다. 그래서 여자는 사랑의 감정이 없으면 성행동을 거부 또는 회피하면서 성행동에 대한 부정감정을 갖는 것이다. 이는 성행동이 사랑의 감정에 대한 결과라는 것을 알 수 있다. 그래서 사랑의 감정이 없으면 성행동을 할 수 없는 성심리를 갖고 있으며, 사랑의 감정을 확인하고 유지하는 수단으로 성행동을 하는 것이기 때문에 사랑의 과정을 중요하게 인식한다.

또한, 여자에게 부정감정이 발생하면, 가장 우선적으로 성행동을 차단한다. 이때 여자가 성행동을 차단하는 것은 부정감정이 발생한 것에 대한 반응일 뿐이다. 사랑의 감정과는 관계없이 마음의 수용방어기제가 작용하면서 발생하는 현상이기 때문에 성행동이 차단되더라도 사랑의 감정은 유지된다. 따라서 상처의 부정감정이 치료된 후에 긍정감정을 느끼게 되면, 다시 사랑의 과정에 몰입하면서 성행동의 차단을 해제한다. 그러나 상처의 부정감정이 치료되지 않은 채 지속되어 부정감정이 계속 작용하면, 사랑의 감정을 차단하게 되는데 이때 성심리도 작용을 중단한다. 그러면 상대에 대한 좋은 감정은 갖고 있지만, 사랑의 감정이 없기 때문에 성심리가 작용하지 않고 성행동의 차단이 지속된다.

여자가 성행동을 차단하고 사랑의 감정을 차단하게 되면, 남자는 이를 회복하려고 열정의 과정을 강화하거나, 열정이 줄어들어 없어지면서 여자에 대한 심리작용, 헌신, 이해와 배려가 줄어들거나 없어지게 된다. 그러면 성심리가 작용을 멈추게 되고 성행동을 중단하도록 한다. 그래서 성행동이 없어지면 사랑의 감정도 없어지게 된다. 결국은 현재의 행복을 추구할 수 없게 되면서 상대와의 관계를 단절하게 됨으로써 헤어지는 것이다.

여자는 순차적으로 성행동의 차단, 성심리의 차단, 사랑의 감정에 대한 차단 그리고 긍정감정에 대한 차단을 함으로써 부정감정이 발생하고 이 과정에서 상처의 부정감정을 기억한다. 따라서 성행동을 차단할 때 부정감정이 만들어지고, 성심리를 차단할 때 부정감정이 만들어지며, 사랑의 감정을 차단할 때 부정감정이 나타나고, 긍정감정을 차단을 할 때 부정감정이 나타난다. 이렇게 상처의 부정감정이 사랑의 과정에서 다양한 원인에 의하여 발생한다.

남자의 열정에 문제가 생기면 이를 회복을 하고자 하지만, 열정이 사라지고 열정의 회복을 포기하면 여자는 성행동을 차단하고, 성심리를 차단하며, 사랑의 감정을 차단하고, 좋은 감정을 차단하면서 상대 남자에 대한 감정이 없어지면서 무관심이 된다. 결국은 현재의 행복을 추구할 수 없게 된다.

3
남자의 성심리

　남자는 여자를 만나면 키스하고 싶고, 안고 싶고, 성행동의 욕구를 갖기 때문에 성행동을 목적으로 여자를 만나는 것으로 인식되지만, 실제로는 여자와 함께 대화를 하는 즐거움, 헌신을 하는 즐거움, 이해와 배려의 즐거움에 몰입하는 열정의 과정을 갖게 된다. 이 열정의 과정에서 성심리가 작용하면서 성행동으로 표현되는 것이다.

　이성관계인 남녀관계에서는 성심리가 작용한다. 남자의 마음은 미래의 행복을 추구하는 기준이기 때문에 남자의 성심리는 미래의 행복을 추구할 수 있는 열정의 과정에서 재미와 즐거움을 만드는 핵심으로 작용한다. 다른 대상의 어떠한 열정보다 훨씬 강하다. 그래서 남자는 미래의 행복을 추구하기 위한 성취욕과 다른 대상에 몰입을 하는 어떠한 열정보다도 성심리를 갖는 열정이 크다.

　이에 따라 남자는 남녀관계에서 성행동을 목표로 하는 것처럼 인식되는 것이고, 성행동을 목표로 행동과 생각을 한다. 그러나 성심리는 미래의 행복을 추구하기 위하여 작용하는 것이며, 이 성심리는 열정의 과정에서 긍정기분을 강하게 가질 수 있기 때문에 남자는 성심리에 의한 성행동을 추구하지만 실제로는 성행동이 목적이 아니다. 남자에게 성행동은 목표가 아니라 열정의 과정이다. 따라서 여자와 함께 하는 미래의 행복추구와 기대감이 성행동보다 훨씬 큰 열정을 갖게 만든다.

남자는 상대가 여자로 인식되어 열정이 발생하면, 성심리가 작용하면서 여자에게 긍정기분을 갖게 되고, 성욕과 함께 성행동의 욕구를 갖게 된다. 또한, 긍정기분을 갖지 않더라도 열정을 가진 상황에서는 그 대상이 어떤 여자라도 성심리가 함께 작용하고 있다. 그래서 열정을 갖고 미래의 행복을 추구하는 남자의 경우에는 항상 성심리가 작용하고 있다. 성심리가 작용하면 성행동을 통하여 성심리를 표현한다. 이는 상대가 여자로 인식이 되어 성심리가 작용하면, 긍정기분과 함께 성행동을 하는 것이다. 이와 같이 남자에게 성심리는 미래의 행복을 추구하기 위한 열정의 과정에서 발생하는 마음이고, 성행동인 섹스는 성심리에 의하여 성표현되는 성행동과 성생각이라 할 수 있다.

남자는 좋은 기분, 사랑, 성행동이 모두 분리되어 몰입되기 때문에 사랑이 없어도 성행동을 할 수 있고, 성행동이 없이도 좋은 기분과 사랑을 가질 수 있다. 남자는 열정이 있으면 항상 성심리가 작용한다. 남자에게 사랑은 무의식의 사랑으로서 상대에게 무한책임을 갖고 상대를 자기 자신으로 인식하는 것이다. 그래서 남자의 사랑은 성행동과 무관하다.

남자는 열정의 과정에서 성심리가 작용하기 때문에 성심리는 여자의 감정에 상관없으며, 미래의 행복을 위한 열정이 가장 강하게 생성되기 때문에 사랑의 감정과 관계없이 작용한다. 남자가 상대 여자에 대한 열정이 지속되고, 이와 함께 성심리도 지속적으로 작용하면서 상대 여자와 함께 하는 미래의 행복을 추구하는 과정이 지속된다. 이 과정에서 남자 자신도 인식하지 못하는 사이에 상대 여자를 남자 자신과 동일시하게 되어 무한책임이 형성될 때 비로소 상대 여자를 사랑하게 된다.

　남자의 사랑은 열정의 상대인 여자를 자신과 동일시하면서 무한책임이 형성되는 무의식의 사랑이기 때문에 남자도 인식하지 못하고 여자도 인식하지 못한다. 그래서 남자의 사랑은 현실에서는 잘 나타나지 않고 상대 여자와의 위기 때만 인식할 수 있게 된다. 따라서 남자가 평상시에 사랑한다는 말을 자주 하는 것은 사실상 목적이 있다는 뜻이 되기도 한다.

　남자의 성심리는 무의식의 사랑을 위한 열정의 과정에서 필요한 심리이며, 미래의 행복을 추구하는 열정과 마음에너지의 원천이다. 남자는 미래의 행복을 추구하는 심리의 기준을 갖는 마음이 작용하기 때문에 성심리도 미래의 행복을 추구하는 기준을 갖고 있다. 따라서 남자는 미래의 행복을 추구하기 위하여 긍정기분이 지속할 수 있도록 열정을 갖고, 미래의 희망과 기대에 대한 성취욕을 갖는다. 이때 열정을 갖는 과정에서 여자 또는 성행동에 대한 정보가 유입되면 성심리가 작용한다.

　남자는 상대가 여자로 인식되면 강력한 열정이 발생하면서 긍정기분이 발생하고, 성심리가 작용한다. 또한, 성행동을 인식하게 될 때도 성심리가 작용한다. 이때 열정과 성행동인 섹스는 별개로 형성되기도 하고 동시에 형성되기도 한다. 상대가 여자로 인식되어 열정이 발생하면, 상대에 대한 심리작용의 욕구(말과 행동을 상호 교환하는 욕구), 헌신과 희생의 욕구, 이해와 배려의 욕구가 발생하는데, 이 욕구들이 충족되는 과정에서 성심리가 작용한다. 따라서 남자는 긍정감정에 의한 열정의 과정에서 성심리가 작용하기도 하고, 성행동의 인식에서도 성심리가 작용하기 때문에 긍정기분 또는 사랑과는 관계없이 성심리가 작용한다. 그래서 반드시 여자가 아니라도 특정한 대상에 몰입하는 열정을 가진 남자는 항상 성심리가 작용하고 있으며, 성행동에 대한 정보가 유입되면, 대상과는 관계없이 성심리가 작용한다. 이렇게 성심리는 남자의 사랑과는 전혀 상관없으며, 열정과 직접적인 관계가 있다.

남자는 상대를 여자로 인식하면 열정이 발생하면서 긍정기분이 만들어지고 심리작용의 욕구를 갖는다. 심리작용의 욕구가 충족되면 여자에 대한 성심리가 작용하면서 희생과 헌신, 이해와 배려의 욕구를 충족하면서 열정의 과정을 갖게 된다. 이를 통하여 상대와 함께하는 미래의 행복에 대한 기대와 희망을 갖게 되면서 성행동의 욕구가 발생한다. 따라서 남자에게 성심리는 미래의 행복으로 인식되어 여자와의 즐거움을 최고로 가질 수 있는 방법으로 성행동을 추구한다. 이는 긍정기분에 의한 열정을 지속하면서 여자에게 희생과 헌신을 하고, 여자의 반응과 사랑의 표현에 의하여 미래 행복의 가치가 상승하게 된다. 이것을 남자에게 열정의 과정이라고 하며, 남자가 여자를 만나고 연애하는 과정에서 발생하는 심리작용이다.

또한 상대가 여자로 인식되지 않을 때 열정이 줄어들게 되고, 상대에 대한 부정기분을 갖게 된다. 상대에게서 긍정기분이 유입되지 않으면, 심리작용의 욕구, 헌신의 욕구, 이해와 배려의 욕구가 지속되는 열정의 과정이 줄어들거나 사라지게 된다. 이때 부정기분을 가지더라도 이를 회복하고자 성심리가 작용하면서 성행동을 회복하려고 할 수 있고, 성행동이 없더라도 성행동의 욕구를 갖도록 열정의 과정을 강화할 수 있도록 한다.

그러나 여자에 대한 열정이 없어지고 긍정기분도 없어지면 성심리가 작용을 멈추고, 성행동을 중단하도록 한다. 그래서 감정이 없어지면서 무관심이 되고 성행동도 없어지는 것이다. 결국은 미래의 행복을 추구할 수 없게 되고 마음은 상대와의 관계를 단절하게 되므로 남녀관계가 중단되면서 헤어지는 것이다.

4
자기성결정권

자기성결정권이란 '자신이 성에 대해서 스스로 결정하는 권리'를 말한다. 자신이 성에 대해서 무엇을 결정할지, 어떻게 결정할지 알기 위해서는 성심리의 작용을 알아야 하고, 성적권리와 성적책임을 이해해야 한다. 또한 마음과 심리가 작용할 때 성심리가 함께 작용하는 원리를 이해해야 한다.

남자에게 좋은 기분이나 열정은 다르다. 열정, 사랑, 성행동이 별개로 분리되어 작용한다. 그러나 여자는 상대 남자에 대한 긍정감정이 있어야 하고, 긍정감정이 지속되면서 사랑의 감정을 가져야 하며, 성심리가 작용해야 성행동을 할 수 있다.

자신이 성을 결정할 때 남자의 성심리와 여자의 성심리를 아는 것이 우선이다. 남자는 열정, 사랑, 성행동이 분리되어 작용하기 때문에 좋은 감정 또는 사랑과는 관계없이 성행동을 할 수 있다. 그러나 여자는 반드시 긍정감정을 갖고 사랑의 감정을 가질 때 비로소 성심리가 작용하면서 성행동을 할 수 있다. 이것을 정확하게 알았다면 이해를 한 것이다.

자기가 성에 대해 권리를 행사하기 위해선 먼저 남자와 여자의 성심리를 이해해야 한다. 그런 후, 자신이 판단한다. 스스로 성에 대한 선택을 (자신이)하게 될 때, 성심리를 이해한 후에 성에 대하여 거부를 할 것인지, 행동을 할 것인지 결정하는 것이다. 여자는 사랑의 감정을 갖고 성심리가 작용하여 성행동을 할 때는 스스로 느낀다. 그러나 남자는 여자와 같지 않다는 것을 알아야 한다. 또한 여자는 사랑의 감정을 갖게 되어야 성심리가 작용하고 비로소 성행동을 할 수 있지만, 남자는 사랑이나 열정과는 관계없이 성행동을 할 수 있다는 것을 알아야 한다. 그런 후에 성에 대하여 거부를 할 것인지, 행동을 할 것인지 결정하는 것이다. 이것이 남자와 여자의 자기성결정권이다. 자신의 성적권리이다.

여자가 남자를 좋아 하고 있을 때 남자가 성행동을 원하고 있다면, 여자는 '혹시라도 나를 좋아하는데 이걸 거부하면 나를 안 좋아하는 것 아닐까?'하면서 걱정하면서 성행동을 하는 경우가 있다. 이때 여자는 남자를 좋아하는 것은 맞지만 사랑하는 것은 아니다. 그런데 좋아하는 감정이기는 하지만 성행동을 거부하면 남자가 자신을 싫어할까봐 걱정되는 것이다. 그러면 여자에게 상처가 생긴다. 그리고 자신이 남자와 성행동을 하였으니 분명 사랑하는 것이라고 자신을 합리화한다. 이 여자는 남자가 열정, 사랑, 성행동이 모두 별개로 작용하는 것을 모르고 있다. 여자는 남자도 자기와 같을 것이라고 생각한다. 이때, 남자도 여자가 자기와 같을 것이라고 생각한다. 남자는 여자에게 성행동을 하고자 하면, 여자도 성행동을 즐거워할 것이라고 생각한다. 이럴 때 남자와 여자는 자기성결정권을 잃은 것이라고 할 수 있다.

만일 여자가 남자를 좋아하고 있을 때, 남자가 성행동을 원하는 경우가 있다. 그러면 남자를 좋아하는 것은 맞지만 아직은 사랑의 감정이 아니기 때문에 성행동을 할 단계가 아니라는 것을 남자에게 이야기하면서 성행동을 거절하는 것이 좋다. 이렇게 말하면 남자는 성행동을 요구하지 않는다.

열정과 성행동은 별개이기 때문이다. 남자가 열정을 가지고 있다고 해서 성행동을 하는 것이 아니다. 그래서 열정을 가지고 여자가 사랑의 감정을 가질 때까지 기다릴 수 있다. 이렇게 남자와 여자가 성심리를 이해하고 성행동에 대하여 결정하는 것을 자기성결정권이라고 하고, 이 여자는 자기성결정권이 있는 것이다.

성심리를 모르고 성행동을 하는 것은 인간관계에서 심리문제가 발생할 확률이 매우 높다. 이로 인하여 여자에게 상처가 발생한다. 즉 남자로 인하여 여자에게 상처가 발생하는 이유는 여자가 자기성결정권을 갖지 않았기 때문이다.

이와 같이 남자의 성심리와 여자의 성심리가 다르게 작용하는 것을 정확하게 알고 성행동을 수용 또는 거부할 것인지 결정하는 것이 자기성결정권이다. 성심리를 알아야 결정할 권리를 갖고 있는 것이다. 성심리를 모르면 이해할 수 없고, 자기성결정권이 없는 것이다.

자기성결정권을 갖게 되면 성범죄가 많이 줄어든다. 성에 관련하여 어른이든 청소년이든 자기성결정권은 매우 중요하다. 남자의 성심리와 여자의 성심리를 정확하게 이해하면 자기의 성적권리를 갖게 된다. 그러나 성심리를 이해하지 못하면 상대와의 관계를 지속하기 위하여 자신도 모르게 성적행동을 결정한다. 자기 생각대로만 결정하는 것은 자기성결정권이 아니다.

성심리를 모르고, 이해가 되지 않았다고 하면 성적행동에 대한 결정은 자신의 생각에 의존하게 된다. 성적행동을 하였든 하지 않았든 자신 스스로가 결정한 것은 맞다. 자신은 성적행동을 하고 싶지 않았지만 어쩔 수 없어서 했다고 하더라도 자기가 결정한 것은 맞다. 그래서 흔히 사람들은 자신 스스로가 결정했다고 해서 자기성결정권이라고 착각한다.

그런데 자신이 생각하는 것은 자기 의지로 생각한 것이 아니라 무의식이 작용하여 의식으로 자각한 것이다. 의지로 생각하고 결정한 것이 아니라 자신의 기억이 무의식에 의하여 자신도 모르게 결정하게 만든 것이다. 그래서 이렇게 자신의 생각으로 결정하게 되면 현실에서 왜곡되어 있을 가능성이 매우 높다. 이 생각은 실제가 아니기 때문이다. 기억은 자신도 모르게 형성되는 것이 많다. 기억을 무의식에 의하여 의식으로 자각하고 생각하도록 만들었기 때문에 자신의 의지로 생각한 것이 아니다. 따라서 이것은 권리가 아니다. 잘못하면 상대에게 피해를 줄 수도 있고, 자신에게 상처나 스트레스가 발생할 수 있다.

정확하게 이해하고 난 후 이해된 기억을 바탕으로 생각해서 결정해야 한다. 이때 결정한 것에 대하여 정확하게 아는 것이 매우 중요하다. 이해를 하면 선택을 해도 올바른 결정이고, 선택을 하지 않아도 올바른 결정이다. 그런데 모르고 하는 것은 자기결정이 아니다. 자기 의지대로 하지 않았기 때문에 자신이 결정한 것이 아니다. 원래 가지고 있던 많은 성과 관련한 정보를 무의식이 작용하여 생각하도록 만들어준 것이다. 자기도 모르게 결정되는 것이다. 자신이 정확하게 알고서 결정한 내용이 아니다.

그래서 자기성결정권이라는 것은 남자의 성심리와 여자의 성심리를 정확하게 알고 이해하고 난 후 성적행동을 할 것인지 하지 않을 것인지 선택하고 결정하는 것이다. 이것에서 하나라도 어긋나면 자기성결정권이라고 할 수 없다.

5
심리순결

　순결(純潔)은 '이성과의 육체관계가 없는 것'을 말한다. 즉 성관계가 없는 것을 순결이라고 한다. 이처럼 순결은 신체적인 관계인 섹스의 관점에서 성행동의 경험이 있으나 없느냐를 말하는 것이다. 따라서 성행동인 섹스의 경험이 없으면 순결하고, 단 한 번이라도 성행동인 섹스를 했으면 순결을 잃었다고 한다. 따라서 순결은 성행동을 하지 말라는 개념으로서 작용한다. 이에 따라 결혼을 한 사람들은 모두 순결하지 않은 사람들이다. 순결하면 결혼을 할 수 없고, 자녀를 출산할 수 없다. 그런데 순결을 잃고 결혼하여 자녀를 출산하고 가정을 이루면서 잘살고 있다고 한다.
　이처럼 순결은 모순되는 말이다. 신체적인 관점에서 성행동인 섹스를 하지 못하도록 만든 순결은 성을 억압하고 있는 수단이다. 최근 청소년들에게 순결서약을 강요하고, 순결에 대하여 이야기를 많이 하고 있지만, 청소년들에게 순결을 이야기하면 보수적이라든지, 남녀평등주의에 위배된다든지 하는 말을 한다. 이때 문제가 되는 순결을 정확히 알아야 한다. 신체적인 관점에서의 순결이 성을 억압하는 수단인 반면 심리적인 관점에서의 순결은 마음을 보호한다는 것으로서 매우 중요하다.
　심리순결은 자신의 마음을 스스로를 보호한다. 심리순결은 성행동인 섹스를 할 때 만들어진다. 즉 신체순결은 성을 억압하는 것이지만 심리순결은 성을 추구할 때 만들어진다. 이러한 심리순결은 '남자와 여자의 성심리를 정확하게 이해하고 자기성결정권을 가지고 성적행동을 하고 난 후, 저기성결정권에 대한 책임을 지는 것'이다.

심리순결에는 성행동인 섹스를 할 때 작용한다. 따라서 남자와 여자일 때가 아니라 남성과 여성일 때 성심리가 작용하기 때문에 남성과 여성에게 작용하는 것이 심리순결이다. 성적권리는 자기성결정권이고, 성적책임은 심리순결이다. 따라서 인간은 자기성결정권을 갖고 심리순결을 위하여 성심리가 작용한다. 따라서 자기성결정권을 갖고, 성적행동에 대해서 책임을 지게 되면 남성과 여성은 심리적으로 순결하다.

본래 순결의 의미는 신체적인 순결이 아니다. 신체적인 순결은 남성이 여성을 성적으로 억압하려고 만들어 놓은 것이다. 본래의 순결은 심리순결로서 성적행동인 섹스를 할 때 자기성결정권을 갖고 성행동에 대한 책임을 지는 것이다. 만일 임신을 했다면 임신에 대한 책임을 져야 하는 것이 순결한 것이다. 이성을 만나서 사랑하고 연애하고 결혼하는 것은 모두 자기결정에 의한 것이고, 책임도 모두 자신이 져야 한다. 이럴 때 순결하다고 한다.

신체적 순결을 이야기한다면 결혼한 부부는 모두 순결을 잃었다고 할 수 있다. 순결을 잃었으니 지탄을 받아야 하지 않는가? 그런데 부모님, 자녀, 주변 사람들로부터 존중받고 인정받고 있는지 생각해야 한다. 이러한 이유는 모두가 순결하기 때문이다. 부부인 남편과 아내는 자신들이 선택하고 결정하였기 때문에 자기성결정권을 갖고, 성적행동에 대하여 책임을 지고 있기 때문에 순결하다. 그러니 존중받고 인정받는 것이다.

신체적인 순결을 잃는 것은 중요하지 않다. 신체적인 순결은 여성을 억압하고 남성우월적인 사고에서 비롯된 것이다. 이로 인하여 성에 대하여 부정적이면서 피해의식을 갖도록 만들게 하고, 왜곡되게 하거나 성범죄나 성문제가 유발되는 것이다.

인간으로서 남성과 여성이 살아가면서 성행동을 하는 것은 당연하다. 인간관계에서 사랑하고 연애하고 결혼하여 행복하게 살고자 하면 성행동이 필요하다. 이때 성에 대하여 자기성결정권을 갖고 성에 대하여 책임을 지도록 하는 것이 심리순결이고, 이것이 진정한 순결의 의미이다.

신약성경의 '마리아 막달레나'의 사례를 살펴보면, 마리아 막달레나는 창녀이다. 당시는 창녀가 적발되면 돌팔매에 의한 사형에 처해지도록 되어 있었다. 마리아 막달레나가 창녀로서 적발되어 사형에 처해졌을 때, 예수는 "죄 없는 자는 돌을 던져라."라고 말했다. 마리아 막달레나는 비록 창녀이기는 했지만, 저기성결정권을 갖고 성행동에 대한 책임을 지고 있었기 때문에 순결한 여성이었다. 그래서 사형도 겸허하게 받아들이는 것이다. 그래서 예수는 마리아 막달레나가 순결한 여성이기 때문에 돌을 던지면 안 된다고 말한 것이다.[36]

성폭력 피해를 당한 여성들이 가장 고통스러워하는 것은 순결을 잃은 것 때문이다. 또한 성행동인 섹스의 첫 경험으로 인한 강력한 트라우마를 겪는 경우도 순결을 잃은 것 때문이기도 하다. 그러나 자기성결정권을 갖고 성에 대한 행동에 대하여 책임을 질 수 있으면 순결한 여자로 살아갈 수

---

36 이 사례는 저자가 심리순결을 쉽게 이해할 수 있도록 신약성경을 인용하여 해석한 것이다. 따라서 실제의 사실과 다를 수 있다. 마리아 막달레나가 창녀였다는 부분은 신학적으로 박자마다 다르게 주장하는 경우가 있다.

있다.

　순결이라는 것은 맑고 깨끗하다는 뜻이다. 즉 마음은 의식과 무의식이 작용하면서 태어날 때부터 죽을 때까지 문제가 발생하지 않고 변하지 않는다. 그래서 마음을 보호하는 자기성결정권과 심리순결은 그 자체로 순결한 것이다. 이에 따라 자기성결정권이 중요한 것이고, 성적행동에 대하여 책임을 지는 것이 중요하다. 이 자기성결정권의 권리와 책임을 갖고 있다면 순결한 것이다. 이에 대해서 순결하지 못하다고 말하는 사람은 아무도 없다. 따라서 순결은 남성과 여성에게 매우 중요하다.

6
성범죄

성범죄는 자신의 성적행동이 타인에게 피해를 입히는 것이다. 성폭력, 성추행, 성희롱 그리고 성매매 등이 있다. 인간은 몸과 마음으로 구성되고, 마음은 의식과 무의식이 작용하면서 인식심리, 기억심리, 표현심리가 작용한다. 이때 몸이 죽으면 마음이 함께 죽는다. 이것을 살인이라고 한다. 몸과 마음을 모두 죽이는 것을 살인이라고 한다. 그래서 살인은 범죄 중에서도 중형에 처한다. 왜냐면 한 인간의 몸과 마음을 죽일 수 있는 권리는 인간에게는 없는데, 자신이 임의적으로 타인을 죽이는 살인은 엄벌에 처해야 한다.

성폭력은 성적행동으로 심리를 죽이는 범죄이다. 성폭력은 성심리가 파괴된다. 여자는 긍정감정에서 사랑의 감정을 만들고, 성심리가 작용하여 성적행동을 함으로써 현재행복을 추구하도록 되어 있는데, 이것을 파괴시키는 것이다. 그래서 성심리가 작용하는 것에 문제 또는 장애가 발생하면서 고통을 느끼게 되고, 마음이 올바르게 작용하지 못하게 된다. 이로 인하여 마음인 의식과 무의식이 왜곡되게 작용하면서 더 이상의 여자로서의 마음이 작용하지 못하게 되는 것이다. 그래서 성폭력은 마음의 살인 또는 심리의 살인이라고 한다. 성폭력을 살인에 준하여 처벌해야 하는 이유이다.

남자는 스트레스를 제거하고 난 후 긍정기분에 몰입한다. 그래서 남자의 성심리는 열정, 사랑, 성행동인 섹스와는 관계없이 작용한다. 자신이 기분 좋으면 상대도 좋을 것이라고 생각한다. 그래서 자신이 성행동을 하면서 기분이 좋아지면 기분 좋게 이야기를 한다. 이때 상대 여성의 몸에 성적자극을 함으로써 여성에게 깊은 상처를 입히는 것을 성추행이라고 한다. 또한 상대 여성에게 성적 수치심이나 상처를 유발하는 말이나 표정을 성희롱이라고 한다.

남자는 성추행이나 성희롱을 하려고 한 것이 아니라고 한다. 그냥 재미와 즐거움을 느끼라고 하는 행동이고 말이었다고 한다. 그러나 남자가 하는 말과 행동이 성적인 의미를 갖지 않았더라도 상대 여성이 성적인 의미로 받아들여 인식하고, 수치심과 상처가 발생하게 되면 이는 성추행 또는 성희롱이 되는 것이다. 즉 가해자의 생각보다 피해자의 생각이 중요하다.

성추행은 강한 심리폭력이고, 성희롱은 성추행보다 약한 심리폭력이다. 강하든 약하든 폭력은 폭력이다. 신체에 폭력을 가하면 신체가 아프고 고통을 느낀다. 이와 같이 성추행이나 성희롱은 마음을 아프게 만든다. 마음이 폭력을 당한 것이다. 따라서 남자는 자신의 성에 대한 행동, 성에 대한 표현 등이 상대 여성의 심리에 폭력을 가하고 있다는 것을 알아야 한다. 따라서 성추행과 성희롱은 심리폭력이기 때문에 신체적인 폭력에 준해서 처벌해야 한다.

성매매도 성범죄이다. 성매매는 심리자해로서 허락한 성폭력이라 할 수 있다. 즉 자신에게 성폭력에 준하는 상처가 형성되지만, 대가에 의하여 성폭력을 허락한 것이다. 따라서 성매매는 자신이 스스로 자신에게 상처를 주는 것과 같다. 자신 스스로 자신에게 성폭력을 하는 것이고 자해하는 것이다. 따라서 성매매는 자기가 피해자이면서 가해자가 되는 것이다.

성범죄는 성폭력, 성추행, 성희롱, 성매매 등으로 분류할 수 있다. 성폭력은 심리살인이고, 성추행과 성희롱은 심리폭력이며, 성매매는 심리자해라고 할 수 있다. 이처럼 성폭력, 성추행과 성희롱, 성매매 등의 성범죄를 예방하는 방법을 연구해야 한다.

남자와 여자의 성심리를 정확히 알면 성범죄를 예방할 수 있다. 성심리가 어떻게 작용되는지, 성심리가 몸과 마음에 어떠한 영향을 주는지, 성에 의하여 남자와 여자는 스트레스와 상처를 입게 되는 것 등을 정확히 알면 예방을 할 수 있다. 따라서 인간의 마음과 심리가 작용하는 원리를 알고, 성심리의 작용을 알면 된다. 이렇게 알려주는 것이 예방교육이다.

치료를 한다는 것은 성범죄에 노출되었다는 뜻이다. 성폭력, 성추행과 성희롱, 성매매 등으로 인하여 상처가 발생한 것이다. 이러한 상처를 치료하는 방법은 마음과 심리가 작용하는 원리에 맞도록 하고, 성심리가 함께 작용하도록 하는 방법이 성범죄의 피해를 치료하는 방법이다. 이때는 위로와 관심과 격려가 필요하다.

이렇게 마음과 심리가 작용하는 원리를 정확하게 알고 이해하면 자신의 상처를 예방하고 치료할 수 있게 된다. 또한 이해한 것을 피해를 입은 사람에게 알려주고 피해를 입은 사람이 이해할 수 있도록 하면 피해를 입은 사람이 자신의 상처를 치료하고 예방할 수 있게 된다. 또한 자기성결정권과 순결을 회복하도록 하여 사랑과 행복으로 살아갈 수 있도록 하는 것이 중요하다.

제7장

대화의 심리

사람들은 소통과 대화를 같은 것으로 생각하지만, 소통과 대화는 다르다. 소통은 상호간의 의사를 전달하는 것이지만, 대화는 상호간의 의견과 감정을 교류하는 것이다. 이를 말과 행동과 표정으로 표현하는 것이 동일하기 때문에 같은 것으로 생각하지만 의미는 다르다.

대화는 특정한 사건이나 문제를 해결하기 위한 의견협의의 과정이다. 의견협의의 과정에서 서로에게 감정이 발생하는데, 인간관계에서 감정이 발생하는 경우는 심리작용을 할 때이다. 결국 대화는 의견협의와 함께 심리작용을 하면서 감정교류도 함께 하는 과정이라고 할 수 있다. 따라서 대화란 의견과 감정이 공존하면서 말과 행동과 표정을 서로 주고받는 과정을 말한다.

의견협의를 목적으로 하는 대화에서는 감정을 배제하는 것이 중요하다. 의견협의의 과정에서 감정이 개입되면 의견협의는 어렵다. 만일 의견협의를 위하여 대화할 때 부정감정이 개입되면 상대의 의견은 모두 부정적이 된다. 그래서 상대가 아무리 좋은 의견, 필요한 의견을 말하더라도 모두 부정적이기 때문에 듣고 싶지 않고, 자존심 상하게 되고, 기분이 나빠진다. 결국은 상대도 감정대립을 하게 되면서 대화는 단절될 수밖에 없다. 대화를 하는 것이 아니라 감정대립과 싸움을 하는 것이다. 따라서 대화가 단절되면 모든 문제의 원인에 대하여 상대를 탓하게 된다. 이와 같이 의견협의의 과정에서 감정이 개입되면 의견보다는 감정이 앞서기 때문에 문제가 발생하게 된다. 즉 문제해결을 할 수 없다.

대화는 인간관계의 심리작용에 결정적인 역할을 한다. 심리작용을 위해서는 대화가 필수이다. 말과 행동과 표정의 심리표현을 하는 목적은 대화 때문이다.

대화라는 것은 문제를 해결하기 위하여 서로 표현하는 것을 말한다. 자신과 상대 또는 타인의 문제, 특정한 사건과 주제에 대한 문제해결, 감정을 교류하고자 할 때 등에서 의견과 감정을 말과 행동, 표정으로 표현하는 것을 말한다.
　대화는 일방이 아니라 쌍방의 소통이다. 일방적으로 이야기하고, 다른 한 사람은 듣기만 하는 것은 대화가 아니라 상대에게 전달하는 소통일 뿐이다. 대화는 자신과 상대가 서로 의식과 무의식에 의한 말과 행동과 표정을 상대에게 전달하면서 상호 심리작용을 하는 것이다. 이러한 심리작용의 결과가 의견조율이 되고, 감정이 발생하는 것이다. 이것이 대화의 심리에 의한 결과이고 대화의 원리이다.
　따라서 대화는 심리작용의 가장 핵심적인 수단이다. 대화의 목적은 의견협의와 감정교류에 있다. 반드시 의견과 감정이 함께 공존한다는 것을 알아야 하고, 대화의 목적에 따라서 대화의 방법이 달라진다.
　의견협의를 위한 대화는 남자가 선호한다. 남자는 의견기준, 가치기준, 관념기준을 갖기 때문에 의견에 대한 맞고 틀린 것을 잘 판단한다. 그래서 남자는 아무리 좋지 않은 감정일지라도 대화를 의견협의를 위한 과정으로 인식한다. 그러나 여자는 감정교류를 위한 대화를 선호한다. 심리작용의 수단이고 감정교류를 통하여 심리안정과 심리치료를 할 수 있고, 문제해결을 할 수 있을 것이라는 생각하기 때문이다. 특이 여자는 감정기준의 마음을 갖고 있기 때문에 의견 보다는 감정을 중심으로 하는 대화를 선호한다.
　대화는 의견협의와 감정교류의 두 가지 목적을 갖기 때문에 둘 중에 하나를 선택해야 한다. 이 두 가지의 목적이 어떻게 작용하는지 모르면 대화의 심리를 알 수 없다. 따라서 문제해결을 위한 대화를 할 때, 의견협의를 할 것이냐, 감정문제를 해결할 것이냐에 따라서 대화가 달라지므로 이를 정확히 알아야 한다.

  예를 들어 사업의 성공에 대한 대화를 한다고 하자. 사업의 성공에 대한 이야기를 할 때, 감정이 개입되면 사업의 성공이 중요한 것이 아니라 자신의 감정이 더욱 중요하게 된다. 그래서 사업은 망해도 상관없지만 자신의 감정이 좋아지도록 하는 심리가 작용한다. 이와 같이 의견과 감정이 분리되지 못하면 대화는 원래의 목적과는 전혀 엉뚱한 방향으로 흘러갈 확률이 매우 높다.

대화의 수단

  인간관계에서 심리작용을 할 때 대화의 수단은 말, 행동, 표정, 글이 대표적이다. 말과 행동과 표정은 의식보다 무의식에 의하여 우선적으로 통제받기 때문에 상대에게 감정이 직접적으로 전달되고, 글은 의식에 의하여 통제받기 때문에 감정이 다소 정제되어 의견으로 전달된다. 따라서 말과 행동과 표정에 의한 대화는 서로의 감정을 직접적으로 주고받기 때문에 심리작용에 의한 감정이 발생되어 심리에 직접적인 영향을 주지만, 글에 의한 대화는 서로의 감정을 간접적으로 주고받기 때문에 심리작용보다는 글을 읽는 사람의 감정에 의하여 서로의 감정이 별개로 발생한다.

  즉 글은 의견을 전달하고 받는 사람이 의견에 대한 감정을 갖게 되므로 감정을 간접적으로 전달하는 것이다. 따라서 글에 의한 대화를 할 때, 글은 쓰는 사람의 감정보다 읽는 사람의 감정에 의하여 심리에 영향을 받게 된다. 이에 따라 대부분 말과 행동과 표정은 감정을 직접적으로 전달할 경우에 많이 사용하고, 글은 의견을 전달하는 경우에 많이 사용한다.

최근에는 인터넷과 모바일이 발전되면서 글(문자)에 감정표현을 위하여 이모티콘(Emoticon)[37]을 사용하는데, 이는 글로써 대화를 할 때, 글을 쓰는 사람의 감정을 표현하는 경우에 많이 사용한다. 글과 문자의 의견에 감정을 정확히 전달하기 위한 보완이라 할 수 있다. 그러나 이모티콘의 사용은 말과 행동과 표정에 의한 감정의 표현보다는 심리에 적은 영향을 준다. 그만큼 상대의 감각기관에 종합적인 영향을 적게 주기 때문에 감정도 편향적으로 전달되어 감정에 영향이 작다. 또한 자칫 편향적인 감각기관의 정보로 인하여 왜곡된 감정이 발생할 수도 있다. 그래서 말과 행동과 표정에 의한 감정의 전달과는 많이 다르다. 따라서 이모티콘은 의견과 감정의 결합이지만, 감정의 전달은 극히 제한적이기 때문에 친밀한 관계에서 사용될 때 효과가 있다.

---

37 이모티콘(Emoticon) : 컴퓨터나 모바일에 있는 문자와 기호, 숫자 등을 조합하여 만드는 재미있는 표정이나 모양

1
감정과 의견

대화는 특정한 사건과 문제에 대하여 상호 협의과정을 통하여 해결하는 과정 또는 서로의 감정을 교류하는 과정이다. 그래서 대화를 할 때는 의견을 협의하는 것인지, 감정을 조율하는 것인지를 명확히 해야 한다. 대화를 할 때 의견과 감정이 함께 결합되면, 의견보다는 감정이 우선이 되기 때문에 의견은 별 소용이 없게 된다. 특히 부정감정이 개입되면, 의견도 모두 부정되기 때문에 의견을 조율하는 것은 불가능해지면서 대화의 의미가 없으며, 부정감정이 발생하게 되어 인간관계에 나쁜 영향을 주게 된다. 또한 긍정감정이 개입되면, 의견도 모두 긍정되기 때문에 대화의 의미가 없게 된다.

의견을 중심으로 해야 하는 대화에서는 감정을 개입하지 않은 상황에서 의견만을 조율해야 하고, 감정을 중심으로 해야 하는 대화에서는 의견을 개입하지 않은 상황에서 감정만을 조율해야 한다.

의견은 특정한 사건 또는 문제에 대한 정보로 학습된 지식과 경험의 논리적이고 객관적인 정보이지만, 감정은 특정한 주제에 대하여 기억하고 있는 감정으로서 자기 주관적이다. 따라서 심리에 영향을 주는 것은 의견보다는 감정이 우선이기 때문에 기억하고 있는 부정감정 또는 긍정감정에 따라서 대화심리가 결정된다. 그래서 대화의 결과로 부정감정이 발생하면, 서로의 감정이 대립하여 인간관계에 문제가 발생하고, 대화의 결과로 긍정감정이 발생하면 서로의 감정이 교류하여 인간관계가 좋아진다. 따라서 대화를 할 때 의견과 감정을 주의 깊게 살펴야 한다.

대화를 할 때 감정이 개입되면, 서로 심리작용을 하면서 주제(사건 또는 문제)의 의견보다 감정을 주고받는 심리작용을 중요하게 인식한다. 또한 심리작용의 결과로 부정감정이 발생하면, 상대에 대한 부정감정을 갖게 되고 주제에 대한 상대의 의견을 무조건 거부하면서 자신의 의견만 주장한다. 또한, 심리작용의 결과로 긍정감정이 발생하면, 상대에 대한 긍정감정을 갖게 되고 주제에 대한 상대의 의견을 무조건 수용을 하면서 자신의 의견은 그리 중요하지 않게 된다. 즉 감정에 의하여 상대의 의견을 거부 또는 수용을 하게 되므로 합리적, 객관적인 선택과 결정을 하지 못하고 의견의 조율과 협의는 불가능하다.

주제에 대한 감정은 자기의 관점에서 갖게 되는 주제에 대한 감정이 있고, 상대는 상대의 관점에서 갖는 주제에 대한 감정이 있다. 이때 주제에 대한 대화에서 감정이 대립하면, 주제의 본질과 의견에서 벗어나고, 감정 대립을 하게 되면서 의견의 협의를 위한 대화는 불가능하다. 그래서 감정이 대립할 경우에는 자기중심으로 심리작용하면 자기 의견으로 결정되지만, 상대 중심으로 심리작용하면 상대 의견으로 결정된다. 이처럼 주제의 본질, 진실, 이해, 원인, 결과, 예상되는 해결방법이 모두 합리성과 객관성을 상실하여 의견의 협의는 불가능하게 되면서 심각한 부작용이 발생할 가능성이 높다.

주제에 대한 의견은 자기 관점에서 갖는 주제에 대한 의견이 있고, 상대는 상대의 관점에서 갖는 주제에 대한 의견이 있다. 이때 주제에 대한 서로의 감정이 개입되지 않고, 주제에 대한 의견만 대립하게 되면, 주제에 대한 자신과 상대의 해석과 의견의 차이를 갖게 된다. 서로의 해석과 의견에 대한 지식, 경험, 환경, 상황의 정보를 토대로 논리적이고 객관적으로 설명함으로써 상호 의견을 조율하고, 보완하며, 객관적이고 합리적인 판단과 결정을 할 수 있게 된다. 따라서 주제에 대한 의견을 중심으로 하는 대화는 상호 의견을 교류하면서 긍정감정을 유발하고, 대화를 한 후에는 긍정감정이 발생하면서 서로의 동질성이 커지며, 서로를 이해하고 배려하는 긍정효과가 확대되면서 인간관계가 좋아진다.

　대화심리에서 의견과 감정이 어떤 관계가 있는지 살펴보면 대화에서 서로의 감정이 같은 경우에는 감정이 상승하면서 동질성을 갖게 되어 무조건 상대의 의견을 수용하게 되어 의견은 통일성을 갖는다. 이때의 의견의 통일성은 이유도 없고, 조건도 없으며, 좋고 나쁜 것이나 옳고 그른 것은 중요하지 않게 된다. 이로 인하여 의견 조정은 불필요해지면서 획일화된 의견으로 편향되면서 문제가 발생될 확률이 매우 높아진다. 이렇게 감정이 동일하게 작용하는 경우가 대부분 군중심리 또는 대중심리를 선동할 때 많이 사용한다. 또한 긍정감정의 교류를 갖는 관계에서도 동일한 현상이 생긴다.

　반면 감정이 서로 다른 경우에는 서로 감정이 대립하여 이질감을 갖게 되면서 상대의 의견을 무조건적으로 거부하며 의견은 무시된다. 이때 상대 의견을 반대하는 것은 이유와 조건이 없고, 무조건 반대하게 되면서 감정 대립에서 이기려고만 하고, 모든 잘못의 원인을 상대의 탓으로 돌리고, 자신의 잘못은 없다고 인식한다. 따라서 감정이 서로 다른 경우에는 감정대립에서 이긴 사람의 의견으로 치우치게 되고, 이긴 사람은 긍정감정을 갖게 되는 반면, 상대는 부정감정을 갖게 되면서 인간관계에 문제가 발생한다.

또한, 감정이 개입되지 않고 의견이 같거나 다른 경우에는 최소한 감정은 서로 유지하면서 상호 보완하게 된다. 의견을 협의하는 과정에서 객관적이고 합리적인 의견조율을 할 수 있고, 의견조율을 하고 난 후에는 서로의 감정을 조율하기 쉽다. 따라서 의견을 중심으로 하는 대화를 하고 난 후, 발생하는 감정은 대부분 긍정감정이기 때문에 서로에 대한 이해와 배려가 쉽다. 이는 개인 간의 대화뿐만 아니라 다양한 인간관계에서의 대화에도 적용된다.

따라서 대화를 할 때는 주제에 대한 의견이 필요한 것인지, 감정이 필요한 것인지를 서로 결정하는 것이 중요하다. 또한, 대화를 한 후에는 반드시 감정이 발생되기 때문에 대화는 심리작용의 가장 핵심이라 할 수 있다. 감정대립이 될 경우에는 무조건 부정감정이 발생하지만, 의견대립이 될 경우에는 감정은 상관이 없다.

대화는 감정을 유발한다.

대화는 감정이 포함되거나 대화의 결과로 감정이 발생하기 때문에 인간관계의 심리작용에 핵심 요소이다. 따라서 개인의 심리가 대화에서 어떻게 작용하는지 알아야 한다. 사건 또는 문제에 대하여 인식하고, 주제를 해결하고자 하는 과정을 대화라 하는데, 대화를 인식할 때 남자와 여자가 전혀 다르게 인식한다. 남자는 미래의 행복을 추구하는 심리의 기준을 갖는 마음이 작용하고, 여자는 현재의 행복을 추구하는 심리의 기준을 갖는 마음이 작용하기 때문에 대화를 인식하는 것이 전혀 다르다.

남자는 대화를 '문제를 이야기하는 것'으로 인식하여 대화를 하자는 말을 인식할 때, 부정감정이 발생하면서 마음의 거부방어기제가 작용한다. 따라서 남자는 대화를 하자는 말을 스트레스의 부정감정으로 인식한다. 다만, 남자가 먼저 대화하고자 할 때는 꼭 필요한 경우, 절박한 상황이 된 경우, 어쩔 수 없는 상황이 되었을 경우에 스트레스의 부정감정에도 불구하고, 반드시 대화를 해야만 하는 상황이 될 경우이다. 결국 어떠한 경우라도 남자에게 대화는 부정기분을 예상하여 스트레스로 작용한다.

"아내는 결론도 없는 이야기를 계속하기 때문에 제가 지치고 힘든데, 자꾸 대화하자고 합니다. 미치겠습니다. 결국 대화하면 또 싸우게 될 것인데, 아내는 계속해서 대화하자고 합니다. 왜 그런지 모르겠어요." 아내의 대화 요구에 지친 남편이 말한다.

여자는 대화를 '해결을 위한 이야기'로 인식하면서 대화하는 것을 인식할 때, 문제의 부정감정을 치료하여 긍정감정을 발생하는 마음의 수용방어기제가 작용한다. 따라서 여자는 대화하는 것을 문제의 부정감정을 치료하고 문제를 해결하는 긍정감정으로 인식한다. 다만, 여자가 대화를 거부할 때는 불필요하다는 생각하는 경우, 관심이 없는 경우이다. 따라서 어떠한 경우라도 여자에게 대화는 긍정감정을 예상하여 문제를 해결하고자 하는 기대감으로 인하여 긍정적으로 작용한다.

"남편은 제가 대화하자고 하면 표정부터 좋지 않습니다. 대화하자고 한 것일 뿐인데 왜 기분 나쁜 표정을 하죠? 저는 대화하자고 하면 좋은데 왜 남편은 싫어하는지 모르겠습니다. 저를 사랑하지 않으니 그렇겠죠?"라고 한 아내가 말한다.

이와 같이 남자와 여자는 대화를 인식하는 것 자체가 다르기 때문에 서로의 감정에 의하여 영향을 많이 받게 되는데, 남자와 여자가 대화를 인식하는 차이를 남자와 여자의 '대화인식차이(對話認識差異)'라고 하고, 남자와 여자의 대화인식차이로 발생하는 부정감정 또는 감정대립을 상대에 대한 '대화인식오류(對話認識誤謬)'라고 한다. 대화인식오류가 발생하면, 부정감정이 발생하여 인간관계가 좋지 않게 된다.

남자와 여자가 대화하면서 심리작용을 할 때, 대화인식의 차이와 대화인식의 오류가 발생한다. 남자는 대화를 주제에 대한 문제로 인식하여 부정감정을 예상하기 때문에 스트레스의 부정감정을 갖게 된다. 그렇기 때문에 남자와 대화를 할 때는 해결에 대한 제시 또는 기대감을 갖도록 하면서 남자가 부정감정을 갖지 않도록 한 후에 대화를 요청하는 것이 필요하다. 즉 남자에게 대화를 통하여 주제의 문제에 대한 해결책을 제시하거나 해결에 대한 가능성 또는 기대감을 언급하면, 대화를 부정감정으로 받아들이지 않고 해결로 인식하게 되면서 편하게 대화를 할 수 있다.

여자는 대화를 주제에 대한 문제의 해결을 기대하면서 긍정감정을 예상하기 때문에 여자와 대화를 할 때는 주제를 이야기하면 된다. 그러나 문제에 대한 해결책을 제시하거나, 해결에 대한 가능성과 기대감을 언급하면서 대화를 요청하면, 여자는 해결에 대한 기대감을 갖기 때문에 대화를 한 후에 그 기대에 미치지 못하게 되면, 부정감정이 발생하여 문제를 더욱 악화시킬 수도 있다.

따라서 남자와 여자가 대화를 할 때는 우선은 주제에 대한 감정을 배제한 후, 의견을 조율하도록 하여 의견협의를 하고, 의견협의가 끝난 후에는 서로의 감정을 조율하도록 하여 긍정감정의 교류와 함께 인간관계를 확대하는 것이 필요하다.

　이와 같이 대화의 심리작용은 두 사람이 서로 감정을 배제하고 주제에 대한 의견을 조율하는 과정을 통하여 의견에 대한 이해와 설명, 객관적이고 합리적인 해결방법을 함께 하는 의식심리만을 작용하는 것이 필요하다. 의견의 결과와 합의를 한 후에는 서로의 감정을 교류하면서 상대를 이해하고 배려하면서 서로의 감정을 보완하여 상승하는 효과를 가질 수 있다. 이러한 대화를 원활히 할 수 있도록 습관을 작용하는 것이 필요하다. 그러면 두 사람은 모두 긍정감정이 발생하여 좋은 인간관계로 유지하고 발전할 수 있다.

2
대화의 인식

　남자와 여자는 대화를 인식하는 것이 다르다. 이로 인하여 서로의 대화인식의 차이를 알지 못하기 때문에 감정대립을 하는 경우에 발생한다. 감정대립의 약 10%가 해당한다. 대화를 하자는 것에 대하여 남자는 문제로 인식하기 때문에 스트레스가 작용하면서 부정감정이 발생하여 대화를 거부한다. 반면 여자는 위로로 작용하여 문제의 해결로 인식하기 때문에 좋은 감정이 작용한다. 이는 정상심리를 가진 남자와 여자에 해당된다.

　그러나 비정상의 심리를 가진 경우에는 남자는 해결로 인식하기 때문에 문제해결의 좋은 감정으로 작용하고, 여자는 문제로 인식하기 때문에 스트레스가 작용한다. 이는 대화에 대하여 남자와 여자가 다르게 인식하는 것으로 인한 대립과 싸움이다. 따라서 상대가 대화를 어떻게 인식하는지 알게 되면 대화인식의 문제로 인한 싸움은 대폭 줄어들게 된다.

　참고로 대화와 의사소통은 다르다. 대화는 자신의 의견과 감정을 상대와 서로 주고받으면서 심리작용을 하는 반면, 의사소통은 의견만 상대와 서로 주고받으면서 심리작용을 전혀 하지 않는다. 또한 의사소통은 동물이나 인간 모두가 동일하게 사용하지만, 심리작용의 대화는 인간만이 할 수 있다.

　대화는 문제를 해결해 가는 과정인데, 남자는 대화를 문제로 인식하기 때문에 대화하자는 것을 스트레스로 인식한다. 자신도 모르게 부정감정이 만들어지는 것이다. 그래서 남자는 막연하게 대화하는 것을 싫어한다. 반면 여자는 대화를 문제가 아닌 해결로 인식하면서 대화를 위로와 해결로 받아들인다. 그래서 막연한 대화에 대해서 긍정감정이 생긴다.

이러한 현상은 대화를 감정교류로 인식하기 때문이다. 따라서 남자에게 의견교류를 위하여 대화하는 것은 좋은 감정을 만드는 것이기 때문에 남자들끼리 이야기하면 수다스러워진다. 남자는 대화에서 감정개입을 싫어하지만 여자에게 감정교류를 위하여 대화하는 것은 좋은 감정을 만드는 것이다.

만일 남자에게 대화에 대한 구체적인 이야기 없이 막연하게 그냥 대화를 하자고 하면, 부정감정이 생기면서 스트레스를 받는다. "대화를 하자"라고 말하면, '왜 나와 이야기를 하려고 하지? 무슨 문제일까?'라고 생각하는 것이 남자이다. 대화의 구체적인 이야기가 없으면 매우 큰 스트레스로 작용하는 것이다. 반면 여자에게 "대화를 하자"라고 말하면, '뭔지 모르지만 관심이 있는 것에 대해서 해결하려고 하는구나.'로 받아들인다. 그래서 대화에 대해서 문제를 해결하려고 하는 것, 자신에 대한 관심이라는 인식 때문에 긍정적으로 작용하는 것이다.

따라서 남자는 대화를 하고자 할 때 대화를 하고자 하는 구체적인 이야기를 한 후에 그것에 대해서 대화를 하자고 하면 스트레스를 받지 않지만, 여자는 구체적인 이야기를 하지 않아도 대화에 대해서 긍정적인 감정을 갖는다. 또한 여자에게 구체적인 이야기를 한 후에 그것에 대해서 대화를 하자고 한 후, 실제 대화를 하였을 때 구체적인 이야기와 다르거나 해결의 기대에 미치지 못하게 되면 대화를 한 후에는 부정감정이 만들어진다. 즉 대화를 하지 않느니만 못한 결과가 발생한다. 따라서 여자에게 대화를 하고자 할 때는 해결 또는 구체적인 이야기를 먼저 하면 대화를 한 후에는 실망을 할 수 있다. 해결을 할 것이라 기대하고 대화했는데, 해결이 되지 않으면 기대에 미치지 못하게 되면서 부정감정이 생기고 짜증내는 것이다.

남자는 구체적인 이야기를 한 후, 대화를 하자고 하면 스트레스의 부정감정이 발생하지 않지만, 여자는 그냥 대화를 하자고 한 후 대화하면 부정감정이 발생하지 않는다. 남자에게 그냥 대화를 하자고 하면 스트레스의 부정감정이 만들어지고, 여자에게 구체적인 이야기를 하면서 대화를 하자고 하면 대화를 한 후에는 부정감정이 발생할 가능성이 높다.

이와 같이 남자는 대화를 문제로 인식하면서 스트레스가 발생하고, 여자는 해결로 인식하면서 긍정감정이 발생한다.

문제의 인식

남자와 여자는 과거의 문제를 인식하는 것이 다르다. 과거의 부부문제, 자녀문제, 가족문제, 성문제,… 기타 다양한 문제와 관련되는 모든 문제는 해결되지 않으면 현재에도 지속된다. 문제를 해결하기 전까지는 계속 확산된다. 그렇게 확산이 되다보면 여자에게는 상처로 기억되고, 남자는 이를 기억하지 못한다. 여자는 부정감정인 상처를 기억하고, 남자는 부정감정이 스트레스를 기억하지 못하기 때문이다.

인식심리는 생각과 의식으로 하고, 표현심리는 말과 행동과 표정의 습관으로 한다. 그래서 문제에 대한 표현은 자신도 모르게 하고, 상대의 문제에 대한 표현은 잘 기억한다. 그래서 문제가 발생하면 자신은 자신의 문제를 알지 못하고, 상대도 상대 자신의 문제를 알지 못한다. 서로가 자신의 문제를 모른다. 이는 자신이든 상대든 무의식으로 문제를 표현하기 때문이다.

또한 문제를 해결해 가는 과정에서 서로 대화를 해야 하는데, 남자는 대화를 문제로 인식하고 여자는 해결로 인식하기 때문에 문제 해결은 어렵게 된다. 한 사람은 문제로 인식하고 한 사람은 해결로 인식하기 때문에 문제의 핵심을 모른 채 계속 감정대립을 할 수밖에 없고, 문제는 계속 확대될 수밖에 없다.

남자는 부부문제, 자녀문제, 가족문제, 성문제 등을 모두 문제로 인식한다. 그래서 여자가 이 문제에 대해서 대화를 하자고 하면 남자는 대화 자체를 문제의 제기로 인식하기 때문에 부정감정의 스트레스가 발생하면서 대화를 하지 않으려고 하거나 회피하는 현상이 발생한다. 그래서 여자는 상처를 받고 남자는 이를 피하고 잊는다.

시간이 지나가면 남자는 문제가 없다고 생각한다. 문제를 말하는 그 자체가 스트레스니까 말하지 말라고 한다. 부정감정을 기억하지 못하기 때문에 문제가 없다고 생각하는 것은 당연한 것이다. 그러나 여자는 문제가 있다고 생각한다. 문제를 이야기해야 해결이 될 것이라고 말한다. 이는 부정감정을 기억하기 때문에 문제가 있다고 생각하는 것은 당연한 것이다. 이처럼 두 사람이 서로 다른 기억체계와 인식체계를 갖고 있기 때문에 부부문제, 자녀문제, 가족문제, 성문제 등이 발생하면 대화로 해결하는 것이 쉽지 않다.

남자에게 그냥 커피를 한잔 마시자고 하면 문제로 인식하지 않는다. 커피를 한잔 마시는 것으로만 생각하기 때문이다. 그러면서 자연스럽게 대화를 해 갈 수 있다. 그러나 그냥 이야기를 하자고 하면 무엇인지는 모르지만 문제를 이야기 할 것이라는 인식과 함께 부정감정의 스트레스가 발생한다. 그래서 그냥 이야기를 하자고 하면 싫어하는 것이다.

남자는 부정감정의 스트레스에 대한 마음의 거부방어기제가 작용하면서 스트레스를 제거하기 때문에 대화를 거부하여 스트레스의 부정감정을 기억하지 못하도록 되어 있다. 그러나 여자는 부정감정에 대한 마음의 수용방어기제가 작용하면서 부정감정을 수용하여 치료하기 때문에 대화를 수용하여 부정감정을 잘 기억하도록 한다. 이 차이로 인하여 대화를 인식하는 것이 다른 것이며, 문제를 인식하는 것도 다르다.

따라서 과거의 부부문제, 가족문제, 성문제, 기타 다양한 문제에 대해서 남자는 기억을 잘 못하고, 여자는 잘 기억하는 것이다.

3
감정의 대립

인간은 살아가면서 다양한 사람들과 인간관계를 갖고 사회생활을 한다. 사회생활을 하면서 인간관계를 맺는 것은 당연한데, 이 인간관계에서 감정대립으로 인하여 받는 스트레스와 상처는 인간이라면 누구에게나 발생한다. 이때 발생하는 스트레스와 상처를 치료하기 위해서는 반드시 인간이면 누구에게나 발생하는 감정대립의 원인을 정확하게 알고 이해해야만 한다. 여러분도 아이들도 배우자도 이외 주변의 다른 사람들도 모두 인간이기 때문에 인간관계에서는 누구나 감정대립을 한다.

인간관계에서의 감정대립이 발생하는 원인은 세 가지로 요약할 수 있다. 첫 번째는 대화의 인식이 남자와 여자가 다르고, 두 번째는 감정의 기억이 남자와 여자가 다른 감정기억의 오류, 세 번째는 심리의 작용에서 인식은 의식으로 하고 표현은 무의식으로 하는 심리작용의 오류로 발생한 오해와 갈등 때문이다.

여러분의 경우를 살펴보면 부부싸움 또는 아이들, 부모님, 친구와 지인 등과 여러분의 감정대립도 마찬가지로 그 주요원인이 대화인식의 차이, 감정기억의 오류, 심리작용의 오류 등 세 가지로 구분할 수 있다. 이 세 가지 중 한 가지 이상 문제가 발생하면 감정대립을 하게 된다. 따라서 부부와 가족은 서로 사랑하는 인간관계로서 세 가지의 문제는 반드시 발생하기 때문에 사랑하는 관계에서는 감정대립이 없을 수 없다.

인간관계에서 말다툼과 같은 감정대립을 자주하는 경우는 서로가 사랑하거나 친밀하다는 것을 의미하는데, 감정대립에서 더 나아가 폭언과 폭력이 발생하는 경우는 감정대립의 정도가 지나치기 때문에 심각한 인간관계에 문제를 유발하기도 한다. 이때 여러분을 비롯한 모든 인간은 감정대립이 왜 발생하는지 정확히 알지 못하기 때문에 상대를 이해할 수 없게 되면서 감정대립을 반복하게 되고 서로 스트레스와 상처를 주고받는다. 사랑하거나 친밀한 관계이기 때문이다.

여러분은 싸움을 전혀 하지 않고 산다고 하는 애인 또는 부부가 부러울 수도 있다. 그러나 인간관계에서 볼 때는 매우 심각한 문제를 갖고 있다고 할 수 있다. 이러한 경우에는 한 사람이 참고 견디면서 살고 있거나, 사랑이 전혀 없어서 무관심하다고 할 수 있다. 결국 감정대립이 없는 애인이나 부부, 가족관계는 건강하지 못한 관계 또는 심각한 문제가 있는 관계라는 것을 알 수 있다.

이처럼 인간관계에서 사랑하는 관계 또는 친밀한 관계에서는 감정대립이 반드시 발생하게 된다. 여러분은 어떠한지 생각해 보기 바란다. 부부싸움을 전혀 하지 않는가? 자녀들 또는 부모님과 감정대립을 하지 않는가? 여러분 스스로 잘 생각하면 여러분의 부부관계 또는 가족관계가 어떤 인간관계인지 잘 알게 될 것이다.

감정대립은 서로의 감정이 대립하면서 사랑하는 관계가 악화될 수밖에 없다. 남녀 간의 감정대립이 되었든 동성 간의 감정대립이 되었든 똑같다. 여러분과 아이들과의 감정대립도 마찬가지이다. 이처럼 감정대립은 대화인식의 차이, 감정기억의 오류, 심리작용의 오류 등 세 가지의 경우에 발생하는데 이 세 가지 중 하나라도 발생하면 감정대립을 하게 된다.

첫 번째는 대화인식의 차이에 의한 감정대립이다. 이는 남자는 대화를 문제로 인식하기 때문에 대화를 인식할 때 스트레스가 발생하여 대화를 회피 또는 거부하지만, 여자는 대화를 해결로 인식하기 때문에 대화를 인식할 때 좋은 감정이 발생하여 대화를 원한다.

그래서 남자에게 대화를 하자고 했을 때, 남자의 대화를 거부하거나 회피하는 말과 행동, 표정으로 인하여 여자에게 스트레스와 상처가 발생하면서 감정대립을 하게 된다. 이와 같은 현상은 전체 감정대립의 약 10%가 해당되고 주로 남자와 여자의 사이에서 발생한다. 여자와 남자, 아내와 남편 또는 엄마와 아들, 아버지와 딸, 친구 또는 지인 등 사랑하는 관계 또는 친밀한 관계 등에서 발생하는 현상이다.

두 번째는 감정기억의 오류에 의한 감정대립의 경우이다. 남자는 상처의 감정을 기억하지 못하고, 여자는 상처의 감정을 잘 기억한다. 그래서 남자는 자신처럼 여자도 상처를 기억하지 못할 것이라 인식하고, 여자는 자신처럼 남자도 상처를 잘 기억할 것이라 인식한다. 이렇게 이야기를 하면 "말도 안 된다."라고 말할 수 있겠지만 감정기억의 오류는 사실이다.

남자와 여자는 서로 사실과는 다르게 인식하고 생각한다. 이는 인간이면 누구에게나 발생한다. 이 감정기억의 오류는 잘못된 것이 아니라 서로가 감정기억에 오류가 있다는 것을 모르는 것뿐이다. 그래서 남자는 과거의 상처를 잘 기억하는 여자가 남자 자신과 연계된 과거의 상처를 이야기하면 스트레스를 받고, 여자는 과거에 준 상처를 기억하지 못하는 남자에게 스트레스와 상처를 받는다. 이러한 현상은 '남자는 상처를 기억하지 못하고,

여자는 상처를 기억'하기 때문인데, 서로의 입장에서 생각할 때 자신과 같을 것이라고 생각하는 오류로 인하여 발생하는 당연한 현상이다.

그래서 남자와 여자는 서로 감정기억의 오류로 인하여 과거에 대한 상처를 이야기하면 감정대립을 하게 된다. 이렇게 감정기억의 오류로 인하여 감정대립을 하는 경우는 전체 감정대립의 약 10%가 해당된다.

세 번째는 심리작용의 오류에 의한 감정대립이다. 인간이 마음을 외부로 표현할 때는 무의식이 작용하지만, 외부의 정보를 마음으로 받아들일 때는 의식이 작용한다. 그래서 자신이 마음을 표현할 때는 무의식으로 하지만, 상대가 이 표현을 인식할 때는 의식으로 한다. 자신과 상대 모두가 자신이 표현한 말과 행동과 표정은 잘 기억하지 못하지만, 상대의 말과 행동과 표정은 잘 기억한다.

따라서 서로에게 문제가 발생하면 자신이 한 말과 행동과 표정을 잘 기억하지 못하고, 상대가 한 말과 행동과 표정은 잘 기억하기 때문에 모든 문제의 원인은 상대에게 있다고 생각하고 확신한다. 즉, 무의식으로 표현한 당사자는 자신의 말과 행동과 표정을 기억하지 못하고, 상대가 무의식으로 표현한 말과 행동과 표정은 의식으로 인식하고 잘 기억하기 때문에 발생하는 현상이다.

이렇게 심리작용의 오류로 인하여 감정대립을 하는 경우는 전체 감정대립의 약 80%를 차지할 만큼 빈번하게 발생한다. 특히 사랑하는 관계 또는 친밀한 관계에서는 흔하게 발생한다.

대화심리의 차이

　사랑하는 관계 또는 친밀한 관계에서 남자와 여자는 대화를 인식하는 것이 다르다. 대화의 방법도 다르고, 대화를 위한 표현도 다르다. 이로 인하여 서로가 대화인식의 차이를 알지 못하기 때문에 감정대립을 하는 경우에 발생한다. 이 경우가 전체 감정대립의 약 10%에 해당된다.
　먼저 남자에게 막연하게 대화하자고 말하면 남자는 대화하는 자체를 문제로 인식하기 때문에 스트레스가 작용하면서 대화를 거부 또는 회피하는 반면 여자에게 대화하자고 말하면 여자는 대화하는 자체가 위로로 작용하면서 문제를 해결하는 것으로 인식하기 때문에 좋은 감정이 작용한다. 이는 정상적인 마음과 심리를 가진 남자와 여자라고 할 수 있다. 그러나 비정상적인 마음과 심리를 가진 경우라면 남자는 대화를 해결로 인식하기 때문에 문제해결의 좋은 기분으로 작용하고, 여자는 대화를 문제로 인식하기 때문에 스트레스가 작용한다.
　이처럼 남자와 여자는 대화를 서로 다르게 인식하는 것으로 인하여 감정대립을 할 수 있다. 따라서 상대가 대화를 어떻게 인식하는지 알면 대화인식의 문제로 인한 감정대립은 대폭 줄어들게 된다.
　이러한 현상은 대화를 감정교류로 인식하기 때문이다. 남자에게 의견교류를 위하여 대화하는 것은 좋은 기분을 만드는 것이기 때문에 남자들끼리 이야기하면 의견에 대하여 수다스러워지지만, 대화에서의 감정을 교류하는 것을 싫어한다. 반면 여자에게 감정교류를 위하여 대화하는 것은 좋은 감정을 만드는 것이기 때문에 여자끼리 이야기를 하면 감정에 대하여 수다스러워진다.

특히 남자에게 대화에 대한 구체적인 목적과 이유도 없이 막연하게 그냥 대화를 하자고 하면 스트레스를 받는다. 남자에게 "대화를 하자"라고 말하면, '왜 나와 이야기를 하려고 하지? 무슨 문제일까?'라고 생각하는 것이 남자이다. 대화의 구체적인 목적과 이유가 없으면 분명 자신에게 문제를 말하려고 할 것이라는 막연한 생각으로 인하여 스트레스로 작용하는 것이다. 그러나 여자에게 대화에 대한 구체적인 이야기 없이 막연하게 그냥 "대화를 하자"라고 말하면, 여자는 '뭔지 모르지만 관심이 있는 것에 대해서 해결하려고 하는구나.'로 받아들인다. 그래서 대화에 대해서 문제를 해결하려고 한다거나 자신에 대하여 관심을 가진다고 인식하기 때문에 긍정적으로 작용하는 것이다.

따라서 남자에게 대화를 하고자 하는 구체적인 목표와 이유를 이야기한 후에 그것에 대하여 대화하자고 하면 스트레스를 받지 않지만, 여자는 구체적인 목표와 이유를 이야기하지 않아도 대화에 대해서 긍정적인 감정을 가진다. 또한 여자에게 구체적인 목표와 이유를 이야기한 후에 그것에 대해서 대화하자고 한 후, 실제 대화를 하였을 때 앞서 언급한 목표와 이야기가 다르거나 해결의 기대에 미치지 못하게 되면 대화를 한 후에는 스트레스와 상처가 만들어진다. 즉, 대화를 하지 않느니만 못한 결과가 발생한다. 따라서 여자에게 대화를 하고자 할 때, 해결 또는 구체적인 이야기를 먼저 하면 대화를 한 후에 실망을 할 수 있다. 여자는 해결할 것이라 기대하고 대화했는데, 해결이 되지 않으면 기대에 미치지 못하게 되면서 스트레스와 상처가 생기고 짜증내는 것이다.

이에 따라서 남자는 구체적인 이야기를 한 후, 대화를 하자고 하면 스트레스가 발생하지 않지만, 여자는 그냥 대화를 하자고 한 후 대화하면 스트레스와 상처가 발생하지 않는다. 남자에게 그냥 막연하게 대화하자고 하면 스트레스가 발생하고, 여자에게 구체적인 이야기를 하면서 대화를 하자고 하면 대화를 한 후 스트레스와 상처가 발생할 가능성이 높다.

여자는 대화를 좋아한다. 여자는 대화 그 자체를 문제를 해결하는 것으로 인식하기 때문이다. 그래서 대화를 하자고 하면 무엇인지는 모르지만 해결될 것이라는 기대감을 가진다. 그러나 남자는 대화 그 자체에 대하여 자신의 잘못 또는 문제를 이야기할 것이라고 인식한다. 그래서 무엇인지는 모르지만 잘못 또는 문제에 대하여 스트레스를 받는다.

예를 들어 보자. 아내가 남편에게 "오늘 일찍 좀 오세요. 내가 꼭 할 이야기가 있어요."라고 막연하게 그냥 대화를 하자고 보내면 어떨까? 그러면 남편은 매우 스트레스를 받으면서 아무 일도 손에 잡히지 않는다. 그래서 남편은 아내에게 무슨 일이냐고 문자를 하고, 전화를 할 것이다. 그럴 때 "어쨌든 와서 이야기해."라고 한다면 남편은 엄청난 스트레스와 함께 아무 것도 못한 채 하루를 보내게 된다. 경우에 따라서는 남편이 아이에게 전화를 하여 "오늘 엄마에게 무슨 일 있냐?"라고 물어보기도 한다. 그러면 이 이야기를 들은 아내는 남편에 대하여 '뭐 찔리는 일이 있나 보지?'라고 생각할 수도 있다. 그러나 남편은 찔리는 일이 있어서 그런 것이 아니다. 이는 정상적인 남자라면 당연한 현상이다. 이처럼 막연하게 대화하자는 그 자체를 남자는 문제로 인식하여 스트레스를 받기 때문이다. '그래서 뭔지는 모르지만 분명히 내 잘못이나 문제에 대해 말할 것이야. 그렇지 않으면 집에 갔을 때 이야기하면 될 것을 꼭 일찍 오라고까지 이야기할 리 없어. 이 정도면 분명히 뭔가 문제가 생긴 거야.'라고 생각하면서 스트레스를 받는다. 이러한 현상은 남자라면 전 세계 누구나 다 똑같다.

그러나 여자는 남자와 다르다. 남편이 똑같은 문자를 아내에게 보내면 아내도 당연히 궁금해 한다. 그런데 아내는 왠지 기분이 좋다. 대화를 자신에 대한 관심 또는 무엇인지 모르지만 해결로 인식하기 때문이다. 여자는 관심을 가져 주면 기분이 좋아진다. 그래서 여자들은 끊임없이 대화를 원하는데 남자는 끊임없이 대화를 회피한다. 아내가 남편에게 "여보, 얘기 좀 할까?"라고 하면 남편은 "무슨 얘기?"라고 말하는 것처럼 남편으로서는 무슨 이야기냐가 중요하다. 이때 아내가 "아니, 그냥."이라고 말하면 남편은 "그럼 그냥 다음에 해."라고 말한다. 이 상황이 되면 아내는 섭섭해진다. '나한테 관심 없다'고 받아들이게 된다. 그러나 남편은 아내에게 관심이 많다. 다만 남자는 막연하게 대화를 하자고 하면 스트레스로 인식하기 때문에 무의식으로 회피하는 것일 뿐이다.

대화는 문제를 해결하는 과정이다. 그런데 남자는 막연한 대화를 문제로 인식하고, 여자는 막연한 대화를 해결로 인식한다. 이는 남자와 여자의 마음이 다르기 때문에 그렇다. 이와 같이 남자와 여자가 대화의 인식에 대한 차이로 인하여 발생하는 감정대립은 전체 갈등의 원인 중 약 10%에 해당한다.

감정기억의 차이

감정대립의 두 번째 원인은 남자와 여자의 감정기억차이다. 남자와 여자의 감정기억이 전혀 다른데, 남자는 상처의 감정을 기억하지 못한다. 그렇다고 지식과 경험에 대한 사실을 기억하지 못하는 것이 아니다. 지식과 경험에 의한 사실은 기억하지만, 그 사실로 발생했던 상처의 감정을 기억하지 못하는 것이다. 특히 여자는 남자가 상처의 감정을 기억하지 않는다는 것에 놀랐을 수 있고, 사실이 아니라고 생각할 수 있다. 그러나 이는 사실이다.

여자는 사랑을 기초로 하여 현재의 행복을 추구하고, 남자는 열정을 기초로 하여 미래의 행복을 추구한다. 이때 여자의 사랑은 꼭 남녀관계의 애정만을 뜻하는 것이 아니라 사람이든, 사람이 아닌 대상이든 좋아하는 감정으로 몰입하는 것을 사랑이라고 한다. 또한 남자의 열정은 남녀관계의 즐거움만을 뜻하는 것이 아니라 대상이든 사람이든 즐거운 기분에 몰입하는 것을 열정이라고 한다.

따라서 남자와 여자가 감정을 어떻게 기억하느냐를 정확히 알아야만 남자와 여자의 행복을 추구하는 방향과 목표를 만들 수 있다. 그만큼 남자와 여자는 감정을 전혀 다르게 기억하고 있다는 것을 의미한다.

마음과 심리가 정상인 여자는 상처의 감정을 잘 기억하고 즐거움의 감정을 잘 기억하지 못한다. 여자는 즐거움의 감정을 잘 기억하지 못하는 것은 즐거움의 감정을 기분으로 전환함으로써 현재의 즐거움으로만 느끼고 사라지기 때문이다. 또한 여자가 상처의 감정을 잘 기억하는 것은 상처의 감정을 치료하여 사랑의 감정과 현재의 행복으로 전환할 수 있기 때문이다. 여자는 상처의 아픔과 고통을 쉽게 기억하기 때문에 이를 치료하고자 무의식이 작용하면서 치료의 과정에서 발생하는 사랑의 감정과 행복의 감정에 의하여 현재의 행복을 추구하고 상처의 감정을 행복의 감정으로 전환한다.

따라서 상처의 감정을 기억하기 때문에 치료의 욕구를 갖게 되는데, 이 치료는 상대 남자의 열정에 의한 사랑 또는 위로에 의하여 작용한다. 여자는 이 치료의 과정이 곧 사랑의 과정이고 현재의 행복을 가지는 중요한 역할을 한다.

　마음과 심리가 정상인 남자는 상처의 감정을 잘 기억하지 못하고 즐거움의 기분을 잘 기억한다. 이로 인하여 미래의 행복만을 추구하는 현상이 발생하고 재미와 즐거움을 좋아하며 나쁜 기분인 스트레스를 거부한다. 재미와 즐거움의 과정에서 열정이 발생하고 성취욕이 만들어지며 미래의 행복을 추구한다.

　만일 부모님이 돌아가셨다고 한다면 많이 슬프고 힘들게 된다. 여자는 상처의 감정을 잘 기억하기 때문에 혹시 여자 중에 부모님이 돌아가신 분 있다면 돌아가신 부모님에 대하여 이야기를 몇 마디만 해도 눈물 흘린다. 반면 남자는 돌아가신 부모님을 생각하며 울지 않는다. 남자는 부모님이 돌아가셨을 때의 상황에 몰입되어야만 그때 자신이 많이 슬펐을 것이라고 생각하고, 그때 슬펐을 당시 어떠했는지 몰입해야만 비로소 눈물이 난다. 그러나 잠시 후 재미있고 즐거운 상황이 발생하면 슬픔은 바로 사라지고 재미있고 즐거운 상황에 쉽게 몰입한다.

　반면 남자는 즐거운 기분은 잘 기억하고 안 좋았던 것은 잘 잊는다. 남자는 상처의 감정을 기억하지 말아야 한다. 만일 남자가 자신의 과거에서 안 좋았을 것으로 생각하는 사실만 골라서 기억하는 경우에는 둘 중에 하나이다. 하나는 현재 스트레스를 받아서 좋지 않은 기분이라는 것을 표현하는 것이고, 또 하나는 심리장애 또는 정신병증을 갖고 있는 것으로 정신에 문제가 발생한 것이라 할 수 있다.

　남자가 상처의 감정, 즉, 안 좋았던 과거의 그때 그 감정을 기억하게 되면 정신병원을 가든가 아니면 자살할 위험이 매우 높아진다. 그래서 남자의 우울증은 자살 위험성이 매우 높다. 남자에게 우울증이라는 것은 과거 상처의 감정을 기억하면서 일상생활에서도 계속 작용한다는 뜻이다. 그러면 남자는 그 상처의 감정으로 발생하는 강력한 스트레스를 치료하지 못한 채 강한 스트레스로 인하여 견딜 수 없게 된다. 자신의 정신을 놓고 미쳐서 기억조차 못하도록 하든가, 아니면 생을 마감하는 것이 상처의 감정기억으로부터 벗어날 수 있는 유일한 방법이라고 생각하게 된다.

그만큼 남자가 과거 상처의 감정을 기억하는 것은 위험한 상황에 직면하게 되는 것이라 할 수 있다. 이는 전 세계의 모든 남자가 똑같다. 왜냐면 정상의 마음과 심리를 가진 남자는 즐거움과 관련한 기분을 기억하는 반면 상처의 감정을 기억하지 않기 때문이다.

여자는 반대로 즐거움의 감정은 잘 기억하지 못하고, 상처의 감정은 잘 기억한다. 이때 어떤 여자가 "선생님, 저는 즐거운 것도 잘 기억하는데요."라고 말한다면, 마치 즐거움의 감정을 기억하는 것처럼 느껴질 수 있겠지만 실제로는 즐거웠던 사실을 기억하는 것이다. 그래서 '그때 참 즐거웠지'라고 생각하면서 그것을 즐거운 감정이라고 생각한다. 실제로 그때 즐거웠던 감정을 기억하는 것은 아니다. 오늘 현재가 즐거우면 그때도 지금처럼 즐거웠을 것이라고 생각한다. 그래서 즐거운 감정을 기억한다고 생각하는 것처럼 느끼는 것이다. 이는 남자가 상처의 감정을 생각하는 것과 같은 원리가 작용한다.

예를 들어 여자가 신혼여행을 갔을 때, 무엇인가를 기억하게 되면 '그때는 즐겁고 좋았지'라는 생각을 할 수 있는데 이는 현재 좋은 감정이라는 뜻이다. 즉, 현재의 좋은 감정으로 과거의 사실을 기억하여 현재의 좋은 감정과 연결함으로써 '그때는 즐겁고 좋았지'라고 생각하는 것이다.

그러나 상처의 감정은 다르다. 여자와 남자가 이야기를 나누어 보면 쉽게 알 수 있다. 여자가 남자에게 과거에 남자에 의하여 기억된 상처의 감정을 기억나는 대로 이야기한다면 상대 남자는 엄청난 스트레스를 받는 것을 알 수 있다. 이때 상대 남자가 스트레스를 받고 있음에도 불구하고 과거 상처의 감정에 대한 이야기를 지속하면 상대 남자는 강력한 스트레스를 받는다. 이 말이 여자는 농담으로 들릴 수도 있다. 그러나 실제 적용해 보면 사실이라는 것을 알 수 있다. 남자는 상처의 감정에 강한 스트레스를 받기 때문에 여자가 상처의 감정을 이야기하면, 남자는 그만하라고 소리를 치거나, 회피하려고 할 수 있다. 이처럼 남자는 여자가 이야기하는 과거 상처의 감정에 대하여 강한 스트레스를 받게 되면서 이 스트레스를 회피하거나 여자에게 오히려 화를 낼 수도 있다.

여자가 일상생활에서 자꾸 과거의 상처를 기억하여 이야기한다면, 이는 여자가 상처의 감정을 치료하고자 하는 무의식이 작용하면서 무의식을 말과 행동과 표정으로 표현하는 것이다. 여자는 과거의 상처가 아프고 슬프고 힘들기 때문에 이를 치료하여 좋은 감정 또는 사랑의 감정을 가지려고 사랑하는 상대 또는 친밀한 상대에게 치료하고자 하는 무의식이 작용한다. 그래서 여자는 자기도 모르게 기분이 안 좋아지고 언짢아지고 스트레스를 받게 되면, 과거의 상처가 기억나기 시작한다. 특히 여자가 사랑하는 남자와 함께 살아온 날이 많으면 함께 겪었던 사건과 사고, 시댁과 친정, 아이들과 연관된 상처가 많다.

여자가 상처의 감정에 대하여 상대 남자에게 이야기하면 남자는 강한 스트레스가 발생하기 때문에 매우 힘들어한다. 특히 남자는 여자의 상처에 대하여 기억조차 못하는 것이 대부분이다. 그러면 여자는 상대 남자가 자신의 상처에 대하여 기억하지 못하는 것에 더 화나고 짜증나고 신경질이 날 수밖에 없다. 마치 남자가 회피할 목적으로 기억나지 않는다고 거짓말하는 것처럼 느껴질 수 있다. 여자는 상처의 기억 때문에 힘들고 고통스럽고 아픈데, 상대 남자는 과연 자신에게 관심은 있는 것인지 의심할 수밖에 없다. 이런 현상이 반복되면 여자는 남자가 자신에게 관심이 없다고 생각한다. 그러나 여자가 생각하는 것과는 다르다. 남자는 여자에게 관심이 많다. 다만 남자도 인간이라는 사실을 잊으면 안 된다. 그래서 감정기억의 차이로 인하여 남자와 여자가 감정대립을 하게 된다.

　남자는 여자도 자신과 같이 상처의 감정을 기억하지 않을 것이라고 생각하고, 상처의 감정을 기억하는 여자가 성격이 특별해서 그렇다고 생각한다. 반면 여자는 남자도 자신과 같이 상처의 감정을 잘 기억하고 있을 것이라고 생각하고, 상처의 감정을 기억하지 않는 남자가 성격이 특별하거나 여자에게 더 이상 관심이 없다고 생각하면서 거짓말만 한다고 생각한다. 그래서 남자와 여자는 서로 자신을 몰라준다고 감정대립을 할 수밖에 없는 것이다.

　감정대립은 곧 감정싸움이 된다. 이럴 경우에는 무조건 남자가 피하는 것이 상책이다. 여자는 상처의 감정을 기억하기 때문에 상처의 감정을 이야기하면 할수록 더욱 많은 상처의 감정을 기억하고 표현한다. 그러면 남자는 스트레스가 점점 더 커지면서 견딜 수 없는 지경에 이른다. 그러니 남자와 여자가 감정대립을 하게 되면 무조건 남자가 피하는 것이 상책이며, 남자는 스트레스를 없앤 후에 여자의 상처를 어떻게 치료해 줄 것인지 생각하고 실천하는 것이 좋다.

　여러분은 어떠한지 생각해 보기 바란다. 여자라면 누구든지 상처의 감정을 기억하고 표현할 때, 그 상처와 관련된 안 좋았던 감정들이 계속 떠오르고 이를 표현하게 된다. 한마디로 상처의 감정을 기억하면 그 동안 쌓였던 상처의 감정이 연속적으로 기억난다. 이때 가장 좋은 방법은 상처의 감정을 기억하는 것과 표현하는 것을 멈추는 것이다. 물론 상처의 기억과 표현을 멈추면 치료가 되지 않지만, 상대에게 스트레스를 주지는 않는다.

여자가 상처를 기억하고 표현할 때, 여자입장에서 자신의 상처에 대한 정확한 이해와 자신의 잘못이 아니었다는 것을 확신하게 될 때 상처는 치료된다. 또한 상처의 치료란 상처의 감정이 무감정 또는 긍정감정으로 바뀌면서 행복한 감정을 갖게 되는 것이다. 그래서 상처가 많은 사람 또는 마음이 많이 아프고 우울하고 힘들어 하는 사람은 의외로 이 상처를 치료하면 행복해질 수 있는 에너지를 갖고 있는 것이다.

남자와 여자가 대화의 인식에서 차이가 있고, 결정적으로 남자는 상처의 감정을 기억하지 못한다. 여자는 남자가 상처를 기억하지 못할 때, 여자가 상처의 감정을 기억한다면, 남자도 분명히 잘 기억하고 있을 것이라 생각한다. 두 사람이 함께 겪었으니 인간이면 당연히 기억할 것이라고 생각한다. 그래서 상처의 감정을 치료하기 위하여 남자에게 상처의 감정을 표현했지만, 남자는 강한 스트레스를 받으니 이를 거부하고 회피하면서 여자의 상처는 치료되지 못한 채 억압하고 쌓아두면서 참고 인내하며 살게 되는 것이다. 이로 인하여 여자는 자신이 힘들 때 남자가 회피하였으니, 남자는 자신에게 더 이상 관심이 없다고 생각하고 확신하는 것이다.

그러나 실제는 그렇지 않다. 여러분이나 배우자나 자식들이나 부모님은 모두 여자 또는 남자라는 것을 알아야 한다. 그리고 대화인식의 차이를 갖고 있다는 것, 감정기억을 다르게 하고 있다는 것, 남자와 여자의 마음이 다르게 작용한다는 것을 알아야 한다. 지금까지 여러분은 이 마음과 심리의 원리를 생각해 본 적이 없기 때문에 사실이 아닌 것을 오해하여 생각하고 확신하면서 상처받고 아프고 힘들었던 것이다. 한 번이라도 곰곰이 생각해 보길 바란다.

심리작용의 차이

감정대립이 발생하는 세 번째 원인은 서로 마음을 주고받을 때 의식과 무의식이 다르게 작용하기 때문이다. 외부의 정보를 마음으로 받아들여 인식할 때는 의식이 작용하고, 마음을 외부로 표현할 때는 무의식이 작용한다. 누구든 자신의 마음을 상대에게 표현할 때는 무의식으로 하고, 이를 받아들이는 상대는 의식하기 때문에 좋을 때는 별 문제가 없지만, 감정이 좋지 않을 때는 감정대립이 발생한다.

이와 같은 심리의 작용은 인간관계에서 반드시 필요하다. 인간관계에서 발생하는 심리작용의 오류는 인간이라면 누구에게나 당연한 것이다. 여러분도 배우자도 아이들도 부모님도 주변의 모든 사람들도 이 심리의 작용을 이해하지 못하기 때문에 상대를 이해하지 못하면서 발생하는 오해로 인하여 감정대립이 발생하는데, 이는 전체 감정대립의 약 80%를 차지할 만큼 흔한 원인이다.

서로 심리가 작용할 때, 자신은 무의식으로 감정을 표현하지만 상대는 이를 의식으로 받아들인다. 반면 상대는 의식으로 상대의 표현을 받아들이고 다시 무의식으로 감정을 표현한다. 이것을 심리작용이라 한다. 이와 같은 심리작용은 사랑하는 사이, 가까운 사이일수록 더욱 뚜렷하게 발생한다. 여러분에게 사랑하는 사이 또는 가까운 사이가 누구인지 생각해 보고 그들과 감정대립이 얼마나 빈번하게 발생하는지 생각해 보면 이해하기 쉽다.

자신이 무의식으로 말과 행동과 표정을 통하여 상대에게 감정을 표현하면, 상대는 생각을 통하여 의식으로 받아들여서 상대가 자신에게 일부러 또는 의도적으로 표현한 것이라고 생각한다. 반면 상대도 무의식으로 말과 행동과 표정을 통하여 감정을 표현하면, 자신도 생각을 통하여 의식으로 받아들이기 때문에, 상대가 자신에게 일부러 또는 의도적으로 표현한 것이라고 생각한다. 그래서 서로의 관계에서 감정대립이 발생하면 서로 상대의 탓이라고 한다. 이는 서로를 탓하게 만드는 주요원인이다.

상대는 무의식으로 표현하여 생각을 의도하지 않았지만, 자신이 생각해 볼 때는 분명 표현한 것을 생각으로 느꼈기 때문에 상대가 의도했을 것이라고 생각하고 확신한다. 자신이 했던 말과 행동과 표정은 무의식으로 하면서 생각하지 않았으니 기억하는 것은 불과 10%도 채 되지 않고, 상대가 했던 말과 행동, 표정은 생각으로 받아들였으니 90% 이상 기억하기 때문에 모든 문제의 원인은 상대에게 있다고 생각하는 것이다. 이 또한 상대가 의도한 것이 아니지만 상대가 의도했다고 생각한다.

이러한 인간관계는 사랑하는 사람, 친밀한 사람, 오래된 편안한 사람과의 인간관계라고 할 수 있다. 부부관계, 부모자식관계, 형제자매관계, 가족관계, 친한 친구관계 등과 같이 오래도록 친밀한 관계에 있는 사람들은 대부분 이런 현상이 발생한다. 따라서 감정대립이 자주 발생할 수밖에 없는 것이다. 이는 사랑하는 인간관계 또는 친밀한 인간관계가 아니면 잘 발생하지 않는다.

친밀한 인간관계에서는 표현할 때 무의식적인 말과 행동과 표정으로 상대에게 표현한다. 그러면 상대는 생각으로 인식하면서 의식으로 받아들인다. 그리고 다시 상대는 무의식에 의하여 말과 행동과 표정으로 표현하면, 생각으로 인식하면서 의식으로 받아들이는 일련의 순환구조를 갖게 된다. 이러한 현상은 사랑하는 관계, 오래된 친한 관계에서 당연히 나타날 수밖에 없다.

친밀한 인간관계의 순환구조를 보면 좋은 표현은 그렇게 문제되지 않지만 좋지 않고 기분이 나쁜 표현은 문제가 된다. 표현은 무의식으로 하고 인식은 의식하기 때문에 상대는 무의식으로 표현하지만 나는 이를 의식으로 받아들이면서 의도적으로 했다고 오해한다. 또한 이런 현상은 자신과 상대 모두에게 발생하면서 서로를 탓하게 된다. 즉, 친밀한 인간관계이기 때문에 나타나는 현상인데, 이 원리를 정확히 알지 못하기 때문에 상대와 감정대립을 하고, 모든 잘못의 원인이 상대에게 있다고 서로 생각하고 확신하면서 오해와 갈등이 생길 수밖에 없다.

이와 같이 인식할 때와 표현할 때는 사실과 다르게 왜곡되는 오류가 발생하는데, 이는 표현하는 것과 인식하는 것이 다르기 때문이다. 그래서 받아들이는 생각이 왜곡하고 오해하는 것이다. 상대의 표현을 인식하면서 당연히 생각하게 되니 확신하게 되는데, 상대의 표현은 의식이 아니라 무의식이라는 것을 모르기 때문에 오해하는 것이다.

따라서 친밀한 인관관계에서는 상대에 대한 좋지 않은 감정을 생각할 경우 90% 이상은 왜곡되어 생각하면서 오해와 갈등이 생긴다. 상대의 진실과는 관계없이 자신의 왜곡된 생각으로 오해하고 갈등을 갖게 될 확률이

90% 이상이라는 것이다. 따라서 자신이 생각하는 상대에 대한 나쁜 감정은 잘못되고 오해하는 것일 수 있다고 생각해야 한다.

여러분의 마음이 안 좋을 때는 말과 행동과 표정을 무의식으로 표현한다. 이때 무의식으로 한 말과 행동과 표정은 대부분 기억하지 못한다. 무의식으로 표현한 것은 생각을 하지 않았기 때문에 기억할 수 없다. 이로 인하여 자신이 한 말과 행동과 표정을 기억하는 것은 불과 10%도 채 되지 않는다. 반면 상대는 내가 했던 말과 행동과 표정에 대해서는 의식으로 받아들여 생각하기 때문에 90% 이상을 기억한다.

이렇게 서로의 마음이 작용되면 오해와 갈등이 발생한다. 그러면 여러분 자신이 기억하는 것은 무엇인가? 자신이 한 말과 행동과 표정을 기억하는 것은 10% 미만이고, 상대가 한 말과 행동과 표정을 기억하는 것은 90% 이상이다. 이는 상대도 마찬가지이다. 상대는 자신이 한 말과 행동과 표정에 대해서는 10% 미만을 기억하고, 내가 했던 말과 행동과 표정에 대해서는 90% 이상을 기억한다.

그러면 여러분과 상대가 서로 감정대립을 하게 된다면 누가 문제라고 생각하는가? 여러분의 잘못인가? 아니면 상대의 잘못인가?

여러분이 생각할 때는 상대가 잘못했다고 느낄 수밖에 없다. 그래서 감정에 문제가 생기면 무조건 상대의 잘못이 되는 것이다. 나의 잘못은 10% 미만이지만 상대의 잘못은 90% 이상이기 때문이다. 그러면 상대의 입장에서 한번 살펴보아야 한다. 상대는 자신이 말과 행동과 표정으로 표현한 것은 10% 미만을 기억하는 반면 여러분이 한 말과 행동과 표정은 90% 이상을 기억하기 때문에 상대도 '내 잘못은 10% 미만이지만 너의 잘못이 90% 이상이다.'라고 생각하게 된다. 그러면서 말한다. "당신도 이랬잖아."

라고 하면서 자신이 했던 말과 행동과 표정은 10% 미만으로 기억하는 반면 상대가 했던 말과 행동과 표정은 90% 이상을 기억하고 이야기한다.

이는 인간이라면 누구에게나 똑같이 발생한다. 이러한 오해와 갈등의 시행착오는 인간이기 때문에 갖게 되는 위대한 능력이기도 하다. 상처를 치료하고 사랑하고 그러면서 스트레스를 힐링하고 행복하게 살아 갈 수 있는 원동력이 되기도 한다. 그러나 감정에 문제가 발생하게 될 때는 이 마음과 심리의 원리를 모르면 스트레스와 상처 때문에 고통을 받게 된다.

인간의 오해와 갈등이 생기는 것은 바로 심리작용의 오류로 인하여 생기는 것이 대부분이다. 여러분 자신이 상대에 대하여 생각하는 것이 맞을 확률은 얼마나 되겠는가? 의식에서 생각하는 것이 여러분의 생각이기 때문에 '나한테 이랬으니 분명 나에 대하여 생각하고 의도했을 것이다.'라고 생각한다. 여러분이 이렇게 생각하는 것이 맞을 확률은 다양한 심리의 오류를 계산해 보니 1%도 채 안 된다. '저 사람은 틀림없이 이런 감정일 거야.', '저 사람은 틀림없이 이렇게 생각할 거야.', '내 아이는 틀림없이 나에 대해 이렇게 생각할 거야.'라고 확신하는 것이 맞을 확률이 1%도 안 된다는 뜻이다.

여러분은 놀랐을 것이다. '내가 생각하는 것이 틀릴 수도 있다는 얘기네. 그럼 내 생각이 99% 이상 틀릴 수 있다는 말인데, 설마…'라고 생각할 수 있다. 그러나 이는 사실이다. 따라서 여러분은 상대방의 이야기를 처음부터 끝까지를 들어 봐야 한다. 그러나 대부분은 듣지 않는다. 여러분이 상대의 말과 행동과 표정을 직접 들었고 보았기 때문에, 여러분 자신의 다섯 개 감각기관을 통해서 생각으로 들어 왔고 느꼈으니 그것을 확인하지 않아도 된다고 생각하는 것이다.

이렇게 확신할 때 결정적인 것이 빠져 있다. 여러분은 의식으로 생각하지만, 상대는 무의식으로 생각 없이 말과 행동과 표정으로 표현했다는 것이다. 특히 사랑하는 사이 또는 친밀한 사이에서는 생각 없이 말과 행동과 표정으로 표현하는 것은 더욱 강화된다. 결국은 여러분이 이렇게 확신을 한다는 것은 상대가 바로 여러분을 사랑하거나 친밀한 사람으로 인식한다는 것이다.

그러나 모든 사람들은 사랑한다고 하여, 좋아하고, 예뻐하고, 좋은 말만 하지는 않는다. 인간은 마음과 심리가 힘들어지고, 스트레스를 받거나 상처를 받게 되면 이를 제거하거나 치료하려고 한다. 남자가 스트레스를 받으면 스트레스를 제거하려고 무의식이 작용하고, 여자가 상처를 받으면 자신의 상처를 치료하려고 무의식이 작용한다. 이때 무의식이 작용하면서 자신도 모르게 생각하지도 않은 채 말과 행동과 표정으로 표현하게 된다.

만일 엄마가 자녀들에게 화내고 짜증내고 신경질을 내고 욕을 한다고 하자. 그러면 자녀들은 스트레스 또는 상처로 인하여 견디지 못한다. 아들은 스트레스를 해소하여 제거하기 위하여, 딸은 상처받은 것을 치료하려고 한다. 무의식으로 생각 없이 말과 행동과 표정으로 표현한다. 최악의 경우에는 엄마에게 폭언 또는 폭력을 행사하기 하고, 집을 뛰쳐나가기도 한다. 이렇게 집을 나간 아이들이 나가서 무엇을 하겠는가? 아들과 딸이 집밖으로 뛰쳐나가면 무엇을 할 것 같은가? 그리고 왜 아이들이 집을 뛰쳐나갔을까? 또한 이 모든 상황이 엄마의 잘못인가? 아니면 아이들의 잘못인가? 누구의 잘못도 아니다. 다만 인간의 마음과 심리가 작용하는 원리를 몰랐기 때문에 발생한 것이다. 요즈음 TV에 많이 나오는 이야기들이 바로 여러분의 일인 것임을 알아야 한다. 그 아이들이 왜 집을 나갔는지 본질을 정확히 알아야 한다.

　예전에 청소년을 상대로 마음교육을 할 때, 한 여학생이 "엄마 때문에 못 살겠어요. 맨날 잔소리하고 신경질내고 화내고 욕하면서 괴롭힙니다. 정말 죽을 것 같아요. 그래서 집을 나가면 어른들은 엄마가 저를 사랑하기 때문에 그런 것이라며 저를 설득하려고 하는데, 그러면 더 화나요. 듣고 싶지도 않고, 내 편은 아무도 없다고 생각해요."라고 하소연을 했다. 이 말과 함께 다른 여학생들도 똑같다면서 이구동성으로 말하는 것을 들었다.

　그때 이렇게 마음과 심리의 원리에 대하여 말했다. "엄마가 상처가 많아서 그런 것입니다. 엄마는 여자이기 때문에 자신의 상처를 치료하려는 무의식이 작용하는데, 사랑하는 사람에게서 치료를 하려고 합니다. 그런데 엄마로서는 사랑하는 아빠가 이야기를 안 들어주기 때문에 아빠에게서 치료가 되지 않을 수 있습니다. 그러다 보니 엄마가 아빠 이외에 제일 사랑하는 사람이 누구겠습니까? 바로 여러분입니다. 그래서 엄마는 사랑하는 자식들인 여러분에게 치료받기를 원합니다. 엄마를 알아 달라고, 엄마가 얼마나 아프고 힘들게 살고 있는지를 알아 달라고 말과 행동과 표정으로 표현하는 것입니다. 엄마는 자신도 모르게 무의식으로 생각하지 않고 표현합니다. 왜? 자식인 여러분을 사랑하기 때문입니다. 어느 누구에게도 말을 못하니까요. 그런데 자식인 여러분은 어떤가요? 여러분은 엄마의 표현을 엄마가 생각하고 의도적으로 여러분에게 한 것이라고 생각하고 확신하게 됩니다. 그러면서 엄마는 여러분을 제일 싫어하고 미워한다고 생각하고 확신합니다. 이 얼마나 끔찍한 일입니까? 사랑하는 사이끼리 말입니다."

　이렇게 이야기하면 청소년들의 생각이 많이 달라진다. 그래서 "이 이야기를 엄마에게 설명을 드려 보십시오." 하고 말하기도 하고, 엄마를 모시고 오도록 하여 이 마음과 심리의 원리를 어머니에게 설명해 드리면, 그 어머니는 대성통곡을 한다. 곁에 있던 자식들도 마찬가지이다. 여러분은 아이들과 어떠한지 생각해 보기 바란다. 또한, 여러분과 여러분의 부모님은 어땠는지 생각해 보기 바란다.

여러분과 부모님의 관계가 그랬듯이 여러분과 자녀들의 관계도 그렇고, 여러분과 배우자의 관계도 마찬가지이다. 사랑하는 사이끼리 마음과 심리가 작용하는 원리를 알지 못하기 때문에 서로 오해하고 오랜 세월을 갈등하고 대립하면서 싸우게 된다. 서로 사랑하는 것이 분명하기 때문이다.

여러분이 아이들 또는 배우자에게 화를 내고 있다면, 그 화의 원인이 대부분 배우자와 아이들의 잘못이 아니다. 또한 여러분의 잘못도 아니다. 여러분이 보고 들을 때는 분명 아이들 또는 배우자의 잘못이 맞지만, 그것이 맞을 확률은 10%도 채 안 된다. 90% 이상은 여러분이 잘못 알고 오해하는 것일 수 있다고 생각하고, 상황과 사실을 정확히 알아야 한다. 이를 위하여 상황과 사실을 정확히 알도록 해 보라. 그러면 놀랍게도 잘못 또는 문제라고 생각한 것에 대하여 정확한 상황과 사실을 알게 되고, 잘못 또는 문제가 어렵지 않게 해결된다.

여러분은 마음과 심리가 작용하는 원리를 알아야 한다. 원리를 정확히 알면 상처와 스트레스가 생기지 않는다. 그러면 힘들고 아프고 슬프지 않다. 원리를 정확히 알면 여러분에게 상처가 생기지 않고 저절로 치료된다.

여러분의 아이들을 한번 보라. 아이들이 "엄마나 아빠는 맨날 나한테만 화내고 그래. 내가 뭘 잘못했다고 맨날 화내기만 해"라고 짜증 낸다면, 아이들이 왜 그렇게 표현한다고 생각하는가? 왜 아이가 짜증을 낸다고 생각하는가? 이는 아이들이 여러분을 사랑하기 때문이다. 여러분이 그렇듯이 아이들도 그렇다. 여러분이 밖에서 안 좋은 일 또는 기분 나쁜 일이 생기면 아이들 또는 배우자에게 화내는 것과 같은 원리이다. 바로 사랑하기 때문이다.

이와 같이 서로 사랑하는데 왜 서로에게 화내고 짜증내야 하는지 그 원인을 알고 싶으면 이 마음과 심리의 원리에 대한 그림을 그려 놓고 자신의 말과 행동과 표정을 넣고, 아이 또는 배우자의 말과 행동과 표정을 넣어서 해석해 보기 바란다. 그러면 놀랍게도 화가 나지 않는다. 이것이 바로 마음에 대한 이해이다.

이해는 자신이 생각할 때 '분명히 이럴 것이다.'라고 생각하는 것이 아니다. 이해는 본질과 진실을 정확히 아는 것이다. 즉 인간의 마음과 심리가 작용하는 원리를 정확히 하는 것이 이해이다. 이처럼 여러분이 이해하면 여러분에게는 상처와 스트레스가 안 생긴다. 마음의 본질과 진실을 정확히 알면 상처가 생기지 않는다. 또한 본질과 진실을 정확히 알고 이해한 후, 상대가 편안하고 행복하게 느낄 수 있도록 상대의 본질과 진실에 맞도록 베풀어 주는 말과 행동과 표정의 표현으로 실천하는 것을 배려라고 한다.

지금까지 여러분이 알고 있는 이해와 배려는 잘못된 개념이다. 자신이 생각하여 이해하는 것은 이해가 아니고, 자신이 생각하고 행동한 것은 배려가 아니다. 올바른 이해와 배려를 사랑이라고 한다. 그래서 여러분은 사랑하면 된다. 지금부터 아이와 배우자에 대하여 이 책의 내용대로 그림을 그려 보고 말과 행동과 표정을 그대로 넣은 후 해석을 해 보라. 그러면 재미있는 놀라운 사실을 알게 된다. 여러분의 배우자와 아이들과 부모님과 여러분의 가족 모두 그림에 한번 넣어 놓고 분석해 보면, 놀랍게도 모든 사람들이 여러분에게 많은 관심을 갖고 있는 친밀한 사이 또는 사랑하는 사이라는 것을 알게 된다.

　이처럼 왜 사랑하는 사이끼리 그렇게 대립하고 싸우면서 갈등을 갖고 살아가고 있는지 생각해야 한다. 인간의 마음과 심리에 대한 원리를 전혀 모르기 때문임을 알 수 있다. 정확히 알면 이해가 되고, 이해가 되면 나에게는 상처가 안 생긴다. 그래서 여러분에게 '기분 나쁜 일이 생겼다.', '상처가 생겼다', '스트레스가 생긴다.'라고 하면, 그림을 놓고 그림 위에 여러분과 상대의 말과 행동과 표정을 놓아 보면 치료가 된다. 이는 감정치료가 되기 때문에 여러분에게 매우 중요하다.

　여러분은 이제 아이들과 배우자의 말과 행동 그리고 표정이 중요하지 않다. 여러분이 조금이라도 답답하고 힘들어지고 우울해지거나 신경질 나거나 짜증이 난다면 이 그림을 그려 놓고 그 위에 모든 말과 행동과 표정을 놓아 보자. 재밌는 현상이 나타나면서 자신과 상대의 마음과 심리가 분석된다. 간혹 여러분 자신만 빼고 모든 사람들이 화목하고 행복하게 사는 것처럼 보일 수도 있다. 그런데 그들과 몸과 마음을 함께 작용하고 사랑하면서 살아 보았는가? 사랑하는 관계로서 인식은 의식으로 하고, 표현은 무의식으로 해 보았는가? 이처럼 그렇게 행복해 보이는 사람들도 실체를 보면 행복하지 않을 확률이 매우 높다 그들도 마음과 심리의 원리를 모르는데 어떻게 행복할 수 있겠는가? 원리를 모르면 이해를 할 수가 없는데 어떻게 행복하겠는가? 그저 상처를 끌어안고 참고 견디고 인내하면서 행복한 모습으로만 살아가는 것이다.

　특히 제일 안타깝고 불행한 인생을 사는 여자는 "인생 뭐 있어, 즐기면서 사는 거지.", "재밌게 살자.", "왜 그렇게 힘들게 사니? 너도 즐기면서 살도록 해."라고 말하면서 재미와 즐거움을 추구하면서 살아가는 경우이다. 이런 여자의 경우는 상처가 깊다 못해서 급기야 '상처의 해리현상' 즉, 상처의 감정을 기억하지 못하는 현상이 나타났기 때문이고, 우리는 이를 심리장애라고 하며, '감정의 해리현상'이라고 한다.

  여자에게 '감정의 해리현상'은 감정은 사라지고 좋은 기분에 의하여 즐겁고 재미있는 것만 추구하면서 살아가는 것으로 최악의 인생을 살게 된다. 이러한 여자는 모성애가 사라지고, 자신의 몸과 마음과 성행동에서 재미와 즐거움만 추구하면서 사랑과 행복은 사실상 불가능해진다. 결국 자신이 다른 모든 사람들의 상처를 입히게 되는 원인이 되는 것인데, 심리장애인 여성 당사자는 이를 전혀 알지 못한 채 심리장애로 살아간다.

4
대화의 방법

남자와 여자는 대화를 인식하는 것도 다르고, 대화의 수단도 다르기 때문에 서로 대화를 할 때 대화방법을 정확히 알지 못하면 대화가 매우 어렵다. 남자와 여자가 대화를 할 때 남자는 해결의 내용이 먼저 나와야 한다. 문제가 무엇이든 관계없이 우선은 그 문제를 해결하기 위한 방법에 대한 이야기를 먼저 해야 한다. 그런 후 문제에 대한 내용을 상세히 이야기를 해야 한다. 그러면 남자는 스트레스를 받지 않고 편안하게 대화를 할 수 있다. 이미 문제해결에 대한 결론을 이야기했기 때문이다.

반면 여자는 해결보다는 문제의 내용이 우선적으로 나와야 한다. 어떻게 하면 해결된다가 중요한 것이 아니라 문제가 왜 발생하였는지, 원인이 무엇인지, 어디가 잘못 되었는지 등 문제에 대한 자세한 내용이 분석되어야 한다. 그런 후 해결에 대한 이야기를 한다. 그러면 여자는 상처를 받지 않고 대화를 편안하게 할 수 있다.

남자는 결과를 설명한 후 해결책에 관련된 내용을 설명하고, 그 후에 문제의 과정을 이해하고 배려하는 것이 필요하다. 즉 해결에 관련된 내용이 중요하기 때문에 문제에 대한 전반적인 내용이 생략이 되더라도 이를 이해하고 배려하는 것이 중요하다. 따라서 여자들은 남자들에게 결과와 해결에 대한 이야기를 한 후 문제의 과정을 설명하는 것이 중요하는 것을 인식해야 한다. 그러나 여자는 문제의 과정을 정확히 알아야만 해결방법을 찾기 때문에 이를 이해하고 배려해야 한다. 그래서 남자와는 정반대로 대화를 해야 한다.

남자가 결과를 먼저 이야기 하는 것은 과정을 나중에 설명할 것이라는 것을 이해하고 배려를 해 줘야 한다. 결과가 나오면 조율하는 것은 이해하기 쉽기 때문이다. 남자는 결과 없이 문제를 논하는 것은 스트레스 받는다는 것을 알아야 한다. 따라서 남자는 반듯이 결과 또는 해결을 먼저 제시하고 결정해서 미래행복을 추구할 수 있도록 해 주고, 그 후에 문제의 원인, 잘잘못, 감정, 기타 문제를 분석하면 남자는 편안하게 스트레스를 받지 않으면서 이야기를 할 수 있다.

그러나 여자는 문제를 해결하고자 하는 욕구로 인하여 해결을 위한 과정이 반드시 필요하다. 즉 문제의 모든 것을 알고 이해해야 한다. 그래서 문제의 원인, 잘잘못, 기타 문제에 대한 내용을 모두 설명되어야 한다.

남자와 여자가 대화심리나 문제인식의 과정과 결과가 어떻게 적용되는지 알고 이해해야 한다. 그래야 대화를 할 수 있다. 이때 이해라는 것은 자신의 생각이 아니라 상대의 심리를 정확히 아는 것이다. 그런 후 상대의 생각에 맞추어서 실천으로 베풀어주는 것이 배려이다.

그러나 대부분의 사람들은 자신의 생각을 확신하고 상대도 자신과 같은 사람이니 자신과 같은 생각일 것이라 확신한다. 이는 이해가 아니다. 남자와 여자가 다르다는 것을 모르고 있고, 다르다는 것을 알고 있더라도 정확하게 무엇이 다른지 모르는 것이다. 즉 자신과 상대의 심리를 모르기 때문에 이해와 배려를 할 수 없는 것이다.

대화방법에서 가장 중요한 것은 바로 상대에 대한 이해와 배려이다. 상대에 대한 이해와 배려는 대화의 방법이다. 이러한 대화를 하면 무조건 두 사람 모두 긍정감정이 발생하고 행복함을 느끼게 된다. 그렇지 않으면 대화는 부정감정을 유발한다.

남자와 여자가 대화를 하는 방법은 대화의 감정, 감정의 개입, 해결의 우선순위를 먼저 정해야 한다. 그래서 문제가 생기면 먼저 의견에 대한 문제를 해결하고 감정교류를 하라고 하였다. 그런데 대화를 할 때, 남자와 여자가 문제를 해결하는 것이 틀리다. 남자는 문제가 발생하면 문제를 해결한 후 문제에 대하여 이야기하길 원한다. 그러나 여자는 문제가 왜 발생했는지를 알고 나서, 문제를 해결하려고 한다.

제8장

행복의 심리

행복은 '삶에서 기쁨과 만족감'을 갖는 것을 말하기 때문에 긍정감정의 작용이라 할 수 있다. 인간의 감정을 희로애락(喜怒哀樂)에 많이 표현을 하는데 희(喜)는 기쁨, 노(怒)는 노여움, 애(哀)는 슬픔, 락(樂)은 즐거움을 뜻하고, 긍정감정은 희(喜)의 기쁜 감정과 락(樂)의 즐거운 감정이며, 부정감정은 노(怒)의 노여움과 애(哀)의 슬픈 감정이다. 긍정감정인 기쁨과 즐거움을 갖고 살아가는 것은 행복이고, 부정감정인 노여움과 슬픔을 갖고 살아가는 것은 불행이다.

인간의 마음은 의식과 무의식에 의하여 적용되는 인식심리, 기억심리, 표현심리가 행복을 추구하도록 한다. 남자와 여자의 마음이 다르다는 사실을 알지 못하면 서로를 이해하고 배려할 수 없다. 마음은 일명 행복의 심리라고도 하며, 이는 마음이 행복을 추구하는 심리의 기준이기 때문이다. 인간의 심리는 마음의 행복을 기준으로 의식과 무의식이 작용한다. 이 마음을 중심으로 인식심리, 기억심리, 표현심리가 작용한다.

남자는 미래의 행복을 추구하는 기준을 갖고, 긍정기분을 요구하여 열정을 추구한다. 그러나 여자는 현재의 행복을 추구하는 기준을 갖고, 부정감정을 치료하여 사랑을 추구한다.

남자의 마음은 긍정기분을 지속적으로 받아들이기 위하여 긍정기분에 대한 수용방어기제와 부정기분을 받아들이지 않는 거부방어기제를 갖고 있으며, 여자의 마음은 부정감정을 지속적으로 받아들이기 위하여 부정감정에 대한 수용방어기제와 긍정감정을 받아들이지 않는 거부방어기제를 갖고 있다. 이와 같이 마음의 방어기제는 마음이 행복을 추구하는 기준이기 때문이다. 따라서 마음이 행복을 추구하는 기준을 갖기 위하여 수용방어기제와 거부방어기제를 갖고 의식과 무의식이 작용하며, 이 마음을 중심으로 인식심리, 기억심리, 표현심리가 작용한다.

  남자는 미래행복을 추구하기 위하여 열정이 필요하고, 여자는 현재행복을 추구하기 위하여 사랑이 필요하다. 즉 남자는 열정을 갖도록 마음이 작용하고, 여자는 사랑을 갖도록 마음이 작용한다. 여자는 남자의 열정을 '남자의 사랑'으로 인식하고, 남자는 여자의 사랑을 '여자의 열정'으로 인식한다. 이는 남자와 여자가 행복을 추구하는 데 필요한 마음에너지를 교류하기 위하여 상호의 마음에너지를 자신의 마음에너지로 전환하는 기능의 하나로서 작용하기 때문에 여자는 사랑을 갖기 위해서는 남자의 열정이 필요하고, 남자는 열정을 갖기 위해서는 여자의 사랑이 필요한 것이다. 그래서 여자의 사랑과 남자의 열정 중에 우선순위는 남자의 열정이라 할 수 있다.

  여자가 자신이 여자라는 것을 인식하고 4대 구성요소를 자연스럽게 조화를 이루면 남자의 열정이 자연적으로 발생한다. 즉 남자의 열정을 유발하기 위해서는 여자가 되면 된다. 여자가 되는 것은 남자에게 사랑을 바라지 말고, 사랑받기 위해서 남자에게 맞춰주는 것도 하지 말아야 하며, 오로지 남자의 열정을 받기만 하면 된다.

1
행복의 원리

행복의 원리는 상처와 행복의 공존하는 심리대칭이론을 의미한다. 여자는 상처가 치료되는 과정에서 사랑의 마음에너지가 생성되면서 현재의 행복이 만들어진다. 또한 남자는 스트레스를 제거하고 긍정기분에 몰입하여 열정이 만들어지면서 미래의 행복을 추구한다. 그래서 남자는 스트레스에 의하여 열정이 생기고, 여자는 상처에 의하여 사랑과 행복이 생긴다.

남자든 여자든 혼자서는 행복이 불가능하다. 예외적으로 부모님으로부터 양육되는 청소년은 가능한데, 부모님으로부터 사랑을 받으면 되기 때문이다. 그러나 성인이 되어 남성과 여성이 되면 혼자서는 행복할 수 없다.

행복은 희로애락(喜怒哀樂)이 공존되는 것인데, 희(喜)와 락(樂)은 남자의 열정이고, 노(怒)와 애(哀)는 여자의 상처이다. 이때 여자의 상처는 남자의 열정에 의하여 치료함으로써 사랑으로 전환되어 행복을 만든다. 그래서 여자의 현재행복과 남자의 미래행복은 남성과 여성이 상호 교감하고 조화가 형성될 때 행복이 만들어진다.

긍정감정과 부정감정이 상호작용을 하는데, 긍정감정은 기쁨과 즐거움이고 남자의 열정이면서 남자가 미래행복을 추구해 나가는 힘이다. 또한 부정감정은 여자의 상처와 관련되는 부분으로서 이를 치료하여 사랑과 현재행복을 추구를 하도록 만들어진다. 따라서 희와 락, 노와 애가 각각 분리되어 작용하고 있기 때문에 인간인 남자와 여자의 심리에 의해서 두 개가 합쳐질 때 행복이 만들어지는 것이다.

만일 긍정감정이 극대화되면 쾌락주의가 되면서 문제가 되기 때문에 안전장치가 부정감정이다. 또한 부정감정이 극대화되면 염세주의가 되어 고통이 뒤따르기 때문에 안전장치가 긍정감정이다. 그래서 여자에게는 긍정감정이 안전장치이고, 남자에게는 부정기분이 안전장치이다. 이때 상처는 여자가 현재행복을 추구하는데 필요한 에너지의 원천이다.

행복의 원리에서는 즐겁다고 늘 즐거운 게 아니고, 힘들다고 미래가 늘 힘든 것이 아니다. 희로애락의 감정이 교차하고 반복되면서 살아가는 것이 행복한 인생이다. 현재 어려움을 겪고 있다는 것은 곧 행복이 찾아 올 것이니 희망을 갖는 것이다. 이때 주의할 점은 편안함이다. 편안함은 희로애락의 감정이 없는 상태이고, 행복도 불행도 없는 상태를 말한다. 그래서 편안함은 행복을 만들 수는 없지만, 작은 스트레스에 의해서도 불행해 질 수 있기 때문에 불행을 예고하는 것이라 할 수 있다.

희로애락(喜怒哀樂)의 감정 중 긍정감정인 희(喜)의 기쁜 감정과 낙(樂)의 즐거운 감정은 행복으로 인식되고, 부정감정인 노(怒)의 노여움과 애(哀)의 슬픈 감정이 긍정감정으로 전환이 될 때 행복으로 인식된다. 이는 마음의 방어기제에 의하여 작용하는 것인데, 이 긍정감정이 작용되는 원리가 행복의 원리이다.

남자는 행복을 심리에서 만드는 능력이 없기 때문에 오롯이 외부로부터 행복을 받아들여야 한다. 그래서 긍정기분을 기억하고 부정기분을 기억하지 못하는 것이다.

남자는 부정기분에 대하여 마음의 거부방어기제 때문에 긍정기분을 심리의 내부에서 만들 수 없기 때문에 외부에서 긍정기분의 정보를 심리로 받아들여서 긍정기분을 기억하므로 기쁨과 즐거움을 위한 기분을 지속적으로 심리로 받아들이는 마음을 갖고 있다. 이 과정을 열정의 과정에 포함하고 있고, 미래의 행복을 추구하는 기준을 갖는 마음을 갖고 있다.

여자는 행복을 심리에서 만드는 능력이 있기 때문에 행복을 외부로부터 받아들이지 않는다. 그래서 부정감정을 기억하고 긍정감정을 기억하지 못하는 것이다.

여자는 마음의 수용방어기제에 의하여 부정감정을 치료함으로써 긍정감정을 만들 수 있기 때문에 외부에서 긍정감정을 심리로 받아들일 필요가 없으며, 부정감정을 지속적으로 심리로 받아들여 치료하고자 하는 마음의 수용방어기제를 갖고 있다. 이 과정을 사랑의 과정에 포함하고 있고, 현재의 행복을 추구하는 심리의 기준을 갖는 마음을 갖는 것이다. 따라서 여자는 행복을 자체적으로 만드는 능력이 있기 때문에 외부로부터 긍정감정을 받아들이지 않는다.

남자는 행복을 위한 긍정기분이 기준보다 많으면 쾌락을 추구하고, 기준보다 적으면 긍정기분을 요구하는 강박이 생기면서 심리장애가 발생한다. 여자는 행복을 만들기 위한 부정감정이 기준보다 많으면 치료를 요구하는 강박이 생기고, 부정감정이 기준보다 적으면 긍정감정을 요구하여 쾌락을 추구하면서 심리장애가 발생한다.

남자는 긍정기분이 마음의 행복기준보다 적으면 긍정기분을 계속 받아들여서 행복기준에 맞추려고 한다. 또한 행복기준보다 많으면 쾌락을 추구하면서 심리장애가 발생한다. 그래서 긍정기분이 많으면 행복보다는 쾌락에 몰입하면서 쾌락만을 위한 삶을 살게 되므로 긍정기분이 많아지는 것을 경계해야 한다.

또한 여자에게 부정감정이 치료되어 긍정감정이 발생할 때, 긍정감정이 행복기준보다 적으면 부정감정을 계속 받아들여서 치료함으로써 행복기준에 맞추려고 한다. 이때 사랑의 행복보다는 치료가 우선이 되면서 위로를 요구하게 된다. 그러나 치료되지 않은 부정감정이 많아지면 심리장애가 발생하므로 부정감정을 치료하기 위한 사랑 또는 위로의 욕구가 강하게 나타난다. 이것이 강박으로 발전하여 쾌락을 추구하는 현상으로 나타난다.

여자는 상처의 부정감정(−10)을 치료하면 무감정(0)이 되기 때문에 부정감정의 −10에서 무감정의 0으로 감정이 전환되면서 느껴지는 감정은 +10만큼 증가된 긍정감정 즉 행복의 느낌이다.

여자의 행복생성의 원리는 우울증이나 조울증과 비교하면 쉽게 이해할 수 있다. 우울증은 기억되는 부정감정의 크기에 따라서 우울의 정도가 나타나는 현상이다. 평상시의 감정크기를 0으로 하고 치료되지 않은 부정감정의 크기를 −10으로 할 때, 평상시에는 부정감정을 0으로 유지하기 때문에 우울감정이 없다. 그러나 부정감정이 발생한 후 부정감정을 치료하지 못하고 지속적으로 부정감정을 기억하게 되면, 부정감정이 −10을 유지하게 되면서 −10만큼의 우울감정을 갖게 된다. 만일 부정감정의 크기가 −20, −30, −50으로 작용한다면, 우울감정의 크기도 −20, −30, −50으로 갖게 된다. 이를 우울증의 척도라고 한다. 이때 우울증을 치료하는 방법은 부정감정을 치료하여 무감정인 0으로 만들면 된다.

양극성장애인 조울증을 살펴보면, 조울증은 긍정감정의 크기와 부정감정의 크기에 따라서 조울증의 정도가 나타나게 되는 현상이다. 평상시의 감정을 0으로 하고, 긍정감정의 크기가 +10이고, 부정감정의 크기가 -20이라고 할 때, 평상시에는 부정감정과 긍정감정의 크기를 0으로 유지하여 심리문제가 없이 편안한 생활을 하지만, 갑자기 긍정감정의 크기가 +10으로 작용하여 +10의 긍정감정인 상태가 지속적으로 유지하게 되면, +10만큼의 흥분된 상태를 지속되는데 이를 조증(躁症)이라 한다.

이와 같이 조증의 상태가 지속되다가 갑자기 부정감정의 크기가 -20으로 작용하면서 -20의 부정감정의 상태를 지속적으로 유지하게 되면 이를 울증(鬱症)이라 한다. 이때 긍정감정의 +10의 크기에서 부정감정의 -20의 크기만큼 변화하게 되면서 실제 느끼게 되는 우울감정은 -30의 크기로 느끼게 되어 실제의 부정감정인 -20보다 큰 -30으로 느껴지기 때문에 울증의 강도가 더욱 크다. 이렇게 울증의 상태로 있다가 다시 +20만큼의 긍정감정이 발생하게 되고, 이를 지속적으로 유지하게 되면, 강렬한 흥분상태가 되는데 이때는 -30의 우울감정에서 +20의 긍정감정으로 전환한다. 긍정감정의 크기는 +20이지만 울증인 부정감정으로 느껴진 -30의 크기에서 전환되기 때문에 +50만큼의 긍정감정으로 느껴진다. 이렇게 +50만큼의 긍정감정을 지속적으로 유지를 하는 조증의 상황을 유지하게 된다. 이와 같이 조증과 울증을 오고가는 상태를 조울증(躁鬱症)이라 하고 양극성장애(兩極性障碍)라고 한다.

행복의 원리는 부정감정을 치료하여 긍정감정으로 전환할 때 느껴지는 행복의 감정을 갖는 것이며, 이를 유지할 수 있는 능력이 행복의 능력이다.

양극성장애와 같은 원리로 부정감정과 행복생성의 원리를 살펴보면, 부정감정의 크기를 -20이라 하고, 긍정감정의 크기를 +30이라 할 때, -20

의 부정감정이 발생하면 마음의 수용방어기제는 −20의 부정감정을 치료하기 위하여 습관이 작용한다. 이때 −20의 부정감정이 치료되면 무감정인 0이 된다. 이는 단순하게 부정감정을 치료한 경우이다. 느껴지는 감정은 −20에서 0의 감정으로 변화하였기 때문에 마치 +20의 긍정감정이 발생한 것과 같다. 그래서 −20의 부정감정이 치료되면 +20만큼의 긍정감정이 발생하는 것을 느끼는 것이다. 이것이 바로 행복의 감정이다. 이는 대부분 마음의 수용방어기제에 의하여 자체 심리로 치료를 한 경우에 발생한다.

그런데 자체 심리로 부정감정을 치료할 때, 사람 또는 특정대상에 의하여 긍정감정이 함께 결합될 때는 상황이 조금 다르다. −20의 부정감정을 치료할 때, 마음의 수용방어기제에 의하여 무감정인 0이 되고, 사람 또는 특정대상의 사랑 또는 위로를 통하여 +30의 긍정감정이 함께 유입되면, 실제 기억되는 감정은 무감정인 0이지만, 치료를 해 준 사람 또는 특정대상에 대하여 +30의 긍정감정이 함께 발생한다. 그래서 여자는 −20의 부정감정이 치료될 때, 실제 기억하는 감정은 무감정인 0이 되어 +20만큼의 긍정감정을 갖게 되고, 이와 함께 치료를 해 준 사람 또는 특정대상에 대해서는 −20의 부정감정에서 +30의 긍정감정이 발생하기 때문에 +50만큼의 긍정감정을 느끼게 된다. 그래서 −20의 부정감정을 갖고 있던 여자는 +50의 긍정감정과 사랑의 감정이 발생하는 것이다. 이것이 바로 행복생성의 원리이다.

2 여자의 행복

여자는 현재의 행복을 추구하는 마음을 갖고 있기 때문에 현재의 행복을 추구하는 심리의 기준을 갖는다. 또한 마음의 방어기제에 의하여 여자는 외부에서 긍정감정을 받아들이지 않기 때문에 부정감정을 받아들여서 기억한 후 치료하여 긍정감정을 발생하여 행복의 기준을 충족한다. 이때 부정감정을 기억하면 현재의 심리가 힘들기 때문에 치료를 함으로써 긍정감정을 만들고 현재의 행복을 갖는다. 그래서 여자는 현재의 행복을 추구하는 기준을 갖는 것이다.

여자의 행복 기준은 1)여자의 행복, 2)아내의 행복, 3)엄마의 행복이며 미혼, 기혼, 이혼, 사별 등 현재의 상황에 따라서 3가지의 기준에 의하여 행복을 추구하는 심리의 기준이 결정된다.

여자의 행복은 현재의 상황에 따라서 다르다. 기혼인 여자는 여자의 행복, 아내의 행복, 엄마의 행복을 추구하고, 미혼인 여자는 여자의 행복만을 추구하며, 이혼한 여자는 여자의 행복과 엄마의 행복을 추구한다. 이때 여자에게 발생하는 부정감정은 대부분 상대에 의하여 발생하는데, 기혼인 여자는 남자, 남편, 자식에 의하여 부정감정을 갖게 되고, 미혼인 여자는 남자에 의하여 부정감정을 갖게 되며, 이혼한 여자는 남자와 자식에 의하여 부정감정을 갖는다. 따라서 여자는 부정감정을 기억하여 자신의 상처로 기억하고, 이를 치료하여 긍정감정을 갖게 됨으로써 현재의 행복을 추구한다. 즉 여자는 자신의 부정감정으로 상대의 행복과 자신의 행복을 만든다. 따라서 여자는 부정감정을 긍정감정으로 전환하는 치료능력을 갖고 있기 때문에 항상 부정감정을 받아들이는 마음의 수용방어기제를 갖고 있는 것이다.

이에 따라서 기혼인 여자는 남자, 남편, 자식에 의하여 부정감정을 갖고, 이 부정감정을 기억한다. 그리고 부정감정을 치료하여 긍정감정을 생성함으로써 행복을 갖게 되는 마음의 수용방어기제를 갖기 때문에 남자, 남편, 자식에 의하여 받은 부정감정을 치료하여 남자에 대한 여자의 행복, 남편에게 대한 아내의 행복, 자식에 대한 엄마의 행복 등 긍정감정을 만들어서 현실의 행복을 추구한다. 이 현실의 행복을 추구하기 위하여 여자 자신이 부정감정을 받아들여서 이를 치료하여 남자, 남편, 자식에 대한 긍정감정으로 행복을 만드는 것이 바로 여자의 행복심리이다.

여자의 상처

여자에게 사랑과 위로는 비슷한 말로 느껴지고, 여자는 사랑과 위로에서 긍정감정, 사랑의 감정, 성행동, 행복이 순차적으로 만들어지기 때문에 사랑과 위로를 동일하게 생각하는 경우가 많다. 그러나 심리에서는 사랑과 위로는 상반되어 작용하기 때문에 이를 매우 주의 깊게 살펴야 한다. 만일 사랑과 위로를 착각하게 되면, 여자는 불행한 삶을 살게 되고, 남자에게 끊임없이 위로를 요구하게 되면서 심리장애가 발생한다.

　남자가 목적을 갖는 열정은 사업적 목적, 성행동의 쾌락과 즐거움의 목적, 스트레스의 해소 목적, 경쟁의식, 성취욕구, 자기 자신의 긍정감정의 목적 등과 같이 일반적인 열정과 비슷하게 인식되어 사랑으로 왜곡된 인식을 한다. 윤리와 도덕에 어긋나는 열정은 목적을 가진 열정이다.

　사랑은 남자의 순수한 열정의 과정에서 긍정감정이 만들어지는 것이지만, 위로는 남자의 목적을 가진 열정(왜곡된 열정)의 과정에서 긍정감정을 만든다. 그러나 위로는 부정감정을 치료할 수 없다. 그래서 사랑은 부정감정을 치료하지만, 위로는 부정감정을 치료하지 못하는 차이로 인하여 사랑과 위로는 정반대의 심리작용을 하고, 사랑은 현재의 행복을 갖게 되지만, 위로는 현재의 행복을 착각하게 되어 불행을 만들게 된다. 따라서 사랑은 행복을 만들고, 위로는 불행을 만든다.

　남자의 열정은 남자 자신의 스트레스의 부정기분을 유발하는 상대에 대한 반응에 의하여 긍정기분을 유발한다. 따라서 남자의 열정은 자신의 부정기분을 극복하고, 상대에 대한 기대와 희망의 긍정기분을 유발하는 강력한 마음에너지이다. 그래서 남자의 열정은 현재의 어려움을 중요하게 생각하지 않고, 미래의 행복을 추구하는 원천이다. 현재의 어려움이 없으면 남자의 열정도 약해진다.

　여자에게는 부정감정을 기억하고, 부정감정을 치료함으로써 긍정감정을 만들어 현재의 행복을 갖게 하는 마음의 수용방어기제가 작용한다. 그런데 여자가 부정감정이 치료가 되지 않은 채 부정감정으로 기억되면, 마음의 수용방어기제는 지속적으로 이를 치료하려는 욕구가 강해지면서 남자의 열정인 사랑(목적이 없는 열정)과 위로(목적이 있는 열정)를 원하게 된다. 그래서 남자에게 왜곡된 열정인 위로를 받게 되면, 여자는 부정감정이 치료가 된 듯 착각하는 현상이 발생하면서 긍정감정이 만들어지는데, 실제로는 부정감정이 치료되지 않은 채 긍정감정이 발생하는 것이다.

또한 치료를 착각하게 되면서 위로를 해 준 남자에게 긍정감정이 함께 발생하면서 사랑하는 감정을 갖게 된다. 이 또한 치료되지 않은 채 긍정감정이 발생되는 것과 같이 치료되지 않았는데 치료를 해 준 것으로 착각하여 위로를 해 준 남자를 사랑한다고 착각하게 되는 것이다. 이렇게 긍정감정과 사랑의 감정이 생기게 되면, 위로를 해 준 남자의 사랑을 확인하고 유지하고자 하는 욕구로 인하여 성심리가 작용하면서 성행동을 하게 되고, 위로를 해준 남자에게 헌신하면서 행복감을 갖게 되는 현상이 발생한다. 그래서 일시적으로 현재의 행복을 느끼지만 부정감정이 치료되지 않은 채 방치되어 있기 때문에 또다시 부정감정을 치료하기 위하여 남자의 위로가 필요하게 되는 반복적인 현상이 지속된다. 행복의 착각이 발생하는 것이다.

남자의 열정은 어려움과 스트레스보다 상대와 함께한다는 미래의 즐거움과 긍정기분을 중요하게 생각하지만, 왜곡된 열정은 남자의 어려움과 스트레스를 중요하게 생각하기 때문에 현재의 즐거움과 긍정기분을 덜 중요하게 생각한다.

결국 남자의 열정이 아니라 위로가 작용하면, 부정감정이 치료되지 않은 채 긍정감정과 사랑의 감정이 만들어지고, 성행동을 하게 되며, 위로를 해 준 남자에게 헌신하지만, 결국 부정감정은 치료되지 않고, 위로해 준 남자와 성행동을 통한 헌신을 하는 결과를 만들게 된다. 그래서 여자는 긍정감정과 사랑의 착각으로 인하여 불행한 삶을 살게 되는 것이다.

이처럼 남자의 위로는 남자의 열정과는 달라서 열정은 목적이 없지만,

위로는 목적을 갖고 있다. 위로는 남자 자신의 스트레스가 아니라 즐거움의 긍정기분이지만, 열정은 남자 자신의 스트레스와 부정기분을 극복하는 강력한 미래의 행복을 추구하는 노력이기 때문에 위로와 사랑은 다른 것이다.

특히 남자, 남편, 자식에게 받은 부정감정이 치료되지 않은 채 지속되면서 다른 남자에게 위로를 받게 되면, 일시적으로 부정감정이 치료된 듯 착각하면서 긍정감정과 사랑의 감정이 만들어지고, 성행동을 하게 되며, 위로를 해 준 남자가 자신을 사랑한다고 착각하면서 희생과 헌신을 하게 된다. 그러나 부정감정은 치료가 되지 않았기 때문에 위로를 해 준 남자에게 계속 위로를 요구하고, 위로가 되면 성행동을 하고, 남자에게 헌신하는 과정이 반복된다. 이때 부정감정을 준 남자, 남편, 자식에 대해서는 무관심하게 되면서 위로를 해 준 남자를 마치 자신의 남편이고, 그의 자식을 마치 자신의 자식과 같이 인식하면서 위로를 해 준 남자와 성행동을 하게 되고, 남자와 그 자식들에게 헌신하게 되는 현상이 발생한다. 이것이 아내의 외도와 불륜의 실체이다.

아내의 외도가 발생하는 것은 부정감정에 대한 위로로 발생하는 것이고, 부정감정이 치료되지 않지만 긍정감정과 사랑의 감정이 발생하면서 성행동을 하게 되고, 위로를 해 준 남자에게 헌신하게 되면서 현실의 행복이라 느끼게 된다. 결국 위로는 사랑의 착각이고, 성행동을 하는 것이고, 행복의 착각이기 때문에 위로를 해준 남자에게서 위로가 차단되면, 또 다른 남자의 위로를 필요로 하게 되는 악순환이 반복된다. 이것이 상간녀[38]의 인생

---

[38] 남편외도에서 외도의 상대 여자를 일컫는 말로서 간통의 상대 여자를 말한다. 아내외도에서 외도의 상대 남자는 상간남(相姦男)이라고 한다.

이 되는 것이고, 부정감정은 치료되지 않은 채, 더욱 커지게 되면서 더욱 강한 위로를 원하게 되는 불행한 삶을 살게 된다. 그래서 '인생을 즐기면서 살자'는 여자가 많아지는 것이고, 사랑과 행복을 착각하게 되면서 성행동의 쾌락에 빠져들고, 삶의 의미를 개인적인 만족과 행복만을 추구하는 것에만 초점을 두게 되어 즐기면서 긍정감정만을 요구하는 불행을 지속하게 된다.

여자의 사랑과 행복

여자는 남자의 순수한 열정을 사랑으로 인식하여 남자에게 받는 사랑을 느낄 때 여자의 행복을 갖고, 여자의 행복이 충족되면 아내로서 남편에게 주는 사랑을 통하여 아내의 행복을 갖게 되며, 엄마로서 자식에게 주는 사랑을 통하여 엄마의 행복을 갖는다.

여자의 사랑과 행복은 함께 존재하기 때문에 사랑의 감정과 현재의 행복은 매우 중요하다. 여자는 사랑이 없으면 현재의 행복도 없다. 따라서 현재의 행복은 여자의 사랑에서 시작하기 때문에 남자에게 받는 사랑, 남편에게 주는 사랑, 자식에게 주는 사랑을 통하여 여자는 현재의 행복을 갖는다.

여자는 남자의 열정(심리작용, 헌신, 이해와 배려, 무조건적인 말과 행동)에 의하여 긍정감정을 느끼게 되고, 이 긍정감정이 지속되면 남자에 대한 사랑의 감정을 갖는다. 사랑의 감정을 갖게 되면서 사랑을 확인하고 싶고 유지하고 싶은 욕구가 발생할 때, 남자에게 헌신한다. 또한 남자가 원하는 열정에 보답하고자 성심리가 작용하여 남자와 함께하는 성행동을 함으로써 사랑을 확인하고 유지하면서 행복을 갖는다. 즉 여자는 긍정감정에서 사랑의 감정으로 전환하고, 이 사랑의 감정을 확인하고 유지하고자 희생과 헌신을 하면서 행복을 갖게 된다. 또한 남자의 열정은 헌신, 이해와 배려가 함께 하기 때문에 여자가 기억하고 있는 부정감정을 치료해 줄 수 있게 되고, 여자는 부정감정을 치료하면서 부정감정을 무감정으로 기억함과 동시에 치료를 해 준 남자에 대하여 긍정감정을 함께 기억되어 긍정감정이 훨씬 커지게 되면서 남자를 사랑하는 원동력이 된다.

여자는 사랑해야 성행동을 하고 이를 통하여 행복을 갖는다. 그래서 여자는 성행동보다는 사랑을 중요하게 생각하고, 성행동에 대해서도 쾌락보다는 사랑하는 사람과 함께 한다는 것을 중요하게 생각한다. 남자의 즐거움을 위한 성행동에 대해서 부담감, 수치심, 답답함을 갖는 것도 쾌락보다는 함께 하는 것을 중요하게 생각하기 때문이다. 결국 사랑이 없는 성행동은 여자의 심리에 문제가 발생하여 불행한 삶을 살게 되는 원인이 되며 심리장애의 원인이 된다.

3
남자의 행복

　남자는 미래의 행복을 추구하는 마음을 갖고 있기 때문에 미래의 행복에 모든 심리의 기준을 둔다. 또한 마음의 방어기제에 의하여 남자는 부정기분을 치료할 수 없기 때문에 자체의 긍정기분을 만들 수 없으므로 외부에서 긍정기분을 받아들일 수 있도록 하여 미래의 행복을 추구한다. 이때 긍정기분을 외부에서 지속적으로 요구를 하도록 열정의 과정이 필요하고, 미래 지향적인 성취욕을 작용한다. 그래서 남자는 미래의 행복을 추구하는 기준을 갖는 것이다.
　남자는 열정과 성취욕을 갖고, 미래의 행복을 추구하는 마음을 갖고 있으며, 아내와 자식에 대한 무한책임과 무의식의 사랑으로 가족과 자기 자신을 동일시하여 자신의 심리를 편안하게 한다.
　남자의 행복은 미래의 행복을 생각하는 열정과 성취욕에 따라서 다르기 때문에 현재의 상황과는 큰 관계가 없다. 그래서 남자는 기혼인 남자, 미혼인 남자, 이혼한 남자, 사별한 남자 모두가 현재의 행복이 아니라 미래의 행복을 추구하고, 이를 위하여 열정과 성취욕을 갖는다. 즉 남자는 외부로부터 긍정기분을 받아들여 자신의 행복을 만들기 때문에 남자는 어떠한 부정기분이라도 거부하여 받아들이지 않고, 자신의 열정과 성취욕을 통하여 긍정기분을 요구하여 미래의 행복을 추구하기 때문에 항상 자신을 기준으로만 생각하게 되고, 부정기분을 기억하지 못하도록 하고, 긍정기분만을 받아들이는 마음의 방어기제를 갖는다.

　이에 따라서 기혼인 남자, 미혼인 남자, 이혼한 남자, 사별한 남자의 현재 상황과는 관계없이 열정과 성취욕을 통하여 긍정기분을 지속적으로 요구함으로써 미래의 행복을 추구하는 것이 바로 남자의 행복심리이고 마음이다.

제9장

트라우마

트라우마(Trauma)는 부정감정으로 발생하는 '정신적 외상' 또는 상처라고 한다. 심리는 감정의 흐름을 조절하고 제어하는 작용을 말하고, 심리와 감정은 직접적인 관계가 있다. 따라서 인간의 심리장애는 대부분 부정감정에 의하여 발생하기 때문에 트라우마에 대한 연구는 필수라고 할 수 있다. 이 부정감정으로 발생하는 트라우마가 인간심리에서 작용할 때, 마음의 행복을 추구하는 심리의 기준에 맞지 않기 때문에 행복을 추구하는 심리의 기준에 맞추려고 하면서 마음의 방어기제가 작용한다. 따라서 부정감정은 인간의 심리에 모두 작용하면서 심리장애가 발생하는 원인이 된다.

기존의 심리이론은 트라우마에 대하여 정신의학적, 상담심리학적으로 해석하면서 '정신적 외상'에 초점을 갖고 있고, 트라우마의 치료에 대한 치료방법을 연구하였다. 그러나 트라우마에 대한 치료방법의 많은 이론은 남자와 여자에게 동일하게 적용하면서 상담과 치료에 한계를 갖고 있으며, 트라우마가 작용하는 원리를 이해하지 못했다. 또한 남자와 여자에 따라서 트라우마의 원인은 같더라도 남자와 여자의 방어기제가 다르게 작용되기 때문에 상담기법과 치료방법도 달라야 한다는 것을 알지 못했다.

마음이론을 개발하였을 때, 마음의 방어기제로 인하여 트라우마가 남자와 여자의 감정기억에서 다르게 작용하고 있음을 알게 되었고, 남자의 트라우마를 '진행트라우마'인 스트레스의 부정기분으로 적용하고, 여자의 트라우마를 '결과트라우마'인 상처의 부정감정으로 적용하였다. 이와 같이 트라우마는 '진행트라우마'와 '결과트라우마'로 분리하였고, 이를 기초로 상담에 적용하였을 때 심리장애의 치료효과가 매우 높은 결과를 갖게 되었다.

트라우마는 '진행트라우마'와 '결과트라우마'로 구분한다. 트라우마가 발생하고 작용하는 과정에서 현재에도 계속되는 트라우마가 '진행트라우마'

이고, 진행이 멈추고 결과로 발생한 트라우마가 '결과트라우마'이다. 이때 '진행트라우마'는 스트레스로 작용하고, '결과트라우마'는 상처로 작용한다.

인간은 남녀노소를 불문하고 누구나 트라우마가 발생한다. 트라우마는 인간의 마음인 행복을 추구하는 심리의 기준에 위배가 될 때 발생한다. 부정기분으로 인하여 스트레스가 작용하고, 스트레스가 상처로 전환되며, 상처가 지속되면 트라우마가 된다. 자신의 마음인 행복추구에 맞지 않으면 스트레스 또는 상처가 발생된다. 따라서 남자는 미래행복을 추구하는 것에 맞지 않으면 스트레스가 발생하고, 여자는 현재행복에 맞지 않으면 상처가 발생한다.

이런 트라우마는 3가지에 경우에 발생한다. 첫 번째는 외부충격에 의한 트라우마이다. 외부충격은 자신과는 전혀 관계없이 외부에서 발생한 트라우마이다. 자신과 관계없이 특정한 사건과 현상에 의해서 발생하는 부정감정을 '외부충격에 의한 트라우마'라고 한다. 예를 들어 2014년의 세월호 침몰사건과 같은 일은 자신과는 관계없는 사건에 의하여 트라우마가 발생한 것이다. 이를 비롯해 다양한 사건과 사고 등을 통해서 자신과는 관계없이 스트레스 또는 상처가 발생할 수 있다.

두 번째는 부정감정을 기억하고 있는 자신의 심리 때문에 발생하는 트라우마이다. 그래서 외부와는 관계없이 자신의 부정감정의 기억에 의해서 발생되는 트라우마이다. 이는 자신 혼자에게만 발생한다. 이 경우는 기억된 부정감정인 상처로 인하여 발생한다. 부정감정을 기억하는 것은 여자이기 때문에 여자에게만 해당된다. 남자는 부정기분을 기억하지 못하기 때문에 남자에게는 해당되지 않는다.

세 번째는 심리작용에 의한 트라우마이다. 자신과 상대가 서로 인식심리와 표현심리가 작용하면 인간관계가 형성되면서 감정이 발생하는데, 이때 부정감정이 발생하면서 트라우마가 발생한다. 자신과 상대가 동시에 심리작용을 할 때 발생한다. 이는 상대의 말과 행동과 표정으로 표현을 하였을 때 자신이 의식으로 인식하면서 부정감정이 생기는 트라우마이다.

이 3가지의 경우를 보면 자신과는 전혀 관계없는 외부충격의 트라우마, 자신의 감정기억으로 생기는 트라우마, 자신과 상대가 서로 심리작용을 하면서 생기는 트라우마로 구분할 수 있다.

결국 트라우마는 자신의 심리에서 발생하는 것인데, 스트레스 또는 상처를 의미한다. 트라우마의 결과가 자신의 감정으로 인하여 발생하기 때문에 원인을 찾고 이해하려고 한다. 그 원인만 없어지면 자신의 트라우마가 괜찮아질 것이라고 생각하는 것이다. 그러나 이는 착각이다. 이미 자신의 심리에서 발생한 것이기 때문에 원인을 차단하더라도 계속 남아 있는 것이다. 이에 따라 상처로 인하여 문제가 발생하면 원인은 상처가 발생된 과거 때문이라고 생각한다. 그래서 트라우마가 지속되는 것이다. 발생된 원인과는 관계가 없이 환경과 상황에 의하여 지속적으로 작용하는 것이 트라우마이다.

1
트라우마의 발생

　남자와 여자는 마음의 행복을 추구하는 심리의 기준이 다르기 때문에 마음의 방어기제에 의하여 남자는 부정기분을 기억하지 못하고, 여자는 부정감정을 기억한다. 따라서 남자는 부정기분을 기억하지 않도록 거부방어기제가 작용하기 때문에 스트레스의 부정기분인 진행트라우마가 발생하고, 여자는 스트레스의 부정감정을 기억하도록 수용방어기제가 작용하기 때문에 상처의 부정감정인 결과트라우마가 발생한다. 트라우마가 발생하는 원인은 3가지로 볼 수 있다. 외부에서 부정감정이 발생하여 심리로 받아들여지면서 트라우마가 발생하는 경우, 기억된 부정감정을 기억하여 스스로 트라우마를 발생하는 경우, 심리작용의 결과로 트라우마가 발생하는 경우이다.

　트라우마가 발생하는 원인의 첫 번째는 외부의 충격에 의하여 트라우마가 발생하는 경우이다. 특정한 사건의 현상에 따른 고통과 슬픔의 감정이 발생하여 자신의 심리와는 관계없이 외부의 부정정보가 심리로 인식되면서 트라우마가 발생한다. 외부에서 발생하는 트라우마에 대하여 남자는 스트레스로 작용하여 부정기분을 제거하여 기억이 되지 않지만, 여자는 상처의 부정감정으로 기억된다.

　특정한 외부의 사건이 없었음에도, 과거를 생각하여 자기 스스로가 트라우마를 유발하는데, 이는 여자에게만 해당된다. 남자는 부정기분을 기억하지 않아 상처의 감정을 기억하지 못하기 때문이다. 따라서 여자는 상처를 갖지만 남자는 상처가 없다.

두 번째는 자신의 부정감정을 기억하여 트라우마가 발생하는 경우인데, 치료되지 않은 부정감정의 기억으로 인하여 마음의 수용방어기제가 작용하고, 부정감정을 무의식인 습관에 의하여 표현하고, 의식으로 자각하면서 부정감정이 발생한다. 즉 치료되지 않은 채 기억된 부정감정을 기억하여 다시 부정감정이 발생하는 현상인데, 부정감정을 기억하는 것은 여자에게만 발생한다. 이 경우는 자신의 심리가 중요하기 때문에 트라우마를 상대의 탓으로 돌리면서 자기 문제를 인식하지 못하게 되어 발생하는 심리장애의 주요 원인이다.

세 번째는 자신과 상대의 심리작용의 결과로 부정감정이 발생하여 트라우마가 발생하는 경우인데, 자신과 상대가 심리작용을 하여 자신에게 발생하는 부정감정으로 자신과 상대의 습관에 의한 말과 행동, 의식에 의한 생각의 상호 작용에서 부정감정이 발생하는 것이다. 이렇게 심리작용의 결과로 발생하는 트라우마에서 남자는 스트레스의 부정기분으로 작용하여 부정기분을 제거하는 마음의 거부방어기제에 의하여 부정기분을 기억하지 못하지만, 여자는 상처의 부정감정이 기억되어 작용한다. 특히 심리작용을 할 때, 트라우마가 발생하게 된 원인을 모두 상대의 탓으로 돌리는데, 실제는 심리작용의 결과일 뿐 상대의 탓은 아니다. 또한 상대의 경우에도 트라우마가 발생하게 된 원인을 모두 상대의 탓으로 돌린다. 이 현상은 주로 친하고 편안한 인간관계의 대화에서 감정대립이 발생하면 나타난다.

감정기억과 트라우마

　인간의 감정기억은 의식과 무의식에 의하여 인식심리, 기억심리, 표현심리가 작용하면서 감정을 처리한 결과이다. 마음이 모든 감정기억을 행복을 추구하는 심리의 기준에 맞게 작용하도록 의식과 무의식에 의하여 처리된다.
　의식과 무의식에 의하여 행복의 기준에 어긋나게 될 때 남자는 스트레스의 부정기분이 형성되고, 여자는 상처의 부정감정이 형성된다. 이로 인하여 남자와 여자는 마음의 방어기제가 작용한다.
　남자의 방어기제는 스트레스의 부정기분과 연관되고, 여자의 방어기제는 상처의 부정감정과 연관된다. 따라서 남자는 진행트라우마인 스트레스가 작용하고, 여자는 결과트라우마인 상처가 작용한다.
　또한 트라우마는 기억을 중심으로 발생하기 때문에 트라우마가 기억에 어떻게 저장이 되는지 알아야 하며, 남자와 여자의 마음이 다르게 작용하듯이 남자와 여자의 트라우마가 다르게 기억된다. 기억된 트라우마에 대한 마음도 남자와 여자가 다르므로 남자의 진행트라우마인 스트레스와 여자의 결과트라우마인 상처를 엄격하게 구별하여 트라우마를 치료해야 하고, 남자와 여자의 감정기억 차이에 의하여 트라우마의 기억이 달라진다는 것을 알아야 한다.
　빛은 일반적으로 보이는 것이지만, 빛을 응용하고자 할 때는 입자와 파동으로 구분한다. 이렇듯이 인간의 기억은 일반적으로 뇌에 저장이 되는 형태로 볼 수 있겠지만, 이를 심리로 분석할 때는 하나의 사건에 대한 사실과 감정을 구분해야 한다. 따라서 인간의 기억은 사실과 감정이 결합되어 있으므로 사실과 감정이 동시에 기억되기도 하고, 감정은 기억되지 않고 사실만 기억되기도 한다. 이때 감정이 어떻게 기억되느냐에 따라서 심리장애가 발생하는 원인이 된다.

또한 남자와 여자의 감정기억이 서로 다르기 때문에 사실과 감정이 어떻게 기억되느냐에 따라서도 남자와 여자의 심리장애의 원인을 분석할 수 있다. 따라서 남자의 감정기억과 여자의 감정기억에 대한 차이, 남자가 여자의 상처를 어떻게 인식하고 처리하는지, 여자가 남자의 스트레스를 어떻게 인식하고 처리하는지 살펴보고, 남자와 여자가 서로를 이해하고 배려하는 방법을 찾게 되면, 심리장애를 어렵지 않게 치료할 수 있다.

남자는 즐거움과 재미있었던 과거의 사실과 긍정감정을 함께 잘 기억하지만, 트라우마(스트레스, 슬픔, 고통)의 부정기분에 대한 사실은 기억하더라도 사실에 대한 트라우마의 부정기분은 기억하지 못한다. 그래서 결과트라우마인 상처의 부정감정을 기억하지 못하는 것이다. 또한 트라우마에 대한 사실은 정도에 따라서 기억하는 것도 있지만, 대부분은 기억하지 못한 채 살고 있으며, 현실에 특정한 사건이 발생하였을 때 연상된 과거의 사실을 기억하는 경우가 많다. 이때도 사실은 기억을 하더라도 그 사실에 대한 부정기분은 기억하지 못한다.

남자의 심리장애는 트라우마로 인하여 발생하는데, 정상적인 남자의 경우에는 즐거움의 긍정기분에 대한 사실과 감정을 잘 기억하지만, 트라우마에 대한 사실은 기억을 해도 그 사실에 대한 부정기분을 기억하지 못한다. 그러나 즐거움에 대한 사실은 기억해도 그 사실에 대한 즐거움의 긍정감정을 기억하지 못하고, 트라우마에 대한 사실과 부정기분이 함께 기억하면, 결국은 결과트라우마인 상처의 부정감정으로 기억하게 되면서 심리장애가 발생한다.

　반면 여자는 트라우마(상처, 슬픔, 고통)에 대한 과거의 사실과 감정을 함께 기억하지만, 재미있고 즐거웠던 과거의 사실은 기억하더라도 사실에 대한 긍정감정은 기억하지 못한다. 그래서 결과트라우마인 상처의 부정감정을 기억하는 것이다. 또한, 즐거움에 대한 사실은 대부분 기억하지 못한 채 살고 있으며, 현실에 특정한 즐거움이 발생하였을 때 그와 연상되는 사실을 기억한다. 이때도 즐거움의 사실은 기억을 하더라도 그 사실에 대한 즐거움의 긍정감정은 기억하지 못한다.

　여자는 즐겁고 행복한 상황에서도 갑자기 과거의 트라우마가 떠오르면 현재의 즐거움과 행복을 중단한다. 그래서 남자는 여자와 함께 즐겁다가도 여자가 갑자기 마음이 변화하는 것을 이해하지 못한다.

　여자의 심리장애도 트라우마의 감정기억으로 인하여 발생하게 되는데, 정상적인 여자의 경우에는 트라우마에 대한 사실과 부정감정을 잘 기억하고, 즐거움에 대한 사실은 기억해도 그 사실에 대한 긍정감정을 기억하지 못한다. 그러나 트라우마에 대한 사실은 기억하더라도 부정감정은 잘 기억하지 못하고, 즐거움에 대한 사실과 긍정감정을 잘 기억하게 되면, 결국은 진행트라우마인 스트레스의 부정기분에 영향을 받게 되면서 심리장애가 발생한다.

2
스트레스와 상처

 엄격하게 정의하면 트라우마는 이미 발생한 결과에 의하여 기억된 부정감정이라 할 수 있다. 그러나 마음이론에서는 트라우마에 대해서 부정감정을 기억하기 이전 단계와 부정감정을 기억한 이후 단계로 구분하였다. 부정감정을 기억하기 이전 단계에서 발생하는 부정감정을 '진행트라우마'로 하였고, 부정감정을 기억한 이후 단계에서 기억된 부정감정을 '결과트라우마'로 하였다. 따라서 트라우마를 분류할 때 외상의 스트레스와 상처로 분리하여 스트레스는 현재에도 진행하고 있는 트라우마라 할 수 있으며 이를 '진행트라우마'로 하고, 상처는 스트레스에 대한 결과로 기억된 트라우마라고 할 수 있으며 이를 '결과트라우마'로 하여 트라우마를 분리하였다.
 남자는 트라우마의 감정기억을 하지 않고, 여자는 트라우마를 감정기억을 하는 특징을 갖는다. 따라서 남자는 트라우마의 부정기분을 기억하지 않기 때문에 진행트라우마인 스트레스에 영향을 받고 결과트라우마에 영향을 받지 않는다. 여자는 트라우마의 감정을 기억하기 때문에 결과트라우마인 상처에 영향을 받고 진행트라우마는 수용한다. 따라서 남자는 진행트라우마인 스트레스에 민감하고, 여자는 결과트라우마인 상처에 민감하여 남자와 여자는 이 트라우마를 해결하는 마음의 방어기제가 작용한다.

남자는 진행트라우마인 스트레스의 부정기분을 기억하지 않도록 마음의 거부방어기제가 작용하고, 진행트라우마인 스트레스의 부정감정을 기억하면, 심리장애가 발생하기 때문에 스트레스의 부정기분을 참고 견디지 못한다. 이렇게 마음의 방어기제가 진행트라우마인 스트레스의 부정기분을 해결하면, 남자는 결과트라우마인 상처의 부정감정으로 기억하지 못한다.

반면 여자는 결과트라우마인 상처의 부정감정을 기억하고, 이를 해결하도록 마음의 수용방어기제가 작용하며 진행트라우마인 스트레스의 부정감정을 잘 참고 인내한다. 즉 남자는 진행트라우마인 스트레스의 부정기분을 거부하여 결과트라우마인 상처의 부정감정을 기억하지 않고, 여자는 진행트라우마인 스트레스의 부정기분을 심리로 받아들여 결과트라우마인 상처의 부정감정으로 기억한다. 따라서 여자는 남자보다 진행트라우마인 스트레스의 부정기분을 견디는 힘이 강하여 진행트라우마인 스트레스의 부정감정에 큰 영향을 받지 않는 대신 결과트라우마인 상처의 부정감정을 기억하기 때문에 결과트라우마인 상처의 부정감정에 취약하다. 남자는 결과트라우마인 상처의 부정감정을 기억하지 않는 대신 진행트라우마인 스트레스의 부정기분을 견디는 힘이 약하기 때문에 진행트라우마인 스트레스에 취약하다.

심리장애의 발생 원인을 살펴보면, 남자는 진행트라우마인 스트레스의 부정기분을 해결하지 못한 채 진행트라우마인 스트레스의 부정기분이 지속되면서 결과트라우마인 상처의 부정감정으로 기억하게 됨으로써 발생한다. 여자는 결과트라우마인 상처의 부정감정을 해결하지 못한 채 부정감정에 대한 해리현상 또는 강한 거부감이 발생하여 결과트라우마인 상처의 부정감정을 기억하지 못하게 됨으로써 발생한다.

이와 같이 남자는 진행트라우마인 스트레스의 부정기분을 심리로 받아들여 결과트라우마인 상처의 부정감정으로 기억되면 심리장애가 발생하고, 여자는 상처의 결과트라우마를 심리로 인식하지 못하거나 강력하게 거부하면 심리장애가 발생하는 것을 알 수 있다. 결국 남자의 심리장애는 진행트라우마인 스트레스의 부정기분과 밀접한 연관성이 있다. 기억된 상처의 부정감정을 기억하여 진행트라우마인 스트레스의 부정기분이 지속되면서 다시 결과트라우마인 상처의 부정감정으로 기억함으로써 발생하는 것이다. 여자의 심리장애는 결과트라우마인 상처의 부정감정과 밀접한 연관성이 있으며, 결과트라우마인 상처의 부정감정에 대한 해리현상 또는 거부로 인하여 부정감정을 기억하지 못함으로써 발생한다.

인간은 누구나 마음에서 행복을 추구하는 데 방해가 되지 않도록 트라우마에 대한 방어기제가 작용한다. 남자와 여자는 트라우마를 기억하는 것이 다르기 때문에 남자와 여자의 방어기제도 다르다. 남자는 진행트라우마인 스트레스의 부정기분을 견디기 힘들어 하는 마음으로 인하여 문제의 결과를 생각하고, 결과가 편안한 것을 중요하게 인식한다. 그러나 여자는 결과트라우마인 상처의 부정감정을 견디기 힘들어 하는 마음으로 인하여 문제의 과정을 생각하고, 문제의 과정이 편안한 것을 중요하게 인식한다. 따라서 남자는 과정보다 결과를 중요하게 생각하고, 여자는 결과보다 과정을 중요하게 생각한다.

남자와 여자는 부정감정을 처리하는 방법이 다르다. 여자는 부정감정을 받아들여서 치료하는 마음의 방어기제가 작용하기 때문에 부정감정을 받아들여서 기억하고 이 부정감정의 기억이 상처로 남는다. 그래서 상처의 크기에 따라서 치료되기도 하고 치료되지 않기도 하는데, 치료되지 않은 상처는 지속적으로 치료하려는 마음의 방어기제가 작용한다. 이때 상처의 크기에 따라서 부정감정을 생각하고 기억하고 표현하는 정도가 다르게 나타난다. 따라서 여자는 상처가 발생하더라도 갑자기 극대화되지 않고, 치료를 위한 노력을 지속하기 때문에 갑자기 사라지지도 않는다.

반면 남자는 부정기분을 거부하는 마음의 방어기제가 작용하기 때문에 부정기분이 인식되면 부정기분을 제거하기 위한 마음의 방어기제가 작용한다. 따라서 남자는 부정기분인 스트레스가 발생하면 최대치의 심리적 어려움을 겪지만, 스트레스가 제거되면 즉시 회복된다. 그래서 남자는 감정의 기복이 매우 큰 것으로 나타난다. 결국 남자는 스트레스를 받느냐 받지 않느냐로 구분되기 때문에 스트레스의 크기와는 관련이 없다.

여자의 상처는 시간에 따라서 상처의 크기인 부정감정의 정도가 존재한다. 그래서 상처에 크기가 부정적으로 되어 부정감정을 표현하거나 생각하는 크기가 다르다. 또한 상처가 갑자기 극대화되지 않으며, 생겼다 갑자기 사라지지 않는다. 왜냐하면 여자는 상처의 크기로 기억하고 있고 마음의 방어기제에 의하여 치료하기 때문이다.

그러나 남자는 스트레스가 있으면 극대화된다. 남자의 감정기복이 심하고 기분에 매우 즉흥적인 이유도 스트레스의 작용 때문이다. 그래서 남자는 스트레스를 받느냐 안 받느냐의 두 가지로만 구분한다. 스트레스의 크기와는 관계없다.

여자는 상처의 크기에 의하여 정도가 존재하다 보니 강박(불안, 걱정, 초조) 또는 억압(참고 인내)하는 정도가 존재한다. 반면 남자는 스트레스를 부정기분으로 인식하여 자각하면서 있다 없다 로만 구분하기 때문에 강박 또는 억압이 형성되지 않고 즉시 부정기분이 표현 또는 생각되는 것이다.

이것이 여자와 남자의 차이이다. 여자는 상처의 크기에 정도가 있다. 시간에 따라서 증가되는 정도가 보이고 정점에서 상처의 크기가 줄어들 때도 시간이 필요하듯이, 여자는 1에서 2만큼, 2에서 5만큼, 10에서 20,… 100 등과 같이 상처의 강도가 커지는 것이 자각되고, 줄어드는 것도 100에서 90만큼, 90에서 80만큼, 80에서 70,… 30, 20, 10 등과 같이 자각된다. 그러나 남자는 스트레스가 없을 때는 부정기분의 크기가 0이라서 아무렇지도 않다가 스트레스의 부정기분이 발생하면 그 크기에 관계없이 90이상으로 강도가 높아진다. 즉 0에서 갑자기 90이상의 부정기분이 발생하는 것이다. 그 후 스트레스가 지속되면 90이상의 부정기분의 크기가 지속되면서 극한의 어려움을 겪는다. 그러다가 스트레스가 중단되거나 사라지면 갑자기 90이상의 부정기분의 크기가 0으로 떨어지면서 편안한 일상으로 돌아간다.

따라서 남자는 스트레스에 민감하게 반응하고 즉흥적이며 견딜 수 없지만, 여자는 상처를 참고 견디면서 이를 치료하기 때문에 남자와는 다르게 반응한다.

이때 여자의 상처가 매우 크면 마치 없는 것처럼 느껴지기도 하고, 상처의 부정감정을 기억하기 못하는 경우도 있다. '시냇물이 흘러갈 때는 자갈소리도 나고 물소리도 난다. 물의 깊이가 얕기 때문이다. 그러나 물이 매우 깊은 경우에는 물살이 매우 빠르고 강하지만 겉에서 보면 소리도 나지 않고 오히려 잔잔하게 보인다. 깊은 강물은 흘러가는 것도 제대로 안 보이고 천천히 가는 것처럼 보이지만 실제로는 매우 빠르고 강하다. 또한 물속은 소용돌이도 치고 있다.'

이와 같이 여자는 상처가 매우 크면 상처의 부정감정에 대한 해리현상이 발생하는데, 이 원인은 여자가 의도적으로 잊어버리려고 해서 잊어버리는 것이 아니라 상처의 크기가 매우 크다보니 느껴지지 않고 자각되지 않는 것이다. 상처가 워낙 많고 크다보니 의식으로 인지를 못하는 것이다. 실제로는 기억된 상처가 매우 많고 크기 때문에 마음은 계속 치료하려고 하지만, 의식이 자각하지 못하기 때문에 이를 처리하고자 습관에 의하여 좋은 기분을 인식할 수밖에 없다. 심리장애가 발생하지 않으면 여자는 견딜 수 없다.

이때 즐거움을 추구하는 것은 마음과는 다르게 습관적으로 위로를 받고자 하는 역할을 한다. 그러나 상처는 치료되지 않는다. 그래서 또다시 치료하고자 노력하게 되고, 그러면 습관적으로 즐거움을 추구하게 되는 현상이 반복될 수밖에 없다. 따라서 한 번 상처의 부정감정에 대한 해리현상이 발생하면 치료하기 힘들고 어렵다. 또한, 심리장애로 인하여 습관적으로 즐거움을 추구할 때, 즐거움의 대상이 일이 되면 일중독이 되고, 성행동인 섹스가 되면 섹스중독이 되며, 남자가 되면 관계중독이 되면서 즐거움으로 빠져들게 되고 이를 마치 행복인 양 착각한다.

여자가 생각할 때 '남자의 스트레스에 대하여 여자가 생각하는 것처럼 1만큼이니 스트레스의 크기도 1만큼 받겠지'라고 생각하면 안 된다. 남자는 1, 10, 30, 50,… 등의 크기와는 관계없이 스트레스가 발생하면 무조건 90 이상의 크기로 느낀다. 따라서 스트레스를 받으면 무조건 90이상의 어려움을 갖는다는 사실을 생각해야 한다. 따라서 남자는 스트레스가 있느냐 없느냐가 매우 중요하다.

반면 남자가 생각할 때 '여자의 상처에 대하여 남자가 생각하는 것처럼 있느냐 없느냐로 구분하겠지'라고 생각하면 안 된다. 여자에게 상처는 1,

10, 30, 50,… 등의 크기로 존재하고 이를 치료하기 위하여 표현을 한다는 사실을 생각해야 한다. 따라서 여자에게 상처의 크기와 정도가 존재하는 것은 상처를 치료했느냐 하지 않았느냐에 의하여 결정된다.

진행 트라우마(스트레스)

트라우마는 진행트라우마와 결과트라우마로 구분된다. 진행트라우마를 스트레스라고 하는데, 이 스트레스는 현재 느껴지는 부정기분이다. 이것이 현재 느끼질 때 이를 진행트라우마라고 한다. 현재 느껴지는 부정기분이지 실제 기억된 부정감정은 아니다. 부정감정처럼 느껴지는 느낌정보이다. 현재에 느껴지는 것은 현재 발생한 것이든, 과거로부터 지속되어 현재에 느껴지는 것이든 관계없이 현재 느껴질 때 진행트라우마라고 한다.

첫 번째는 순수하게 스트레스로 작용하는 것이다. 과거로부터 지속되고 있지만 중단되지 않은 채 현재에도 계속 발생하고 있는 상태이다. 부정기분이 기억되기 전 단계에서 생각으로만 작용하는 부정기분이다. 그래서 스트레스는 부정기분이 기억되기 전이라 할 수 있다.

이 스트레스가 누적되거나 노이로제로 작용하는 경우가 있다. 이때 노이로제는 '자라 보고 놀란 가슴, 솥뚜껑 보고 놀란다.'는 말과 같다. 따라서 특정한 대상에 의하여 지속적으로 발생하는 스트레스가 계속 반복되면 노이로제가 발생한다. 그래서 노이로제는 남자에게 주로 발생한다. 마치 여자에게 우울증이 발생하는 것과 비슷하다. 남자의 노이로제는 스트레스가 지속되면서 자기도 모르게 현재에도 영향을 주는 현상이다. 즉 현재에 스트레스가 발생하지 않았지만, 스트레스가 발생할 것이라고 생각하면서 미리 스트레스가 발생하는 것이다. 그래서 스트레스는 아주 작은 것에서도 발생한다. 다른 사람들은 아무도 스트레스를 받지 않는데 혼자만 스트레스를 받는 경우가 흔하다.

두 번째는 심리작용으로 발생하는데, 자신과 상대가 표현과 인식이 상호 교류되면서 심리작용의 결과로써 발생하는 것이다. 자신의 표현이 상대의 감정에 영향을 미치고, 상대의 표현이 자신의 감정에 영향을 미친다. 상대의 감정에 부정감정을 만들어주는 것이 아니라 상대의 감정에 영향을 미치고 또한 자신의 감정에도 영향을 미치는데 이는 습관에 의하여 발생한다. 일시적이고 일회성의 스트레스가 발생하는 경우가 대부분이다.

세 번째는 기억된 부정감정을 다시 기억함으로서 발생하는 경우이다. 이는 과거에 기억하고 있는 부정감정인 상처를 생각으로 자각하게 될 때 스트레스가 발생하는 현상이다. 대부분 여자의 상처에 의하여 발생한다. 그래서 치료되지 않은 상처가 기억되면 스트레스가 발생하면서 힘들어진다. 따라서 여자에게만 발생하는 현상이고, 남자는 발생하지 않는다. 또한, 자신의 감정에 의하여 발생한 스트레스는 자신의 감정에만 영향을 준다. 혼자 고민하고 생각하면 이 부정감정의 스트레스를 억압하든, 강박을 갖든, 표출하든 새로운 부정감정의 상처가 기억된다. 이렇듯이 스트레스는 현재 진행하고 있는 트라우마로서 진행되고 있는 상태이기 때문에 현재 자신이 느끼는 기분이다.

결과 트라우마(상처)

결과트라우마는 기억된 상처를 의미한다. 상처는 과거에 스트레스로 발생한 후 치료하지 못한 채 기억함으로써 작용한다. 즉 기억된 부정감정을 말한다. 따라서 남자보다는 여자에게 주로 발생한다.

결과트라우마인 상처는 3가지 경우에 발생한다. 과거에 기억되어 있는 부정감정인 상처이다. 부정감정이 생각으로 자각되어 기억되기 전에는 스트레스로 작용했지만, 생각된 부정감정을 치료하지 못한 채 기억하면 상처가 되어 다시 생각과 기억에서 작용된다. 즉 결과에 의하여 만들어진 트라우마가 상처이다. 이를 상처의 부정감정이라고 한다.

그리고 심리작용으로 발생한 경우에는 심리작용의 결과에 의하여 심리작용은 끝났지만, 부정감정이 기억되어 지속되는 경우라고 할 수 있다. 이미 심리작용은 중단되었지만 상처가 기억된 것이다. 특히 치료되지 않은 부정감정으로 기억되는 것을 상처라고 한다. 습관에 의하여 자신도 모르게 기억한다. 그래서 무의식이 작용하면서 치료하려고 한다. 이는 습관에 의하여 상처치료의 과정을 갖기 때문이며, 이 과정은 무의식에 의하여 처리된다.

자신의 부정감정의 기억으로 발생되는 경우가 있는데 이는 과거에 기억된 상처 즉 상처의 부정감정으로 인해서 생각으로 기억되어 무의식이 처리한 후 다시 기억되는 것이다. 다시 재기억이 되면 부정감정의 상처를 확대한다.

과거에 A라는 상처의 감정을 기억하고 있다고 생각해보자. A라는 상처의 감정이 기억되면 현재의 감각정보와 연결시켜서 과거의 동일한 현상에 대한 감정을 기억한다. 그러면 이 기억은 A의 감정이 아니라 A-1이라는 상처가 또 발생한다. 그래서 상처의 감정을 기억할 때마다 상처가 하나씩 더 증가한다.

원래 기억했던 상처의 부정감정에 대하여 생각으로 재기억한 경우에는 상처의 부정감정이 아니라 생각에 의하여 현재의 정보에 대하여 또다시 부정감정을 기억한다. 이때 부정감정이 치료되면 부정감정이 무감정으로 변하게 되는데, 상처를 치료하면 무감정으로 전환하는 것이다. 그러나 부정감정을 제거하면 부정감정이 소멸하고 없어진다. 그래서 방어기제가 작용하고 난 결과가 3가지 경우로 나타나는 것이다.

부정감정의 기억에 의한 상처를 다시 기억하여 자꾸 확대시킨 후 또다시 상처로 기억하면서 상처가 더 만들어진다. 그래서 상처의 부정감정을 하나만 기억하는 것이 아니라 연관된 상처가 지속적으로 만들어지는 것이다. 따라서 상처의 치료가 중요하다.

사람들은 상처가 한 번 발생되면 상처가 확대된다. 치료되기 전까지는 기억된 상처로 인하여 계속 다른 상처를 자신 스스로가 만든다. 현재 받아들인 사실의 정보를 5개 감각기관을 통해서 받아들이면서 감각정보가 되고, 이 감각정보에 감정을 결합한 후 또다시 기억하기 때문에 기존에 기억된 상처와는 또 다른 상처가 기억되는 것이다. 결국 상처는 한 번 기억되면 점점 확대하기 시작한다.

3
트라우마의 방어기제

　심리의 기준인 마음의 방어기제는 긍정감정과 부정감정을 통제하여 행복을 추구할 수 있는 심리의 기준에 맞도록 조절한다. 거부방어기제와 수용방어기제를 통하여 인식심리, 기억심리, 표현심리가 작용하면서 감정의 생각, 기억, 표현을 통제한다.
　방어기제(防禦機制)는 긍정감정 또는 부정감정이 발생하였을 때, 심리의 기준인 행복을 추구하기 위하여 자동적으로 취하는 적응행위이다. 기존 이론의 방어기제와 마음이론의 방어기제는 종류, 규칙, 체계, 작용이 다르다.
　기존 이론에서의 방어기제는 심리의 기준이 없기 때문에 의식과 무의식의 관점에서 무의식적으로 나타나는 말과 행동과 표정 그리고 생각의 유형을 분류하여 방어기제로 정의하였고, 매우 많은 방어기제의 종류와 각 방어기제의 작용을 분석함으로써 각각의 방어기제에 대한 분석의 방법과 치료의 방법을 연구하였다.
　그러나 마음이론에서는 행복을 추구하는 심리의 기준을 갖고 있는 마음을 정의하고, 마음의 거부방어기제와 수용방어기제를 설정하였으며, 말과 행동과 생각은 습관의 결과로 나타나는 현상에 불과한 것을 알 수 있다.
　그래서 기존 이론의 방어기제는 습관으로 표현된 결과로 나타나는 유형

일 뿐, 실제의 방어기제가 아니라는 것을 알 수 있었다. 인간심리의 기준은 행복을 추구하는 심리의 기준으로 심리는 자신의 행복을 추구하고 지키기 위하여 의식과 무의식이 작용하고, 인식심리, 기억심리, 표현심리가 작용한다. 습관을 통한 말과 행동과 생각은 방어기제의 작용에 대한 결과로 나타나는 현상에 불과하다. 따라서 이제는 방어기제에 대한 개념을 다르게 인식해야 한다.

남자는 미래의 행복을 추구하는 심리의 기준을 갖고 있으며, 이를 위하여 열정을 강화하여 긍정기분을 지속적으로 요구하고, 부정기분에 대해서는 거부방어기제가 작용하여 부정기분을 심리로 받아들이지 않으며, 긍정기분에 대해서는 수용방어기제가 작용하여 긍정기분을 심리로 받아들인다. 또한 여자는 현재의 행복을 추구하는 심리의 기준을 갖고 있으며, 이를 위하여 사랑을 강화하고, 부정감정에 대해서는 수용방어기제가 작용하여 부정감정을 치료하여 긍정감정으로 전환하여 기억한다. 긍정감정에 대해서는 거부방어기제가 작용하여 긍정감정을 심리로 받아들이지 않는다.

남자는 부정기분에 대한 거부방어기제, 여자는 부정감정이 대한 수용방어기제를 갖고 있다. 따라서 마음이론은 기존의 이론과는 다른 방어기제를 정의할 수 있으며, 남녀노소(男女老少) 관계없이 모든 심리의 현상을 해석할 수 있고 분석하여 검증할 수 있었다.

기존의 방어기제로는 심리를 해석할 수 없기 때문에 심리를 명확하게 체계적으로 해석하기 위하여 마음이론을 개발하였다. 마음과 심리를 분리하였고, 심리의 기준으로 설정하였으며, 심리의 기준이 행복을 추구하는 기준으로 하였을 때, 기존의 방어기제는 무의식인 습관에 의한 결과로 나타나는 개인별 현상에 불과하다는 것을 밝힐 수 있었다.

방어기제는 행복을 추구하는 심리의 기준에 맞도록 마음에서 작용한다. 특히 행복을 추구하는 데 있어서 부정감정 또는 긍정감정이 발생하였을 때, 행복을 추구하는 기준에 맞도록 작용하는 것이 방어기제이다. 따라서 마음의 방어기제가 의식과 무의식의 부정감정과 긍정감정에 의하여 작용하며, 부정감정과 긍정감정은 습관으로 표현된다. 남자는 스트레스의 부정기분을 제거하는 거부방어기제가 작용하고, 긍정기분을 수용하는 수용방어기제가 작용한다. 따라서 남자는 부정기분을 기억하지 않는다. 반면, 여자는 부정감정에 대하여 수용방어기제가 작용하여 부정감정을 기억한 후, 습관을 통하여 치료하여 무감정으로 전환하지만, 치료하지 못하는 경우에는 부정감정이 계속 기억되어 마음에 의하여 습관이 이 부정감정을 치료하는 과정을 지속한다. 이 과정에서 여자는 긍정감정에 대해서는 거부방어기제가 작용하여 긍정감정을 기억하지 못한다.

방어기제의 종류

방어기제는 마음에서 작용하고, 마음이 행복을 추구하는 심리의 기준에 맞도록 부정감정과 긍정감정을 통제하는 체계이다. 마음의 방어기제는 거부방어기제와 수용방어기제로 분리할 수 있으며, 남자와 여자의 방어기제가 다르다. 즉 남자와 여자는 부정감정이 다르게 작용하여 남자는 진행트라우마인 스트레스의 부정기분이 발생하면, 거부방어기제가 작용하여 스트레스의 부정기분을 심리로 받아들이지 않기 때문에 부정기분을 기억하지 않는다. 반면 여자는 결과트라우마인 상처의 부정감정이 발생되면, 수용방어기제가 작용하여 상처의 부정감정을 심리로 받아들여 부정감정을 기억한다. 이와 같이 트라우마의 부정감정에 대하여 남자는 거부방어기제가 작용하고, 여자는 수용방어기제가 작용한다.

또한, 긍정감정에도 방어기제가 작용하는데, 남자는 미래의 행복을 추구하는 기준을 갖고 있기 때문에 긍정기분을 지속적으로 받아들여 열정을 갖고 미래의 행복을 추구하도록 방어기제가 작용한다. 그래서 남자는 즐거움과 재미의 긍정기분에 대하여 수용방어기제가 작용하여 긍정기분을 심리로 받아들여 기억한다. 반면, 여자는 현재의 행복을 추구하는 기준을 갖고 있기 때문에 긍정감정을 심리로 받아들이지 못하도록 하고, 부정감정을 치료할 수 있도록 하여 사랑의 감정을 갖고 현재의 행복을 추구한다. 그래서 긍정감정에 대한 거부방어기제가 작용한다. 그래서 여자는 즐거움과 재미의 긍정감정에 대하여 거부방어기제가 작용하여 긍정감정을 심리로 받아들이지 않기 때문에 긍정감정을 기억하지 않는다. 이와 같이 긍정감정에 대하여 남자는 수용방어기제가 작용하고, 여자는 거부방어기제가 작용한다.

남자의 방어기제

남자는 부정기분에 대한 거부방어기제와 긍정기분에 대한 수용방어기제를 갖고 있다. 이는 남자의 마음이 미래의 행복을 추구하기 위한 심리의 기준을 갖고 있기 때문에 형성된 방어기제이다. 거부방어기제는 부정기분을 제거하여 부정기분을 기억하지 못하도록 하고, 수용방어기제는 긍정기분을 수용함으로써 긍정기분을 기억하도록 한다.

　남자는 스트레스의 부정기분이 작용하면, 이 부정기분에서 벗어나려고 한다. 이때 벗어나는 방법은 습관에 의한 말과 행동으로 외부로 표현되거나, 생각에 의하여 내부로 표현된다. 이는 부정기분에 대한 거부방어기제가 작용하기 때문이다.

　남자는 신체의 감각기관을 통하여 받아들인 정보에 대하여 의식으로 부정기분을 느끼게 되면, 마음이 부정기분에 대처하기 위하여 거부방어기제를 작용하여 우선은 부정기분에서 벗어나도록 습관이 작용한다. 그래서 습관의 말과 행동과 생각을 통하여 부정기분에서 벗어난다. 이때 부정기분이 강할수록 부정기분에서 벗어나려는 습관의 말과 행동과 생각도 강해진다.

　따라서 남자가 스트레스의 부정기분을 느끼면 습관에 의하여 스트레스의 부정기분을 벗어나기 위한 말과 행동과 생각을 한다. 이는 부정기분에 대한 무의식적인 반응처럼 보이지만, 실제로는 마음의 거부방어기제가 작용하여 습관으로 나타나는 것이다. 이렇게 거부방어기제는 현재 받고 있는 부정기분에서 벗어나도록 한 후에 부정기분을 완전히 없애기 위하여 긍정기분을 요구하기 때문에 의식 또는 무의식인 습관으로 즐겁고 재미있는 대상에 몰입하도록 하여 긍정기분을 받아들인다.

　거부방어기제는 먼저 부정기분이 기억되는 것을 차단하고 느껴지는 부정기분을 없애기 위해 긍정기분을 유입하여 부정기분을 완전히 제거한다. 그래서 남자는 스트레스의 사실은 기억하되 긍정기분을 기억하도록 함으로써 부정기분은 기억하지 못하도록 한다.

　남자는 부정기분을 받아들였을 때, 이 부정기분을 치료할 수 없기 때문에 반드시 부정기분을 제거하고 긍정기분으로 전환하여 기억하도록 한다.

그러나 부정기분이 매우 강하거나, 미처 부정기분을 제거하기 전에 똑같은 부정기분이 계속 누적되면, 거부방어기제가 작용하지 못한다. 이런 경우는 부정기분을 그대로 기억하게 되면서 수용방어기제가 작용하여 스트레스의 부정기분을 상처의 부정감정으로 기억한다. 다만 남자의 부정기분에 대한 수용방어기제는 부정기분을 치료하는 기능이 없기 때문에 부정기분을 치료할 수 없다. 이렇게 거부방어기제가 수용방어기제로 전환되는 경우라도 대부분의 남자는 일정기간이 경과하면, 수용방어기제가 다시 거부방어기제로 전환되지만, 일부는 거부방어기제로 회복되지 못하여 심리장애가 발생한다. 이와 같이 거부방어기제로 회복하지 못하는 남자의 경우는 거부방어기제에서 수용방어기제로 전환되고 지속적으로 부정기분이 발생하여 미처 거부방어기제로 회복할 수 없는 환경에 살고 있을 때 종종 발생한다.

또한 남자는 긍정기분에 대해서는 수용방어기제가 작용하여 긍정기분을 기억하도록 하는데, 만일 부정기분에 대하여 거부방어기제가 수용방어기제로 전환되면, 긍정기분에 대해서는 수용방어기제가 거부방어기제로 전환되어 긍정기분을 기억하지 못하도록 한다. 거부방어기제와 수용방어기제는 부정기분 또는 긍정기분의 어느 하나로 동시에 작용할 수 없기 때문에 부정기분에 거부방어기제가 작용하면 긍정기분에는 수용방어기제가 작용하고, 부정기분에 수용방어기제가 작용하면 긍정기분에는 거부방어기제가 작용한다.

부정기분에는 수용방어기제가 작용하고, 긍정기분에는 거부방어기제가 작용하는 상황이 지속되면, 남자는 미래의 행복을 추구하지 못하게 되면서 심리장애가 발생한다. 즉 남자의 심리장애는 미래의 행복을 추구할 수 없게 되면서 심리의 기준에 어긋나게 되면 발생한다.

남자는 트라우마의 부정기분에 대한 거부방어기제를 갖고 있다. 그래서 남자는 진행트라우마인 스트레스의 부정기분을 기억하기 전에 부정기분을 제거함으로써 행복을 추구하는 기준에 맞도록 스트레스에 대한 거부방어기제가 작용한다. 이는 진행트라우마인 스트레스의 부정기분을 심리로 받아들여 기억하면, 결과트라우마인 상처의 부정감정으로 기억되어 심리장애를 유발하기 때문에 이를 마음이 방어할 수밖에 없다, 이것이 남자의 마음이다.

남자는 진행트라우마인 스트레스의 부정기분이 발생하면 마음의 거부방어기제가 2단계로 나뉘어서 작용한다. 1단계에서는 수단과 방법을 가리지 않고 무조건 스트레스의 부정기분에서 벗어나도록 습관을 통하여 표현한다. 스트레스의 부정기분이 크면 클수록 벗어나려는 거부방어기제는 더욱 강화되면서 극도의 스트레스를 받게 되고, 습관에 의하여 평상시에는 나타나지 않았던 극단적인 표현(반응)이 나타나기도 한다. 이는 남자가 스트레스의 부정기분이 느껴지면 참을 수 없는 고통을 느끼기 때문이다.

따라서 고통에서 벗어나서 미래의 행복을 추구하기 위한 심리의 기준에 맞추기 위하여 무조건 스트레스의 부정기분을 벗어나려고 하는 것이며, 스트레스의 부정기분에서 벗어나기 위해 스트레스의 부정기분을 원천적으로 차단한다. 또한 스트레스의 부정기분을 중단하도록 하거나, 스트레스의 부정기분으로부터 벗어나는 회피의 현상이 습관에 의하여 표현된다. 따라서 남자는 어떻게든 스트레스의 부정기분을 벗어나려고 하는 것이 남자의 마음이고, 이는 거부방어기제의 1단계에서 생기는 현상이다.

스트레스의 부정기분에서 벗어나면, 거부방어기제의 2단계가 작용하는데, 특정한 대상의 즐거움에 몰입하여 긍정기분을 받아들이는 수용방어기제를 작용함으로써 스트레스의 부정기분을 제거한다. 이는 즐거움의 긍정기분을 받아들여 미래의 행복을 추구하는 마음에 의하여 나타나는 현상으로 스트레스의 부정기분에서 벗어난 후, 이 부정기분을 제거하고 긍정기분을 기억하기 위한 마음의 작용이다. 이렇게 즐거움의 대상에 몰입하면서 스트레스의 부정기분을 완전히 제거하고, 긍정기분을 기억하면 스트레스와 연관되는 모든 부정기분을 잊게 된다. 따라서 남자는 스트레스의 사실은 기억할 수 있지만 스트레스의 부정기분은 기억하지 못한다.

그러나 거부방어기제의 1단계인 스트레스의 부정기분에서 벗어나기와 2단계인 긍정기분을 받아들여 스트레스의 부정기분을 완전히 제거하는 것에 문제가 발생될 수 있다. 이로 인해 스트레스의 부정기분에서 벗어나지 못하거나, 스트레스의 부정기분을 제거하고 긍정기분을 기억하지 못하게 되면, 마음의 행복기준에 맞지 않기 때문에 고통을 갖게 된다. 그래서 스트레스의 부정기분을 기억하는 결과가 발생하게 되면서 감정기억의 체계에 손상을 입게 되어 심리장애가 발생한다.

이와 같이 스트레스의 부정기분을 기억하게 되는 경우는 거부방어기제의 1단계와 2단계를 무력화시킬 만큼 강력한 스트레스의 부정기분을 받게 되는 경우 또는 스트레스의 부정기분에서 미처 벗어나기도 전에 동일한 스트레스의 부정기분이 지속되어 거부방어기제가 미처 작용할 수 없게 되는 경우에 주로 발생한다. 스트레스의 부정기분을 기억하게 되어 결과트라우마인 상처의 부정감정으로 기억되면서 심리장애가 발생하는 것이다.

기존 상담방법과 같이 남자의 심리장애를 치료하기 위하여 무조건 과거의 트라우마를 찾아서 이를 해결하려는 것은 '모래사장에서 바늘 찾기'보다 힘든 과정이 되어 사실상 치료하기가 힘들다. 따라서 문제의 원인을 과거의 트라우마에서 찾으려고 하지 말고, 과거의 트라우마 중 사실과 감정을 동시에 기억하고 있는 트라우마를 찾는 것이 중요하다. 이 트라우마는 분명 강한 스트레스의 부정기분을 받았거나 동일한 스트레스의 부정기분이 지속됨으로써 발생한 것이기 때문에 그 스트레스의 사실과 함께 부정기분을 기억하고 있을 것이다. 이를 찾았다면 쉽게 치료할 수 있다.

치료할 때는 먼저 거부방어기제의 1단계와 2단계를 활성화하도록 하고 힘들고 고통스럽겠지만 해당 트라우마의 부정기분을 끌어내어 사실과 감정까지 기억된 트라우마의 부정기분을 의식하도록 한다. 거부방어기제의 1단계를 통하여 이 트라우마를 벗어나도록 한 후, 2단계에서 즐거움의 긍정감정에 몰입할 수 있도록 하여 기억된 트라우마의 부정기분을 제거하면, 남자의 심리장애를 치료할 수 있다.

남자의 스트레스치료습관

남자는 스트레스의 부정기분을 받게 되면, 거부방어기제가 작용하여 1단계에서는 스트레스의 부정기분을 차단, 중단, 회피하여 스트레스의 부정기분에서 벗어나도록 한 후, 2단계에서는 즐거움의 긍정기분에 몰입하여 스트레스의 부정기분을 완전히 제거한다. 이렇게 거부방어기제에 의하여 스트레스의 부정기분이 완전히 제거되면 스트레스의 사실은 기억하지만, 스트레스의 부정기분은 기억하지 않는다. 즉 스트레스가 해소가 된다는 것은 스트레스의 부정기분을 잊어버리고 긍정기분으로 회복된다는 뜻이다.

남자는 스트레스의 부정기분에 대한 거부방어기제가 작용하기 때문에 여자도 똑같이 거부방어기제가 작용하는 것으로 인식한다. 이 인식은 의식적인 것이 아니라 무의식적인 습관으로 표현된 결과이다. 따라서 남자는 스트레스의 부정기분을 거부방어기제의 1단계와 2단계에 의하여 제거하듯이 여자가 상처의 부정감정을 없애고자 할 때 남자는 자신의 거부방어기제에 준하여 노력한다. 사실상 여자의 상처의 부정감정을 없애는 노력을 하는 것이 아니라, 여자의 상처를 스트레스로 인식하여 부정기분을 제거하려는 노력을 하는 것이다.

특히 남자에게 소중한 여자(친구, 애인 또는 아내)인 경우에는 여자의 상처에 대하여 민감하여 스트레스의 부정기분을 받기 때문에 이 스트레스를 제거하기 위한 거부방어기제가 작용한다.

남자는 자신이 거부방어기제를 갖고 부정기분을 기억하지 못한다고 인식한다. 그래서 여자가 상처의 부정감정으로 힘들어 하면 여자도 거부방어기제를 갖고 있을 것이라 인식하여 부정기분에서 벗어난 후, 긍정기분에 몰입하면 부정기분을 기억하지 않을 것이라 인식한다. 이는 사랑하는 여자가 아니면 작용하지 않는다.

따라서 남자는 여자가 상처에 의한 감정(슬픔, 아픔, 고통)을 호소하게 되면 스트레스를 받게 되는데, 이 스트레스의 부정기분을 제거하는 거부방어기제가 작용한다. 그런데 스트레스의 원인이 여자의 상처로 인한 것이기 때문에 1단계에서는 여자가 상처에 의한 부정감정에서 벗어나도록 노력하고, 2단계에서는 여자가 다른 대상의 즐거움에 몰입하도록 하여 긍정감정을 갖게 됨으로써 스트레스의 부정기분을 제거하면서 스트레스의 대상인 여자의 상처에 대한 부정기분을 기억하지 않는다.

이때 남자는 여자도 거부방어기제의 1단계에 따라서 여자 자신의 상처에 의한 부정감정에서 벗어나고, 2단계에 따라서 즐거움에 몰입함으로써 상처의 부정감정을 제거하기 때문에 여자는 상처에 대한 부정감정을 기억하지 못할 것이라고 인식한다. 즉, 일반적으로 생각하면 남자는 '시간이 지나면 여자도 남자와 같이 거부방어기제에 의하여 상처를 기억하지 못하게 될 것이다.'라고 습관으로 표현한다. 이럴 때 남자는 '여자의 상처에 대한 부정감정의 기억오류'가 발생한다.

여자는 상처의 부정감정을 받게 되면, 남자의 거부방어기제와는 다른 수용방어기제를 갖게 되어 상처에 대한 부정감정을 위로받게 되면서 부정감정을 치료하여 그 감정을 기억하기 때문에 남자는 여자가 상처의 부정감정을 기억하는 것을 이해하지 못한다. 남자는 자신의 거부방어기제를 적용하였을 때, 당연히 여자도 상처의 부정감정을 기억하지 못할 것이라는 인식하지만, 실제 여자는 자신의 수용방어기제를 적용하였을 때, 무조건 기억하게 된다. 이 상처에 대한 감정기억의 오류로 인하여 남자는 여자를 이해하지 못하는 것이고, 남자의 노력이 별 소용이 없는 것이며, 남자는 아무리 노력해도 별로 달라지지 않는 여자에게 자신의 노력을 거부당했다는 인식으로 인하여 여자에 대한 스트레스의 부정기분이 발생한다.

여자의 방어기제

여자의 마음은 부정감정에 대한 수용방어기제와 긍정감정에 대한 거부방어기제를 갖고 있다. 그래서 남자의 마음과는 정반대의 방어기제가 작용한다. 이는 여자의 마음이 현재의 행복을 추구하기 위한 심리의 기준을 갖고 있기 때문에 현재의 행복을 추구하기 위하여 형성된 방어기제이다. 수용방어기제는 부정감정을 수용하고, 부정감정을 치료하여 무감정(긍정감정으로 느껴진다.)으로 기억하는 기능을 갖고 있고, 거부방어기제는 긍정감정을 거부함으로써 과도한 긍정감정을 기억하지 못하도록 한다.

여자는 상처의 부정감정을 기억하면, 상처를 치료하기 위하여 습관이 작용한다. 이때 치료의 방법은 습관의 말과 행동으로 상처에 대한 부정감정을 표현한다. 이는 상처의 부정감정에 대한 마음의 수용방어기제가 작용하기 때문이다.

여자는 신체의 감각기관을 통하여 받아들인 정보 또는 기억된 정보가 치료되지 않은 부정감정을 느끼게 되면, 마음이 이 부정감정에 대처하기 위하여 수용방어기제를 작용하여 우선은 부정감정을 치료하도록 습관이 작용한다. 그래서 습관의 말과 행동과 생각을 통하여 부정감정을 치료한다. 이때 부정감정이 강할수록 습관의 말과 행동과 생각도 부정감정을 치료하기 위하여 강해진다. 이는 부정감정에 대한 무의식적인 반응처럼 보이지만, 실제로는 수용방어기제가 작용하여 습관으로 나타나는 것이다.

수용방어기제는 받아들인 부정감정을 치료 한 후에 부정감정을 무감정으로 전환하게 되면서 부정감정에서 무감정으로 느끼는 만큼의 긍정감정처럼 기억하게 된다. 따라서 부정감정을 치료하도록 습관의 작용을 요구하게 된다. 즉 수용방어기제는 먼저 부정감정을 심리로 유입하고 이를 치료하는 과정을 갖는다. 그래서 여자는 상처의 사실과 함께 부정감정을 기억하는데, 부정감정을 치료하여 무감정으로 기억하고자 한다.

부정감정에 대한 여자의 수용방어기제는 여자가 부정감정을 받아들여 기억하면, 치료할 수 있는 기능이 있기 때문에 부정감정을 수용하고 이를 치료하도록 한다. 그러나 부정감정이 매우 강하거나 미처 부정감정을 치료하기 전에 똑같은 부정감정이 계속 누적되면 수용방어기제의 작용이 중단되는 현상이 발생하게 된다. 이런 경우에는 부정감정을 기억하지 않거나 거부하려는 거부방어기제가 작용하여 스트레스 또는 상처의 부정감정을 차단하여 기억하지 않게 된다. 다만 여자의 거부방어기제에는 부정감정을 제거하는 기능은 없기 때문에 부정감정이 없어지지 않는 문제가 발생된다. 이렇게 수용방어기제가 거부방어기제로 전환되는 경우라도 대부분의 여자는 일정기간이 경과하면 다시 수용방어기제로 전환되지만, 일부는 수용방어기제로 회복되지 못하여 심리장애가 발생한다.

이와 같이 수용방어기제로 회복하지 못하는 여자의 경우는 대부분 수용방어기제에서 거부방어기제로 전환되면서 지속적으로 긍정감정을 요구하면서 수용방어기제로 회복할 수 없는 환경에 살고 있을 때 종종 발생한다. 또한 여자는 긍정감정에 대해서는 거부방어기제가 작용하여 긍정감정을 기억하지 못하도록 하는데, 여자의 수용방어기제가 거부방어기제로 전환되면 긍정감정에 대해서는 거부방어기제가 수용방어기제로 전환하여 긍정감정을 기억하도록 한다. 이러한 상황이 지속되면 여자는 현재의 행복을 추구하지 못하게 되면서 심리장애가 발생한다. 즉 여자의 심리장애는 현재의 행복을 추구할 수 없을 때, 심리의 기준에 어긋나기 때문에 발생한다.

여자는 트라우마의 부정감정에 대한 수용방어기제를 갖고 있다. 그래서 여자는 결과트라우마인 상처의 부정감정을 기억하고, 이 부정감정에 대하여 위로받아 치료하여 긍정감정으로 전환한다. 따라서 여자는 상처의 부정감정에 대하여 위로받아 치료하는 수용방어기제가 작용한다. 이는 상처의 부정감정을 기억하지 못하면, 진행트라우마인 스트레스의 부정감정으로 작용되고 여자에게는 스트레스의 부정감정에 대한 거부방어기제가 작용하지 않기 때문에 심리장애가 발생한다.

여자는 상처의 부정감정을 기억하면, 부정감정을 위로받고자 표현하고, 위로받으면 부정감정을 치료하여 긍정감정으로 전환하여 상처로 인한 부정감정의 고통은 갖지 않게 되지만, 위로받지 못하면 부정감정이 치료되지 않기 때문에 부정감정을 치료하기 위하여 습관으로 계속 표현한다. 또한 심리불안이 지속되면서 상처의 부정감정과 연관되는 상황이 발생하면, 기억된 상처의 부정감정이 드러나게 되면서 고통을 겪는다. 그러면서 위로를 받든 받지 않든 상관없이 상처의 사실과 부정감정을 함께 기억한다. 결국 여자는 상처의 부정감정을 기억할 때 상처의 부정감정이 지속되도록 기억하느냐, 아니면 상처의 부정감정을 치료하여 무감정(긍정감정으로 인식)으로 기억하느냐의 차이가 있을 뿐, 상처의 감정을 기억한다. 따라서 여자는 상처의 부정감정을 기억하면, 상처의 부정감정을 위로받으려는 마음이 작용하는 것이다. 여자는 스트레스의 부정감정을 쉽게 참고 인내하지만, 참고 인내하지 못하는 스트레스의 부정감정은 결과트라우마인 상처의 부정감정으로 작용하여 기억한다. 이때 여자는 상처의 부정감정을 기억하기 때문에 부정감정에 대한 위로를 받아서 부정감정을 치료하고 긍정감정으로 전환하여 현재의 행복을 느낄 수 있도록 마음이 작용한다. 따라서 여자는 현재의 행복을 추구하기 위한 심리의 기준을 갖고 있기 때문에 수용방어기제가 작용한다.

그러나 의식과 무의식에 문제가 발생하면, 상처의 부정감정에 대하여 위로받고자 하는 수용방어기제의 작용에 문제가 발생하여 상처의 부정감정을 위로받았든 위로받지 못했든 상관없이 부정감정을 기억하지 못한다. 이는 상처가 결과트라우마로 작용하지 않고, 진행트라우마인 스트레스의 부정감정으로 작용하면서 상처의 부정감정을 기억하지 못하는 대신 스트레스의 부정감정으로 인한 고통을 겪게 되면서 심리장애가 발생한 것이다. 결국은 상처의 부정감정을 기억하지 못하고, 상처의 부정감정이 스트레스의 부정감정으로 작용하면, 남자와 같이 부정감정에 대한 거부방어기제가 작용하기 때문에 작은 스트레스의 부정감정에도 견딜 수 없는 큰 스트레스의 부정감정으로 인식된다. 그래서 고통을 겪게 되고, 이 스트레스의 부정감정이 지속되면서 심리장애가 발생하게 된다.

 여자의 심리장애를 치료하기 위하여 무조건 과거의 트라우마인 상처를 찾아서 이를 치료하려는 것은 매우 힘들고 어려운 과정이 되어서 사실상 치료를 하지 못한다. 따라서 무조건 과거의 트라우마인 상처를 찾으려고 하지 말고, 과거의 트라우마 중 부정감정을 기억하지 못하는 트라우마를 찾는 것이 중요하며, 이 트라우마는 분명 강한 스트레스로 작용하면서 기억하고 싶지 않게 되거나, 강한 스트레스가 지속되고 있을 것이다. 이를 찾았다면 쉽게 치료할 수 있다. 따라서 먼저 기억된 상처의 부정감정을 기억하지 않으려는 거부방어기제를 제거함으로써 상처의 부정감정을 끌어내고, 이를 위로하여 긍정감정으로 전환한 후, 다시 기억할 수 있도록 하면, 여자의 심리장애를 치료할 수 있다.

여자의 상처치료습관

 여자는 상처에 대한 부정감정을 위로받고 치료하고자 하는 수용방어기제가 작용하면서 상처의 사실과 부정감정을 함께 기억한다. 이때 수용방어기제에 의하여 상처의 부정감정을 위로받게 되면, 상처의 부정감정을 치료하여 무감정으로 전환하고 이를 기억한다. 그러나 상처의 부정감정을 위로받지 못하면 부정감정은 치료되지 못한 채 기억한다.

따라서 부정감정을 위로받는 것과는 관계없이 상처에 대한 부정감정을 기억하고, 기억된 상처의 부정감정이 치료될 때까지 위로를 받고자 하는 수용방어기제가 계속 작용한다. 그래서 위로를 받아 치료된 감정의 기억은 상처와 연관되는 사실이 발생하더라도 더 이상 부정감정은 나타나지 않고, 무감정(긍정감정과 같이 인식)이 되어 있지만, 위로를 받지 못하여 치료가 되지 않은 부정감정의 기억은 상처와 연관되는 현상이 발생하게 될 때, 상처의 부정감정을 기억하게 되어 다시 위로를 받으려고 하는 수용방어기제에 의하여 습관으로 표현하게 된다. 이는 상처의 부정감정을 기억하고 있기 때문에 상처의 부정감정이 위로를 받아서 치료가 될 때까지 반복적으로 나타난다.

여자는 자신이 상처의 부정감정에 대한 수용방어기제로 인하여 남자도 똑같이 수용방어기제가 작용하는 것으로 인식한다. 이 인식은 의식적인 것이 아니라 습관에 의한 것으로 무의식적이라 할 수 있다. 따라서 여자는 상처의 부정감정을 치료하여 무감정으로 기억하려고 한다. 남자가 스트레스의 부정감정으로 힘들어 할 때, 여자는 수용방어기제를 기준으로 남자의 스트레스를 치료하려는 노력하게 된다. 그러나 이 노력은 사실상 남자의 스트레스를 제거하는 것이 아니라, 남자의 스트레스를 치료하여 무감정(긍정감정으로 인식)으로 기억하도록 하는 수용방어기제가 작용하는 것이다.

특히, 여자에게 소중한 남자(친구, 애인 또는 남편)인 경우에는 자신이 상처의 부정감정을 기억하는 것을 감수하더라도 남자의 스트레스를 치료해 주고자 하면서 여자는 수용방어기제를 자신보다는 남자의 스트레스를 치료하도록 작용한다.

여자는 자신이 수용방어기제를 갖고, 부정감정을 잘 기억하고 이를 치료하기 위하여 위로를 받으려고 한다. 그래서 남자가 스트레스로 힘들어하면, 여자는 남자의 스트레스를 위로하고 치료하여 잘 기억하도록 한다. 이는 사랑하는 남자가 아니면 작용하지 않는다.

여자는 남자가 스트레스로 힘들어하게 되면 그 스트레스의 부정기분을 상처의 부정감정으로 인식하게 된다. 이 상처의 부정감정을 치료하는 수용방어기제가 작용하면서 남자의 스트레스의 부정기분을 위로하여 치료하면, 남자는 스트레스의 부정감정을 기억하는 대신 치료된 무감정으로 기억할 것이라는 마음이 작용한다. 이때 여자는 남자도 여자의 수용방어기제와 같이 남자가 스트레스의 부정기분에 대하여 위로를 받음으로써 스트레스의 부정기분을 치료하여 치료된 감정을 기억할 것이라고 생각한다. 즉 일반적으로 생각하면 여자는 '남자가 스트레스를 받으면, 무의식적으로 남자의 스트레스를 위로하고, 이 스트레스를 위로하고 난 후에는 남자가 스트레스를 치료하면서 더 이상 힘들지 않을 것이고, 이 모든 것을 기억할 것이다.'라고 반응한다. 이럴 때 여자는 '남자의 스트레스의 부정기분에 대한 감정기억의 오류'가 발생하는 것이다.

남자는 스트레스의 부정기분을 받게 되면, 여자의 수용방어기제와는 다른 거부방어기제를 갖게 되어 스트레스의 부정기분에서 벗어나서 즐거움의 긍정감정에 몰입함으로써 스트레스의 부정기분을 잊어버린다. 그렇기 때문에 여자는 남자가 자신의 스트레스의 부정기분을 기억하지 못하는 것에 대하여 이해하지 못하는 것이다. 여자는 자신의 수용방어기제를 남자에게 적용하였을 때, 당연히 남자는 스트레스의 부정기분을 기억할 것이라는 인식하지만, 실제 남자는 거부방어기제가 작용하여 부정기분을 기억하지 못한다. 이 트라우마에 대한 감정기억의 오류로 인하여 여자는 남자를 이해하지 못하게 되는 것이고, 여자의 노력이 별 소용이 없는 것이며, 노력을 한 것이 헛수고가 되면서 남자에게 거부당했다는 인식으로 상처의 부정감정이 발생한다.

트라우마의 이해와 배려

이해와 배려라는 말을 정확히 알아야 한다. 이해는 상대의 심리의 기준 또는 상대의 심리를 중심으로 생각하는 것이고, 배려는 상대의 심리의 기준 또는 상대의 심리를 중심에 맞도록 표현하는 것이다.

여자의 상처에 대하여 남자는 어떻게 이해와 배려를 하는 것이 좋은지 생각해 보면, 남자의 스트레스에 대한 감정기억, 스트레스의 부정기분에 대한 제거, 여자의 상처에 대한 남자의 감정기억의 오류, 여자의 상처와 상처를 해소하는 이해와 배려의 방법을 살펴보아야 한다. 그리고 여자의 상처에 대한 기억, 상처의 부정감정에 대한 치료, 남자의 스트레스에 대한 여자의 감정기억의 오류, 남자의 스트레스와 스트레스를 해소하는 이해와 배려의 방법을 살펴보아야 한다.

남자와 여자의 갈등은 남자와 여자가 마음이 상반되게 작용하는 것을 인식하지 못하기 때문에 발생한다. 상대를 위하여 노력은 하지만, 실제는 상대에게 불필요한 노력을 하게 되고, 서로가 이를 몰라준 것에 대하여 상대를 탓한다. 즉 갈등의 원인은 이해와 배려를 할 수 없음에 있는 것이다. 상대를 위하여 많은 노력을 하지만, 어떠한 노력도 상대에게는 가식으로 느껴지게 되고, 쓸데없는 노력이라는 인식을 줄 뿐이다. 이를 남자와 여자가 정확히 인식하고 있어야 한다.

따라서 여자는 남자가 스트레스를 받게 되었을 때, 또는 남자에게 스트레스를 주게 되었을 때, 남자가 습관에 의하여 표현하는 것은 스트레스를 제거하기 위한 거부방어기제 1단계와 2단계의 작용임을 알아야 한다. 또한 남자는 여자가 상처를 입게 되었을 때, 또는 남자가 여자에게 상처를 주게 되었을 때, 여자가 습관에 의하여 표현하는 것은 상처의 부정감정을 위로받아 치료하려는 수용방어기제에 의한 것임을 알아야 한다.

남자와 여자가 서로 자기주장만 하는 것은 이해와 배려가 없다는 것을 의미하고, '상대가 ~하면 다 잘 될 것이다.'고 생각하게 되면 남자와 여자는 갈등으로 인하여 관계회복이 어렵게 된다. 특히 남자의 잘못으로 인하여 여자가 상처를 입거나, 분노를 하게 될 경우(또는 상처의 감정기억을 하거나 분노의 마음을 갖게 될 경우)에는 여자는 남자의 말과 행동이 모두 가식처럼 느껴지면서 믿을 수 없게 되고, 부정감정이 확대되기 때문에 상처가 더욱 커지거나 분노를 하게 된다. 또한 서로 대화를 하면 할수록 점점 더 여자는 상처가 깊어지게 되고, 남자는 스트레스를 계속 받게 되는 악영향이 계속 발생한다.

남자는 여자에게 깊은 상처를 주고 여자는 남자에게 큰 스트레스를 주면서 서로 회복할 수 없을 만큼 심각한 심리장애가 발생한다. 이를 다시 살펴보았을 때 남자가 스트레스를 받게 되면, 거부방어기제가 작용하여 스트레스에서 벗어나고 스트레스를 제거하고 즐거움에 몰입하면 스트레스의 부정기분을 기억하지 못한다. 반면 여자는 상처를 받게 되면 수용방어기제가 작용하여 상처의 부정감정을 위로받고자 하고, 상처의 부정감정을 위로받게 되면 부정감정이 치료되어 치료된 감정으로 기억한다. 그래서 상처와 연관되는 감정을 기억한다.

역으로 남자가 여자의 입장에서 상대를 대처할 때, 남자는 여자가 상처를 입게 되면 마음에 의하여 여자의 상처를 제거하고 즐거움에 몰입하도록 한다. 즐거움에 몰입하면 상처가 제거되었다고 인식하면서 여자는 그 상처의 부정감정을 기억하지 못할 것이라고 인식한다. 반면, 여자는 남자가 스트레스를 받게 되면, 마음에 의하여 남자의 스트레스를 치료할 수 있도록 위로하고, 남자의 스트레스가 치료되면 남자는 그 스트레스의 부정감정을 치료된 감정으로 기억하면서 여자가 노력한 것도 잘 알고 있을 것이라 인식한다.

이와 같이 남자와 여자는 마음에서 다른 방어기제를 갖고 있기 때문에 서로의 마음을 몰라준다고 불평과 불만을 갖게 되고, 갈등과 싸움의 원인이 되며, 상호 관계의 문제에서도 서로의 입장만을 주장하게 되면서 극과 극의 감정으로 진행된다. 특히 상대가 그동안 얼마나 많은 노력을 해 왔는지 잘 알고 있지만, 그동안의 노력은 전혀 쓸데없는 것이고, 가식적인 행동이라는 인식을 갖게 되면서 시간이 갈수록 남자의 스트레스는 더욱 커지고 여자의 상처는 깊어지게 된다. 이는 남자와 여자가 서로의 방어기제를 전혀 인식하지 못한 채, 상대를 위한 노력을 자기의 방어기제에 준하여 실행한 것이 원인이다. 남자와 여자가 서로 깊이 사랑하면서도 상대를 이해하고 배려하지 못한 것이 원인이다.

여자는 남자를 탓하기 전에 자신의 수용방어기제가 어떻게 작용하는지 정확히 알고 난 후, 남자의 거부방어기제를 알게 됨으로써 남자의 반응에 대한 원인을 알게 된다면, 남자가 스트레스를 받게 되었을 때, 여자가 어떻게 대처해야 할 것인지도 예상할 수 있다. 따라서 심리장애를 치료할 때는 남자의 말과 행동에 대한 대처 방법도 중요하겠지만, 이보다는 남자의 거부방어기제를 정확히 알고 남자의 말과 행동을 예상하고서 여자가 이를 대처해 가는 능력을 갖게 된다면, 남자의 말과 행동에 대한 결과보다는 예방의 대처방법을 찾을 수 있다.

또한 남자도 여자를 탓하기 전에 자신의 거부방어기제가 어떻게 작용하는지 정확히 알고 난 후, 여자의 수용방어기제를 알게 됨으로써 여자의 반응에 대한 원인을 알게 된다면, 여자가 상처를 받게 되었을 때 남자가 어떻게 대처해야 할 것인지도 예상할 수 있게 된다. 따라서 심리문제를 해결할 때는 여자의 말과 행동에 대한 대처 방법도 중요하겠지만, 이보다는 여자의 수용방어기제를 정확히 알아야 한다. 여자의 말과 행동을 예상하고서 남자가 이를 대처해 가는 능력을 갖게 된다면, 여자의 말과 행동에 대한 결과보다는 예방의 대처방법을 찾을 수 있다. 이것이 남자와 여자가 심리장애를 치료하는 핵심이다.

남자가 스트레스를 받은 것이 제거되면, 스트레스의 부정기분을 기억하지 못하는 것이 당연한데, 남자가 스트레스의 부정기분을 기억하지 못하는 것에 여자는 더욱 상처를 입고 분노를 한다. 그러면서 여자는 남자가 다른 남자들과는 매우 다르고 특별하기 때문에 도저히 문제의 해결방법은 없을 것이라고 단정한다. 그러나 남자의 입장에서 보면 여자가 원하는 대로 남자가 스트레스의 부정기분을 고스란히 기억하게 된다면, 심리장애가 발생하기 때문에 남자가 스트레스를 제거하고 부정기분을 기억하지 않는 것이 좋을지, 스트레스의 부정기분을 기억하면서 심리장애로 살아가는 것이 좋을지 생각해야 한다.

또한 여자가 기억된 상처의 부정감정을 표현하고 반응하는 것은 당연한 것인데, 남자가 여자를 위하여 어떠한 노력을 해도 계속 상처의 부정감정을 표현하면 극심한 스트레스를 갖게 된다. 그러면서 남자는 여자가 다른 여자들과는 매우 다르고 특별하기 때문에 절대 문제 해결방법은 없다고 단정한다. 그러나 여자의 입장에서 보면 남자가 원하는 대로 여자가 상처의 부정감정을 다 잊어버리거나 억누르고 참게 된다면 심리장애가 발생한다. 따라서 여자가 상처의 부정감정을 기억하고 표현하는 것이 좋은지, 상처의 부정감정을 잊거나 억압하여 참으면서 심리장애로 살아가는 것이 좋은지 생각해야 한다.

이와 같이 남자와 여자의 심리장애가 발생하는 원인을 정확히 알고 있다면 상대가 심리장애로 인하여 고통을 겪고 불행하게 살아가는 것보다 현재는 힘들겠지만 상대의 마음을 그대로 인정하는 것이 현명한 것이며, 상대를 이해하고 배려하면서 상대를 위한 노력을 하는 것이 중요하다. 따라서 남자와 여자에게 심리장애가 발생하는 경우에는 남자의 스트레스는 제거할 수 있도록 하고, 여자의 상처는 위로하여 치료를 할 수 있도록 하면, 심리장애는 치료된다. 이때 심리장애를 치료할 경우에는 반드시 행복을 추구하는 심리의 기준에 맞도록 해야 한다. 이를 모른 채 상대를 위하여 노력하는 것은 쓸데없는 것으로 시간과 비용과 노력을 낭비하는 것이다.

제10장

심리장애

인간이면 누구나 심리문제를 갖고 있지만, 이 심리문제가 의식과 무의식이 감정을 처리하는 과정에서 발생하고 있다. 그러나 의식과 무의식에서 감정을 처리하지 못하게 되면 인식심리, 기억심리, 표현심리 중 하나의 심리를 비정상으로 작용하도록 함으로써 의식과 무의식이 감정을 정상적으로 처리하도록 만든다. 이때 인식심리가 비정상으로 작용하면 인식장애, 기억심리가 비정상으로 작용하면 감정기억장애, 표현심리가 비정상으로 작용하면 표현장애가 발생한다. 이것을 통칭하여 심리장애라고 한다.

심리장애는 긍정감정과 부정감정이 마음의 행복을 추구하는 심리의 기준에 맞지 않게 되면서 심리문제가 발생하고, 의식과 무의식이 정상적으로 처리할 수 없는 상황이 될 때 발생한다.

참고로 심리장애는 '정신장애의 진단 및 통계편람'과 같이 정신의학과 생리학의 신체연구를 통하여 심리를 진단한다. 의학, 과학, 생리학, 뇌 과학의 신체의 관점에서 심리장애를 연구한 결과이다. 뇌, 신경, 호르몬, 혈액, 신체의 작용으로 심리를 연구하는 것과 같다. 이는 보이고 측정하고 검증할 수 있는 신체를 연구하는 것이고, 보이지 않고 추정하고 검증할 수 없는 심리를 연구하는 것은 아니다. 즉 심리의 관점에서 신체의 영향을 연구하는 것이 아니라 신체의 관점에서 심리의 영향을 연구하는 것이다.

그래서 의학과 과학은 발전하고 있지만, 심리학은 의식과 무의식으로 심리를 분리한 후 발전하지 못한 채 제자리걸음이다. 의학과 과학은 신체의 기준을 갖고 있지만, 심리학은 심리의 기준이 없기 때문에 의학과 과학에 끌려갈 수밖에 없는 현실이다.

정신의학에서는 신체의 기준으로 심리를 연구한다. 뇌, 신경, 호르몬이 감정과의 연관성을 연구하고 치료방법을 개발하고 있지만, 심리학에서는 정신의학의 연구에 기초하여 의식과 무의식을 연결하여 연구한다. 즉 정신의학과 심리학 모두가 신체의 기준에서 감정을 연구하는 것이다. 결국은 모든 관점이 신체의 기준을 중심으로 하게 되면서 심리의 기준을 찾지 못하는 원인이 되었다.

심리의 문제로 신체의 문제가 발생하는 '신체화현상'은 정신의학에서 연구하고 있다. 다만 정신의학에서는 심리의 문제라고 하지 않고 정신의 문제인 뇌, 신경, 호르몬의 문제라고 한다. 즉 심리학이 아닌 정신의학의 관점이다. 그런데 신체의 문제로 인하여 심리의 문제가 발생하는 '심리화현상'은 연구하지 않는다. 이 '심리화현상'을 명명한 것은 기존의 정신의학에서는 없는 개념으로서 마음이론에서 새로운 개념으로서 명명한 것이다. 이렇게 새로운 개념을 연구한 것은 정신의학의 관점에서 보면 신체의 문제인 뇌, 신경, 호르몬 등이 문제이고 이것이 감정의 문제로 나타난 것이기 때문이다. 그러나 정신의학에서는 연구할 수 없지만 신체의 문제에 의하여 심리의 문제가 발생하는 '심리화현상'은 심리적 관점에서는 존재하고 있다. 그래서 마음이론을 체계화한 후 심리의 기준과 표준을 만들고 원리와 규칙을 만들게 되면서 '신체화현상'과 '심리화현상'을 치료할 수 있는 방법을 개발할 수 있었다.

심리문제가 신체문제로 진행하는 '신체화현상', 신체문제가 심리문제로 진행하는 '심리화현상'은 신체인 뇌, 신경, 호르몬에 의한 감정으로는 해석할 수 없고 치료할 수 없다. 그래서 현존하는 심리치료법이 없는 것이다. '신체화현상'과 '심리화현상'에서는 심리치료를 해야 하지만 단순히 뇌, 신경, 호르몬의 개념만으로는 심리치료가 불가능하다. 심리의 개념으로 치료해야만 '신체화현상'과 '심리화현상'을 치료할 수 있다. 이와 같이 신체의 치료인 의학과 마찬가지로 심리의 치료인 심리학이 존재한다.

신체의 문제는 의사가 진단하고 치료하지만, 심리의 문제는 심리전문가가 진단하고 치료해야 한다. 의사와 심리전문가는 서로가 상호 보완적인 관계로서 신체와 심리를 함께 연구해야만 인간의 행복을 위한 의료서비스를 기대할 수 있다. 의사는 신체를 치료하기 때문에 심리를 별것 아니라고 생각하고, 심리학자는 신체를 기초로 하여 의식과 무의식을 연구하다 보니 의사보다 한 단계 아래라고 생각하는 콤플렉스를 갖고 있는 것도 문제이다.

신체의 연구만으로는 인간의 마음을 알 수 없고, 심리의 기준과 표준조차 없는 심리로는 인간의 마음을 알 수 없다. 반드시 심리에서는 심리의 기준과 표준을 정립해야 한다. 이것이 마음이론이다. 마음이론에 의하여 심리의 기준과 표준을 설정하고 검증했기 때문에 심리를 연구하기 위해서는 반드시 심리의 기준과 표준인 마음을 알아야 한다.

심리장애는 심인성[39]과 기질성[40]의 두 가지의 원인으로 볼 수 있다. 심리적 관점에서의 심리장애는 기질성이 아닌 심인성이 원인일 경우에 심리전문가 또는 정신전문가의 진단과 치료방법이 필요하다. 그러나 기질성은 신체의 질환이 원인이기 때문에 의학전문가의 진단과 치료방법이 필요하다. 또한 기질성의 신체문제에 의하여 신체의 질환이 되는 경우도 있지만, 심인성의 심리장애로 인하여 신체의 질환으로 확대되는 경우도 있기 때문에

---

39 심인성(心因性)은 어떤 병이나 증세가 정신적 심리적 원인으로 생기는 특성을 말한다.
40 기질성(器質性)은 어떤 병의 증상이나 질환이 신체의 장기나 조직의 형태적 이상으로 생긴 상태를 말한다.

심인성 심리장애도 연구를 해야 한다.

심리장애는 스트레스와 상처로 인하여 발생하기 때문에 이 스트레스와 상처에 대하여 의식과 무의식의 작용을 분석하고 치료하는 방법을 찾게 되면, 심인성 심리장애는 치료할 수 있다. 이때 남자와 여자는 트라우마가 다르기 때문에 방어기제와 감정에 대한 기억도 다르다. 그러므로 남자와 여자에게 트라우마를 적용하는 방법도 달라져야 한다.

첫 번째, 인식장애는 인식심리의 문제이다. 인식장애는 노이로제 또는 공황장애라고도 말한다. 인식장애는 인식심리의 문제로 발생하는데, 행복을 추구하는 심리의 기준에 맞지 않는 인식이 지속되면서 무의식에서 처리하지 못하는 상황이 발생하게 되면서 인식심리가 왜곡되는 현상이다. 이는 스트레스가 지속적으로 유입되면서 무의식에서 스트레스를 제거하지 못할 때 발생한다. 그러면 인식되는 모든 정보를 스트레스로 처리하게 되면서 의식에서는 고통을 느끼게 된다.

이 인식장애는 주로 남자에게 많이 발생한다. 대표적인 증상을 보면 공황장애, 공포장애, 불안장애, 강박장애, 인식장애의 우울증 등이 있다. 특히 인식장애의 우울증은 남자에게 우울증의 증상으로 나타나기 때문에 여자와 같은 우울증으로 생각하기 쉽다. 인식장애는 일상생활에 많은 영향을 주기 때문에 어려움이 매우 크지만, 다른 사람에게는 영향을 주지 않고 자신만 고통을 느낀다.

두 번째, 감정기억장애는 기억심리의 문제이다. 감정기억장애는 기억장애, 우울장애, 우울증이라고도 말한다. 감정기억장애는 감정을 기억하는 심리에 장애가 발생하는 것이다. 행복을 추구하는 심리의 기준에 맞지 않는 부정감정을 기억하고, 기억된 부정감정을 무의식에서 치료하도록 기억심리가 작용할 때, 무의식에서 부정감정을 치료할 수 없게 되면 기억심리를 왜곡시키게 된다. 그러면 기억된 상처를 치료할 수 없게 되므로 인식심리와 표현심리에서 감정을 처리하지 못하게 되어 의식으로는 일정한 상처의 감정만 느끼도록 한다.

감정기억장애는 주로 여자에게 많이 발생한다. 대표적인 증상을 보면, 우울증, 우울증의 공황장애, 우울증의 공포장애, 우울증의 불안장애, 우울증의 강박장애 등이 있다. 특히 우울증의 공황장애, 공포장애, 불안장애, 강박장애 등은 여자에게 주로 나타나는데 남자와 같은 인식장애로 생각하기 쉽다. 감정기억장애는 일상생활에 영향을 많이 주지 않기 때문에 자신의 감정에만 문제가 발생하고, 다른 사람에게는 영향을 주지 않는다.

세 번째, 표현장애는 표현심리의 문제이다. 표현장애는 행복을 추구하는 심리의 기준에 맞지 않은 부정감정을 표현할 때 왜곡되도록 표현하는 것을 말한다. 또는 표현장애는 표현이 매우 많아서 특정한 대상에게만 표현하도록 강박이 작용하면서 나타나기도 한다.

이 표현장애를 흔히 중독장애 또는 중독증이라고 한다. 따라서 표현장애가 발생하면 특정한 대상에 강박적으로 몰입하거나, 원래의 표현과는 다르게 표현하게 된다. 이 표현장애는 남자와 여자에게 발생한다. 표현장애는 재미와 즐거움에 강박적으로 몰입하기 때문에 자신은 편안하고 즐겁고 재미있어서 강한 긍정감정을 유발하여 열정과 사랑이 강한 것처럼 보지만, 다른 사람에게 피해를 입힌다.

표현장애의 대표적인 증상을 보면 성격장애, 인격장애, 양극성장애, 히스테리, 중독증(섹스중독, 알코올중독, 도박중독, 게임중독, 쇼핑중독, 기타 중독증) 등이 있다. 표현장애는 자신에게 문제가 발생한 것을 의식으로 자각하지 못하고, 특정한 대상에 몰입되는 것을 제외하고 모든 일상생활은 정상적인 심리가 작용한다. 그래서 이 표현장애는 문제와 연관되는 사람들에게 피해를 입히지만, 자신의 잘못이 아니고 피해를 입은 사람의 잘못 또는 다른 잘못으로 자기를 합리화한다.

네 번째, 정신병증은 인식장애, 감정기억장애, 표현장애 중 2가지 이상의 심리장애가 동시에 발생하는 것으로 행복을 추구하는 심리의 기준에 모두 맞지 않기 때문에 의식과 무의식이 비정상적으로 작용하게 된다. 즉 마음에 문제가 발생하는 것이다.

정신병증은 대부분 남자는 인식장애와 표현장애가 동시에 발생할 때 나타나고, 여자는 감정기억장애와 표현장애가 동시에 발생할 때 나타난다. 대표적인 증상을 보면 과대망상증, 조현병(정신분열증)이며, 자신의 문제를 인식하지 못할 뿐만 아니라, 상대의 잘못이라는 것조차 생각하지 않기 때문에 일상생활이 불가능하다. 그래서 이 정신병증은 모든 사람에게 피해를 입히고, 자신에게도 피해를 주게 되지만, 이를 전혀 인식하지 못한다.

이와 같이 정신병증은 행복을 추구하는 심리의 기준에 전혀 맞지 않는 의식과 무의식이 비정상적으로 작용하면서 발생한다. 그래서 인식장애, 감정기억장애, 표현장애 등의 상관관계를 통하여 정신병증을 정확히 분석하고, 의식과 무의식의 작용을 정상적으로 작용할 수 있도록 한 후, 하나의 심리장애로만 작용하도록 해야 한다. 또한 하나의 심리장애를 치료한다면 정신병증을 치료할 수 있을 것이다.

남자의 심리장애

　남자는 스트레스를 인식할 때, 표현할 때 의식과 무의식의 작용에서 문제가 발생하는 경우 인식을 왜곡시키거나 표현을 왜곡시키게 되는데, 이때 심리장애가 발생한다. 남자의 심인성 심리장애는 스트레스의 부정기분을 무의식이 제거하지 못한 채 의식하기 때문에 발생한다. 심리가 건강한 남자는 긍정기분은 잘 기억하지만, 스트레스의 부정기분은 무의식에서 차단, 중단, 회피를 통하여 제거하기 때문에 스트레스의 부정기분을 기억하지 못한다. 이때 부정기분을 제거할 때 부정기분을 표현하고 난 후 의식으로는 부정기분을 일부분 자각한다. 그러나 부정기분을 제거하지 못하게 되면 의식으로 모두 자각하고 기억하게 되면서 심리장애가 발생한다.

　그래서 남자는 미래의 행복을 추구하는 심리의 기준에 의하여 스트레스의 부정기분에 대한 거부방어기제를 갖는 것이다. 남자는 스트레스의 부정기분을 인식하면 힘들고 고통스럽기 때문에 이를 벗어나려는 거부방어기제의 1단계가 나타나고, 스트레스의 부정기분을 제거하려는 2단계가 나타난다. 또한, 외부에서 유입한 긍정기분은 그대로 기억하도록 한다.

　스트레스의 부정기분에 대한 거부방어기제는 남자의 감정기억과 관련이 있는데, 남자는 미래의 행복에 기준을 맞추려고 긍정기분을 잘 기억하기 때문에 스트레스의 부정기분에 대한 기억을 거부하고, 평상시의 감정을 긍정기분으로 유지하려고 하는 마음이 작용한다.

　그래서 스트레스의 부정기분에 대한 거부방어기제는 남자의 마음에 의하여 무의식인 습이 작용하면서 말과 행동과 생각으로 표현되기 때문에 남자의 마음과 직접적으로 연관되고, 의식에 의하여 스트레스의 부정기분을 감지하기 때문에 의식과는 간접적인 연관이 있다. 그래서 의식적으로 마음의 거부방어기제를 변화하려고 해도 변화되지 않는다. 다만, 무의식인 습관은 의식의 작용이 반복되면서 일정한 패턴을 갖고 무의식화된 것이기 때문에 남자는 습관을 변화함으로써 심리의 기준을 표현할 때 말과 행동으로 외부표현이 되고, 생각으로 의식을 변화시킬 수 있게 된다. 이때 마음의 거부방어기제가 무의식인 습관을 통하여 표현될 때, 말과 행동과 생각이 변화하면서 미래의 행복을 추구하는 심리의 기준에 맞도록 의식과 무의식을 작용시킬 수 있게 된다. 따라서 무의식인 습관을 어떻게 변화하느냐에 따라서 스트레스의 부정기분에 대한 감지와 거부방어기제의 표현을 조절할 수 있다.

남자가 부정기분을 기억하면, 긍정기분을 기억하지 못하기 때문에 열정과 성취욕이 줄어들면서 심리장애가 발생한다. 남자는 거부방어기제 대신 부정감정에 대한 치료기능이 없는 수용방어기제가 작용하기 때문이다.

남자는 스트레스의 부정기분에 대하여 거부방어기제에 의하여 1단계 회피와 2단계 제거의 순서로 스트레스의 부정기분을 제거함으로써 스트레스의 부정기분을 원천적으로 기억하지 못하도록 차단한다. 그러나 스트레스의 부정기분을 거부방어기제의 1단계 회피 또는 2단계 제거로 차단하지 못하고, 스트레스의 부정기분에 대한 거부방어기제가 작용하지 못하면, 스트레스의 부정기분이 기억되는데, 이 스트레스의 부정기분이 상처의 부정감정으로 전환되어 상처의 부정감정을 기억한다. 이렇게 상처의 부정감정이 기억되면, 스트레스의 부정기분에 대한 거부방어기제 대신에 수용방어기제가 대체하는 현상이 발생하는데, 여자와 똑같은 상처에 대한 수용방어기제가 아니라 변형되어 나타나는 것이 문제가 된다. 이때 인식장애가 발생한다.

정상적인 여자의 수용방어기제는 상처의 부정감정에 대하여 위로하면 부정감정을 치료한 후 상처의 감정을 무감정으로 기억하게 되어 더 이상은 감정문제가 발생하지 않는다. 그러나 남자에게 발생하는 부정기분에 대한 수용방어기제는 상처의 부정감정에 대해서 위로가 되었든 되지 않았든 관계없이 치료의 기능이 없기 때문에 상처의 부정감정을 기억하고, 이 상처의 부정감정은 다시 2차 스트레스[41]로 작용한다. 이로 인하여 인식되는 모든 정보를 부정기분으로 받아들이면서 인식장애가 발생하는 것이다.

따라서 기억된 상처의 부정감정은 다시 스트레스의 부정기분으로 작용하고, 이 스트레스의 부정기분은 상처의 부정감정으로 전환되는 반복적인 현상이 발생한다. 결국 스트레스의 부정기분에 대한 거부방어기제가 수용방어기제로 대체되면, 스트레스의 부정기분이 상처의 부정감정으로 기억되면서 인식장애가 발생한다. 이는 기억된 부정감정의 크기에 따라서 무의식인 습관에 영향을 주면 표현장애로 발전하게 되고, 의식에 영향을 주면 인식장애가 더욱 심해지게 된다. 이 과정에서 신체적으로 특정한 질병이 없음에도 불구하고 질병과 같은 증상이 나타나는 신체화현상이 나타나기도 한다.

남자가 스트레스의 부정기분이 부정감정으로 기억되면, 긍정기분에 대한 기억이 없어지게 되면서 평상시의 긍정기분을 유지하지 못한다. 또한 남자에게 작용하는 수용방어기제는 부정감정을 정상적으로 치료하지 못한다. 그렇기 때문에 여자의 수용방어기제와 같이 부정감정에 대한 위로와

---

[41] 1차적인 스트레스의 부정감정을 자기 자신이 제거하지 못한 채 부정감정을 기억하고 있다가 기억된 부정감정에 의하여 발생하는 자신의 스트레스이다.

치료를 하지 못하기 때문에 한 번 기억된 부정감정은 다시 2차 스트레스의 부정기분으로 작용하고, 2차 스트레스의 부정기분이 쉽게 부정감정으로 전환되어 기억되는 반복과 순환이 지속된다. 그래서 시간이 지날수록 심리장애는 점점 더 심각해진다.

또한, 외부에서 발생한 긍정기분은 잘 기억하는 수용방어기제가 작용되어야 하지만, 긍정기분에 대한 거부방어기제의 작용으로 인하여 긍정기분을 거부하게 되어 긍정기분을 기억하지 않는다. 따라서 긍정기분을 기억하지 못하고, 부정기분의 수용방어기제는 부정기분을 치료하는 기능이 없기 때문에 부정기분을 부정감정으로 기억하면서 부정감정을 점점 확대한다.

남자의 심리장애는 변형된 방어기제의 작용, 의식에서 발생하는 스트레스의 부정기분에 대한 감지, 원래 거부방어기제를 수용방어기제로 바꾼 스트레스의 원인, 상처의 부정감정으로 전환된 근본 스트레스, 기억된 부정감정으로 발생하는 2차 스트레스 등을 통하여 남자의 심리장애를 치료하기 위한 분석을 해야 한다.

이렇게 남자의 심리장애에 대해서는 심리장애의 경과와 원인을 분석하고 난 후, 치료방법을 연구해야 한다. 남자의 심리장애를 치료하는 방법으로는 1)긍정기분을 지속적으로 회복하는 방법, 2)기억된 부정감정을 제거하는 방법, 3)기억된 부정감정으로 인한 2차 스트레스의 부정기분이 발생하지 않도록 하는 방법, 4)스트레스의 부정기분에 대한 거부방어기제(1단계와 2단계)를 회복하는 방법 등 4가지를 사용할 수 있다. 이 네 가지의 방법을 적용할 때의 우선순위는 개인별 심리장애의 과정에 대한 분석과 의식과 무의식의 작용을 분석한 후 적용해야 한다.

여자의 심리장애

여자는 긍정감정을 기억하게 되어 의식과 무의식에 문제가 생기는 경우, 부정감정을 기억할 때 의식과 무의식의 문제가 생기는 경우 등에서 심리장애가 발생한다. 여자의 심리장애는 상처의 부정감정이 치료되지 못한 채 상처의 부정감정이 지속적으로 누적되면서 상처의 부정감정을 더 이상 기억하지 못하도록 하면서 발생한다. 심리가 건강한 여자는 상처의 부정감정을 기억하여 위로를 받아 치료하든, 치료하지 못하든 상관없이 부정감정을 기억을 하고, 즐거움의 긍정감정은 기억하지 못한다.

여자는 현재의 행복을 추구하는 심리의 기준에 의하여 즐거움의 긍정감정을 기억하고 상처의 부정감정을 기억하지 못하면 심리장애가 발생하기 때문에 수용방어기제에 의하여 부정감정을 처리한다. 그래서 여자는 상처를 받게 되면 상처의 부정감정에 대하여 위로 후 치료하여 상처의 부정감정을 무감정으로 기억하는 수용방어기제가 작용한다. 수용방어기제는 여자의 의식에 의하여 발생된 부정감정을 무의식인 습관에 의하여 치료하도록 한다. 그래서 여자는 상처의 부정감정을 기억하고, 상처의 부정감정에 대하여 위로받고 치료하도록 무의식이 작용하기 때문에 무의식인 습관에 의하여 말과 행동과 생각을 하게 된다. 따라서 무의식인 습관을 어떻게 변화하느냐에 따라서 현재의 행복에 맞도록 상처의 부정감정에 대한 기억을 조절할 수 있게 된다.

여자가 긍정감정을 기억하게 되면, 부정감정을 기억하지 못하기 때문에 사랑의 감정 대신 열정의 기분이 강화되면서 심리장애가 발생한다. 수용방어기제 대신 부정감정에 대한 제거의 기능이 없는 거부방어기제가 작용하기 때문이다.

여자가 상처의 부정감정을 치료하지 못한 채, 부정감정이 누적되어 기억하게 되면, 상처에 대한 수용방어기제가 더 이상 작용하지 못하면서 상처의 부정감정을 더 이상 기억하지 못하는 상황에 이르게 된다. 그렇게 되면 부정감정에 대한 수용방어기제를 거부방어기제로 대체하게 되는데, 이 거부방어기제는 부정감정을 제거하는 기능이 없다.

부정감정을 제거하는 기능이 없는 거부방어기제는 상처의 부정감정을 부정기분으로 전환하여 1단계 회피와 2단계 제거기능이 없는 상태로 부정기분을 처리하고, 부정기분을 기억하지 못하도록 하는데, 기존에 기억된 상처의 부정감정이 제거되지 못한 채 지속적으로 부정기분으로만 전환하여 처리한다. 이로 인하여 다시 상처의 부정감정으로 전환하는 부정감정의 순환체계가 형성된다. 즉 상처의 부정감정이 지속되는 것이다. 이를 멈추기 위하여 즐거움의 긍정기분을 지속적으로 유입하는 현상이 나타나는데, 이때 여자는 심리장애가 발생한다. 그래서 심리장애가 발생한 여자의 경우에는 작은 스트레스의 부정기분에도 고통을 겪게 되고, 이를 제거하기 위하여 강력한 즐거움의 긍정기분을 요구하게 된다. 결국은 상처의 부정감정은 치료되지 않은 채 즐거움의 긍정기분만 요구하게 되는 것이다.

이렇게 변형된 거부방어기제가 형성되어 상처의 부정감정을 제거하지 못하고 부정기분으로 작용하는 순환체계가 형성되면 심리장애가 발생한다. 상처의 해리현상과 기억된 즐거움의 긍정감정의 크기에 따라서 심리장애의 정도가 달라진다. 이 과정에서 앞서 설명한 심리장애의 신체화현상이 발생하기도 한다.

상처를 위로하여 치료하는 여자의 수용방어기제가 변형된 거부방어기제로 대체되어 작용하면서 상처를 스트레스로 인식을 하여 1단계의 회피(2단계의 제거의 기능상실)를 걸쳐서 스트레스의 부정기분을 기억하지 않으려고 한다. 그러나 이미 기억된 많은 상처의 부정감정이 스트레스의 부정기분으로 작용하면서 새롭게 형성된 거부방어기제(변형된 거부방어기제)의 작용으로 스트레스를 다시 상처로 전환하고 상처가 다시 스트레스로 작용하는 순환구조가 형성된다. 심리장애가 더욱 악화되는 것이다.

상처의 부정감정을 의식하지 못하게 되면 상처의 부정감정을 치료할 수 없게 된다. 스트레스의 부정기분을 제거할 수 있는 거부방어기제도 없기 때문이다. 그래서 스트레스의 부정기분에 대한 거부방어기제의 1단계의 회피(2단계의 제거의 기능상실)를 통하여 상처의 부정감정이 제거되지 않기 때문에 스트레스의 부정기분은 다시 상처의 부정감정으로 전환하여 상처의 부정감정을 다시 기억하지만, 즐거움의 긍정기분을 지속적으로 요구하면서 상처의 부정감정에 대한 기억을 거부함으로써 시간이 지날수록 심리장애가 더욱 심각해진다.

여자의 심리장애는 변형된 거부방어기제의 작용, 의식에서 발생하는 상처에 대한 기억의 작용, 수용방어기제를 거부방어기제로 변경하도록 만든 누적된 상처의 원인, 스트레스의 부정기분으로 전환된 근본적인 상처, 기억되어 있는 상처의 부정감정 등을 통하여 여자의 심리장애를 치료하기 위한 분석을 해야 한다. 이렇게 심리장애의 과정과 원인을 분석하고 난 후 치료의 방법을 연구해야 한다.

여자의 심리장애를 치료하는 방법으로는 1)상처의 부정감정을 기억하여 위로하고 치료하는 방법, 2)스트레스의 부정기분을 정상적으로 제거하는 방법, 3)제거된 스트레스로 인하여 다시 상처의 부정감정으로 발생하지 않도록 하는 방법, 4)상처에 대한 수용방어기제를 회복하는 방법 등 4가지를 사용할 수 있다. 치료방법을 적용할 때의 우선순위는 개인별 심리장애의 진행과정에 대한 분석과 의식과 무의식의 작용을 분석한 후 적용해야 한다.

심리장애의 약물치료

심리장애를 치료할 때, 이미 심리장애가 진행되어 심각한 증상이 나타나는 경우가 있다. 이럴 때는 심리장애를 신체적으로 통제할 수 있도록 약물치료를 병행하면 효과적이다. 심리장애가 크고 깊을수록 이를 방어하기 위한 방어기제도 더욱 강화되기 때문에 치료가 어려워지고, 시간과 노력이 많이 소요되며, 심리적 고통이 가중된다. 그래서 행복을 추구하는 심리의 기준에 어긋나게 되어 의식과 무의식이 작용하면서 방어기제가 더욱 강하게 작용하게 되지만, 의식과 무의식에 문제가 발생하였기 때문에 이를 통제할 수 있는 방법이 없다.

그래서 몸과 마음이 연결되어 있기 때문에 신체적으로 통제할 수 있는 방법으로 의식과 무의식을 통제하는 것이 필요하다. 이를 위하여 약물치료를 하는 것이 효율적이다. 이렇게 심리장애를 방어하려는 의식과 무의식이 약물치료에 의하여 통제 또는 약화되었을 때, 의식과 무의식의 작용을 정상적으로 회복하면 심리장애를 치료할 수 있다.

만일 심리장애를 방어하려는 방어기제에 대하여 항상 인지하고 의지로 통제할 수 있다면, 방어기제를 강제적으로 통제하는 약물치료는 하지 않는 것이 좋다. 왜냐하면 약물치료에 의하여 의식과 무의식을 통제하게 될 때,

방어기제도 함께 통제되면서 행복을 추구하는 심리의 기준이 동시에 약화되는 현상이 발생하고, 약물치료에 의존될 수 있기 때문이다. 따라서 약물치료를 병행할 때는 심리장애에 대한 의식과 무의식의 저항력이 줄어들수록 약물치료에 의한 통제도 점차 줄여야 한다. 이 과정을 통하여 약물치료 없이 의지만으로도 심리장애에 대한 방어기제를 활성화하고, 의식과 무의식의 거부를 극복할 수 있도록 하여 의식과 무의식을 변화할 수 있도록 해야 한다. 이는 심리장애에 대한 치료를 빠르고 효과적으로 할 수 있게 된다.

심리장애의 원인

남자는 스트레스로 인하여 심리장애가 발생한다. 무의식은 스트레스를 벗어나도록 하여 제거한 후 긍정기분에 몰입하고, 스트레스의 기분을 기억하지 못하도록 한다.

남자의 심리장애는 스트레스를 벗어날 때 또는 스트레스를 벗어나서 긍정기분에 몰입할 때 발생한다. 그래서 스트레스를 벗어날 때는 타인에게 피해를 입히는 경우가 많다. 스트레스를 벗어나서 제거하려고 할 때 무의식에 의하여 주먹을 휘두르다 타인이 피해를 입으면 범죄가 된다. 그런데 심리장애는 긍정기분에 몰입할 때 많이 발생한다. 처음에는 긍정기분이 스트레스를 해소할 목적이었으나, 이 해소가 반복되면서 습관이 될 수 있다. 그래서 스트레스의 부정기분을 제거하기 위하여 긍정기분에 몰입할 때, 일에 몰입하기도 하고, 술을 마시는 것에 몰입하기도 하며, 게임에 몰입하기도 한다. 이렇게 다양한 방법으로 스트레스를 해소한다.

처음에는 스트레스를 해소할 목적으로 했다가 나중에는 습관적으로 하게 된다. 이때 습관을 넘어서 해소의 대상으로 인하여 스트레스를 받게 되고, 강박적으로 스트레스를 해소하기 위하여 대상에 몰입하는 것을 표현장애인 중독증이라고 한다. 그래서 강박의 대상을 실천하지 못하면 스트레스의 불안감으로 고통을 받는다. 이제는 스트레스를 제거하는 것이 아니라 대상이 곧 스트레스이고, 제거할 때 몰입하는 대상이 되는 것이다. 이때 스트레스에 의하여 강박이 형성이 되면 불안감이 만들어지고, 이 불안감을 해소하기 위하여 다른 어떠한 것보다 우선적으로 대상에 몰입하게 된다. 그래서 일에 중독되면 일중독, 술에 중독되면 알코올중독, 사람에 중독되면 관계중독, 게임에 중독되면 게임중독, 운동에 중독되면 운동중독 등과 같이 중독으로 빠져들어 가는 것은 자신도 인식하지 못한다.

원래는 스트레스를 해소하고, 습관적으로 스트레스를 해소하기 위해서 했던 대상이다. 그런데 이 대상으로 인하여 스트레스를 받고, 이것을 하지 않게 되면 불안감으로 인한 강박이 형성되어 강력한 스트레스가 발생하는 것이다. 이것이 남자의 심리장애인 중독증이다. 그래서 남자의 심리장애는 스트레스가 원인이다.

여자의 경우, 상처를 수용하고 이해를 하고 위로를 받아서 치료하고 기억을 잘한다. 여자들에게 범죄는 이해하는 과정에서 잘 발생한다. 그런 후 위로를 받는다. 이 위로는 상처에 대한 치료를 위한 목적이었다. 상처가 작용하면 위로를 받게 되는데, 이 과정이 반복되면서 상처만 작용하면 습관적으로 한다. 그러다가 위로의 대상으로 인하여 상처가 작용하고, 상처에 대한 위로를 받고자 대상에 몰입하게 된다. 이것이 여자의 심리장애인 중독증이다.

일중독의 경우 일을 못하면 강력한 상처가 생긴다. 그래서 강박은 강력한 불안감을 동반한다. 불안감에 의해 강력한 스트레스가 작용하고, 무의식이 기억에 있던 상처들을 작용한다. 그래서 자신이 매우 힘들어지기 때문에 이해보다는 무조건 대상에게서 위로를 받고자 한다.

여자들은 상처의 감정이 작용하고, 남자들은 스트레스의 기분이 작용한다. 그래서 여자는 상처의 감정이 작용하기 때문에 다른 중독으로 쉽게 전환되지 않지만, 남자는 스트레스의 기분이 작용하기 때문에 다른 중독으로 쉽게 전환된다. 이로 인하여 여자는 중독증이 발생하면 마음전체를 바꾸는 것과 같아서 한 번 중독증이 발생하면 치료가 매우 어렵다. 그래서 중독증은 여자에게 매우 치명적인 심리장애이다.

심리장애의 인과관계

심리장애를 분석하기 위해서는 스트레스와 상처의 원인과 결과를 분석할 수 있어야 한다. 심리는 각 개인별로 원가정, 성장과정, 살아온 세월 동안 발생한 다양한 사건과 문제, 상황과 환경 등에 의하여 형성된 현재의 심리이다. 과거의 경험에 의하여 현재의 심리가 형성된 것이다. 이렇게 형성된 심리는 특별한 문제를 야기하지 않는다. 그러나 표현되는 말과 행동과 표정은 자신의 표현심리로서 심리의 결과로 나타나는 것이고 이를 성격이라고 한다. 이때 표현된 말과 행동과 표정이 자신 또는 다른 사람에게 피해를 입히기 시작하면 이를 심리문제라고 하고, 심리문제가 회복되지 못한 채 일정기간을 지속하면 심리장애라고 한다.

우리가 지금까지 알고 있었던 심리치료를 살펴보면 문제가 있음을 알 수 있다. 기존의 방법에 의한 심리문제의 해결 또는 심리장애의 치료를 보면 현재 나타난 심리장애의 원인을 원가정, 성장과정, 사건과 문제, 상황과 환경 등 다양한 요인에서 찾으려고 하고, 이를 분석함으로써 현재 나타난 심리장애를 분석한다. 즉 현재 나타난 문제의 원인을 과거의 경험에서 찾는 것이다. 그래서 과거의 사건들을 하나씩 치료하면 문제가 해결될 것이라는 것이 기존의 심리이론이고 심리치료이다.

그러나 현재의 심리장애는 현재의 심리에서 나타나는 현상이고, 현재의 심리는 과거의 다양한 경험이 원인이 되어 형성된 것임을 알 수 있다. 현재의 심리를 분석하기보다는 나타난 현상의 원인을 과거의 경험에서 찾기 때문에 심리장애를 치료하는 방법을 개발할 수 없었다. 기존의 심리이론과 치료방법으로 심리치료를 하더라도 현재의 심리장애는 치료가 될지는 모르지만 또 다른 심리장애가 발생하게 된다. 이는 현재의 심리장애가 치료되면서 또 다른 심리장애가 발생하는 '풍선효과'에 불과하다. 그러나 현재의 심리장애가 없어졌으니 심리치료를 한 것이라고 진단한다. 또 다른 심리장애가 발생하는 것은 중요하게 인식하지 않고, 그에 맞는 심리치료를 하면 된다고 한다.

결국 인간의 마음과 심리가 작용하는 원리를 정확히 알면 현재의 심리장애를 유발한 과거의 원인을 분석할 필요가 없다. 현재의 심리장애는 표현심리에 의하여 나타나는 현상이기 때문에 현재의 심리를 정확히 안다는 것은 이미 심리장애의 원인을 분석했고, 어떤 심리를 조절하고 변화하면 현재의 심리장애를 없앨 수 있는지 알게 되면서 심리치료를 할 수 있다.

새롭게 개발된 마음이론에 의한 심리치료기법을 적용할 때는, 심리검사와 성격검사를 하지 않고 원가정과 성장과정 및 경험에 대한 다양한 분석을 하지 않는다. 현재의 심리만 알면 된다. 마음이론을 알면 인간의 마음과 심리가 작용하는 원리를 정확히 알 수 있다. 그렇게 현재의 심리를 알면 심리장애를 분석하고 치료할 수 있다. 즉 심리를 알고 이해하면 무의식의 습관이 변화하고, 심리가 변화하게 되어 심리치료가 된다. 무의식의 습관이 변화되면서 치료되기 때문에 자신의 심리가 치료되었음에도 무의식으로는 자각하지 못한다. 다만 현재의 심리장애가 없어지고 행복을 느끼게 된다.

그래서 인간의 마음과 심리가 작용하는 원리를 정확히 아는 것이 중요하다. 심리를 알고 이해하면, 다양한 스트레스와 상처가 무의식인 습관에 의하여 저절로 치료되기 때문이다. 인간의 마음과 심리가 작용하는 원리가 마음이론이기 때문에 마음이론을 정확히 아는 것은 인간의 심리를 모두 해석할 수 있는 기본이다. 그래서 개발된 마음이론은 매우 획기적이면서, 새로운 개념의 심리이론이고, 차세대 심리이론이라고 할 수 있다. 프로이트가 '무의식'을 발견한 후, 마음이론의 발견은 인류 역사에 남을 만한 중요한 사건이 될 것이다. 다만 아직은 개발된 마음이론이 사람들에게 알려지지 않았기 때문에 생소하게 느껴질 뿐이다.

현재의 심리장애는 과거의 사건이 아니라 현재의 심리에 장애가 발생한 것이다. 현재의 심리는 살아온 기억에 의하여 만들어지고 습관이 형성된다. 그래서 기억과 습관의 종합에 의하여 인식심리, 기억심리, 표현심리가 형성이 된다. 과거의 특정한 사건, 상황, 환경 등에 의해 복합적으로 작용하면서 심리가 형성된다. 결국 현재의 심리장애는 인식심리, 기억심리, 표현심리 등에 장애가 발생한 것뿐이다. 그래서 심리장애는 특정한 과거가 원인이 아니라 모든 과거의 경험이 종합돼서 형성된 심리에 의해 나타나는 장애이다.

심리는 과거의 사건과 경험이 종합되어 습관이 형성되고, 현재는 만들어진 인식심리, 기억심리, 표현심리가 습관에 의하여 작용한다. 의식으로 자각하는 기억과 생각의 문제가 아니다. 과거로부터 지속적으로 스트레스와 상처가 작용하면서 의식과 무의식에 의하여 현재의 인식심리, 기억심리, 표현심리 중에 하나가 장애가 발생한 것이다.

여자는 살아오면서 많은 상처의 부정감정을 기억하고 살아가는데, 평소에는 상처를 기억할 때 하나만 작용하지만 '외상 후 스트레스'와 같은 심리장애가 발생하면 상처의 부정감정이 한꺼번에 의식으로 자각되면서 강력한 고통을 느끼게 되는 것이다. 이는 기억심리의 왜곡현상으로서 감정기억 장애가 발생한 것이다. 그래서 이 기억심리를 원래 정상적으로 작용하도록 만들어주면 된다. 이를 위하여 마음과 심리가 작용하는 원리를 알아야 이해가 되고, 치료될 수 있다. 이것이 마음교육이면서 상처치료교육이 되는 것이다.

그래서 현재 인식심리, 기억심리, 표현심리 중 하나의 심리가 왜곡된 것일 뿐 의식과 무의식에 문제가 발생한 것이 아니다. 의식과 무의식이 정상적으로 작용하도록 인식심리, 기억심리, 표현심리 중 하나의 심리를 장애로 만든 것이다. 이것이 심리장애이다. 마음이 스스로를 보호하기 위하여 심리장애를 유발하는 것이다. 따라서 과거의 원가정, 성장과정, 특정한 사건사고 등에 의하여 심리장애의 원인을 찾는 것은 '모래사장에서 바늘을 찾는 것'과 같고, 심리장애를 치료할 수 없는 원인이 된다.

1
인식장애와 감정기억장애

　인식장애인 노이로제(Neurosis)는 남자의 스트레스로 인하여 발생하는 심리장애의 하나이고, 감정기억장애인 우울증(Depression)은 여자의 상처에서 발생하는 심리장애의 하나이다. 기존의 정신의학에서는 남자와 여자를 구별하지 않고, 습관으로 나타나는 증상에 따라서 노이로제와 우울증을 구분하였다. 그러나 노이로제는 남자가 스트레스의 부정기분을 과다하게 인식하면서 인식장애로 인하여 발생하는 것이기 때문에 남자에게 적용해야 하고, 우울증은 여자가 상처의 부정감정을 과다하게 기억하면서 감정기억장애로 인하여 발생하는 것이기 때문에 여자에게 적용해야 한다.
　또한 인식장애인 노이로제가 여자에게 발생하면 매우 심각한 심리장애(우울성의 노이로제)이고, 감정기억장애인 우울증이 남자에게 발생하면 매우 심각한 심리장애(노이로제성 우울증)이기 때문에 심각한 심리장애로 인식하고 빠른 시간에 치료를 하지 않으면 자살과 같은 극단적인 상황이 발생할 가능성이 매우 높아진다.
　남자의 스트레스는 긍정적 스트레스와 부정적 스트레스로 구분할 수 있는데, 남자는 스트레스를 견디는 힘이 매우 부족하기 때문에 스트레스를 벗어나서 해결하려는 거부방어기제가 작용하고, 무의식인 습관에 의한 말과 행동과 생각으로 표현된다. 이때 스트레스를 해결하면 스트레스의 부정기분을 기억하지 않기 때문에 긍정적인 스트레스로 작용하게 되어 일상의 편안함을 갖게 된다. 그러나 스트레스의 부정기분을 해결하지 못한 채 스트레스의 부정기분이 지속되면, 부정적인 스트레스로 작용하게 되어 불안과 강박이 형성된다. 이렇게 부정적인 스트레스로 작용하여 스트레스의 부정기분이 기억되면 인식장애로 확대된다. 이와 같이 인식장애는 남자가 스트레스의 부정기분을 해결하지 못하고 지속되면서 부정기분을 기억하게 되는 경우에 발생한다.

여자의 상처는 긍정적인 상처와 부정적인 상처로 구분할 수 있는데, 여자는 상처의 부정감정을 기억하기 때문에 이를 해결하려는 수용방어기제가 작용하고, 무의식인 습관에 의하여 말과 행동과 생각으로 표현한다. 상처의 부정감정에 대하여 치료를 하면, 무감정으로 전환한다. 이 과정에서 긍정적인 상처로 작용하여 편안함과 행복함을 느끼면서 사랑의 감정이 생성된다. 그러나 상처의 부정감정을 치료하지 못하면 기억된 상처의 부정감정으로 인하여 감정기억장애가 발생한다. 이렇게 여자가 상처의 부정감정을 치료하지 못한 채 아픔과 슬픔의 감정기억을 지속하게 되는데, 이러한 경우에 나타나는 증상이 우울증이다.

남자는 부정기분을 거부하기 때문에 상처의 부정감정을 기억하지 않지만, 의견과 관념을 중요한 기준으로 인식하고, 스트레스에 매우 민감하게 작용하기 때문에 감정기억장애가 발생하지 않는다. 남자가 스트레스의 부정기분을 갖게 되면, 부정기분을 치료하는 기능이 없기 때문에 즉시 스트레스에서 벗어나고자 하는 강박을 갖게 되어 편안해지도록 하는 거부방어기제가 작용한다.

또한 여자는 부정감정을 수용하기 때문에 스트레스를 받아들여 부정감정으로 기억하지만, 많은 상처의 부정감정을 기억하게 되면 감정기억장애가 발생한다. 여자는 상처의 부정감정을 많이 기억하고, 상처의 부정감정을 무의식이 치료할 수 없는 상황이 되면 감정기억장애가 발생하면서 더 이상 상처의 부정감정을 기억하지 못하도록 한다. 결국 스트레스는 남자에게 나타나는 현상이고, 상처는 여자에게 나타나는 현상이다.
　남자는 여자와 같은 마음이 없기 때문에 상처를 받지 않는다. 따라서 남자가 상처를 받았다는 말은 스트레스를 받았다는 말로 바꾸어야 한다. 남자의 상처라고 할 수 있는 스트레스에 대하여 남자는 스트레스를 치료하는 능력을 갖고 있지 않아서 더욱 견디기 힘들어진다. 이 스트레스의 정도에 따라서 남자는 평상시와는 전혀 다른 행동과 생각을 하게 되는데, 이는 무의식인 습관에 따라서 다르게 나타난다.
　또한 남자의 관념에 따라서 스트레스를 해결하는 능력이 다르고, 스트레스를 견딜 수 없을 만큼 고통과 어려움을 갖게 되면, 그에 맞도록 관념이 변하든가 극단적인 방법으로 스트레스에서 벗어나고자 한다. 이처럼 남자는 스트레스를 받게 되면, 어떠한 방법으로든 스트레스를 벗어나서 편안함을 가지려고 노력하게 된다. 이는 거부방어기제가 작용하기 때문에 이성과 의지로 통제할 수 없는 스트레스의 부정기분에서 나타난다.
　남자는 강한 스트레스의 부정기분에서 벗어나고자 할 때, 인식장애 또는 표현장애가 발생할 가능성이 높다. 남자는 자신의 의식인 이성과 의지로 통제할 수 없는 스트레스를 받게 되면, 거부방어기제가 작용하면서 무의식인 습관에 의하여 평상시에는 전혀 나타나지 않는 이상한 성격, 이상한 행동, 이상한 말, 이상한 생각을 하게 된다. 이는 의식의 이성과 의지로 통제할 수 없기 때문에 방어기제가 작용하여 습관을 통하여 스트레스에 의한 고통과 어려움에서 벗어나려는 현상 때문이다.

남자는 스트레스를 받게 되면, 어떻게든 스트레스에서 벗어나려는 노력을 하게 된다. 스트레스를 참고 인내하려 하지 않고 즉시 편안함을 갖고자 하는 행복을 추구하는 심리의 기준으로 인하여 의식의 이성과 의지로 통제하여 스트레스의 부정기분을 없애든, 습관의 변화를 통하여 스트레스의 부정기분을 없애든, 이상한 행동과 말에 의하여 스트레스의 부정기분을 없애든, 수단과 방법을 가리지 않고 편안함을 갖고자 하는 것이 남자의 마음이다.

여자의 경우에는 스트레스를 받게 되면 상처의 부정감정으로 기억한다. 의식의 이성과 의지로 통제할 수 있다면 마음의 상처가 되지 않지만, 의식의 이성과 의지로 통제가 되지 않을 때는 상처의 부정감정으로 기억되고 부정감정을 치료하고자 한다. 왜냐하면 여자는 힘든 상황이 발생하게 되면, 감정이라는 완충장치가 있어서 즉시 편안함을 갖고자 하는 마음보다는 수용방어기제가 작용하기 때문이다.

의식의 이성과 의지로 통제가 되지 않는 스트레스를 갖게 되면 희생과 헌신의 마음이 작용하면서 마음으로 이해하고 수용하면서 이를 극복하려는 노력을 한다. 그래서 여자는 남자와는 다르게 시간을 두고서 천천히 참고 인내하면서 상처의 부정감정을 치료한다. 이때 참고 인내하면서 해결하는 과정의 스트레스가 상처의 부정감정으로 기억되는 것이다.

이렇게 상처가 하나씩 생기면서 여자는 자신의 상처를 기억에 차곡차곡 쌓아가는 능력을 갖게 된다. 결국 여자가 스트레스를 잘 참는 원인은 바로 기억에 상처로 쌓아두기 때문이다. 이렇게 쌓아둔 기억의 상처가 많아지게 되면 여자는 더 이상 기억의 상처를 치료할 수 없는 상황이 발생하게 되어, 의식의 이성과 의지로는 더 이상 상처를 기억할 수 없게 되면서 우울감정을 갖기 시작한다. 즉 감정기억장애인 우울증이 발생하는 원인이 바로 기억된 상처인데, 이 기억된 상처가 무의식인 습관으로 표현되어 의식으로는 통제가 불가능한 상황이 될 때, 분노와 히스테리가 발생한다.

여성은 우울감정을 느끼게 되는 순간부터 기억에 상처를 쌓아둘 수 없기 때문에 우울감이 더욱 깊어지게 된다. 우울감정을 갖기 시작하게 되면 그때부터는 사소한 스트레스 하나까지도 모두 상처가 되고, 이 상처는 쌓아두지 못한 채 우울감에 더해져서 더욱 심각한 상황에 이르게 된다. 이것이 우울증이다.

우울증을 치료하기 위해서는 근본적으로 가장 큰 상처를 치료하여 마음에 상처를 줄일 수 있고, 의식의 이성과 의지로 상처를 통제할 수 있도록 만들어야 한다.

이와 같이 남자는 스트레스의 부정기분이 발생하는 즉시 없애버리고 편안해지려는 거부방어기제를 갖고 있지만, 여자는 스트레스의 부정기분을 상처의 부정감정으로 기억하고 이를 치료함으로써 편안해지려는 수용방어기제를 갖고 있다. 따라서 남자는 여자의 상처로 인한 습관의 표현을 이해하지 못하는 것이고, 여자는 남자의 스트레스에 의한 습관의 표현을 이해하지 못하는 것이다. 이는 서로가 스트레스와 상처를 다르게 해석하고 다르게 처리하기 때문이다.

2
감정기억장애(우울증)

남자와 여자의 우울증은 다르다. 정확하게 얘기하면 우울증은 여자에게만 발생을 하고 남자에게는 발생하지 않는다. 물론 우울증으로 힘들어하는 남자도 있다. 그러나 이 남자는 우울증이 아니라 '노이로제성 우울증'으로서 인식장애인 노이로제로 인하여 나타나는 우울증상이다. 따라서 남자의 우울증은 우울증을 치료하는 것이 아니라 인식장애인 노이로제를 치료해야 한다.

또한 남자는 스트레스의 부정기분에 대하여 거부방어기제가 작용하면서 제거하기 때문에 스트레스의 부정기분을 기억하지 않기 때문에 감정기억장애가 발생하지 않는다. 반면 여자는 상처의 부정감정에 대하여 수용방어기제가 작용하면서 치료하기 때문에 상처의 부정감정을 기억하고, 많은 상처의 부정감정이 기억되면 감정기억장애가 발생한다.

0라는 감정에서 −100이라는 부장감정이 있다고 할 때, 부정감정이 일정기간 지속되는 것을 우울증이라고 한다. 어떤 여자는 −10의 부정감정이 유지되고, 어떤 여자는 −30의 부정감정이 유지된다. 그래서 우울증은 부정감정이 일정한 크기로 지속되는 것을 말한다. 이때 −100을 가장 큰 부정감정이라고 했을 때, −90이상의 부정감정이 지속되는 것을 중증우울증이라고 하고, 이는 매우 위험한 상황이다. −90이상의 우울증은 하루하루를 죽음과 같은 우울감정으로 인하여 고통을 겪게 된다. 이에 따라서 중증우울증에 있는 사람들은 죽는 것만이 자신이 편안해질 수 있는 것이라고 생각한다. 이러한 중증우울증인 여자는 우울증 여자의 0.01% 정도일 정도로 흔하지 않다. 대부분의 우울증인 여자는 우울한 감정으로 힘들지만 일상생활을 하면서 살아간다.

그러나 남자는 상처의 부정감정을 기억하지 못한다. 남자는 스트레스의 부정기분이 작용하는데, 부정기분은 0과 −100의 극단으로 나타난다. 이때 −100의 부정기분은 남자를 기준으로 하는 것이며, 여자의 −100과는 다르다. 남자가 스트레스인 부정기분이 발생하면 즉시 −100의 부정기분을 느끼게 된다. 이 부정기분이 −100으로 지속되고 있다는 것은 스트레스가 지속적으로 인식되고 있다는 뜻이다. 이로 인하여 남자는 인식장애가 발생하게 된다.

남자에게 인식장애가 발생하면 스트레스의 부정기분이 지속되면서 −100의 부정기분이 지속되기 때문에 마치 우울증을 겪는 것처럼 느껴지는 것이다. 이로 인하여 남자가 우울증을 느끼게 되면 여자의 중증우울증이 발생하는 것과 같은 작용을 한다. 이와 같이 고통이 지속되는 여자의 중증우울증이나 남자의 인식장애에 의한 우울현상의 경우는 하루하루를 견딜 수 없게 된다.

여자는 우울증의 심리장애에서는 우울한 감정으로 어려움은 겪지만 일상생활을 하면서 견딜 수 있지만, 남자는 인식장애인 우울한 기분에서는 죽음의 고통을 느끼기 때문에 매우 위험한 상황이 이르게 되고 이를 치료하지 못하게 되면 급격하게 정신병증이 발생하거나 자살과 같은 극단적인 선택을 하게 된다. 따라서 남자의 우울증은 진단과 동시에 즉시 치료를 해야만 한다. 진단이나 치료를 위한 시간적인 여유가 없기 때문이다.

이와 같이 남자는 스트레스가 지속적으로 인식되면서 인식장애인 노이로제로 인하여 우울한 감정을 느끼는 것이기 때문에 우울증으로 단순하게 진단해서는 안 된다. 또한, 남자는 조현병이나 과대망상증과 같은 정신병증이 발생하면 즉시 약물치료부터 해야 한다. 경과를 지켜보면서 심리를 치료하기에는 늦었기 때문이다. 또한 초기증세라고 하더라도 급격하게 정신병증으로 확대되기 때문에 약물치료가 우선적으로 되어야만 한다.

우울증은 부정감정이 일정 기간을 지속되는 것이다. 기억된 상처의 부정감정이 많을 때, 부정감정이 지속적으로 기억되면서 무의식이 치료할 수 없는 상황에 이르게 되면 감정기억을 하지 못하도록 만든다. 그래서 감정기억장애가 발생한다.

특정한 상처가 의식으로 기억되지는 않는데, 우울한 감정은 지속되도록 하는 것이다. 그래서 우울증에 있는 여자는 일상에서 만사가 귀찮아지고, 무기력해지며, 우울하다는 말을 자주 한다. 특히 특정한 상처의 사실이 기억나지 않는다. 여자에게 정상적인 심리가 작용할 때는 특정한 사실에 대하여 상처의 부정감정을 의식하지만, 우울증의 여자는 특정한 사실은 기억되지 않는데 부정감정이 일정한 크기로 작용하면서 의식된다. 이것이 우울증의 실체이다.

이와는 다르게 남자는 특정한 사실이 없어도 모든 사실이 스트레스로 인식되면서 −100의 부정기분이 지속하게 될 때 인식장애인 노이로제의 우울한 감정의 형성된다. 그래서 남자는 하루하루를 견딜 수 없는 상황이 된다. 지속기간이 오래될수록 정신병증 또는 자살과 같은 극단적인 선택을 할 가능성이 더욱 높아진다. 남자의 노이로제성 우울증은 마음을 보호하기 위한 것인데, 인식되는 스트레스를 처리할 때 인식장애만으로는 무의식이 처리할 수 없게 되면서 우울한 감정으로 만드는 것이다. 결국 지속되는 스트레스를 처리하는 마지막 수단이라고 신호를 보내는 것과 같다.

여자에게 우울증은 흔하게 발생한다. 여자는 스트레스의 부정기분을 상처의 부정감정으로 전환하여 기억하기 때문에 여자의 감정은 스트레스의 부정기분에 대한 완충역할을 한다. 그런데 남자에게는 감정이라는 완충역할이 없기 때문에 스트레스가 작용되면 의식에서 고스란히 느끼게 된다. 그래서 남자는 스트레스의 부정기분을 제거하는 거부방어기제가 작용하는 것이다. 이처럼 남자의 우울증은 여자와 전혀 다른 원인에서 발생하기 때문에 섣부르게 진단하고 치료하면 안 된다.

우울증은 감정기억장애이다. 그러나 아직까지 우울증을 완치할 수 있는 심리치료법은 개발되지 못했다. 이는 우울증을 신체의 관점에서 치료하기 때문이다. 정신의학에서는 우울증으로 진단되면 약물치료법 또는 물리적 장치에 의한 치료법을 통하여 뇌, 신경, 호르몬 등의 신체를 통제함으로서 우울증이 나타나지 않도록 한다. 이때 약물 또는 물리적 장치에 의한 치료법이 중단되면 우울증은 다시 재발한다. 또한 약물과 물리적 장치에 의한 치료법은 뇌, 신경, 호르몬 등의 신체를 물리적으로 통제하기 때문에 사회생활에 영향을 미치게 되거나 또 다른 심리장애를 유발한다.

약물치료는 신경 또는 호르몬을 조작한다. 그래서 우울증이 치료된 듯 보이지만 무기력감과 활동력저하 등 신체의 이상증상이 유발된다. 이는 신체에 물리적 방법으로 우울한 감정이 나타나지 않도록 하였지만, 일시적인 현상이기 때문에 지속적으로 약물을 복용해야 하고, 이로 인하여 여러 가지 문제가 발생한다. 즉 약물치료는 일시적인 통제수단일 뿐 치료는 아니다.

반면 약물을 중단했는데 완치가 된 사람도 있다. 이는 우연하게 습관의 변화로 인하여 심리치료가 된 것이지 약물에 의한 치료가 아니다. 남자는 부정기분을 기억하지 못하도록 습관이 변화한 것이고, 여자는 상처의 부정감정에 대하여 위로가 되도록 습관이 변화한 것이다. 이렇게 되면 자연스럽게 심리치료가 되는데, 이것이 마치 약물의 지속적인 복용에 의하여 치료된 것처럼 인식한다.

우울증의 심리치료의 과정에서 우울증이 매우 심한 중증우울증인 경우에는 약물치료 또는 물리적 장치를 이용한 치료를 통하여 우울증상을 완화할 필요가 있다. 심리치료는 습관을 변화하기 때문에 시간이 소요되는 단점이 있으므로 중증우울증의 경우에는 약물치료와 병행하는 것이 좋다. 이때 심리치료의 과정에서 점차 약물치료 또는 물리적 장치에 의한 치료를 줄여가면서 나중에는 모두 중단하도록 한다. 이렇게 되면 심리치료를 한 후에는 우울증이 완치되어 재발되지 않고, 약물을 복용하지 않아도 된다.

3
표현장애(중독증)

표현장애인 중독증은 의식과 무의식에 의하여 표현심리에 장애가 발생하는 것이다. 그래서 특정한 대상에 대하여 다른 사람들과 다르게 생각하고 다른 가치의 기준을 갖고 있다. 모든 생각이 다른 것이 아니라 특정한 대상에 대한 생각과 가치의 기준이 다른 사람과 다른 것이다. 이처럼 표현심리에 의하여 의식과 무의식에서 비정상적으로 처리하면서 발생하기 때문에 표현심리의 장애로 인한 심리장애를 표현장애 또는 중독증이라고 한다.

표현장애가 발생하면 자신은 어려움과 고통을 느끼지 못한다. 자신은 이미 자신의 가치기준으로 모두 합리화했기 때문이다. 그래서 평상시에는 생각이 일반적이지만 특정한 대상에 대한 생각과 표현으로 인하여 다른 사람들에게 피해를 준다. 그러나 피해를 입은 사람이 힘들고 어려워하더라도 왜 그런지를 이해하지 못한다. 다른 사람들 모두가 잘못된 것이고 자신만 올바르다고 생각한다. 자신에게 표현장애가 발생한 것을 자신만 모를 뿐이고 다른 사람들은 잘못되었다는 것을 알고 있다.

많은 생각과 가치의 기준 중에서 특정한 대상에 대한 생각과 가치의 기준에 문제가 발생한 것이기 때문에 일상생활은 잘한다. 그러나 다른 사람들이 피해를 입더라도 이를 자신은 모른다. 종교에 심취한 사람들, 도를 닦는 사람들, 특정한 대상에 깊이 몰입되어 있는 사람들 등은 대부분 표현장애 또는 중독증이다.

또한 자신의 생각에 문제가 있다는 것을 자신만 모른다. 표현심리가 작용하면서 외부로 포현되기도 하지만 생각으로 표현하면서 문제가 발생하기 때문에 표현장애는 생각에 문제가 생긴 것이다. 대표적인 표현장애는 생각의 기준에 의한 성격장애, 충동장애, 의심증, 망상증이 있다. 또한 표현하면서 특정한 대상에 강박적으로 몰입하는 알코올중독, 도박중독, 마약중독 및 약물중독, 섹스중독, 게임중독… 등과 같은 중독증이 있다.

이와 같은 표현장애는 남자에게 흔히 발생하는 심리장애이지만, 여자에게는 잘 발생하지 않는다. 남자는 가치의 기준을 갖고 있고 의식의 작용에 의하여 의견, 관념, 가치 등이 형성되기 때문에 표현에 의한 의식인 생각의 문제가 발생할 수 있다. 대부분은 왜곡된 생각을 올바르게 하지 못할 때 발생하는 심리장애이다. 이렇게 남자에게 발생하는 표현장애는 남자가 치료하고자 하는 의지를 갖는다면 어렵지 않게 치료할 수 있다.

그러나 여자에게 표현장애가 발생하면 매우 심각해진다. 긍정감정을 기억하게 되면서 생각의 기준으로 작용할 때 나타나게 되는데 이는 상처가 매우 커서 부정감정을 치료할 수 없는 상황이 될 때, 이를 처리하기 위하여 자신의 생각을 왜곡하는 현상으로 인하여 긍정감정이 극대화되면서 특정한 대상에게 몰입하게 된다.

여자에게 표현장애가 발생하면 정상적인 여자의 생활이 불가능할 만큼 특정한 대상에 몰입하면서 긍정감정을 극대화한다. 이렇게 여자에게 표현장애가 발생하면 즉시 치료를 해야만 한다. 늦을수록 걷잡지 못하게 되면서 특정한 대상에 더욱 깊이 몰입한다. 즉 빠져나올 수 없는 생각의 확신을 갖게 되는 것이다.

이러한 표현장애는 자신의 표현에 장애가 발생하면서 의식과 생각에 문제가 발생하였거나 특정한 대상에 과도하게 몰입되어 있다는 것을 빨리 의식할 수 있도록 해야 한다. 그러면 무의식인 습관을 행복을 추구하는 심리의 기준에 맞도록 변화하면서 치료할 수 있다. 다만 습관을 변화할 때는 습관을 변화할지, 감정을 변화할지를 판단해야 한다. 습관의 변화와 의식의 변화가 인생에 어떤 영향을 줄 것인지 분석하고, 심리대칭을 적용해야 한다. 자칫 표현장애를 치료한다고 습관과 의식을 왜곡되게 변화하면 가장 큰 능력과 장점이 없어질 수 있다. 그래서 무조건 치료한다고 습관과 의식을 변화라는 것이 좋은 것은 아니다. 정확하게 분석하고, 무엇을 변화할 것인지 결정해야 한다.

표현장애는 특정한 대상에 대하여 다른 사람들과 다르게 인식하고, 다르게 생각하고, 다르게 기억하고, 다르게 표현한다. 그래서 자신이 자각하는 심리장애이기 때문에 자신은 문제가 없다고 확신하지만, 다른 사람들은 문제가 있다는 것을 알고 있다. 그래서 자신에게는 문제가 없지만 다른 사람들이 피해를 입고 어려움을 겪게 된다. 즉 자신에게는 문제가 없고 다른 사람들이 문제가 있다고 확신함으로써 자신을 합리화하여 자신만의 왜곡된 논리를 갖고 있다.

표현장애는 일상생활에서 어려움을 느끼지 않지만 특정한 인식, 생각, 기억, 표현으로 인하여 다른 사람에게는 어려움과 불편함의 부정감정을 유발시킨다. 즉 자신은 부정감정이 발생하지 않는데 다른 사람들에게는 계속 부정감정이 발생한다. 이때 모든 인식, 생각, 기억에서 작용하는 것이 아니라 특정한 대상에 대한 인식, 생각, 기억에서만 작용하기 때문에 일상생활에는 영향을 크게 미치지 않는다. 따라서 표현장애는 자신만 모르고 다른 사람들은 모두 알고 있는 심리장애이다.

표현장애와 감정기억장애가 다른 점을 보면, 표현장애는 다른 사람들은 문제가 있다는 것을 알고 있지만 자신은 전혀 문제가 없다고 확신한다. 반면 감정기억장애는 다른 사람들은 잘 모르지만 자신의 감정에 문제가 있다는 것을 자신은 알고 있다. 이와 같이 표현장애와 감정기억장애는 서로 다른 심리장애이다.

표현장애는 남자에게는 흔히 발생하는 심리장애이고, 자신이 표현장애라는 것을 알면 어렵지 않게 치료할 수 있다. 여자에게는 잘 발생하지 않는 심리장애이지만, 만일 발생된다면 즉시 치료해야 하는 중증 심리장애가 되며 치료의 기간도 오래 소요된다.

남자는 중독증을 '강박의 해소를 위한 몰입'이라고 할 만큼 흔하게 발생하지만, 여자에게 중독증은 모성애와 사랑을 상실하게 하는 '과도한 강박에 의한 몰입'이다. 그만큼 남자의 중독증은 자신에게 문제가 있다고 인식하면 치료가 어렵지 않지만, 여자의 중독증은 자신에게 문제가 있다고 인식해도 견딜 수 없는 상처를 다시 기억하기 때문에 치료가 어렵다. 그래서 여자의 표현장애는 발견 즉시 치료해야 한다. 표현장애가 악화되는 것을 예방하는 것이 가장 좋다.

표현장애는 왜곡된 의식이 일정기간 동안 지속적으로 작용하기 때문에 노력해도 잘 사라지지 않지만, 표현장애와 같은 증상이 나타나더라도 일정기간이 경과하면 자연스럽게 사라지는 경우에는 표현장애가 아니라 의식의 일시적인 문제로 발생한 결과이다. 따라서 심리문제는 심리장애의 현상이 발생했다가 사라지고 또다시 발생하고 사라지는데 이를 마치 지속된 것으로 생각할 수도 있다.

정신의학으로 분류된 '정신장애의 진단 및 통계편람'은 신체의 관점인 뇌, 신경, 호르몬 등에 의하여 감정의 장애를 분류한 것으로서 심리의 관점에서 분류한 것이 아니다. 그래서 나타나는 병증을 지속적으로 연구하여 수정하고 보완한다.

그러나 심리의 관점에서 병증을 분류한다면 인식의 문제로 발생하는 '인식장애', 감정기억의 문제로 발생하는 '감정기억장애', 표현의 문제로 발생하는 '표현장애' 등이라 할 수 있고, 이를 통칭하여 '심리장애'라고 명명한다. 이와 같이 심리의 관점에서 분류한 심리장애와 신체의 관점에서 분류한 정신장애를 함께 연구한다면 인간이 행복을 추구하는 의미와 가치를 실현할 수 있게 될 것이다.

습관성 중독

남자는 스트레스의 부정기분을 제거함으로써 스트레스를 해소하고, 여자는 상처의 부정감정을 위로받아 치료함으로써 상처를 치료하는 마음의 방어기제를 갖고 있다. 이렇게 남자의 스트레스의 부정기분과 여자의 상처의 부정감정은 심리에서 다르게 작용하고 있으며, 이는 심리장애의 하나인 중독증의 발생원인과 치료방법에 직접적인 관련이 있다.

표현장애인 중독증이 발생하는 원인을 살펴보면, 남자는 스트레스의 부정기분을 제거하기 위한 거부방어기제의 2단계와 직접적인 연관이 있고,

여자는 상처의 부정감정을 치료하는 수용방어기제의 위로와 직접적인 연관이 있다.

습관성 중독(Addiction, 중독, 갈망, 탐닉)은 마약, 각성제, 알코올 등의 약물이나 기호품 또는 특정 대상을 사용하는 것이 습관화되어 그것을 멈추면 불안과 강박에 의하여 자각적, 타각적으로 불쾌한 심리증상 또는 신체증상(금단증상)이 나타나면서 끊지 못하는 상태가 된다. 금단증상의 내용과 정도는 사용하는 대상물에 따라서 다르고, 일반적으로 중독은 지속하면 할수록 점점 내성이 생기고 빈도와 강도를 늘리지 않으면 안 되는 경우가 많다.

최근에는 중독을 대신해서 의존이라는 말을 많이 사용하고 있으며, 여기서 심리적 의존(Psychological dependence)이란 습관성(habituation)과 유사한 개념으로 대상이나 물질을 계속 실행함으로써 불안과 강박, 긴장과 감정적 불편을 해소하려는 것을 말한다.

남자의 습관성 중독은 남자의 부정기분에 대한 거부방어기제의 2단계인 부정기분의 제거과정에서 긍정기분을 요구할 때 긍정기분의 대상에 몰입하는데, 이때 긍정기분을 유발하는 대상에 몰입하는 것에 불안과 강박을 갖게 되는 경우에 발생한다. 또한 여자의 습관성 중독은 여자의 부정감정에 대한 수용방어기제의 위로과정에서 위로가 되는 대상에 몰입할 때, 위로의 대상에 몰입하는 것에 불안과 강박을 갖게 되는 경우에 발생한다.

섹스중독과 관계중독

섹스중독과 관계중독을 정확히 구분하고 이해하는 사람이 그리 많지 않다. 더욱이 남자와 여자의 섹스중독과 관계중독이 다르게 작용하는 것을 아는 사람도 거의 없다. 그래서 섹스중독과 관계중독에 대한 부분을 구체화함으로써 남녀관계의 외도문제, 섹스문제, 부부문제, 인간관계문제, 성격문제 등을 연구할 수 있다.

섹스중독은 성행동인 섹스의 대상인 사람이 중요한 것이 아니라, 성행동인 섹스를 하는 자체가 중요하다. 그렇기 때문에 성행동인 섹스의 행위에 대한 불안과 강박이 형성되어 부정감정이 발생하면, 불안과 강박을 없애기 위하여 습관이 작용하고, 대상에 관계없이 성행동을 함으로써 불안과 강박을 해소한다.

반면, 관계중독은 성행동인 섹스가 중요한 것이 아니라, 특정한 인간관계가 중요하다. 그렇기 때문에 특정한 인간관계인 상대에 대한 불안과 강박이 형성되어 부정감정이 발생하면, 불안과 강박을 없애기 위하여 습관이 작용하고, 특정한 인간관계인 상대를 만남으로써 불안과 강박을 해소한다. 다만 특정한 인간관계인 상대가 이성인 경우에는 불안과 강박이 작용할 때 느끼는 보고 싶고, 만나고 싶은 마음이 사랑의 감정이라고 착각하게 되면서 성행동을 사랑이라 착각하게 된다. 이때 성행동은 만남의 과정 중 하나로만 인식한다. 이는 마치 남자의 열정과 여자의 사랑처럼 인식되지만, 이는 불안과 강박이 작용하고 있기 때문에 남자는 이를 열정이라고 인식하는 착각이 발생하기 때문에 심리장애인 관계중독이 발생하는 것이고, 여자는 이를 사랑이라고 인식하는 착각이 발생하기 때문에 심리장애인 관계중독이 발생하는 것이다.

섹스중독과 관계 중독은 심리장애의 하나로서 습관성 중독에 의하여 발생한다. 중독증이 모두 그렇듯이 불안과 강박을 동반하여 자신의 생각과 의지와는 상관없이 자신도 모르는 사이에 습관적으로 실행한다. 따라서 문제가 있다는 것을 의식하더라도 이성과 의지로 통제할 수 없으며, 문제가 있다는 의식을 갖게 되면 자책과 죄의식을 갖지만, 섹스중독과 관계중독이 반복되면서 시간이 지나면 자신의 습관성 중독에 대하여 정당성을 부여하고 합리화를 한다. 이때는 모든 잘못의 원인은 다른 사람에게 있는 것이고 자신의 잘못은 없다고 생각하면서 자책과 죄의식도 없어진다.

심인성 정신병증

심리장애의 하나로서 심인성 정신병증은 '뇌 손상의 문제로 발생하는 정신적 질병'인 기질적인 정신병증을 제외한 '심리장애로 발생하는 정신적 질병'을 말한다. 이러한 심인성 정신병증은 인식장애, 감정기억장애, 표현장애 중 두 개의 심리장애가 동시에 발생한 것을 말한다. 대체적으로 남자는 인식장애와 표현장애가 동시에 발생하고, 여자는 감정기억장애와 표현장애가 동시에 발생한다. 이때 마음은 인간의 고유한 마음유전자에 의하여 작용하고, 태어나서 죽을 때까지 변하지 않고 지속적으로 작용하기 때문에 어떠한 문제도 발생하지 않는다. 정신병증이 발생하더라도 마음은 계속 작용한다.

정신병증은 다른 사람과는 다르게 인식하고, 다르게 생각하고, 다르게 기억하고, 다르게 표현한다. 또한 자신에게 문제가 발생했다는 것을 인지하지 못하고, 다른 사람들에게 피해를 주고 있다는 것도 자각하지 못하면서 사실과 감정에 대한 인식, 기억, 표현 등에 문제가 발생하면서 일상생활을 할 수 없게 된다. 조현병(정신분열증)과 과대망상증이 이에 해당된다.

참고로 망상증과 과대망상증은 다르다. 망상증은 없는 것이 나타날지도 모른다는 불안증세이지만, 과대망상증은 나타나지 않은 것을 있다고 확신하는 증세이다. 즉 망상증은 표현장애로서 의처증과 의부증과 같은 부정망상장애나 다양한 공포증과 불안증으로 나타나지만, 과대망상증은 현실에는 없는데도 분명하게 인식되고, 생각되고, 기억되는 병증이다. 즉 현실에는 없는데 있다고 확신한다. 전쟁을 생각해 보자. 전쟁이 발생할지 모른다고 불안감을 갖고 사는 것은 전쟁에 대한 공포와 불안감이 지속되는 것으로서 '전쟁 망상증'이라 할 수 있다. 그러나 현실에는 전쟁이 발생하지 않았지만, 전쟁이 발생했다고 확신하여 피난을 준비하는 행동, 포탄이 떨어졌다고 피하는 행동, 적군이 쳐들어와서 자신을 죽이려 한다는 등 다양한 형태로 자각하는 증상을 '전쟁 과대망상증'이라고 한다.

정신병증은 인식장애와 표현장애, 감정기억장애와 표현장애와 같이 두 개의 심리장애가 동시에 발생하여 인식, 생각, 기억, 표현이 전혀 다르기 때문에 인간관계가 불가능하고, 인간으로서 사회생활이 불가능하다.

이와 같은 정신병증에 대하여 심리치료하기 위해서는 인식장애 또는 감정기억장애를 치료해야 한다. 무의식의 습관이 작용하기 때문에 습관을 행복을 추구하는 심리의 기준에 맞도록 변화하는 것이 필요하다. 이후 표현장애를 치료하여 새로운 인식, 생각, 기억을 자각하도록 하면 된다. 이와 같은 과정을 통하여 심리치료가 가능한 것은 마음이 지속적으로 작용하기 때문에 마음의 행복추구에 맞도록 무의식인 습관을 변화할 수 있고, 습관에 의하여 심리장애를 치료할 수 있기 때문이다.

여자의 정신병증이 발생되는 과정을 살펴보면, 여자는 감정기억의 문제로 인하여 감정기억장애가 발생하고, 감정기억장애에서 표현장애로 진행한다. 감정기억장애가 표현장애로 전환하면 기존 감정기억장애는 사라진다. 그런데 기존의 감정기억장애가 표현장애로 전환된 상태에서 다시 새로운 감정기억장애가 발생하면 감정기억장애와 표현장애가 함께 작용하면서 정신병증이 발생한다.

따라서 여자는 상처의 부정감정으로 인하여 감정기억장애가 발생하고, 감정기억장애가 지속될 때 이를 벗어나고자 표현장애로 진행되며, 이때 감정기억장애는 표현장애로 전환되어 기존의 감정기억장애가 사라진다. 이런 상황이 지속되는 상황에서 다시 강력한 상처의 부정감정이 발생하면 또다시 감정기억장애가 발생하는데, 이 감정기억장애에 이미 표현장애가 발생된 상황이기 때문에 감정기억장애가 표현장애로 전환하지 못한다. 이로 인하여 의식과 무의식이 견디지 못하고 정신병증을 발생시킨다.

"인생 뭐 있어. 즐기면서 살면 되지."라고 말하면서 특정한 대상에 몰입하는 즐거움으로 살아가는 여자는 감정기억장애가 지속되다가 표현장애로 전환된 경우이다. 이러한 표현장애가 발생한 상황에서 강력한 상처의 부정감정이 발생하게 되면서 새로운 감정기억장애가 발생하게 되었을 때, 표현장애와 함께 감정기억장애가 함께 작용하면서 견딜 수 없는 강력한 고통과 어려움을 겪다가 어느 순간 의식과 무의식이 견디지 못하고 이성을 잃게 된다. 이때 정신병증이 발생한다. 따라서 여자에게 표현장애가 나타나면 정신병증의 초기증세라고 보아야 한다. 강력한 상처의 부정감정이 발생하면 정신병증이 발생할 수 있기 때문이다.

　이러한 여자의 정신병증을 치료하기 위해서는 가장 우선적으로 표현장애부터 치료해야 한다. 표현장애를 치료한 후 감정기억장애를 치료한다. 정신병증은 표현장애에 더하여 감정기억장애가 다시 겹치면서 발생한 것이므로 표현장애를 먼저 치료하는 것이 순서이다.

　이번에는 남자의 정신병증이 발생되는 과정을 살펴보면, 남자는 표현장애가 쉽게 발생하고 표현장애에서 갑자기 인식장애로 전환하고, 인식장애로 전환되면 기존의 표현장애는 사라진다. 인식장애가 된 상태에서 다시 표현장애가 발생하면 정신병증이 발생한다.

　따라서 남자는 강력한 몰입으로 인하여 표현장애가 발생하고, 표현장애인 상황에서 죄책감 또는 회의감에 의한 부정기분의 기억 또는 강력한 부정기분이 발생하면 갑자기 인식장애가 발생하면서 표현장애가 사라진다. 인식장애가 지속되면 고통스럽게 되는데, 이때 다시 강력한 몰입에 의하여 표현장애가 발생하면 새롭게 형성된 표현장애와 기존의 인식장애가 충돌하면서 의식과 무의식이 견디지 못하고 정신병증이 발생한다.

　"지금까지 뭐하면서 살았지?, 나는 더 이상 살아가는 의미가 없어. 죽고 싶다."라고 말하는 남자는 대부분 표현장애가 지속되다가 갑자기 인식장애로 전환된 경우라고 볼 수 있다. 이러한 경우에 다시 특정한 대상에 강력하게 몰입하면 새로운 표현장애가 발생하는데, 이 표현장애가 인식장애와 충돌하면서 강력한 몰입과 강력한 고통을 번갈아 겪게 되다가 어느 순간 의식과 무의식이 견디지 못하고 이성을 잃게 된다. 이때 정신병증이 발생한다. 따라서 남자에게 인식장애가 발생하면 정신병증의 초기증세라고 보아야 한다. 강력한 몰입을 하게 되면 정신병증을 유발할 수 있기 때문이다.

이러한 남자의 정신병증을 치료하기 위해서는 가장 우선적으로 인식장애부터 치료해야 한다. 인식장애를 치료한 후 표현장애를 치료한다. 정신병증은 인식장애에 표현장애가 다시 겹쳐지면서 발생한 것이므로 인식장애를 먼저 치료하는 것이 순서이다.

정신병증도 마음과 심리가 작용하는 원리인 마음이론을 알지 못하면 치료는 불가능하다. 현재의 정신의학(심리학도 정신의학의 한 분야로 간주함)은 심리의 관점이 아니라 신체의 관점이기 때문에 신체의 뇌, 신경, 호르몬 등의 치료에만 초점을 갖는다. 신체의 관점에서는 정신인 뇌, 신경, 호르몬만 연구하기 때문에 심리의 관점은 중요하게 생각하지 않는다. 이로 인하여 지금까지 정신병증에 대한 심리치료 방법은 거의 없었다. 또한 신체의 관점에서 치료하기 때문에 의사만이 치료할 수 있다고 보아 법적 또는 제도적 차단막을 만들었기 때문에 심리의 관점에서는 법적, 제도적인 치료의 한계를 갖고 있었다.

따라서 아무리 마음이론을 적용하여 심리치료를 할 수 있더라도 현실에서는 치료법으로 인정받을 수 없고 치료해서도 안 된다. 다만 마음이론에 의하여 습관을 변화하고, 의식을 변화함으로서 정신병증을 치료할 수 있는 것은 이론적으로 충분히 가능하다. 정신병증의 임상에 적용할 수도 있지만 현재의 법적 제도적인 문제로 인하여 임상에 적용할 수 없다.

의사는 신체를 치료하지만, 심리전문가는 심리를 치료한다. 의사는 인간이 생존하는 데 필요한 신체를 연구하지만, 심리전문가는 인간이 행복하게 살아갈 수 있도록 심리를 연구한다. 따라서 심리전문가는 심리를 치료하는 의사라고 할 수 있다. 이를 인정하는 것이 중요하고, 협업하는 체계를 만들어야 한다. 다만 심리전문가는 반드시 심리의 기준, 표준, 원리, 규칙을 알고 모든 심리장애를 심리의 관점에서 분석하고 치료할 수 있어야 한다. 이렇게 심리를 치료하기 위해서는 반드시 마음이론을 알아야 한다.

　신체는 현실의 가치로 인식되지만 심리는 현실의 가치로 인식되지 않는다. 그래서 신체에 대한 의학적인 이론은 발전하였지만 심리에 대한 심리적인 이론은 제자리걸음이다. 마음이론을 정확히 알면 인식장애, 감정기억장애, 표현장애 등의 심리장애를 비롯하여 정신병증까지 치료가 가능하다. 따라서 마음이론을 알지 못하면 심리전문가라 할 수 없다.